Das Buch

Wie entsteht Elternliebe bei Tieren? Warum sind Tiere gute Eltern, obwohl es in der Tierwelt keine Wunschkinder gibt? Warum entwickkeln Tiermütter eine so beispielhafte Nestwärme, obwohl sie doch sonst krasse Egoisten sind? Wie lösen Tiere ihre Familienprobleme? Wenn eine Tiermutter ihre Jungen zur Welt bringt, ist sie zu unendlicher Liebe und Hingabe fähig. Trotz erschwerter Lebensbedingungen und einer an Selbstaufgabe grenzenden Selbstverleugnung empfindet eine Tiermutter höchstes Glücksgefühl, wenn sie ihrem Kind Nestwärme spendet. Bei uns Menschen steckt heute das Elternverhalten nicht selten in einer tiefen Krise: Die natürliche Mutter-Kind-Bindung ist verkümmert, Gefühlskälte und Gleichgültigkeit zerstören oftmals die Familien und säen in Kindern und Jugendlichen Lebensangst und Aggressionen.
An zahlreichen Beispielen zeigt Vitus B. Dröscher die Vorgänge, die aus einem selbstsüchtigen Tierweibchen eine treusorgende Mutter machen. Er belegt, wie die Schöpfung Tiere zu guten Eltern macht und ihnen das richtige Verhalten ihren Tierkindern gegenüber eingibt. An diesen Erkenntnissen der modernen Verhaltensforschung belegt Vitus B. Dröscher, was wir Menschen wieder lernen müssen, denn seelische Not kann nur abgebaut werden, wenn die Eltern ihren Kindern jene Nestwärme schenken, derer sie so dringend bedürfen.

Der Autor

Vitus B. Dröscher, geboren 1925 in Leipzig, studierte in Hannover Zoologie, Psychologie und Elektrotechnik. Seit 1954 arbeitet er als Publizist auf den Gebieten der Verhaltensforschung und Sinnesphysiologie. Dröscher ist Mitglied der Freien Akademie der Künste in Hamburg und Träger des Theodor-Wolff-Preises für hervorragende publizistische Leistungen. Seine Bücher erschienen in 15 Sprachen mit einer Gesamtauflage von mehr als einer Million Exemplaren. Einige Werke: ›Magie der Sinne im Tierreich‹ (1966), ›Die freundliche Bestie‹ (1968), ›Sie töten und sie lieben sich‹ (1974), ›Überlebensformel‹ (1979), ›Ein Krokodil zum Frühstück‹ (1980), ›Mich laust der Affe‹ (1981), ›Wiedergeburt‹ (1984). Fernsehserien: ›Afrikanische Tierwelt‹, ›Tiere hinter Zä[...] Wildtieren Europas‹.

Vitus B. Dröscher:
Nestwärme
Wie Tiere Familienprobleme lösen

Mit 18 Fotos

Deutscher
Taschenbuch
Verlag

Von Vitus B. Dröscher ·
sind im Deutschen Taschenbuch Verlag erschienen:
Magie der Sinne im Tierreich (1126)
Überlebensformel (1733)

Ungekürzte Ausgabe
November 1984
Deutscher Taschenbuch Verlag GmbH & Co. KG,
München
© 1972 Econ Verlag GmbH, Düsseldorf und Wien
ISBN 3-430-12194-9
Umschlagfoto: Tom McHugh, NAS, Okapia
Umschlaggestaltung: Celestino Piatti
Gesamtherstellung: C. H. Beck'sche Buchdruckerei,
Nördlingen
Printed in Germany · ISBN 3-423-10349-3

Inhalt

I. Egoismus wandelt sich in Liebe
Die Natur des Muttertriebes _____ 11

Rätselhafte Ereignisse zur Stunde der Geburt 11 – Der Stoff, aus dem die Güte ist 14 – Im Irrgarten der Gefühle 18 – Kann eine Droge schlechte Eltern zu guten machen? 20 – Ein Bussard wird zur Hühnermutter 23 – In der Wunderwelt der Instinkte 25 – Tod dem unter Einsatz des Lebens geretteten Kind! 26 – Lebensrettung erst nach dem vierten Schrei 28

II. Lebensretter, Arbeitstiere und Märtyrer
Heroische Formen der Mutterliebe _____ 31

Wenn das Zebra einen Löwen beißt 31 – Eine »Gangschaltung« für den Kindverteidigungstrieb 34 – Angst vor einer »Bartholomäusnacht« 36 – Lohnt sich der Opfertod? 39 – Fische als Ersatzkinder für Vögel 41 – Der Urquell der Nächstenliebe 44 – Schimpansin zieht ein Kind mit der Flasche auf 45

III. Verwirrt durch den Intellekt
Die Mutterliebe beim Menschen _____ 48

Keine Bindung nach der Entbindung 48 – Die Macht moralischer Kräfte 51 – Sehnsucht, die durch Wände hindurch verbindet 52 – Mutter oder Bezugsperson? 53 – Die Saat der Gewalt und Rebellion 55 – Eine Kinderquälerei ungeheuerlichen Ausmaßes 57 – Kulturgeschichte eines Naturtriebes 59 – Zurück zur Nestwärme 60

IV. Tagesmütter im Land der Mantelpaviane
Die soziale Rolle der Weibchen ———————————— 63

Überleben als Prüfstein des Sozialsystems 63 – Arbeitsteilung im Miniharem 65 – Außendienst und Kinderpflege sind unvereinbar 66 – Das Tabu des Frauenraubes 70 – Die Vorteile der Ungerechtigkeit 72

V. Das Schicksal wird vorgezeichnet
Einflüsse im Ei und im Mutterleib ———————————— 75

Bevor das Nest Wärme spenden kann 75 – Die Kinderwiege als Magnet für tausend Gefahren 79 – Küken signalisieren aus dem Ei 82 – Absprache über den Schlüpftermin 85 – Gestreßte Mütter haben dumme Kinder 87 – Konzert im Mutterleib: der Herzschlag 90 – Betrug am Liebesverlangen des Kindes 92

VI. Nur fassungsloses Staunen
Die Geburt ———————————————————————— 94

Die Nachgeburt als Abwehrwaffe 94 – Geburtshelfer und Hebammen im Tierreich 97 – Tiermütter schlagen keine Neugeborenen 102 – Schmerzen ertragen, ohne zu schreien 106 – Der Erreger der geistigen Umweltverschmutzung 108

VII. Kindertreue bis in den Tod
Die Bindung des Neugeborenen an die Mutter ————————— 110

Sekunden, die lebenslang unauslöschbar bleiben 110 – Küken halten ein Kofferradio für ihre Mutter 113 – Fehler, die seelische Krüppel zeugen 117 – Wie Tiere zu Menschenfreunden gemacht werden 120 – Ein Irrtum wandelt Fleischfresser in Vegetarier 124 – Die Züchtung der Streitbarkeit 127 – Das »dumme erste Vierteljahr« 131 – Das Gewinnen des Urvertrauens 133 – Keine Tiermutter läßt ihr Kind schreien 136

VIII. Herzblut für die Kinder
Eltern als Akkordarbeiter und Drückeberger _____ 139

*Spitzenleistungen der Babypflege 139 – Vögel erfanden die vollauto-
matische Fütteranlage 143 – Brutkästen der Natur für die Kinder 147 –
Der Nachwuchs wird im Tresor verwahrt 151 – Methoden, sich um
die Arbeit zu drücken 152 – Humanes Handeln bringt größere Erfolge 156 – Waisenkinder werden adoptiert 160 – Wie zuverlässig sind
Pflegeeltern? 163 – Waisenschicksale bei Schimpansen 165*

IX. Wenn die Elternliebe versagt
Kinderkannibalismus _____ 169

*Stiefväter werden zu Mördern 169 – Niedlichsein schürt Mordlust 172 –
Tod den Ungeborenen! 174 – Denn sie wissen nicht, was sie tun 176 –
Tiereltern, die ihre Kinder verkaufen 180 – Maßnahmen der Natur
zur Geburtenbeschränkung 183 – Das Leben, ein ewiger Numerus
clausus 185 – Situationen, in denen Eltern ihre Kinder töten 191 –
Das Sündenregister der Kindesmörder 193*

X. Womit läßt sich eine Mutter ersetzen?
Die Liebe zum Kind als Keimzelle sozialen Verhaltens _____ 196

*Experimente zum Ausschalten der Mutter 196 – Die Liebe geht nicht
über den Magen 199 – Das Fiasko mit dem vollautomatischen Babybett 202 – Die seelische Verfassung einer verzweifelten Mutter 204 –
Zwischen Todesangst und Mordrausch 205 – Verbrecherschicksal – an
der Wiege gesungen 209*

XI. Wozu sind Väter überhaupt gut?
Die Rolle des Männchens in der Familie _____ 213

*Nur eine »höhere Form« der Kinderbetreuung? 213 – Die Entdeckung
des Vatertriebes 214 – Kinder kitten die Ehe 217 – Überflüssige Männer sind lebensgefährlich 219 – Sklavenarbeit in der Kinderstube 222 –
Der Vater als lebender Kinderwagen 225 – Haremspaschas sind
Kindermuffel 228*

XII. Wie Kain und Abel?
Verhalten unter Geschwistern _____ 231

Geschwisterhilfe als ausgleichende Gerechtigkeit 231 – Der Mord im Mutterleib 233 – Programmierung zum »Erfolgsfisch« 235 – Die Familie als Wurzel sozialen Zusammenlebens 239 – Rivalität wandelt sich in Hilfsbereitschaft 242 – Vom Eigennutz der Selbstlosen 244 – Kindermord schafft Ammen 248 – Die geschwisterliche Ehe-Abneigung 249

XIII. Protest auf dem Affenfelsen
Entwöhnung, Entfremdung und Rebellion _____ 253

So erziehen Tiere Muttersöhnchen 253 – Durch Trennung unzertrennlich 255 – Kinder entfremden sich den Eltern 259 – Aus dem Haus gejagt 262 – Der Raub der Gorillamädchen 264 – Jung gefreit, oft bereut! 267 – So entsteht der Generationenkonflikt 269 – Kindergärten und Rockergruppen 273 – Wann kommt es zum Aufstand? 274

XIV. Todesstrafe für schlechte Schüler
Lernen und Erziehen _____ 277

Die Fehlrechnung mit der »Dummheit« der Tiere 277 – Überraschende pädagogische Fähigkeiten 279 – Die Evolution der menschlichen Intelligenz 282 – Geht es ohne Prügelstrafe? 284 – Sind Tiereltern autoritär? 287 – Willkür und die Frage der Gerechtigkeit 290 – Ein Professor als Fluglehrer für Vogelkinder 292 – Ungelernte werden zu Mördern 294 – Der Schlüssel zum Frieden in der Welt 297

Anmerkungen und Verweise auf wissenschaftliche Quellen ____ 299
Literatur _____ 309
Personen- und Sachregister _____ 322

Dem Andenken meiner Mutter

I.
Egoismus wandelt sich in Liebe

Die Natur des Muttertriebes

Rätselhafte Ereignisse zur Stunde der Geburt

Der Schlüssel zu einer Welt voller Liebe ist die Liebe der Mutter zu ihrem Kind. Wo sie sich dem jungen Leben versagt, kann es das Glücksgefühl, geliebt zu werden, nicht erfahren, nicht anderen angedeihen lassen und es nicht später, inzwischen selber Mutter oder Vater geworden, den eigenen Kindern weitervermitteln. So dringt der Frost in das Gemeinschaftsleben unserer Zivilisation und bringt Unglück in die Welt.

Doch »Mutterliebe«, was ist das eigentlich? Wie entsteht sie? Wie wirkt sie sich aus? Nebulöse Vorstellungen vom Mystischen bis zur totalen Verleugnung richten gegenwärtig grausame Schäden in den Seelen der Kinder an. Deshalb soll dieses Phänomen der Schöpfung dort betrachtet werden, wo es uns noch am ursprünglichsten vor Augen tritt: in der unverfälschten Natur, in der Welt der Tiere.

Obwohl es nicht schrie, mußte das Weißohr-Seidenäffchen »Stella« im Zoo von San Diego unter fürchterlichen Geburtswehen leiden. Als das Baby auf der Welt erschien, war die Mutter noch ganz benommen. Kurz darauf wurde noch die Nachgeburt ausgestoßen.

Dann geschah das Ungeheuerliche: Stella hob mit äußerster Zärtlichkeit die . . . Nachgeburt auf, betrachtete sie lange und drückte sie sodann behutsam an ihre Brust. Ihr richtiges Kind ließ sie indessen unbeachtet auf dem Betonfußboden liegen.

Fast alle Affen, die in einem Einzelkäfig aufgewachsen sind und nie unter Hordenkumpanen eine Geburt miterlebt haben, handeln ähnlich. Manchmal heben die völlig Unerfahrenen auch beides, ihr Kind und die Nachgeburt, wie Zwillinge an die Brust.

Woher auch sollen sie wissen, was eine Geburt ist und wie ein Baby aussieht? Niemand hat es ihnen gezeigt oder begreiflich gemacht. Sie verspüren nur, daß aus ihnen etwas herausgekommen ist, das ihnen große Schmerzen bereitete. Wer wollte es dem Äffchen nun verdenken, wenn es sich an dem Peiniger, der soeben den Leib verlassen hat, rächen würde? Das aber geschieht nie.

Im Gegenteil, in dem gerade zur Mutter gewordenen Tier beginnt sich eine wunderbare Macht zu regen, die es zwingt, das Unfaßbare in seinen Händen liebzuhaben, und wenn es auch nur die Nachgeburt ist.

Das ist das große, unergründlich scheinende Rätsel des Muttertriebes bei Tieren. Mit seiner Hilfe wandelt die Schöpfung jenseits des Gedanklichen den krassen Egoismus des Einzelwesens in die Nächstenliebe zum eigenen Kind. Und keine Tiermutter vermag sich dagegen zu wehren, von Stund an selbstlos zu werden.

Ähnliches wie dem Seidenäffchen widerfährt auch jeder werfenden Hündin. Professor Siegfried Gutmann besaß eine typisch Berliner Großstadt-Dackeldame, der erst im hohen Alter erlaubt wurde, Nachwuchs zur Welt zu bringen. Als der erste Welpe das Licht der Welt erblickte, wußte sie gar nicht, wie ihr geschah. Total perplex tappte sie im Zimmer auf und ab und schleifte ihr Kind an der Nabelschnur hinter sich her.

Plötzlich fiepte der Welpe. Die Mutter durchzuckte es. Sie hielt inne, als lausche sie einer inneren Stimme, wendete sich um, durchtrennte die Nabelschnur, fraß die Plazenta auf und leckte den jungen Erdenbürger von oben bis unten zärtlich ab. Bei den weiteren Welpen dieses Wurfes und auch bei späteren Geburten handelte die Hündin auf Anhieb richtig.

Hier war es also erst der Notruf des Neugeborenen, der in der Mutter ein nie zuvor geahntes Wissen um die Dinge wachrief, die nun zu tun waren. Mit Vernunft oder Mitleid hat das überhaupt nichts zu tun, und dennoch handeln Tiermütter stets in einzig richtiger Weise.

Wenn ein Mensch nicht gesagt oder gezeigt bekäme, was eine Geburt ist, würde er sich ähnlich begriffsstutzig verhalten, so daß er für sein Kind zur ernsten Lebensgefahr würde. Das klingt unglaubwürdig. Aber es wird bewiesen durch das Beispiel der San-Blas-Indianer, die auf kleinen palmenbewachsenen Koralleninseln vor der karibischen Küste Panamas leben.

Dort darf kein Mädchen und keine junge Frau, ehe sie ihre ersten Wehen bekommt, wissen, was es mit dem Kinderkriegen auf sich hat.

Das Tabu dieser paradiesischen Ahnungslosigkeit ist so streng, daß jeder, der es bricht, vom Medizinmann mit einem schmerzhaften Nesselgift eingerieben wird und mehrere Tage lang unter großen Qualen leiden muß.

Statt des Märchens vom Klapperstorch erzählen die Insulaner den Jungen und Mädchen, die Babys wüchsen auf dem nahen Festland zwischen den Hörnern der Kühe. Dort würden sie dann von den Männern gefunden, die sie im Kanu ihren Frauen mitbrächten.

Daher haben junge Frauen während ihrer ersten Schwangerschaft und sogar noch während der ersten Geburt nicht die leiseste Ahnung, was ihnen widerfährt. Nicht einmal ihre Mütter wagen es, ihnen zu sagen, was der dicke Bauch und die Schmerzen zu bedeuten haben. Die jungen Frauen glauben, todkrank zu sein und sterben zu müssen. Kurz darauf erscheint ihnen die Entbindung wie eine Erlösung und das Ergebnis wie ein großes Wunder. Die Furcht schlägt um in Glückseligkeit.

Der Chicagoer Völkerkundler Professor Howard Keeler, der mehrere Monate unter diesen Indios lebte, berichtet, daß jenes Tabu einen geheimen Sinn habe. Das aufwühlende Erlebnis der ersten Geburt zwischen Todesangst und überschwenglicher Freude steigere die Bindung zwischen der jungen Mutter und ihrem Kind zu einer Intensität und Zärtlichkeit, wie er es unter zivilisierten Völkern nur selten beobachtet habe. Es präge den glücklichen und friedvollen Kern im Charakter dieser Menschen.

Ähnliches müssen auch Tiermütter verspüren. Es klingt paradox, aber gerade durch das Nichtwissen bei der Zeugung von Leben am gefühlsmäßigen Abgrund des Todes baut sich im seelischen Bereich eine emotionale Urgewalt auf, die sich alsbald schützend über das neugeborene Wesen stellt.

Die entscheidenden Dinge zum Anbahnen einer felsenfesten Mutter-Kind-Bindung geschehen um die Stunde der Geburt. Wird eine Stute, eine Kuh, eine Geiß oder ein weibliches Schaf unmittelbar nach der Geburt nur für ein bis zwei Stunden vom Kind getrennt, erwachen in diesen Muttertieren niemals mütterliche Gefühle.

Wir müssen uns das einmal vorstellen: Das Baby ist noch keine zwei Stunden alt. Und nun kommt der Experimentator wieder und bringt der Mutter das leibliche Kind zurück. Was tut sie? Sie erkennt es nicht. Sie weist es ab, tritt es grob, beißt oder tötet es gar.

Aber wenn eine Säugetiermutter ihr Kind die ersten vier Tage nach der Geburt stets eng bei sich hat, ihm Milch gibt, es sauberleckt und wärmt, dann ist ihr Pflegetrieb voll erwacht. Nimmt ein Verhaltensforscher ihr erst nach dieser Zeit das Kind weg, ohne daß sie den Raub dramatisch miterlebt, ruft sie tagelang nach ihrem Baby, rennt rastlos auf der Suche umher und adoptiert schließlich jedes ihr nur halbwegs geeignet erscheinende Lebenwesen an Kindes Statt, um es mit Aufbieten aller Kräfte zu bemuttern.

Eine Ricke, ein Rehweibchen, dessen Kitz Spaziergänger »gerettet« haben, weil sie es irrigerweise für verlassen hielten, springt dann laut fiepend im Wald umher und versucht schließlich, ein Kaninchen zu umsorgen . . . bis dieses im Erdbau verschwindet.

Im ersten Fall verstößt also die Mutter ihr leibliches Kind, im zweiten hingegen wird ein grotesker Kind-Ersatz förmlich an den Haaren herbeigeschleppt, um an ihm den in voller Vehemenz erwachten Muttertrieb abzureagieren.

Hier eröffnet sich uns inmitten des Wunderbaren zugleich ein Element des Unergründlich-Unheimlichen im Labyrinth tierischer Kindfürsorge. Es zählt zu dem Unnennbaren, das schon Goethes Faust beim Wort »Zu den Müttern!« zutiefst erschaudern ließ.

Nichts zeigt wohl besser als dieser Vergleich, welch allmächtige Rolle dem geheimen und jenseits aller Vernunft stehenden Wirken der Triebe in den Geschöpfen der Natur zukommt.

Der Stoff, aus dem die Güte ist

Was ist es nun aber, das in einem Tierweibchen den Muttertrieb aufkeimen läßt? Sind es Hormone?

Bis 1972 war es praktisch unmöglich, in Tieren durch Hormonspritzen mütterliches Verhalten künstlich auszulösen. Doch in jenem Jahr gelang den Professoren Joseph Terkel und Jay S. Rosenblatt an der Rutgers-Universität in New Brunswick, USA, etwas Unerhörtes:

Sie setzten fünf fremde Rattenbabys zu einer Rattenjungfrau in das weiche Nest und injizierten ihr das Blut, das sie einem anderen Weibchen entnommen hatten, und zwar unmittelbar nachdem dieses Kinder zur Welt gebracht hatte. Vierzehn Stunden später begann die Jungfrau, sich wie eine Mutter zu verhalten: Unvermittelt und ohne äußere Veranlassung begann sie, die Babys sauberzulecken, trug sie in Sicherheit und erlaubte ihnen, an ihren Zitzen zu nuckeln, obwohl diese natürlich keine Milch spenden konnten.

Entscheidend für die Auslösung des Muttertriebes war, daß jenes fremde Blut weder früher als 24 Stunden vor noch später als 24 Stunden nach dem Werfen der echten Mutter entnommen wurde. Das Blut eines Weibchens, das schon seit Tagen in vollem mütterlichen Arbeitseinsatz steht, taugt seltsamerweise überhaupt nicht dazu, Jungfrauen mütterliche Regungen einzuimpfen. Weil man dies nicht beachtet hatte, waren alle ähnlichen Versuche vor 1972 gescheitert.

Wieder erweist es sich: Die eigentlich wichtigen Dinge geschehen mit Leib und Seele der Mutter um die Stunde der Geburt.

Gegenwärtig noch rätselhafte Vorgänge lassen im Organismus der Mutter um den Zeitpunkt der Geburt herum Hormone entstehen, die sämtliche bislang noch brachliegenden Muttergefühle und -eigenschaften wecken, die nötig sind, um das Leben der Babys zu erhalten und zu schützen.

Einen Tag nach der Geburt sind diese Hormone bereits wieder verschwunden. Aber das ist nicht weiter schlimm. Was sie ihrem Träger verleihen müssen, ist nur der Anstoß zu mütterlichem Fürsorgeverhalten. Wenn dieser »Anlasser« erst einmal betätigt wurde, läuft der »Motor« auch ohne ihn weiter. Ja, dann ist das Mutterverhalten kaum mehr zu bremsen. Dann wird bemuttert auf Teufel komm raus: die eigenen Kinder und, falls diese verlorengegangen oder gestorben sind, fremde Kinder bis hin zu den abwegigsten Ersatzobjekten wie bei dem kinderlos gewordenen Reh.

Einmal sind es ungeheure physische Veränderungen, die den Mutterleib in kurzer Zeit vom Tragen und Nähren des Ungeborenen durch die Nabelschnur auf Milchproduktion umstellen. Zum anderen gehen mit diesem körperlichen Wechsel einschneidende seelische Wandlungen einher.

Wenn wir bedenken, in wie erschreckend vielen Menschenfamilien Kinder von ihren Eltern sträflich vernachlässigt, blutig geschlagen, manchmal sogar im Affekt oder auch vorsätzlich getötet werden, sollten wir uns eigentlich wünschen, daß es nicht nur für Ratten, sondern auch für Menschen Hormone gäbe, um in ihnen echte Mutterliebe zu aktivieren. Da wir diesen Stoff, aus dem die Güte ist, jedoch unmöglich anderen Müttern entnehmen können, besteht bislang keine Möglichkeit, diese »Humanitätsdroge« zu gewinnen. Wir brauchen sie auch gar nicht, wie ich noch zeigen werde.

Immerhin wird am Rattenbeispiel deutlich, wie winzige Spuren eines Hormons eine enorme Wirkung auf das Phänomen der Mutterschaft ausüben. Darüber hinaus ist es sogar schon gelungen, rabiate

Tierväter durch Injektion von Drogen in treusorgende »Mütter« zu verwandeln.

Vater werden ist nicht schwer, Vater sein ... ist entgegen der Behauptung Wilhelm Buschs aber auch nicht viel schwerer, wie die Vielzahl unlustiger, unbeholfener, nur ungern den Babypopo säubernder Familienoberhäupter beweist. Wie oft haben sich geplagte Mütter schon gefragt: Gibt es denn nichts, das auch in einem männlichen Wesen aufopferungsvolle Liebe zum Kind wecken kann, so daß der Vater auch einmal all die Strapazen freiwillig auf sich nimmt, die fast immer dem weiblichen Elternteil aufgebürdet werden? Antwort: So etwas gibt es – vorerst allerdings nur bei Lachtauben.

Erstmalig wurde dieses Mittel 1967 bei »Pitt«, einem jungen Täuberich, angewendet. Er lebte ganz allein in einem Freiflugkäfig der Universität von Kalifornien in Berkeley. Als ihm Professor Dale F. Lott und seine Mitarbeiterin Sherna Comerford ein Nest mit Taubeneiern in den Schlag setzten, tat Pitt zunächst dasselbe wie jeder andere Tauben-Junggeselle in seiner Lage auch, nämlich gar nichts. Die fremden Eier waren für ihn nichts als völlig bedeutungslose »Steine«.

Aber dann bekam der Vogel eine Spritze. In seine Blutbahn wurden zwei Hormone, Progesteron und Prolaktin, injiziert, und zwar nur in der minimalen Dosis von einem hunderttausendstel Gramm, also so gut wie nichts. Doch plötzlich schaute Pitt interessiert zu den Eiern hin, begann zu glucksen, spazierte fünfmal um das Nest herum, plusterte seine Federn auf, setzte sich schließlich auf das fremde Gelege und brütete von nun an mit ständig wachsender Hingabe.

Wenn der Professor jetzt mit dem Vogel spielen wollte, wurde er von Pitt nicht mehr wie vor der Injektion freundlich begrüßt, sondern als vermeintlicher Eierdieb angegriffen und mit dem Schnabel gehackt. Keine Spur mehr von friedlicher Taube! Pitt war unvermittelt von einer solchen Bemutterungswut besessen, daß er seinem alten Spielfreund gegenüber geradezu mit Blindheit geschlagen war. Der Täuberich hätte jetzt sogar sein Leben geopfert, um die ihm vor kurzem noch völlig gleichgültigen Eier gegen jedweden Feind zu verteidigen.

Hier war also ein ignoranter Junggeselle zur aufopferungsvollen »Mutter« gemacht und sein Charakter vom Spielfreund des Menschen zum Zerberus der Eier verwandelt worden. Wie im Märchen der Trank einer guten Fee einen bösen Gnomen in einen edlen Prinzen verzaubert, so war hier nicht nur ein egoistisches Männchen dazu gebracht worden, scheinbar freiwillig Mutterpflichten auf sich zu nehmen, sondern mehr noch: Ein in Kinderpflege völlig unerfahrener, ja, kinderfeindlicher Junggeselle war allein durch Einwirken minimaler Mengen zweier Drogen dazu gebracht worden, winzige Wesen, noch von einer Kalkschale umhüllt, in völlig richtiger Weise zu umsorgen, als hätte er einen Kursus in Brutpflege absolviert.

Ist das also das Rätselhafte an der Mutterliebe: das plötzliche Zirkulieren von nur zwei chemischen Substanzen im Blut – und dazu noch in der kaum vorstellbaren Dosis von nur einem hunderttausendstel Gramm? Besitzt diese materielle Winzigkeit eine solche Urgewalt über die Gefühlswelt, über das Tun und Lassen der Kreatur, daß sie sogar Junggesellen zu mütterlichem Verhalten zwingt, ob diese nun wollen oder nicht?

Die Einzelheiten sind noch viel überraschender: Wird dem Täuberich nur das eine dieser beiden Hormone injiziert, das Progesteron, dann wird er nur zum Brüten bewegt. Aber nach dem Schlüpfen der Jungen aus den Eiern denkt er nicht mehr im geringsten daran, die Kinder auch zu füttern, zu wärmen und zu verteidigen. Er kümmert sich ausschließlich um die Eier, während ihm die Ergebnisse ebendieser Bemühungen, die kleinen, piependen Küken, völlig gleichgültig bleiben. Erst wenn noch das zweite Hormon, das Prolaktin, hinzukommt, umsorgt der Junggeselle auch die Küken.

Dies beweist, daß es bei Vögeln zwei getrennte Mutterliebe-Instinkte gibt: einen ersten, der aus einem »normalen« Egoisten ein brutwilliges Wesen macht, und einen zweiten, der den Brütenden abermals verwandelt, und zwar in einen Kinderpfleger.

Das ist etwas Ungeheuerliches. Noch fällt es uns schwer, uns mit der bereits seit Jahrzehnten bekannten Tatsache abzufinden, daß es in einem Weibchen nur winzige Spuren des Hormons Progesteron sind, welche die Gebärmutter zur Aufnahme des Eies vorbereiten, und daß es ebenso winzige Spuren des Hormons Prolaktin sind, welche die Milchdrüsen zur Produktion der Babynahrung anregen, da beweist uns jetzt die Wissenschaft, daß durch dieselben materiellen Substanzen auch das Seelenleben, das Fühlen und Wollen, einschneidend verändert werden, so daß hieraus die Liebe zum Kind erwächst und die Bereitschaft, Nestwärme zu spenden.

Im Irrgarten der Gefühle

Das Phänomen der Aktivierung des Muttertriebes durch Hormone ist in der gesamten brutpflegenden Tierwelt dem Prinzip nach universal. Das gilt sogar auch für Fische.

Ob zum Beispiel das Elternpärchen beim Roten Buntbarsch seine Brut pflegt oder nicht, hängt nur vom Duft des Wassers ab. Diese verblüffende Tatsache hat Professor Wolfdietrich Kühme am Max-Planck-Institut für Verhaltensphysiologie in Seewiesen bei München erforscht.

Unmittelbar nachdem der abgelegte Laich vom Männchen befruchtet worden war, nahm der Forscher den Tieren sämtliche Eier weg und tat sie in ein Extra-Aquarium. Die Eltern zeigten daraufhin das ganz normale Verhalten wie in den Zeiten der Kinderlosigkeit.

Als die Jungtiere aus den Eiern geschlüpft waren, wurde – wie auch schon zuvor – lediglich Wasser aus deren Becken in das der Eltern geleitet. Bald darauf verfärbten sie sich vom normalen Dunkelgrau in das leuchtende Gelbrot des Brutpflegekleides; die Männchen übrigens in nicht so starkem Maße wie die Weibchen. Zudem begannen sie, Kieselsteine mit Flossenschlag zu befächeln, als wären es ihre Jungen, und Schwebteilchen zu hüten, damit diese nur ja nicht »unter Räuber« gerieten.

Im Falle dieser Tiere war es also ein bloßer Duft des Wassers, in der Ferne von ihren Kindern ausgesondert, der in ihnen Elternverhalten erweckte, obgleich gar keine Kinder in erreichbarer Nähe waren. Seltsamerweise ist bei diesen Tieren die Gegenwart der Pflegeobjekte unwichtig. Was die große Wandlung bewirkt, ist allein die Wahrnehmung eines Duftreizes mit einem das Pflegeverhalten auslösenden Signalwert.

Durch diesen chemischen Nachrichtenstoff, ein sogenanntes Pheromon, wird im Fisch ein ganzes Feuerwerk verschiedener Hormonreaktionen entfacht. Was hierbei im Detail geschieht, hat Professor Kurt Fiedler am Zoologischen Institut der Universität Frankfurt am Main an Bunt- und Sonnenbarschen sowie an Lipp- und Labyrinthfischen erforscht. Nicht weniger als sechs verschiedene Hormone, jedes in einer anderen Phase des Fortpflanzungszyklus in unterschiedlicher Mengenzusammensetzung ins Blut ausgeschüttet, steuern die Stärke der Kampfbereitschaft zur Verteidigung der Kinder, die Bautätigkeit am Schaumnest, das Sexualverhalten, das Brüten und die Brutpflege.

Auch hier kann der Mensch wiederum mit Hormoninjektionen sinnwidriges, für uns aber aufschlußreiches Fehlverhalten der Tiereltern hervorrufen. Zum Beispiel kann ein kinderloser Mocambique-Buntbarsch chemokünstlich in so starke Brutstimmung versetzt werden, daß er sogar Tubifex-Bachröhrenwürmer bebrütet, also sein Futter, und bei dieser ausdauernden Tätigkeit inmitten des Nahrungsreichtums verhungert.

Auch Zufälle können mitunter groteske Situationen heraufbeschwören. Der Haushahn auf dem Hühnerhof ist zum Beispiel ein Federvieh, das den Namen »Vater« gar nicht verdient. Wenn eine Glucke Junge führt, geht sie mit ihrer Kükenschar dem »Herrscher des Misthaufens« geflissentlich aus dem Wege, da der Gockel nach jedem kleinen Federflausch hackt, der ihm zu nahe kommt und sein Kind dabei sogar töten kann. Mitunter verteidigt eine Glucke ihre Kinder wie eine Furie gegen die Angriffe des eigenen »Vaters«.

Doch vor einiger Zeit geschah an der Universität Chicago etwas Merkwürdiges, als der Zoologe Professor Joseph K. Kovach einem Hahn einen Fingerhut voll 33prozentigen Getreide-Alkohols zu trinken gab. Von dem Schnaps wurde das Tier nicht nur leicht betrunken, sondern entwickelte plötzlich ausgesprochen mütterliche Gefühle. Es beschützte die ihm gegebenen Küken die ganze Nacht über, wärmte sie wie eine Glucke unter dem Gefieder und führte sie am nächsten Morgen zum Futterplatz.

Doch als der Alkoholrausch verflogen war, wurde der Hahn wieder rabiat und mußte aus der Kinderstube entfernt werden. Das ist der »Herr-Puntila-Effekt« – frei nach Bert Brecht.

Allerdings wäre es verfehlt, hieraus zu schließen, daß Alkohol in Vätern Muttertriebe erzeugt. Im Haushahn unterdrückt er lediglich aggressives Verhalten. Und das genügt, in ihm einen vom Kampftrieb unterdrückten, latent vorhandenen Fürsorgetrieb zur Entfaltung kommen zu lassen. Ein für väterliches Verhalten sehr bedeutsamer Aspekt.

Höchst seltsame Dinge geschahen auch, als Professor Alan E. Fisher an der Universität Pittsburgh einem Rattenmännchen das männliche Geschlechtshormon Testosteron in eine Hirnregion des Hypothalamus injizierte. Eigentlich werden mit dieser Droge männliche Eigenschaften verstärkt, und der Forscher war darauf gefaßt, daß sich das Tier nun in ein »Übermännchen« verwandelte, in einen Sexualprotz, der unter Umständen in dieser Verfassung etwas tun könnte, was sonst nicht Rattensitte ist: jedes Weibchen, das zu ihm in den Käfig gesetzt würde, sofort zu vergewaltigen.

Aber dieser »Supermann« dachte gar nicht daran. Statt dessen faßte er das Weibchen mit den Zähnen am Schwanz und schleifte es durch den Käfig ins Nest. Als es dort gleich wieder ausriß, packte er es im Nacken, genauso wie Rattenmütter ihre Jungen zu tragen pflegen und bettete es sorgsam ins Nest zurück. »Ich war höchst verblüfft«, so berichtet Alan Fisher, »und ohne Zweifel erging es dem Weibchen ebenso.«

So seltsam wirken chemische Substanzen auf das Seelenleben von Tieren ein: Männliche Geschlechtshormone bewegen Männchen dazu, mütterlich, also fraulich zu handeln.

Als der Forscher darauf hin Papierschnitzel in den Käfig warf, erweiterte das Männchen sofort das bislang recht spartanische Nest, muldete es sorgfältig aus und legte alsbald fünf fremde Rattenbabys, die der Experimentator ihm gab, dort hinein. Nur säugen konnte er die Kinder natürlich nicht.

Diese Beispiele sollen beweisen, daß Mutterliebe im Tierreich etwas prinzipiell völlig anderes ist, als viele Leute meinen.

Kann eine Droge schlechte Eltern zu guten machen?

Ein Mensch kann sich ein Kind von ganzem Herzen wünschen. Dann liebt er es sein Leben lang. Er kann aber auch kein Kind haben wollen, und trotzdem kommt es eines Tages. Dann hat es unter der Gefühlskälte seiner Eltern schwer zu leiden. Dinge wie der Wille zum Kind, der Wunsch, in den Kindern fortzuleben und somit für sie verantwortlich zu sein, sowie die damit verbundenen ethischen Werte spielen bei uns eine große Rolle.

Ganz anders jedoch bei den Tieren. Das Empfinden von Freude daran, ein Wunschkind aufziehen zu können, ist ein allein dem Menschen vorbehaltener Beweggrund. Kein einziges Tier hat sich jemals ein Kind gewünscht! Überhaupt ist der Zusammenhang zwischen Paarung und Kinderkriegen keinem Tier bewußt.

Aber wenn Tierkinder das Licht der Welt erblickt haben, sorgt die Natur trotzdem dafür, daß in den Tiermüttern enorme seelische Kräfte zum Schutz der Kinder frei werden. Von höherer Warte wird ihnen förmlich eingeimpft, ganz plötzlich helle Freude und das rein-

ste Glück dabei zu empfinden, wenn sie sich für ihre Kinder abschuf-
ten, ihnen zuliebe alle eigenen Interessen und Lüste hintanstellen, ja,
sogar ihr Leben für das der Kinder opfern.

Dieser gefühlsmäßigen Urgewalt gegenüber sind menschliche
Werte wie Mitleid, Nächstenliebe, Hilfsbereitschaft moralisch höher einzustufen. In ihrer Wirksamkeit zum Schutz des jungen Lebens aber sind sie überall dort fragwürdig, wo es sie nicht gibt, wie
bei Tieren, oder wo die moralischen Kräfte der enormen Dauer-
belastung nicht standhalten, wie bei ethisch nicht gefestigten Menschen.

Deshalb verläßt sich die Schöpfung in der Tierwelt allein auf die
triebhafte Komponente der Mutterliebe.

Nicht nur bildlich gesprochen, sondern auch in der Realität impft
sie der Kreatur mütterliches Verhalten ein. Das soll die Darstellung
der skurril anmutenden Hormonexperimente verdeutlichen.

In diesem Zusammenhang war schon der Wunsch geäußert worden, auch beim Menschen mangelhafte Mutterliebe durch Hormoninjektionen künstlich zu verstärken, etwa bei jenen Frauen, die ihre
Kinder sträflich vernachlässigen, und sie damit zu treusorgenden
Müttern zu machen. Aber im Grunde ist diese Idee ein typisches
Produkt des der Natur entfremdeten, wurzellosen großstädtischen
Intellekts, der durch artifizielle Manipulationen der Schöpfung
in den Plan pfuscht und dabei die Mißstände nur noch verschlim-
mert.

So braucht es uns gar nicht leid zu tun, daß es diese Behandlungs-
methode noch nicht gibt. Denn wir Menschen brauchen eine Droge
zum Erzeugen mütterlicher Fürsorgegefühle ebensowenig, wie eine
Tiermutter bei der Geburt eine Spritze benötigt, um ihr Kind lieben
zu können.

Das hormonale Geschehen im Organismus einer Mutter, die
Ausschüttung winziger Spuren von Wirkstoffen, wird nämlich
seinerseits wieder durch Ereignisse ausgelöst, die uns auf den
ersten Blick ebenso geringfügig erscheinen wie die minimale Quan-
tität der inneren Sekrete. Sie sind so verschwindend klein, daß
viele Leute glauben, sie bagatellisieren oder ignorieren zu können.
Aber das, was sie an seelischen Kräften hervorrufen, ist wahrhaft
gigantisch.

Der entscheidende Augenblick, ob eine Stute, Kuh oder Geiß, ob
eine Iltisfähe, Hündin oder weibliche Antilope, ob eine Löwin, Ele-
fantin oder Robbe, ob eine Maus, ein Wal, ein Igel oder ein weibli-

ches Warzenschwein zu einer guten Mutter wird oder nicht, ist unmittelbar nach der Geburt gekommen. Das Muttertier beschnuppert dasjenige Etwas, das soeben aus seinem Leib herausgekommen ist – und schon erwacht in ihm das unbändige Verlangen, dieses Etwas zu säubern, zu säugen und zu beschützen, koste es, was es wolle.

Es ist kaum zu glauben, aber eine Nase voll Babyduft genügt vollauf, das Weibchen so stark an sein Kind zu binden, daß es sich vorerst nicht mehr von ihm trennen will!

Vor dem Zeitpunkt dieses ersten Beschnupperns kann ein Experimentator Säugetiermüttern die Kinder wegnehmen, ohne daß sie hernach irgend etwas vermissen. Raubt er ihnen die Jungen und gibt ihnen statt dessen fremde Babys, so glauben sie nach eingehender Geruchskontrolle, dies wären nun ihre Kinder. Ihr Muttertrieb erwacht und erwählt sich nun das fremde Wesen als Objekt inniger Fürsorge.

So steht es also in Wahrheit um das Zusammengehörigkeitsgefühl zwischen Mutter und Kind. Alle anderen Vorstellungen, etwa vom »Ruf des Blutes« oder von sonstigen mystischen Bindekräften, vernebeln nur den Sachverhalt. Wir sollten sie möglichst schnell vergessen.

Ganze fünf Minuten eingehenden Beriechens genügen vollauf, und eine Geiß nimmt, nachdem sie ein Junges geboren hat, jedes fremde Ziegenkind als eigenen Sproß an, sogar auch dann, wenn dieses gar kein Neugeborenes, sondern ein bereits 28 Tage altes Jungtier ist. Noch ältere Kitze werden allerdings abgelehnt. Da merkt sie den Betrug. Aber bei jüngeren Kitzen genügen diese fünf Minuten, um eine Mutter-Kind-Bindung anzubahnen, die fortan monatelang von unverbrüchlichem Bestand bleibt.

Nach eingehenden Untersuchungen hält es Professor P. H. Klopfer, Zoologe an der Duke-Universität in Durham, North Carolina, für möglich, daß während der Geburt, genauer: während der Erweiterung des Gebärmutterhalses, in gesteigertem Maße das Nervenhormon Oxytocin ins Blut ausgeschüttet wird. Dieses bewirkt zum einen die Stimulation der Uterusmuskulatur und den Start der Milchabsonderung in den Brustdrüsen, zum anderen aber auch, daß jene Hirnregionen im Hypothalamus, in denen Mutterverhalten latent »vorprogrammiert« liegt, schlagartig aktiviert werden.

Dieser Augenblick wäre somit der ursprüngliche Schöpfungsakt des mütterlichen Verhaltens.

Ein Bussard wird zur Hühnermutter

Vorbedingung ist jedoch, daß sich etwas findet, an dem sich Mutterverhalten betätigen kann. Die Seele des Muttertieres ist gleichsam weit geöffnet für die Annahme von Kindern. Und wer sich gerade hier anfindet, auf den wird das Mutterverhalten felsenfest und dauerhaft fixiert.

Hierzu ein groteskes Beispiel: Im Max-Planck-Institut für Verhaltensphysiologie in Seewiesen schob Professor Irenäus Eibl-Eibesfeldt einem gerade gebärenden Iltisweibchen statt der eigenen Kinder junge Rattenbabys unter. Die junge Mutter nahm sie sofort an, obwohl Ratten zu den bevorzugten Beutetieren der Iltisse gehören, und bemutterte sie so lange, bis die Ratten nach drei Jahren den Alterstod starben.

Skurriles trug sich auch in einem kleinen Privatzoo in Bürstadt bei Mannheim zu. Dort lebte ein Mäusebussardweibchen allein in einer Voliere. Im Frühjahr wurde es brutlustig, legte drei Eier in den Horst und brütete. Mangels eines Männchens waren die Eier natürlich unfruchtbar. So nahm sie der Zoobesitzer, Herr Jakob Ruh, fort und schob dem Bussard statt dessen zwei befruchtete Hühnereier unter.

Würde der Greifvogel, der bisher immer mit Haussperlingen und jungen Hühnern gefüttert worden war, die aus den Eiern schlüpfenden Hühnerküken sogleich als Nahrung erkennen und fressen? Er dachte nicht daran! Der Todfeind wurde seiner Lieblingsspeise eine treusorgende Mutter. Ihm, der er noch nie das Erlebnis eigener Kinder gehabt hatte, ist es nämlich von Natur aus angeboren, diejenigen Lebewesen, die aus den von ihm erbrüteten Eiern schlüpfen, künftig als seine Kinder zu betrachten, ganz gleich, wie sie auch aussehen.

Am Außergewöhnlichen erkennen wir das Wesentliche. So zeigen uns der Iltis mit seinen Rattenkindern und der Bussard mit den Hühnerküken, daß Tiermütter gar nicht »von selbst« wissen, welche Gestalt ihre Jungen haben müssen. Der Fachmann sagt: Ihnen ist kein instinktives Kindgestalt-Erkennen angeboren. Das müssen sie erst erlernen. Ihnen ist jedoch das grobe Schema angeboren, dasjenige Wesen, das sie erbrütet haben oder das sie unmittelbar nach der Geburt beschnuppern, als Kind anzunehmen.

Im Falle des Mäusebussards können wir außerdem folgern, daß der Muttertrieb erheblich stärker ist als der Freßtrieb. Und das will schon einiges heißen!

Nach dem Schlüpfen der Hühnerküken bekam das Bussardweibchen sogar Hemmungen, weiterhin Sperlinge und junge Hühner als Futter anzunehmen. Von Stund an war es nur noch für Rind-, Kalb- und Schweinefleisch zu haben. Hiervon riß es kleine Stückchen ab und hielt sie den Küken hin, die sie ihm aus dem Schnabel nahmen, genauso wie es junge Mäusebussarde tun. Eine erstaunliche Umstellung für die kleinen vegetarischen Körnerpicker! Der Bussard und die Hühner blieben darüber hinaus ihr ganzes Leben lang Freunde.

Unter bestimmten Voraussetzungen kann ein Kind-Ersatz noch groteskere Formen annehmen. Der Wiener Tierarzt Dr. Ferdinand Brunner berichtet von einer Boxerhündin, die durch falsche Behandlung und isoliertes Großstadtleben so degeneriert war, daß sie nicht wußte, wie sie sich in der Liebe verhalten sollte. So blieb sie kinderlos.

Eines Tages aber begann sie, alle Symptome einer Scheinschwangerschaft zu zeigen. Zufälligerweise lag in diesen Tagen die Hundeleine in ihrem Schlafkorb. Da begann die Hündin spontan, diesen Lederriemen so zu behandeln, als sei er ihr Kind. Sie bettete den toten Gegenstand immer wieder im Körbchen, leckte ihn zärtlich ab, trug ihn im Maul spazieren und bewachte das lächerliche Ding so eifersüchtig und mörderisch knurrend, daß sich ihr Besitzer wohl in die Nähe der Hündin, aber nie an die Leine heranwagen durfte. Wenn die Hündin mit dem Lederriemen auf der Straße lag, machte sie nicht einmal Autos Platz.

Daß sogar ein lebloser Gegenstand gleichsam als eine Art »Puppe« von einer Tiermutter als Kinder-Ersatz angenommen wird, ist ein außerordentlich seltener Spezialfall, der nur durch die hochgradige Entartung dieser Hündin zu erklären ist. Im allgemeinen gehört zum Anbahnen einer echten Bindung der Mutter an das Kind unabdinglich, daß jenes winzige Wesen auf die Annäherung der Mutter reagiert, daß es sich ankuschelt, saugen will oder sein Schnäbelchen aufsperrt und in den höchsten Tönen piept.

Das ist der Grund, weshalb fast durchweg nur etwas Lebendiges als Kind akzeptiert wird. Und das ist auch der Grund, weshalb das eingangs erwähnte Weißohr-Seidenäffchen nach einiger Zeit doch die Nachgeburt auf dem Boden liegen ließ und sich nur noch seinem richtigen Kind zuwendete.

In der Wunderwelt der Instinkte

Wenn in einem Tier erst einmal das Feuer der Mutterliebe voll entbrannt ist, so bedeutet das noch keineswegs, daß diese Mutter nun all
ihre vielen und schweren Aufgaben, von denen noch die Rede sein
wird, auch fehlerlos erfüllt. Hierbei zu versagen ist der Alptraum jeder jungen Frau, die zum erstenmal Mutter wird. Aber auch bei Tieren ist die Vielzahl der von ihnen geforderten Tätigkeiten viel zu
kompliziert, um sie von einem einzigen Instinkt regieren zu lassen.
Deshalb setzen nunmehr andere, nicht minder wunderbare Dinge
ein, die jedem Muttertier eingeben, stets das Richtige zu tun, unter
normalen Verhältnissen jedenfalls.

Ein Trick eröffnet den klarsten Blick in diesen Zaubergarten. Erst
wenn der forschende Geist Verhältnisse schafft, die nicht normal
sind, offenbart sich uns das sonst alltäglich und selbstverständlich
Erscheinende als das, was es ist: ein bewundernswertes Phänomen
von Schöpferhand.

»Ein Iltis im Angriff auf das Küken einer Truthenne«, so hieß das
Experiment. Natürlich war der Iltis nur ein ausgestopfter Balg, rollte
auf Rädern und wurde an einer Leine gezogen. Aber das echte Küken piepste schrill vor Angst. Spornstreichs ging Mutter Truthenne
zum Gegenangriff auf einen Feind vor, der unter normalen Verhältnissen dazu fähig ist, nicht nur das Küken, sondern auch die Glucke
selber zu töten.

Die Todesverachtung einer Tiermutter beim Verteidigen ihrer
Kinder scheint uns die natürlichste Sache der Welt zu sein. Niemand
würde das Umgekehrte für möglich halten, nämlich daß die Mutter
ihr eigenes Kind tötet und statt dessen den Iltis liebkost. Dennoch
kann so etwas in außergewöhnlichen Situationen geschehen. Professor Wolfgang M. Schleidt, seinerzeit noch Mitarbeiter am Seewiesener Max-Planck-Institut, arrangierte es so:

Zehn Meter von Mutter Truthenne entfernt setzte er eines ihrer
Küken neben den ausgestopften Iltis. Aber jetzt vertauschte er die
Stimmen. Der Iltis, der normalerweise schweigend angreift, bekam
einen Kleinlautsprecher in den Bauch eingenäht, aus dem vom Tonband unentwegt das Piepen des Truthahnkükens erklang. Das Küken selbst blieb hingegen stumm, weil sein Schnäbelchen mit einem
Klebestreifen verschlossen war.

Dann geschah das Absurde: Die Putenmutter rannte zornentbrannt auf ihr Küken zu und versuchte, es totzuhacken. Es wäre ihr

auch gelungen, wenn der Forscher das Kind nicht schnell vor seiner Mutter gerettet hätte. Unmittelbar nachdem die Truthenne ihr eigenes Kind töten wollte, nahm sie aber den Iltisbalg, also das Modell des Todfeindes, mütterlich gluckend unter ihre Federn.

Erst in dieser abstrusen Situation wird ersichtlich, daß eine Truthenne ihre Küken in deren ersten Lebenstagen noch gar nicht persönlich kennt. Sie behandelt nämlich nicht dasjenige Wesen mütterlich, das tatsächlich ihr Kind ist, und auch nicht jenes, das Kükengestalt besitzt, sondern einzig und allein dasjenige Etwas, das so piepst. Ihr Kindrettungsverhalten wird also nicht durch die Notlage des Kükens ausgelöst, wie wir es sinnvoll begreifen würden, sondern einzig und allein durch ein akustisches Signal.

Und auch umgekehrt: Bleibt das Schutz suchende Küken stumm, meint die Mutter, es sei ein angreifender Feind. Und piept der Iltis wie ein Küken, so bemuttert sie eben dieses Monstrum, als wäre es ihr Kind. Es ist dasselbe, als würde eine Menschenmutter ihr Baby mit einem ausgewachsenen Löwen verwechseln, sofern aus dessen Bauch Babygeschrei ertönt.

All diese Dinge gestatten uns wesentliche Einblicke in das Instinktphänomen und in die Art und Weise, wie Tiere im Gegensatz zu uns die Welt erleben.

Tod dem unter Einsatz des Lebens geretteten Kind!

Die Mutterliebe erwacht zwar in vielen Tiermüttern. Sie lieben heiß und innig. Aber sie wissen merkwürdigerweise nicht so recht, was sie umsorgen sollen. In deren ersten Lebenstagen erkennen sie ihre Kinder nicht als ganzheitliche »Persönlichkeit«, sondern nur an einem Ausweis-Signal, und zwar rein instinktiv. Dieses kann akustischer Art sein wie das Piepen der Küken, aber auch ein sichtbares, geruchliches oder tastbares Signal.

Eine solche »blinde« Form der Mutterliebe kennen wir bei allen jenen Tierarten, bei denen gleichzeitig mehrere Kinder in einer Brut oder in einem Wurf das Licht der Welt erblicken. Ein Einzelkind, etwa bei einem Zebra, einem Pferd oder Schaf, wird von der Mutter unmittelbar nach dem ersten Beschnuppern sofort persönlich erkannt.

In allen Viel-Kinder-Familien hat es die Natur aber so eingerichtet, daß Rettungsverhalten nur von einem einzigen und recht einfachen Signal, also von einer simplen, schematischen Abstraktion vom komplexen Erscheinungsbild des Kindes, ausgelöst wird. Unter normalen Bedingungen leitet dieser Instinkt Tiermütter auch richtig. Aber wenn ein Zufall (oder ein Professor) dieses Signal vertauscht, verstrickt sich die Mutterliebe der Tiere ausweglos in einen Irrgarten.

Daß so absonderliche Experimente zu solch bahnbrechenden Entdeckungen führen! Aber erst im Ungewöhnlichen erkennen wir die wahre Natur des »Gewöhnlichen«.

Wegen seiner besonderen Bedeutung sei hier auch noch der berühmte Türkenenten-Versuch von Nobelpreisträger Professor Konrad Lorenz erzählt. Als eine Türkenente mit der Schar ihrer Jungen an dem Forscher vorüberwatschelte, hielt er zufälligerweise gerade das Küken einer ganz anderen Art, einer Stockente, in der Hand. Natürlich piepte das kleine Vögelchen in den höchsten Tönen. Auf diese Notrufe hin geriet die Türkenenten-Mutter in helle Erregung, flog mit lautem Gezeter an dem Forscher empor, schlug mit den Flügeln auf ihn ein, schnappte nach dem Entlein, entriß es dem Menschen und trachtete, das gerettete Kind schnell von dem gefährlichen Ort wegzuführen.

Die befreite kleine Stockente suchte nun Anschluß an die Kinderschar der Türkenente. Da aber schlug das Verhalten der Mutter augenblicklich vom Kinderretten in tödlichen Angriff auf das soeben unter Einsatz ihres Lebens befreite Küken um. Nun verdankte das Junge sein Leben nur noch dem schnellen Eingreifen des Forschers.

Wie ist dieses höchst widerspruchsvolle Verhalten der Türkenente zu erklären?

Zuerst sprach sie auf den Notruf des artfremden Kükens an, weil er demjenigen ihrer eigenen Jungen zum Verwechseln ähnlich klang. Da jedoch das Federkleid des Stockentleins eine etwas andere Farbe hat als das der Türkenenten-Küken, wurde es Sekunden später als Fremdling erkannt und als Feind bewertet. Das optische Signal stand im Widerspruch zum akustischen Zeichen. Und zwischen diesen beiden wurde das Muttertier buchstäblich hin und her gerissen.

Noch turbulentere Ereignisse spielen sich im Verlauf von Kinderaustauschversuchen bei Buntbarschen ab. Diese gehören zu den wenigen Fischen, bei denen Männchen und Weibchen in Einehe miteinander leben, um gemeinsam ihre Eier und die daraus schlüpfenden Jungtiere zu beschützen. Dabei kann es zu einer Tragödie der Irrungen kommen.

Die Jungtiere des Punktierten Buntbarschs legen im Verlauf ihrer

Entwicklung drei sehr verschieden gefärbte Jugendkleider an, gleichsam ein Babykostüm, eine Kinder- und eine Halbstarken-Uniform. Mengt ein Forscher solch einem treusorgenden Elternpaar ein älteres Kind aus fremder Familie in den Schwarm seiner etwa vierzig Babys, so erkennt es der Vater mit gestrengem Auge an der falschen Uniform sofort als fremd und will es fressen.

Aber sobald er den Jungfisch im Rachen hat, meldet ihm sein Geschmackssinn: »Achtung! Arteigener Nachwuchs ist im Maul!« Und prompt spuckt er ihn unversehrt wieder aus wie einst der Wal den guten Jonas. Doch kaum ist das Kind draußen, melden Vaters Augen wieder einen Feind. Der Buntbarsch schnappt erneut zu, spuckt den Jungfisch abermals aus . . . und so geht das pausenlos immer weiter, bis zu hundertmal hintereinander.

Dieser wahre Teufelskreis kann erst dann durchbrochen werden, wenn das Kind zufällig von Vaters Zähnen verletzt wird und blutet. Dann versagt die Beißhemmung, und der Jungfisch verschwindet endgültig im Magen.

Die Elterngefühle des Punktierten Buntbarschs werden also ähnlich instinktiv geleitet wie die der Türkenente. Nur sind hier ein optischer und ein Geschmacks-Sinnesreiz wirksam. Widersprechen sich beide Signale, weiß das Tier einfach keinen Ausweg mehr aus dem Labyrinth seiner zwischen Elternliebe und Feindvernichtungstrieb hin und her gepeitschten Gefühle.

Lebensrettung erst nach dem vierten Schrei

Sogar bei einem so klugen Tier wie unserer Hauskatze geht es bei der Aktion des Kinderrettens nicht mit vernünftigen Dingen zu. Wie wenig wir bei Katzen (und bei Tieren ganz allgemein) den Maßstab menschlicher Moral und Einsicht anlegen dürfen, offenbaren Ereignisse, die sich bereits wenige Tage nach der Geburt am Wurfnest abspielen.

Wie Professor Paul Leyhausen, Leiter der Arbeitsgruppe Wuppertal des Max-Planck-Instituts für Verhaltensphysiologie, beobachtet hat, kann nämlich folgendes geschehen: Nach dem Säugen der Jungen nuckelt eines noch etwas länger als die anderen an der Zitze, während die Mutter langsam vom Lager fortspaziert. Dann schleift sie das Kleine eine kurze Strecke aus dem Nest heraus, wo es dann abfällt und allein liegenbleibt.

Zunächst versucht das verlorene Kind, aus eigener Kraft heimzufinden, obwohl es in diesen ersten Lebenstagen noch blind ist. Es pendelt mit dem Köpfchen tastend-suchend hin und her und kriecht zitternd los. Dabei rudert es nur mit einem Bein und beschreibt somit eine Spirale, die es meist zum Nest zurückführt. Es kann aber durch Unebenheiten auch auf Abwege gelenkt werden und liegt dann hilflos irgendwo herum, während die Mutter schon längst wieder ins Nest zurückgekehrt ist und die Geschwister wärmt.

Wir sind versucht, diese Situation vermenschlichend zu beurteilen und von der Katze folgendes Verhalten zu erwarten: Sie sieht ihr Kind in seiner erbärmlichen Not und Hilflosigkeit unmittelbar vor ihren Augen, bekommt mit ihm Mitleid und holt es zu sich her ins Nest. Doch tatsächlich ereignet sich nichts dergleichen. Die Katzenmutter rührt und muckst sich nicht, als wäre ihr blindes Baby gar nicht in Gefahr zu erfrieren.

Statt dessen geschieht etwas Seltsames: Das einsame, elende Kätzchen schreit einmal kurz auf. Im selben Augenblick durchzuckt es die Mutter. Aber dennoch bleibt sie unbewegt im Nest liegen.

Beim zweiten Schrei des Babys ruckt sie ein Stück hoch in die Hokke und bleibt in dieser Stellung wie ausgestopft stehen, als hätte sie jemand mit einem imaginären Flaschenzug ein wenig hochgehievt und machte nun eine Pause.

Beim dritten Schrei zuckt sie scheinbar widerwillig noch ein Stück höher, verharrt aber mit leicht gekrümmten Beinen unbeweglich.

Erst beim vierten Schrei ihres Babys ist sie ganz auf den Beinen, schreitet gemächlich zu ihm hin und bequemt sich schließlich, ihr Kind ins Nest zurückzutragen.

Dieses Beispiel von der stufenweisen Mobilisierung des Kinderrettungstriebes der Hauskatze zeigt so eindrucksvoll wie kein anderes jene jenseits aller Vernunft wirkenden Gewalten, die im Tierreich das Mutterphänomen regieren. Wir müssen uns dies mit aller Deutlichkeit klarmachen, um nicht beim Vergleich mütterlichen Verhaltens in der Tier- und in der Menschenwelt verhängnisvolle Irrtümer zu begehen.

Bei der Katze löst also einzig und allein der Notschrei des kleinen Wichts den Instinkt der Mutter zur Rettungsaktion aus, und zwar erst nachdem das »Telefon« viermal »geklingelt« hat – dann aber so stark, daß dieses Muttertier gar nicht anders kann, als zu helfen.

Mit vielen solchen gleichsam automatenhaft ablaufenden Instinktreaktionen sorgt die Natur dafür, daß ihre Geschöpfe, die noch nicht, wie der Mensch, moralische Verpflichtungen und Verstand, Einsicht und Ethos der Kinderliebe kennen, dennoch dasselbe tun und ihre Kinder nicht umkommen lassen. Für uns unfaßbare Mächte wirken anstelle der Vernunft. Wir bezeichnen das als »moralanaloges Verhalten«.

Wie können wir uns ein solches »Wunder« anschaulich vorstellen?

Es liegt im Wesen eines Instinkts, daß ein äußerer Reiz (der Schrei des Katzenbabys) in der Mutter Gefühle von solcher Urgewalt aufbaut, daß sie den inneren Drang verspürt, diesem Gefühl (nennen wir es Lust oder Befriedigung, inneres Verlangen oder unbegreiflichen Zwang) nachzugeben, und zwar so lange, bis eine zielgerichtete Tätigkeit (das Heimholen des Kindes) ihren Zweck erreicht hat und damit jenen Drang verlöschen läßt. Instinkte wirken also auf dem Wege über aufkeimende Gefühle auf die Motivation des Handelns ein. Das Auftauchen eines Gefühls ist sogar das sichere Anzeichen dafür, daß sich ein Instinkt gerade der Kreatur bemächtigt.

Damit geraten wir bereits in einen Bereich, der auch uns Menschen nicht mehr fremd ist.

II.
Lebensretter, Arbeitstiere und Märtyrer

Heroische Formen der Mutterliebe

Wenn das Zebra einen Löwen beißt

Wenn es um ihr Kind geht, kann eine Zebramutter sogar versuchen, einen Löwen zu töten. So geschehen im Jahre 1973 im Ngorongoro-Krater, einem Schutzgebiet Ostafrikas.

Vier Geländewagen mit Touristen näherten sich einer Zebraherde. Etwa achthundert Meter vor dem Ziel sprang eine Löwin aus dem Busch und nutzte den Sichtschutz eines Autos, um ungesehen an die Beute heranzukommen. Eine verblüffende Anpassung ihrer Jagdtaktik an eine Zivilisationserscheinung! Aus nächster Nähe griff sie die völlig überraschten Zebras an und tötete ein Fohlen.

Die übrige Herde floh. Aber schon nach wenigen Metern kehrte die Mutter des getöteten Fohlens wieder um, stürzte sich auf die Löwin, biß sich in ihrem Hals fest, warf sie um und kniete sich, wie in Fotos dokumentiert wurde, auf ihren Leib. Erst zwanzig Sekunden später konnte sich die Löwin losreißen. Nun trabte die Zebramutter mit Kratz- und Bißwunden zur Herde zurück. Aber ihre Rache war furios gewesen.

Ein wahrhaft hohes Lied läßt sich auch von einem Weißstorch-Elternpaar berichten, das in einem rumänischen Dorf seinen Horst hatte.

Eines Tages brannte das Strohdachhaus, auf dem diese Vögel mit ihren drei Jungen wohnten. Als Schwaden stickigen Qualms über den Horst zogen, wechselten sich die Storchenelten im Minutenabstand am Nest ab. Zuerst deckten sie die weit ausgebreiteten Flügel über die Jungen, um sie vor Hitze und Funkenflug zu schützen. Dann, als die Flammen näherkamen, ließen sie die noch flugunfähigen Kinder noch immer nicht im Stich.

Ob es Zufall war oder b̶_____hingestellt, aber jeder eben abgelöste Elternvogel du_____Wasserstrahl der Feuerwehr, landete plitschnaß wieder auf dem Horst, schlug mit den Flügeln und fächelte so nicht nur frische Luft herbei, sondern duschte gleichzeitig auch die Kinderwiege.

So hielten sie standhaft durch, bis das Feuer gelöscht war. Wahrscheinlich hätten sie sich lieber verbrennen lassen, als daß sie ihre Kinder dem tödlichen Schicksal überlassen hätten.

Wenn eine Giraffenmutter bei der Verteidigung ihres Kindes sogar einen Löwen angreift und ihn mit einem Huftritt fünf Meter weit durch die Luft schleudert, wenn eine Rattenmutter in gleicher Notlage einem Schäferhund mit gellendem Kriegsschrei selbstmörderisch an die Kehle springt, wenn eine Delphinmutter einen angreifenden Hai so lange in die Seite rammt, bis er mit gebrochenem Knorpelskelett tot in die Tiefe sinkt, wenn eine kleine Kiebitzmutter mit frenetischem Gekreisch und Flügelschlagen eine ganze Schafherde daran hindert, über ihr Bodennest auf einer Weide zu trampeln, wenn eine Feldhasenmutter anderthalb Meter hoch in die Luft springt und dabei mit beiden Hinterbeinen nach einem angreifenden Bussard schlägt, wenn Kaiserpinguine bei grausamer Kälte, Schneesturm, wochenlangem Fasten und finsterer Südpolarnacht in jedem Jahr 252 Tage lang nur das Wohl ihres Nachwuchses im Sinn haben, wenn eine weibliche Mönchsrobbe in den Wochen, während der sie ihr Kind säugt und umsorgt, selber um fast zweihundert Pfund abnimmt und zum Skelett abmagert – ja, wenn und so weiter über hundert Seiten . . . dann handeln all diese vielen Geschöpfe der Natur, die doch eigentlich krasse Egoisten sind, im Zwange einer höheren lebenserhaltenden Macht, die wir Mutterliebe nennen.

Wissen Sie, wie hoch eine Wildschweinmutter, eine führende Bache, springen kann? Eine »sportliche« Höchstleistung vollbringt sie immer dann, wenn die Schar ihrer Frischlinge unter einem Weidezaun hindurchspaziert. Zunächst versucht sie natürlich, den Zaun umzurennen. Gelingt das nicht, muß sie, um wieder zu ihren Kindern zu gelangen, wohl oder übel darüber hinweg. Das treibt sie zu Spitzenleistungen: Bei drei Zentnern Gewicht sind bis zu 1,10 Meter Höhe beim Sprung aus dem Stand verbürgt.

Hierzulande kann auch jeder Spaziergänger in die Lage des von Huftiereltern attackierten Löwen kommen. Dann nämlich, wenn er sich aus Versehen oder Neugier dem Nest oder den Jungen eines Schwanenpärchens zu dicht nähert. Vater Höckerschwan watschelt dann herbei wie ein Schwerathlet, der vor Kraft kaum laufen kann, und zischt wie eine Giftschlange. Ich rate jedem, diese Warnung ernst zu nehmen. Sonst beißt sich der Schwan erst mit dem Schnabel an der Hose des Menschen fest und schlägt dann mit dem Flügelbug zu. Bei der Verteidigung seiner Jungen wachsen seiner ohnehin sehr kräftigen Brustmuskulatur solche Kräfte, daß er einem Menschenkind mit einem »Karateschlag« das Bein und einem kleineren Hund das Rückgrat brechen kann.

Mit einem regelrechten David-und-Goliath-Trick geht der Große Brachvogel vor, wenn sich riesenhafte Störenfriede an seinem Bodennest zu schaffen machen wollen. In Mecklenburg ist das mitunter die Großtrappe, ein Vogel, der gut das 36fache des Nestverteidigers wiegt. Das ist ein Unterschied wie zwischen Mensch und Elefant.

Trotzdem läßt sich Mutter Brachvogel nicht einschüchtern. Sie schwirrt um den Riesen herum und sticht ihm mit ihrem fünfzehn Zentimeter langen Schnabel zielgenau ins Schwarze eines gewissen Löchleins im Hinterteil. Damit ist die Schlacht bereits gewonnen.

So besitzen viele Tiermütter ihren eigenen Witz und einen kaum vorstellbaren Opfermut. Bei den so behäbig wirkenden Walrossen verhält es sich nicht anders, wie folgendes Erlebnis des dänischen Polarforschers Alwin Pedersen zeigt:

Der Eisbär mußte entweder sehr hungrig oder sehr unerfahren gewesen sein. In jenem Teil des Beringmeeres zwischen Alaska und Sibirien, in dem das Packeis in Treibeis überging, schlich er sich an ein scheinbar einsam am Rande einer Eisscholle liegendes Walroßkind an. Als er es packte, schrie es laut auf. Sekunden später katapultierten sich zwanzig Kolosse, jeder bis zu 1,5 Tonnen schwer, aus dem Wasser und stürzten sich auf den Bären. Er floh ins Wasser. Aber dort waren ihm die Walrosse erst recht überlegen. Mit ihren bis zu 75 Zentimeter langen elfenbeinernen Hauern erdolchten sie ihn von allen Seiten.

Indessen hatte die Mutter ihr schwerverletztes Kind unter den Arm geklemmt und auch ins Wasser gebracht. Hier begann nun eine Rettungsaktion, wie wir sie in dieser Art der Hilfsbereitschaft bislang nur von den Delphinen kennen.

Erst lud die Mutter ihr Kind auf den breiten Nacken, damit es den Kopf über Wasser halten und atmen konnte. Bei einem ebenfalls verletzten Bullen war das nicht so einfach. So eilten gleich vier andere Walrosse herbei, um als Krankenträger zu helfen. Wachtposten umkreisten das »Lazarett«. Weitere Tiere der Herde drängten herzu, um die Rettungsengel abzulösen. So ging dies mehrere Tage lang mit einigen Ruhepausen auf dem Eis weiter, bis die Verletzten, Baby und Bulle, wieder aus eigener Kraft schwimmfähig waren.

Bei den Walrossen hat sich also ein typisches Kinderrettungsverhalten zu einer echten Hilfeleistung auch der Erwachsenen untereinander weiterentwickelt.

Wir stehen hier am Quell allen altruistisch-sozialen Verhaltens in Gemeinschaften erwachsener Tiere überhaupt. Denn alles, was wir hier an nichtegoistischen Handlungen, an Zurückstellen eigener Vorteile hinter das Wohl der Gesamtheit, beobachten, hat seinen Ursprung allein in der Hingabe und Aufopferung der Elterntiere für ihre Kinder. Das Mutterverhalten ist der Keimpunkt alles höherstehenden Sozialverhaltens schlechthin.

Eine »Gangschaltung« für den Kindverteidigungstrieb

Ob bei brutpflegenden Insekten, Fischen, Amphibien oder Reptilien, ob bei Vögeln oder Säugetieren, ob in der Sonnenglut der Sahara oder in der Polarnacht der Arktis, stets überkommt es die Muttertiere mit Urgewalt, genau das Richtige zu tun. Bei einigen kommt es über Nacht oder in Minutenschnelle, bei anderen erwacht der Trieb erst allmählich und stufenweise. Und es ist eine Frage von großer Bedeutung, ob und wann in Tiermüttern die »heroische Form« der Mutterliebe auftritt und wann oder warum nicht. Ein Experiment zeigt, worum es hier geht:

In einer Kolonie von Adeliepinguinen testete der amerikanische Antarktisforscher Dr. E. B. Spurr die Bereitschaft der Elterntiere, ihre Brut gegen Feinde zu verteidigen. Als Gegner mußte ein ausgestopfter Pinguin herhalten, den der Forscher an einem drei Meter langen Stab mit Fahrgestell vor sich herschob. Da diese Vögel an Land sehr schlecht sehen können, behandelten sie diese Attrappe genauso wie einen lebenden Pinguin, der in ihr Brutrevier eindrang. Als Maß der Angriffswut zählte er die Schnabelhiebe, die seine Attrappe von den Nestverteidigern verabreicht bekam.

Nachdem die Pinguinin ihr Steinnest fertiggestellt hatte, hackte sie fünfmal in der Minute auf das als Feind betrachtete Holzding ein. Das Männchen gebärdete sich anfänglich viel aggressiver und griff in der gleichen Zeit zwanzigmal an. Als das erste Ei im Nest lag, steigerte sich die Kampfbereitschaft der Mütter stark, die der Väter jedoch nur noch ein wenig: Beide griffen nun 25mal in jeder Minute an. Vom zweiten Ei an erhöhte sich der Verteidigungswillen abermals, und zwar auf fünfzig Attacken bei beiden Eltern. Das ist fast jede Sekunde ein Schnabelhieb. Als die Jungen geschlüpft waren, steigerte sich die Abwehrbereitschaft sogar ins Berserkerhafte: auf achtzig Schläge bei jedem Elternteil.

Das sind Durchschnittswerte. Im Detail zeigte sich jedoch, daß in einigen Fällen die Mutter ihre Brut viel fanatischer verteidigte, manchmal aber auch der Vater. Hier spielt bereits der individuelle Charakter eine Rolle als variierender Faktor des Verhaltens.

In der Tierwelt müssen wir uns somit an den Gedanken gewöhnen, daß es gleichsam eine »Gangschaltung« für Stärkeabstufungen des Muttertriebes gibt.

In ähnlicher Weise entfaltet sich der Muttertrieb auch bei den Silbermöwen erst mit dem wachsenden Wert der Brut. Am Beginn steht eine seltsame Unbeholfenheit, denn die Möwe, die bei jedem Anflug ihren Nistplatz im Dünengelände mit unfehlbarer Sicherheit wiedererkennt, weiß gar nicht, wie ihre eigenen Eier aussehen, auch dann nicht, wenn sie schon einige Tage darauf gebrütet hat.

Nobelpreisträger Professor Niko Tinbergen, der an der Universität Oxford arbeitet, nahm zahlreichen Möwen die Gelege fort und ersetzte sie durch die skurrilsten anderen Dinge. Sogar als er ihnen statt der echten Eier eckige Holzbauklötze ins Nest legte, brüteten sie unentwegt darauf weiter.

Einmal stellte er einer Silbermöwe in ihrem Dünenbezirk zweierlei zur Auswahl: ihr richtiges Nest mit den echten Eiern und, unmittelbar daneben, eine Sandkuhle, in der ein Holzei vom Riesenformat eines Straußeneies lag. Die Möwe zögerte keinen Augenblick und entschied sich ... für das völlig unnatürliche Riesenei. Um es zu bebrüten, mußte sie erst mühsam einen wahren »Berg« von Ei erklettern. Dabei rutschte sie immerzu links oder rechts wieder herunter. Trotzdem gab sie ihre Bemühungen nicht auf, während ihr natürliches Gelege, unmittelbar vor ihren Augen, für sie einfach nicht zu existieren schien.

Bei Tieren, die ganz in der Welt der Instinkte verhaftet sind, ist dies ein recht bekanntes Phänomen. Wenn es nur einzelne Signale sind, die Brutverhalten auslösen, dann kann es auch geschehen, daß in unnatürlichen Situationen Signale erzeugt werden, deren Reiz auf das

Tier von viel stärkerer Wirkung ist als im normalen Fall. Wir nennen das einen »übernormalen Auslöser«.

Auch Menschen erliegen dieser Erscheinung. Der überdimensionale Busen einer weiblichen Schönheit auf der Titelseite einer Illustrierten ist zum Beispiel solch ein übernormaler Auslöser, der Passanten zur Aneignung verführen soll.

Die natürlichen Signale sind also nicht immer am nachhaltigsten in der Wirkung, während die übernormalen meist eine verheerende Verwirrung anstiften.

Angst vor einer »Bartholomäusnacht«

Für viele Möwen kommt als erschwerend die Feindgefahr hinzu. Vor allem in völlig finsteren Nächten kann der umherstreunende Rotfuchs in der Brutkolonie eine blutige Bartholomäusnacht anrichten. Während die Vögel auf ihrem Gelege brüten und in der Dunkelheit nichts sehen können, orientiert sich der Räuber mit der Nase und tötet im Blutrausch einen Vogel nach dem anderen, bis zu 35 Stück in einer Stunde, viel mehr, als er verzehren kann.

Deshalb verlassen alle brütenden Lachmöwen, wie Tinbergens Mitarbeiter Dr. Hans Kruuk erforscht hat, ihr Gelege, sobald die Nacht so dunkel geworden ist, daß sie einen anschleichenden Fuchs nicht mehr rechtzeitig erkennen können, und verbringen die Zeit bis zum Morgengrauen im Fluge.

Dann bleiben dem Fuchs die Eier. Er frißt sie mit Genuß und vergräbt den Überschuß in Verstecken als Vorrat für magere Zeiten. Die Möwen scheinen sich aber zu sagen: »Lieber morgen ein Ei nachlegen, als heute nacht im Kampf um ein Ei das Leben zu verlieren.«

Zwei Tage vor dem Schlüpfen beginnt jedoch eine besonders kritische Zeit. Dann darf das Gelege nicht einmal für zehn Minuten verlassen werden, weil sonst die kleinen Ei-Insassen erfrieren würden. Wollten die Möwenmütter auch in diesen beiden Nächten ihrer Furcht nachgeben, würde nicht ein einziges Kind überleben. Deshalb bleiben sie nun trotz schlimmsten Gruselgefühls bei mondloser Finsternis in ständiger Todesangst auf dem Nest sitzen.

Am Morgen darauf erblickten Niko Tinbergen und Hans Kruuk die Spur des nächtlichen Todes: Einmal waren in einer einzigen Nacht von acht Füchsen nicht weniger als 230 brütende Lachmöwen getötet und achtlos liegen gelassen worden.

Doch im ersten Tageslicht des nächsten Morgens geschah etwas Wunderbares. Die Möwenväter landeten beim Nest neben den Leichen ihrer Weibchen und brüteten weiter auf den unversehrten Eiern. Wenige Stunden später schlüpften schon die Jungen und wurden nun allein von den Vätern betreut und gefüttert. Daß die Mütter ihr Leben geopfert hatten, war nicht vergebens gewesen.

Es bleibt noch die Frage zu klären, wodurch diese enorme Steigerung der Aufopferungsbereitschaft der Möwenmütter in den letzten beiden Nächten vor dem Schlüpfen der Jungen hervorgerufen wurde. Sicherlich nicht durch die Einsicht in die eben skizzierten Zusammenhänge. Vielmehr beginnen die kleinen Ei-Insassen bereits zwei Tage vor dem Schlüpfen ganz zart zu piepen. Und diese Laute sind es, die den Bruttrieb so ungeheuer verstärken, daß die Mütter lieber ihr Leben opfern, als das Gelege im Stich zu lassen.

Eine ähnliche Todesverachtung beobachten wir auch beim Mauersegler. Einmal rief mich eine Leserin an: ihr brütender Mauersegler sei plötzlich so »zahm« geworden, daß er sich von ihr im Nest streicheln lasse. Wenn die Dame gewußt hätte, welch fürchterliche Angst das Tier vor ihrer Hand gehabt hat und daß es nur die aufs äußerste gesteigerte Intensität des Bruttriebes in den letzten beiden Tagen vor dem Schlüpfen war, die den Vogel an der Flucht hinderte, hätte sie ihm bestimmt nicht ihre Liebe angedeihen lassen.

Merkwürdig ist nur folgendes: Anders als bei den Adeliepinguinen vermindert sich die »heroische Form« der Mutterliebe bei den Möwen sofort wieder, sobald die Jungen geschlüpft sind. Kommt erst nach diesem Termin eine mondlose, wolkenverhangene Nacht, lassen die Eltern ihre Küken sofort wieder allein, obgleich diese viel lauter piepen als gestern noch aus dem Ei. Lieben sie ihre Küken weniger als die Eier kurz vor dem Schlüpfen?

Klar ist vorerst nur das Konzept der Natur. Das Verlassen der extrem kälteempfindlichen Eier würde den Tod des gesamten in dieser Brutphase befindlichen Teils des Nachwuchses der Kolonie bedeuten und damit Verluste verursachen, die zum Aussterben der Population führen können. Also muß es verhindert werden. Von den Küken kann der Fuchs jedoch zwar sehr viele, aber, insgesamt gesehen, nur einen Bruchteil töten. Folglich sorgt die Schöpfung durch Verstärken und Wiederabschwächen des Muttertriebes dafür, daß der Überlebenswert der Elterngeneration und der ihrer Nachkommenschaft in jeder Entwicklungsphase optimal gegeneinander abgewogen und an die Umweltbedingungen angepaßt wird.

Mutterliebe im Tierreich ist also auch ein der Erhaltung der Art dienendes Phänomen.

Mitunter ereignen sich aber auch Dinge, die unserer menschlichen Vorstellungswelt vom Verhalten der Tiere völlig zuwiderlaufen. Das soll folgendes Erlebnis dokumentieren:

Das Donnern der Brandung auf der Vogelinsel Norderoog, vor der schleswig-holsteinischen Westküste gelegen, wurde vom Geschrei Tausender von Silbermöwen übertönt. Mehr als zweitausend Paare brüten hier alljährlich im Mai. Auf den ersten Blick schien diese Welt noch in Ordnung zu sein.

Doch in einem Abschnitt der Kolonie waren die Bodennester wie verhext. Fast alle Küken, die hier aus den Eiern schlüpften, kamen verkrüppelt zur Welt. Den einen fehlten die Beine, den anderen die Flügel. Die Köpfchen hingen schief, und die Leiber wirkten gespenstisch deformiert.

Hatte hier jemand Contergan verfüttert? Natürlich nicht. Aber in diesem Abschnitt hatten Vogelwarte Versuche unternommen, der gegenwärtig herrschenden Möwenplage entgegenzuwirken. Eigentlich wollten sie die Ei-Insassen töten, indem sie mit einer Nadel durch die Schale hineinstachen. Aber von außen kann man nicht erkennen, wie weit sich der Embryo entwickelt hat. Ist er noch winzig, trifft die Nadel oft nicht tödlich, sondern bewirkt nur die Verkrüppelung einzelner Organe.

Das Erschütterndste spielte sich aber erst nach dem Schlüpfen ab. Es heißt immer, in der Natur werde »lebensunwertes Leben« von gesunden Tieren unbarmherzig ausgemerzt. Wie falsch diese Ansicht ist, bewiesen die Möweneltern. Denn je verkrüppelter ihre Kinder waren, desto liebevoller opferten sie sich für sie auf. Als all die gesunden Jungmöwen in der Kolonie schon längst flügge waren und ihre Eltern verlassen hatten, wurden die flugunfähigen Krüppel, die nun schon so groß wie ihre Eltern waren, immer noch gefüttert und gewärmt!

Nach diesen schlimmen Erfahrungen stellten die Vogelschützer das Anstechen wie auch das Totschütteln der Eier sofort wieder ein.

Zweifellos wurde diese verstärkte Form der Elternliebe zu verkrüppelten Kindern nicht wie in der Anfangsphase durch Pieplaute oder andere instinktauslösende Signale aktiviert, sondern durch den Anblick der völlig hilflosen Kreatur – womit wir bereits dem menschlichen Phänomen des Mitleids einen Schritt nähergekommen sind.

Wissenschaftlich belegt ist auch ein ähnlicher Fall von einem jungen Uhu. Er litt unter beidseitiger Beugelähme der Flügelgelenke, konnte also nicht fliegen und wurde von seinen Eltern noch monatelang über die normale Betreuungszeit hinaus gefüttert.

Lohnt sich der Opfertod?

In jüngster Zeit ist es unter Verhaltensforschern Mode geworden, die Stärkegrade der Mutter-Kind-Bindung nach einer aus der Geschäftswelt entlehnten Nutzen-Kosten-Rechnung zu erklären: etwa in dem Sinne, daß sich eine Tiermutter nur in dem Maße für ihre Kinder aufopfert, daß sich ihre Gene optimal fortpflanzen.

In extremen Beispielen mag das zutreffen. Ein Krakenweibchen, das in seinem Leben nur ein einziges Mal Nachwuchs zeugt, verteidigt sein Gelege auch in tödlicher Gefahr bis zum Äußersten. Wenn die Eier verlorengehen, war auch ihr ganzes Leben sinnlos. Also setzt sie es in einem selbstmörderischen Kampf rücksichtslos ein, wenn dadurch auch nur eine kleine Chance für ihren Nachwuchs gewonnen wird. Zudem können die Jungen gleich nach dem Schlüpfen auch ohne die Mutter weiterleben. Ja, am Tage der Geburt ihrer Kinder stirbt sie ohnehin einen seltsam vorprogrammierten Alterstod. Folglich spielt es auch keine Rolle, schon einige Tage zuvor ihr Leben zu opfern.

Das entgegengesetzte Extrem verkörpert der drei Meter lange Mondfisch. Ein Weibchen legt in einer Laichsaison bis zu dreihundert Millionen Eier. Da wäre es natürlich absoluter Unsinn, etwa ein Ei gegen einen Raubfisch unter Einsatz des Lebens verteidigen zu wollen.

Aus diesem Grund kennen Mondfische, wie auch viele andere Fischarten, deren Weibchen Unmengen Eier ablegen, keine Spur von Mutterliebe. Sie laichen die astronomische Vielzahl ihrer Eier ab und verschwinden auf Nimmerwiedersehen. Unter diesen Umständen sind allerdings von den dreihundert Millionen Eiern alle außer etwa einem einzigen nichts anderes als Futter für fremde Tiere. Die Anzahl der Eier ist bei einem Tier genau umgekehrt proportional zum Aufwand an Schutz und Pflege durch die Eltern.

Es muß aber noch von einem anderen Aspekt, der die Stärke der Mutterliebe beeinflußt, die Rede sein:

Auf der Marschenwiese vor dem Nordseedeich erscholl das erbärmliche Blöken eines schon etwas älteren Lamms. In der großen Herde hatte es seine Mutter verloren und fühlte sich nun von aller Welt verlassen. Das Muttertier war jedoch schon gut einen Kilometer weitergezogen und kümmerte sich überhaupt nicht um ihr Kind.

Endlich, nach etwa einer Stunde, schien die Mutter zu lauschen. Hörte sie ihr Lämmlein in der Ferne? Sie spurtete los, rannte andere Schafe, die im Wege standen, fast über den Haufen und preschte zu ihrem Kind. Ich zückte die Kamera, weil ich gleich eine herzzerreißende Begrüßung und Zeichen der Wiedersehensfreude erwartete. Aber nichts dergleichen geschah. Das Schaf stoppte sachlich-nüchtern mit dem Euter vor dem Kopf des Lammes, und dieses hechtete förmlich nach der Zitze und trank. Das war alles. Eine recht merkwürdige Form der Mutterliebe?

Hier liegen die Dinge so: Es wäre sinnlos, wenn in einem Mutterschaf die Liebe zum Kind so riesig wäre, daß es sich dem Wolf zum Fraß anbieten würde, um sein Kind zu retten. Denn junge Lämmer werden von fremden Schafen auch der gleichen Herde niemals adoptiert und sind ohne ihre Mutter verloren. Also würde deren Opfertod dem Kind gar nichts nützen. Somit ist der Muttertrieb bei Schafen auch relativ schwach ausgebildet und sinkt, wenn das Junge einige Wochen alt ist, nahezu auf Null.

Deshalb bedient sich die Natur hier eines anderen Mittels, um älteren Lämmern noch eine regelmäßige Milchmahlzeit zukommen zu lassen: Der Schmerz des Milchdrucks im Euter zwingt das Weibchen dazu, sein Kind aufzusuchen und sich Erleichterung zu verschaffen. Er ist ein Mutterliebe-Ersatz.

In diesen Beispielen geht die Nutzen-Kosten-Rechnung, die Kalkulation, ob sich der Opfertod auch lohnt, auf. Aber im großen Mittelbereich zwischen den Extremen ist das nicht regelmäßig der Fall. Wäre sie, wie einige Zoologen behaupten, ein Naturgesetz, könnten wir wie folgt theoretisieren: Eine Zebrastute bekommt in durchschnittlich zehn Fortpflanzungsjahren je ein Fohlen. Würde sie ihr Leben für das erste Kind einsetzen und es dabei verlieren, blieben neun mögliche Jungtiere ungeboren. Also setzt sie ihr Leben für ein Kind nicht aufs Spiel.

Das bereits geschilderte Beispiel von der Zebrastute, die jene Löwin, die ihr Kind getötet hatte, aus purer Rache umwirft und in den Hals beißt, führt aber diese Theorie in überzeugender Weise ad absurdum.

Ebenso sicher ist es aber auch, daß keineswegs jede Zebrastute so »heroisch« handelt. Nur wenige sind zu solchen Heldentaten fähig. Daraus geht hervor, daß die Mutterliebe, obgleich im Instinktiven verhaftet, ein Phänomen ist, das nicht in mathematische Formeln und reine Nutzen-Kosten-Rechnungen gezwungen werden kann. Die ungeheuren seelischen Kräfte, die sie freisetzt, fragen nicht danach, ob sich ihr Einsatz auch lohnt.

Fische als Ersatzkinder für Vögel

Die Mutterliebe sprengt vor allem dann alle Grenzen rationalen Denkens, wenn sie in einem Tier voll entbrannt ist, dann aber das Junge spurlos verschwindet. Das beweist die Geschichte von Hagenbecks Orang-Utan-Weibchen »Clara« im Tierpark Hamburg-Stellingen.

Vor Jahren galt es noch als Fortschritt in der Tierhaltung, die Kinder von Menschenaffen von einer Tierpflegerin aufziehen zu lassen. Nach Injektion eines Schlafmittels nahm der Wärter Clara das einige Tage alte Baby fort. Als sie wieder erwachte, war sie verzweifelt. Da fügte es der Zufall, daß sich eine umherstreunende Katze vor das Gitter des Affenkäfigs setzte. Sogleich hangelte Clara herbei, streichelte die Katze durch das Gitter hindurch und liebkoste sie auf sehr gefühlvolle Weise.

Die Katze muß sofort gespürt haben, daß ihr hier eine selten innige Liebe entgegengebracht wurde, denn von nun an besuchte sie Clara jeden Tag mehrere Stunden lang, um sich kraulen und streicheln zu lassen – und das über einige Wochen.

Dann aber nahm dieses merkwürdige Mutter-Ersatzkind-Verhältnis ein jähes Ende. Eines Tages war es der Katze gelungen, ihren Körper unter Aufbietung der ganzen Kraft und Geschmeidigkeit durch die der Liebkosung hinderlichen Gitterstäbe hindurchzuzwängen. Kaum hatte sie es geschafft, schloß der Menschenaffe sein fremdartiges Adoptivkind so herzinnig in die Arme, daß ihm fast die Luft wegblieb. Er wollte es nie wieder hergeben, sosehr die Katze auch miaute und strampelte.

Erst nach zwei Tagen gelang es der mittlerweile recht hungrig gewordenen Katze, sich aus der Umarmung zu befreien. Kein Wunder, daß es von Stund an mit dem Mutter-und-Kind-Spiel aus und vorbei war.

Das also kann Mutterliebe bei Tieren auch sein: ein Riesenmaß an Aufopferung, aber auch ein Riesenmaß an Unvernunft, das mitunter zu burlesken Situationen führt, wie auch schon das Beispiel der kinderlosen Rehmutter zeigte, die ein Kaninchen betreuen wollte.

Bei den Kaiserpinguinen in der Antarktis kann die Sehnsucht eines Muttervogels nach dem verlorenen Kind sogar so verzweifelte Ausmaße annehmen, daß sie zur akuten Lebensgefahr für fremde Jungtiere wird.

Wenn das Küken einer Pinguinin gestorben ist, versucht sie rücksichtslos, ein fremdes Kind zu stehlen, um wieder etwas zum Bemuttern zu bekommen. Gelingt ihr das Kidnappen unbemerkt, geht für das Kind meist alles gut aus. Aber das ist nur selten der Fall. Meist wird die Entführerin in flagranti ertappt. Dann bricht ein erbitterter Streit zwischen beiden Müttern aus. Sie schlagen und hacken so blindwütig aufeinander ein, daß jenes unschuldige Kind, um das der Kampf entbrannt ist, totgetrampelt wird. Viele Küken gehen alljährlich durch jenes gefährliche Übermaß an Mutterliebe zugrunde.

Auch bei Hausmäusen und Wanderratten können Muttertiere, denen ein Experimentator die Jungen weggenommen hat, zu Kidnappern werden.

Folgende drollige Geschichte trug sich vor Jahren in einem Labor zu: Eine Mäusemutter, deren Wurf vom Tierpfleger entfernt worden war, nagte auf der rastlosen Suche nach ihren Kindern die drei Zentimeter dicke Holzwand ihres Käfigs durch. Der Weg führte aber nicht zu den Jungen, sondern in einen Nachbarkäfig, in dem eine Wanderratte mit fünf Babys im Nest wohnte. Immer dann, wenn die Ratte gerade am Freßtrog war, huschte die Maus herbei, nahm ein Rattenkind ins Maul und trug es hinüber in ihr Reich, um es dort zu bemuttern. Als die Maus am dritten Tag gerade das letzte Rattenbaby stehlen wollte, wurde sie von der Rattenmutter beim Kinderraub erwischt. Aber die Ratte biß die Maus nicht tot, wie es diese Tiere sonst zu tun pflegen. Vielmehr behandelte sie die Entführerin, als wäre sie eines ihrer Kinder, und trug die Maus, die ihrerseits wieder ein Rattenbaby im Maul hielt, zärtlich zwischen den Zähnen in ihr Nest, um sie zu säugen.

Die Wanderratte reagierte also ihren unbefriedigten Muttertrieb an der Hausmaus ab und diese gleichzeitig den ihrigen wiederum an den Kindern der Ratte! So stark ist bei Tiermüttern der innere Drang, jemand zu umsorgen, sofern er erst einmal zum Ausbruch gekommen ist.

Falls es der Zufall so fügt, füttern Tiere sogar die Kinder des »Mörders« ihrer Kinder. In einem lauenburgischen Wald hatte 1972 ein Paar Buntspechte seine Höhle in den Stamm eines alten Baumes gezimmert, während einen halben Meter darunter ein Kohlmeisenpärchen ebenfalls in einer Höhle nistete. Fast gleichzeitig schlüpften in beiden Etagen die Jungen. Offenbar herrschte große Hungersnot, denn eines Morgens meißelte ein Specht die Meisenhöhle auf und verfütterte die Nestlinge an seine Jungen. Doch die Meiseneltern fuhren nun fort, mit ungehemmter Leidenschaft die jungen Spechte zu füttern, als wären es ihre eigenen Kinder.

Im Frühjahr 1958 ging ein Pressefoto um die Welt. Es zeigte einen Vogel, und zwar einen Roten Kardinal, der mit Insekten im Schnabel am Rand eines Fischteiches stand. Zehn Zentimeter vor ihm reckten mehrere Karpfen ihre weit aufgerissenen Mäuler aus dem Wasser dem kleinen Vogel entgegen . . . und wurden von ihm regelrecht gefüttert.

Der Besitzer des Fischteichs in Shelby, North Carolina, erklärte, der Kardinal habe seine eigenen Kinder verloren, sei aber noch ganz darauf versessen, sein Futter in weit aufgesperrte Höhlungen hineinzustopfen. In Ermangelung seiner eigenen Jungen reagiere er diesen unbefriedigten Trieb nun an den Mäulern der Karpfen ab.

In einer ähnlichen Aufwallung ihres Fütterungstriebes suchte auch die zahme Dohle des Braunschweiger Zoologieprofessors Otto v. Frisch nach einer trichterförmigen Öffnung, in die sie Nahrung hineinstecken konnte. Als geeignetes Objekt fand sie sehr bald . . . die Ohren des Forschers, in die sie nicht müde wurde, dicke Raupen und Regenwürmer hineinzustopfen.

So ungewöhnlich uns diese Fütterwut erscheint, so alltäglich ist sie doch im Reich der Vögel. Einer, der das hemmungslos ausnutzt, ist der Kuckuck. Tötet doch der junge Gauch alle echten Kinder seiner Ziehmutter, indem er sie aus dem Nest wirft. Aber, anstatt Rache zu üben, konzentriert der Muttervogel nun seine ganze Liebe auf das »böse« Ersatz-Einzelkind. Ja, sogar wenn der junge Kuckuck bereits das sechsfache Körpergewicht der Ziehmutter, etwa einer Klappergrasmücke, besitzt, als futterheischender Riesenwanst im viel zu klein gewordenen Nest thront und die Mutter bei jeder Nahrungsübergabe fast mit zu verschlucken scheint, bringt sich diese immer noch beim Futterbeschaffen nahezu um.

Der Riesenschlund des herangewachsenen Kuckuckskindes ist zum übernormalen Auslöser des Fütterverhaltens geworden.

Der Urquell der Nächstenliebe

Wer würde es für möglich halten, daß ein achtzig Zentimeter großes Hyazinth-Ara-Männchen winzige Amselkinder füttern und aufziehen kann? Und doch erlebte der Esslinger Hausarzt Dr. Gerd Long diese großartige Tierliebe unter artverschiedenen Tieren.

Er war stolzer Besitzer solch eines leuchtend blauvioletten Großpapageien, den er »Inka« nannte. Der Vogel wurde bei ihm nicht, wie leider noch vielerorts üblich, an einen Reif gekettet, sondern konnte frei in Haus und Garten umherfliegen.

An einem warmen Frühlingstag entdeckte Inka im Wacholderbusch ein Nest mit fünf jungen Amseln. Zunächst beobachtete er aus der Ferne, wie die Amseleltern ihre Kinder fütterten. Plötzlich packte er eine Raupe, flog zum Amselnest und steckte die Beute einem der hungrigen Schreihälse ins weit aufgesperrte Schnäbelchen.

Die Amseleltern ahnten natürlich nicht, daß der für sie riesenhafte Ara ein reiner Vegetarier ist und niemals kleine Vögel frißt – und daß Inka nur spielerische Freude am Füttern hatte. Vor Schreck flogen sie auf Nimmerwiedersehen davon.

Doch zum Glück hatte der intelligente Inka, der geborene Körner-, Nuß- und Früchtefresser, gleich begriffen, daß die Amselkinder das brauchen, was er selber nie anrühren würde: Käfer, Spinnen, Asseln, Raupen und Regenwürmer. Außerdem schien es so, als hätte er sich nun verpflichtet gefühlt, eine Aufgabe als Adoptivvater zu übernehmen. Tag für Tag war er rastlos von früh bis spät tätig, um die ungewohnte Kost für seine Schützlinge herbeizuschaffen. Tatsächlich gelang es ihm, drei von den fünf fremdartigen Jungen aufzuziehen. Mehr hätten die richtigen Amseleltern wahrscheinlich auch nicht geschafft.

Der Unterschied zwischen diesem Beispiel und den zuvor geschilderten Verhaltensweisen der Kohlmeiseneltern, des karpfenfütternden Roten Kardinals und der Kuckuckswirte ist ein fundamentaler. Der Ara hatte zuvor nicht gebrütet. Es gab also kein Ereignis, das seinen Brutpflegeinstinkt hätte auslösen können. Trotzdem fütterte und pflegte er die Amselkinder. Was veranlaßte ihn dazu?

Das Gefühl unermeßlicher Freude, das der Mutter- oder Vatertrieb einem Tier eingibt, um in ihm die Bereitschaft zu ebenso unermeßlicher Arbeitsleistung und Hingabe zu wecken, strahlt in einigen Tieren, die so etwas schon einmal erlebt haben, auch in jene Zeiten hinein, in denen der Trieb selber gar nicht wirksam ist.

Anstelle der sinnverwandten Begriffe Instinkt, Trieb und Drang bezeichnen wir diesen Abglanz auf die Bewußtseinssphäre als Neigung. Das Kinderfürsorgeverhalten hat sich von den triebhaften Wurzeln emanzipiert. Als Motivation zum Handeln ist die Neigung zwar schwächer und unzuverlässiger als der über das Unbewußtsein wirkende Zwang eines Triebes, aber dafür greift sie in die Bereiche einer eigenständigen Individualität über. Hierin sehe ich bereits eine höhere Form der Mutterliebe.

Das ist die Basis zu weiteren interessanten Phänomenen.

Bei den Bärenpavianen in Südafrika wird allen jungen Weibchen bereits von ihren Müttern Unterricht in Babypflege erteilt. Das Ergebnis ist, daß die Mädchen ganz darauf versessen sind, etwas Lebendiges zu umsorgen, auch wenn sie selbst das große Mutterglück noch gar nicht erfahren haben. Versuche, den Affenmädchen Puppen zum Bemuttern zu geben, scheiterten jedoch. Das Pflegeobjekt muß lebendig sein.

Aber wenn Farmer ihnen Ziegen zum Betreuen geben, ist ihnen eine ganze Herde davon gerade recht. Auf mehreren südwestafrikanischen Farmen wurden schwarze Hirten vom Stamm der Hottentotten durch weibliche Bärenpaviane ersetzt, und zwar mit nie für möglich gehaltenen Erfolgen. Einzelheiten darüber habe ich schon an anderer Stelle geschildert.*

Von der Wurzel des Instinktiven losgelöstes Betreuungsverhalten wird zur Basis sozialer Betätigung in einer Gemeinschaft. Das ist der Urquell der Nächstenliebe.

Schimpansin zieht ein Kind mit der Flasche auf

Noch großartiger verliefen die Bemühungen von Dr. Frans de Waal im Arnheimer Zoo, jahrzehntelange Sünden bei der Aufzucht junger Schimpansen durch geeignetere Methoden zu ersetzen.

Der große Fehler war bisher, daß viele Tiergärtner glaubten, sie könnten für die im Zoo geborenen Babys der Menschenaffen nichts Besseres tun, als sie von einer Pflegerin genauso wie Menschenkinder aufziehen zu lassen. Gleich nach der Geburt wurden sie den Affenmüttern weggenommen. Begründung: die Hygiene sei nicht gewährleistet, und wenn das Kind krank werde, gebe es die Mutter

---

* Vergleiche Anmerkungen im Anhang des Buches.

nicht her, um es ärztlich behandeln zu lassen. Somit sei der kostbare Nachwuchs für den Zoo verloren.

Die Menschenaffenkinder bekamen eine modern eingerichtete Babystube mit Paidibettchen, Ställchen und viel Spielzeug. Sie wurden in Windeln gewickelt. Und täglich sah nicht etwa der Tierarzt nach ihnen, sondern ein Kinderarzt. Nur ihre richtigen Eltern sahen sie nie. Es wurde solch riesiger Aufwand mit den Kleinen getrieben, daß Zoobesucher energisch protestierten: Solange es vielen Menschenkindern schlechter ginge, dürfe mit den Tierkindern nicht solcher Luxus getrieben werden.

Indessen gediehen die wie in einer Entbindeklinik gepflegten Schimpansenkinder körperlich prächtig: vor Gesundheit strotzend und von kräftigem Wuchs.

Das böse Erwachen kam erst acht Jahre später, als die jungen Schimpansen geschlechtsreif wurden. Als Zoofachleute sie nun mit jeweils einem Partner zusammenbrachten und fröhliche Liebesspiele erwarteten, wurde es offenbar, daß die körperlich so gut entwickelten Männchen und Weibchen ganz erbärmliche Verhaltenskrüppel waren. Zwischen Überängstlichkeit und Überaggressivität hin und her gerissen, war keine Annäherung an den Partner möglich, geschweige denn eine Paarung. Wurden die Weibchen daraufhin künstlich befruchtet, geschah die Katastrophe unmittelbar nach der Geburt.

Frans de Waal berichtet: »Die schlimmste Schimpansin ist ›Spin‹. Sie bringt prächtige, gesunde Babys zur Welt, nimmt sie aber nicht an. Einmal habe ich gesehen, wie Spin kurz nach der Niederkunft ihr noch klatschnasses Junges anschrie und drohte, als ob das hilflose Baby etwas dafür könne, daß die Geburt mit Schmerzen verbunden war.«

Das also macht die menschliche, mit riesigem materiellen Aufwand betriebene, aber dem seelischen Naturell in keiner Weise gerecht werdende Babypflege aus Schimpansenkindern: bedauernswerte, verhaltensentartete Kreaturen, die unfähig sind zur Liebe – sowohl gegenüber dem Paarungspartner als auch gegenüber dem eigenen Kind. Ihr gestörtes Angst-Aggressions-Verhältnis unterdrückt in ihnen das Aufkeimen der Mutterliebe

Solchen Weibchen müssen die Kinder also auch weggenommen werden. Ein Teufelskreis ohne Ende! Ihn durchbricht nun Frans de Waal mit der Idee, die Kinderpflege wieder in die Hände der Schimpansen zurückzugeben.

Zum Glück besitzt der Arnheimer Zoo nicht nur die größte in Menschenobhut gehaltene Schimpansengruppe der Welt, sondern auch noch ältere Tiere, die nicht durch die Segnungen der menschlichen Kleinkind-Pädagogik zu seelischen Ruinen verdorben wurden, sondern die noch von früher her das unverfälschte Leben im Urwald kennen, die Mutterliebe noch mit der Muttermilch eingesogen haben und an ihre Kinder weiterzugeben bereit und fähig sind.

Unter ihnen war das Weibchen namens »Kuif«. Nur besaß es einen Fehler: Es produzierte nicht genug Milch, um ein Kind ernähren zu können. Hier setzt die großartige Idee ein. Nachdem Kuif bewiesen hatte, daß sie eine innige Zuneigung zu dem Baby einer verhaltensgestörten Schimpansin gefaßt hatte, wurde ihr beigebracht, das Adoptivkind mit der Nuckelflasche zu säugen.

Zu Anfang wollte Kuif die Flasche immer selber austrinken und wurde ganz fuchtig, wenn ihr die Tierpflegerin das verbot. Aber eines Tages fiel dann doch der Groschen. Von diesem Augenblick an gab es kein Halten mehr. Mit dem vollendeten Erlernen des Flaschegebens betrachtete Kuif das Baby als ihr ureigenstes Kind und ließ nicht mehr von ihm ab.

Damit ist das Phänomen der Mutterliebe bereits in unmittelbare Nähe des menschlichen Bereichs gerückt.

III.
Verwirrt durch den Intellekt

Die Mutterliebe beim Menschen

Keine Bindung nach der Entbindung

Die Skizze dessen, was im Tierreich unter Mutterliebe zu verstehen ist, erhält erst durch die Frage volles Gewicht, ob sich ähnliche Vorgänge auch beim Menschen ereignen oder nicht.

Ein amerikanischer Gynäkologieprofessor, sein Name muß hier aus begreiflichen Gründen verschwiegen werden, führte im Jahre 1974 ein aufschlußreiches Experiment durch. Eine hochschwangere junge Dame kam zu ihm in die Praxis und erklärte kategorisch, daß sie ihr Kind nach vollzogener Entbindung unter keinen Umständen behalten wolle.

In diesen schon seit Jahrzehnten zur Routine gewordenen Fällen wird der Gebärenden das Kind so schnell weggenommen, daß sie es nicht ein einziges Mal zu Gesicht bekommt. Bald darauf wird es Adoptiveltern gegeben, ohne daß die leibliche Mutter je das Geringste über den Verbleib des Babys erfährt.

Dieses Mal handelte der Frauenarzt jedoch anders. Unmittelbar nach der Geburt behauptete er, leider noch keine so guten Adoptiveltern für das Kind gefunden zu haben, wie sich die Patientin es wünsche. Sie möge das Kind deshalb doch bitte noch einige Tage bei sich behalten.

So geschah es, und mehr noch: Sie bekam ihr Kind nicht nur, wie in Entbindekliniken allgemein üblich, täglich sechsmal für je zwanzig Minuten zum Säugen, sondern insgesamt fünf Stunden lang. Splitternackt lag das Baby im Bett der Mutter. Sie betastete es, streichelte es und schaute ihm tief in die Augen.

Vier Tage nach der Geburt betrat der Professor freudestrahlend das Zimmer: »Ich gratuliere, gnädige Frau, jetzt endlich haben wir besonders liebe Adoptiveltern für Ihr Kind gefunden. Würden Sie es mir bitte herausgeben.«

Und dann geschah das Unerwartete. Die Frau, die noch vor vier Tagen fanatisch erklärt hatte, daß sie ihr ungeborenes Kind hasse wie die Pest, daß sie es erwürgen werde, falls man es nicht zu fremden Pflege-Eltern geben würde, diese Frau lief jetzt abermals vor Erregung rot an: »Unterstehen Sie sich, Herr Professor, mein Kind auch nur anzurühren! Das ist mein Junge, und keine Macht der Welt wird ihn mir je nehmen!«

Draußen vor der Tür berichtete der Forscher seinen Fachkollegen triumphierend: »Das Experiment hat meine Hypothese voll bestätigt. Der innige Kontakt mit dem Kind während der ersten Tage unmittelbar nach der Geburt hat die Gefühlswelt der Frau von Ablehnung und Haß in grenzenlose Liebe zu ihrem Kind verwandelt.«

In den folgenden sechs Jahren beobachtete der Professor, selber ungesehen, diese Mutter oft, wenn sie mit ihrem Kind spazierenging. Verwandte wurden interviewt, der Hausarzt befragt. Alle Aussagen bestätigten übereinstimmend: Diese Frau war und blieb ihrem Kind dauerhaft eine so zärtliche und liebevolle Mutter, wie wir es heute leider nur noch selten finden.

Dasselbe große Wunder, das die Natur an Tieren vollzieht, wenn sie zu Müttern werden, wirkt also auch noch tief bis in den Bereich des Menschlichen hinein.

Bei Mensch und Tier geschehen die wichtigen Dinge gleichermaßen um die Stunde der Geburt. Bei beiden ist der enge körperliche Kontakt zwischen Mutter und Kind entscheidend für die seelische Bindung der Mutter an das Baby. Bei beiden sind es winzige, völlig unbedeutend erscheinende, im Unbewußtsein wirkende Anlässe, die Nestwärme erzeugen und die Weichen des Schicksals für das ganze Leben stellen. Und wenn der Trieb einmal geweckt wurde, bleibt er lange Zeit über von unverbrüchlicher Festigkeit zum Wohle des Kindes bestehen – bei Tieren und Menschen.

Um Mißverständnissen vorzubeugen: Hiermit soll keineswegs gesagt werden, daß Mutterliebe bei Tieren und Menschen genau dasselbe wäre. Das ist es nicht. Aber die instinktiven Kräfte, die jene Kinderbetreuungsgefühle in Tieren entzünden, haben auch noch über uns Gewalt.

Der Unterschied zwischen Menschen und Tieren liegt hier auf einer anderen Ebene: Über jene Instinkte hinaus verfügen allein wir

Menschen über ein weites Spektrum ethischer Werte. Wie diese seelischen und geistigen Kräfte mit den instinktiven zusammenwirken, ist von besonderem Interesse.

Über das Erwachen der Mutterliebe um die Stunde der Geburt scheinen Angehörige der Naturvölker mehr zu wissen als in der Zivilisation lebende Menschen. Der Münchner Professor Irenäus Eibl-Eibesfeldt zeigte mir einmal einen wissenschaftlichen Dokumentarfilm, in dem das auf entsetzliche Weise deutlich wurde.

In Papua-Neuguinea leben einige Stämme, die eine Art der Geburtenkontrolle von unmenschlicher Grausamkeit betreiben. Wenn eine Frau mehr als drei Kinder bekommt, muß sie jedes überzählige Baby unmittelbar nach der Geburt dem Tode überantworten. Wie diese Kindestötung, der Infantizid, vor sich geht, wurde mit einer versteckten Kamera gefilmt.

Auf Anordnung des Medizinmannes bringt die Mutter das Kind ganz allein in der Nähe einer einsamen Hütte abseits des Dorfes zur Welt. Nachdem sie die Nabelschnur durchtrennt hat, richtet sie sich in sitzender Haltung auf und wendet den Blick vom Baby ab, das sie nicht ein einziges Mal berühren darf. Die Ohren hat sie sich mit Wachs verstopft, so daß sie auch das Schreien des Kindes nicht hört. Nach einiger Zeit ergreift sie einen der bereitliegenden Zweige mit frischem Laub und wirft ihn über das Baby. Die anderen Zweige folgen nach und nach, bis vom Kind nichts mehr zu sehen ist.

Im Gesicht der Mutter zeichnet sich tiefe Depression ab. Sie ist in etwa vergleichbar mit dem Gemütszustand, den Frauenärzte von Patientinnen kennen, die eine Fehlgeburt erlitten haben. Aber in der Papuafrau rührt sich keine Spur eines Kindverteidigungs- und -rettungswillens, kein Ansatz zu einer Verzweiflungstat, kein Haß gegen die Gesellschaft ihres Stammes. Nach einigen Stunden erhebt sie sich und geht zu ihren drei lebenden Kindern. Wenige Tage darauf verhält sie sich wieder, als wäre das Schreckliche nie geschehen.

Sie hatte zwar ein Kind zur Welt gebracht, aber keine seelische Bindung zum Kind geknüpft. Nur so konnte sie den Verlust überhaupt verkraften.

Dieser Blick nach Papua-Neuguinea ist für uns deshalb von Bedeutung, weil auch in allen zivilisierten Ländern eine ähnliche Situation, wenngleich ohne Infantizidabsicht, zwischen Mutter und Kind entstehen kann: nämlich bei Frühgeburten.

Die Macht moralischer Kräfte

Sieben-Monats-Kinder müssen aus medizinischen Gründen gleich nach der Geburt in einen Inkubator, einen sogenannten »Brutkasten«, gelegt werden, in dem sie elektrisch gewärmt, künstlich beatmet, durch Plastiksonden ernährt, durch Sterilschleusen gesäubert und mit fernanzeigenden Instrumenten ärztlich überwacht werden. Hierin muß das »Brutkastenkind« mitunter mehrere Wochen lang verbleiben, ohne daß die Mutter auch nur einmal Gelegenheit zum körperlichen Kontakt, zur Liebkosung, bekommt.

Die seelischen Resultate haben die Professoren Klaus H. Marshall und John H. Kennel an der Universität Cleveland untersucht. Sie sind erschreckend. In den USA waren nicht weniger als 39 Prozent aller von ihren Eltern schwer mißhandelten Jugendlichen früher einmal »Brutkastenkinder«. Von wenigen Ausnahmen abgesehen, sind Inkubatorbabys prädestiniert, im Leben niemals jemanden zu finden, der sie von ganzem Herzen liebt.

Denn auch dann, wenn sie nicht direkt mißhandelt wurden, hatten »Brutkastenkinder« in späteren Lebensjahren meist nicht viel zu lachen. Die Eltern ließen ihre Säuglinge stundenlang allein, während sie ins Kino oder in die Diskothek gingen. Waren sie zu Hause, ließen sie das Baby lange Zeit schreien, ohne nach ihm zu sehen oder es zu beruhigen. Die Not des Kleinen schien sie nur im Sinne einer Lärmbelästigung zu stören.

Später, als die Kinder größer waren, wurden sie (ebenfalls von Ausnahmen abgesehen) von ihren Eltern zwar nicht geschlagen, aber sie erhielten auch keine liebevolle Zuwendung. Damit fehlte ihnen das für eine gesunde seelische Entwicklung so überaus wichtige Urvertrauen und auch die Fähigkeit, selber Bindungen zu anderen Menschen einzugehen.

Diese Eltern mögen, mit Ausnahme der Kindesmißhandler, alles getan haben, wozu sie sich aus ethischen Gründen verpflichtet fühlten. Sie haben für den materiellen Unterhalt gesorgt, für die Nahrung, für die Unterkunft, später für Taschengeld und Geschenke. Und wir können sagen: Gott sei Dank besaßen sie die moralischen Kräfte, dies zu tun, denn sonst wären die Kinder völlig verloren gewesen – wie es im Tierreich unter gleichen postnatalen Trennungsverhältnissen der Fall ist.

Diese moralischen Kräfte sind bereits ein Faktor, mit dem sich menschliche Mutterliebe über das gleiche Phänomen im Tierreich erhebt. Es ist nur die Frage, ob sie allein genügen, einem Kind hinreichend Nestwärme zu geben, um es zu einem glücklichen und seelisch gesunden Menschen heranwachsen zu lassen.

Sehnsucht, die durch Wände hindurch verbindet

Der zweite spezifisch menschliche Faktor der Mutterliebe wird gerade an jenen wenigen Eltern von »Brutkastenkindern« offenbar, die entgegen der großen Mehrzahl ihre Söhne und Töchter trotz allem mit grenzenloser Hingabe lieben. Tierpsychologisch ist diese allen Belastungen standhaltende Mutterliebe gar nicht zu erklären. Dennoch lernte ich mehrere Familien kennen, denen sie unendlich viel Glück beschert.

Das kam so: In einer Vortragsreihe berichtete ich über die eben geschilderten Untersuchungen an »Brutkastenkindern« und erwähnte, daß die Professoren Marshall und Kennel der Meinung wären, jenen bedauernswerten Wesen sei in jedem Fall ein unabänderlich trauriges Schicksal vorherbestimmt.

Da trat nach Beendigung des Vortrages eine achtzehnjährige junge Dame freudestrahlend vor mich hin und sagte: »Schauen Sie mich an. Ich bin so ein bemitleidenswertes Wesen mit traurigem Schicksal!« Dabei platzte sie vor Lebenslust aus allen Nähten.

Ich ging der Sache nach und stellte folgendes fest: Vor ihrer Geburt war Helga, so heißt die Dame, als ausgesprochenes Wunschkind von ihren Eltern mit großer Vorfreude erwartet worden. Als es dann zur Frühgeburt kam, als das Baby unantastbar für die Mutter im Brutkasten lag, geschah etwas, wozu nur der Mensch fähig ist. Die reine Vorstellungskraft verlieh der Mutterliebe Flügel, vermochte Wände zu durchdringen, Räume zu überwinden. In Gedanken war die Mutter allzeit ihrem Kind im fernen gläsernen Kasten so nah, als berühre, herze und liebkose sie es. Das wiederum genügte vollauf, die gefühlsmäßige Bindung der Mutter an das Kind so zusammenzuschweißen, als wäre das Baby im »Brutkasten« niemals von der Mutter getrennt gewesen.

Nur wehe dem Frühgeborenen, wenn es kein Wunschkind ist oder gar den Eltern ungelegen kommt und ihnen Schwierigkeiten verursacht! Dann hängt sein Wohlergehen nur an der moralischen Kraft der Eltern. Ist es darum schlecht bestellt, wie heute leider so oft, ist die Kindesmißhandlung praktisch schon vorprogrammiert.

Die Mutterliebe des Menschen umfaßt also sowohl den animalisch-instinktiven Bereich dieses Phänomens als auch die allein dem Menschen vorbehaltenen ethischen und moralischen Kräfte.

Bei Tieren wird der Muttertrieb allein durch einen Instinkt wach. Wir Menschen müssen erst wieder lernen, daß es diese im Unbewußten wirkenden Kräfte auch in uns gibt, ja, daß wir sie sogar dringend brauchen, um uns eine unverrückbare Basis für den geistigen Oberbau der Liebe zum Kinde zu schaffen.

Wer die Existenz der uns aus dem Verborgenen heraus regierenden Mächte ignoriert, wird immer zu falschen Denk-Ergebnissen gelangen, wenn er die Institution der Familie reformieren will. An irreführenden Doktrinen mit für die Kinder katastrophalen Auswirkungen haben wir in letzter Zeit schon mehr vorgesetzt bekommen, als die Menschheit verkraften kann.

Aber mit dem Wissen um beide Komponenten der menschlichen Mutterliebe kann sich der Homo sapiens nun zum erstenmal aus dem Sklavenjoch seiner eigenen Instinkte befreien und Sicherheit im Umgang mit seinen triebhaften Regungen erlangen. Das könnte zur grundlegenden Voraussetzung werden, durch die sich der Mensch über das Niveau des Animalischen erhebt.

Denn die moralischen Werte allein sind nicht ausreichend, vor allem dann nicht, wenn die geistige Motivation eines Menschen brüchig, labil und nicht imstande ist, jahrelangen Belastungen, Mühen und Entbehrungen im Dienste des Kindes standzuhalten. Erinnern wir uns: Es ist die Macht des Triebhaften, die einer Mutter auch unter langwieriger Schwerstarbeit, Aufopferung und Selbstentsagung das Gefühl höchsten Glücks eingibt. Das ist der wahre »Schutzengel«, den die Schöpfung zum Wohle der Kinder erschaffen hat.

Mutter oder Bezugsperson?

In diesem Zusammenhang darf nicht verschwiegen werden, daß die moderne Kleinkindpsychologie einen verhängnisvollen Begriff geprägt hat, den der »Bezugsperson« anstelle der Mutter. Er suggeriert, daß ein Baby gar nicht unbedingt seine Mutter brauche. Jede andere Person, sofern sie sich nur um das Kind kümmere, genüge vollauf. Ein typischer Auswuchs der familienfeindlichen Tendenzen unserer Zeit!

Zwar ist der Begriff der Bezugsperson ein Fortschritt gegenüber der vor Jahrzehnten in Waisenhäusern, Kinderkliniken und Heimen geübten Praxis, ständig wechselndes Pflegepersonal auf die Kinder Einfluß nehmen zu lassen. Aber aus dem bisher Gesagten geht hervor, daß die fremde Person eine Mutter nur dann vollwertig ersetzen kann, wenn sie nicht nur vernunftmäßig bereit ist, das Kind zu betreuen, sondern wenn sie dies auch mit ihrer ganzen gefühlsmäßigen Liebe und Hingabe tut. Einige Väter und Adoptiveltern sind vielleicht dazu fähig, nicht aber jede x-beliebige Person, die nur Geld verdienen will!

Mutter sein ist weder ein Job noch eine Funktion wie die Führung eines Kindergartens.

Um hier den Dingen klarer auf den Grund zu schauen, versuche der Leser bitte einmal, sich die Einrichtung der Bezugsperson im Tierreich vorzustellen. Welche Eisbärin, welcher Steinadler, welcher Blauwal wäre motiviert, selbst für eine Futterspende bei fremden Kindern die Rolle einer Bezugsperson zu übernehmen?

Zwar kennen wir, vor allem bei Affen, die sich oft kindernärrisch verhalten, eine Adoption von Waisen, manchmal auch Kindesentführungen, ja, sogar etwas, das wir als »Tagesmutter« bezeichnen können. An anderer Stelle im Buch wird noch ausführlich davon die Rede sein. Aber bisher haben alle Forschungen auf diesen Gebieten eines klar gezeigt, daß nämlich kein Tierkind an eine Ersatzmutter je eine so enge Bindung geknüpft hat wie an die eigene und daß es andererseits keine Ersatzmutter an Zuverlässigkeit und Aufopferung mit der echten Mutter aufnehmen konnte.

Es ist der seelische Krankheitskeim Nummer eins in unserer Zeit, daß wir in intellektueller Ignoranz nur den menschlich-moralischen Faktor der Mutter-Kind-Bindung wahrhaben wollen, und die Basis, auf der dieser erst ruht, weder sehen noch anerkennen wollen.

Um den Unterschied noch einmal zu verdeutlichen: Emotionale Basis und geistiger Überbau der Liebe zum Kind stehen zueinander im gleichen Verhältnis wie mütterliches und beispielsweise großmütterliches Verhalten.

In den wenigen Stunden, in denen eine Großmutter einmal ihr Enkelkind beaufsichtigt, ist sie besten Willens, ihre Sache gut durchzuführen, ja, sie ist sogar voller Erregung, nur ja nichts falsch zu machen, und überängstlich, daß um Himmels willen nichts Schlimmes geschieht. Aber schon nach zwei oder drei Stunden werden ihre Gedanken abgelenkt, und in genau diesem Augenblick droht dem Kind eine Gefahr.

Die Mutter wacht über ihr Kind viel weniger verkrampft. Nebenher erledigt sie alles mögliche an anderen Tätigkeiten. Aber mit einem »siebten Sinn« ist sie doch immer bei ihrem Kind. Und wenn sich eine gefährliche Situation anbahnt, ist sie stets rechtzeitig zur Stelle. Nachts schläft sie felsenfest und läßt sich weder durch den Sturm, der ums Haus braust, stören – noch durch lauten Straßenverkehr. Aber wenn ihr Baby in Atemnot nur leise röchelt, ist sie gleich hellwach und geht zu ihrem Kind.

Dabei ist es eigentlich merkwürdig, daß dieser »siebte Sinn« der Großmutter fehlt, denn vor gar nicht allzu vielen Jahren war sie ja selber auch eine Mutter und besaß ihn. Aber es handelt sich hier um Dinge, für die unser Gedächtnis offenkundig nicht zuständig ist. Sie werden einer Mutter durch einen Trieb eingegeben und verlieren sich auch zugleich mit diesem.

Die Saat der Gewalt und Rebellion

Die katastrophalen Fehlentwicklungen im mütterlichen Verhalten nach einem mehrwöchigen Aufenthalt des frühgeborenen Kindes im »Brutkasten« sind nur ein sehr krasser Fall für das Nichtzustandekommen einer emotionalen Bindung der Mutter an ihr Kind. Zwischen diesem Extrem und dem natürlichen Verhalten liegt jedoch ein weites Spektrum milderer Entartungserscheinungen. Sie sind nach Forschungen des Bielefelder Psychologieprofessors Klaus Großmann das Ergebnis der Arbeitsroutine in jeder modern-konventionellen Entbindeklinik, sofern dort nicht die »natürliche Geburt« und das sogenannte »Rooming-in«, das ich später noch genauer erläutere, praktiziert werden.

In einer der üblichen Entbindekliniken wird das Neugeborene fast so total isoliert wie eine Frühgeburt im »Brutkasten«. Das Neugeborene wird der Mutter gegeben . . . für sage und schreibe zwanzig Sekunden. Stunden später erst sieht die Mutter das dick als Windelpaket vermummte Wesen wieder und bekommt es dann nur noch fünf- oder sechsmal am Tag für je zwanzig Minuten zum Säugen. Die überwiegende Trennung und die mangelhafte Gelegenheit vor allem zum direkten Körperkontakt vermindern während der entscheidenden Phase nach der Geburt die Entfaltung der vollen emotionalen Bindekräfte.

Das Resultat ist nicht gerade die Vorprogrammierung späterer

Kindesmißhandlung, jedoch der Keim zu einem mehr oder weniger großen Defizit an mütterlicher Zuwendung und Liebe. Der Mangel an Nestwärme führt wiederum zu erheblichen Störungen in der Entwicklung des Sozialverhaltens beim Kind, zu verminderter Fähigkeit einer freundschaftlichen Bindung an die Familie und an andere Mitmenschen und damit zur Zerstörung der Familie und weiter zum stark über das normale Maß gesteigerten Generationenkonflikt, zu Gewalttätigkeit, Kriminalität und Terror.

Durch Schuld nicht etwa der Eltern, aber der meisten Entbindekliniken, in denen jene skizzierten seelischen Bedürfnisse des Menschen ignoriert werden, sind seit etwa 1955 in der Bundesrepublik Deutschland Millionen Menschen von diesem Liebesdefizit in mehr oder weniger starker Form betroffen. Die Einzelfälle summieren sich zur sozialen Schicksalsfrage Nummer eins in unserer Zeit. Das ist das, was der Hamburger Wissenschaftspublizist Dr. Erwin Lausch als »Skandal« bezeichnet.

Hinzu tritt eine ungeheuerliche Barbarei gegenüber dem Neugeborenen. Es liegt mit etlichen anderen Wickelkindern im sogenannten Brüllzimmer, und kein Mensch nimmt Notiz davon, in welch höchster Not sich das Kind befindet.

Niemand stellt sich anschaulich vor, was das für das Kind bedeutet. Schon die Geburt, der Austritt aus der Geborgenheit des Mutterleibes, ist für das Baby ein Schock. Es folgen das Abnabeln und die Schläge auf das Hinterteil, um das Kind zur selbständigen Atmung anzuregen. Welche Barbarei das ist, werde ich im Kapitel über die Geburt erläutern. Jede Schimpansen- und Orang-Utan-Mutter verfährt in freier Wildbahn mit ihrem Neugeborenen »humaner«!

Doch dann folgt nach Worten des amerikanischen Kinderpsychiaters Professor T. B. Brazelton das Schlimmste: Das Kind, von Natur aus ein sogenannter Tragling oder Mutterhocker, sehnt sich nach seiner Mutter, nach zarter Berührung, Körperwärme und dem beruhigenden Klang des Herzschlages. Aber von der Mutter, Gott und aller Welt verlassen, liegt es einsam in einem Bettchen und hört nichts als das vielstimmige, fürchterliche Angstgeschrei seiner Leidensgenossen. Deren Todesfurcht überträgt sich auf den Neuling, und er beginnt auch zu brüllen, bis er total erschöpft in Tiefschlaf sinkt. Beim Erwachen ist dann die Angst gleich wieder da.

Ein Hühnerküken, das seine Glucke verloren hat, rast so irrsinnig piepend umher, daß nicht nur die Henne zu Hilfe eilt, sondern auch der beobachtende Mensch von Mitleid ergriffen wird und dem kleinen Federflausch zu helfen versucht. Das Angstgeschrei eines Menschenkindes rührt ganz instinktiv auch ans Herz einer guten Mutter. Aber heutzutage wird ihr von Hebammen, Krankenschwestern und Ärzten eingeredet: »Das Kind muß schreien, damit es kräftige Lungen bekommt.« Ein empörender Unsinn! Oder: »Wenn man das Kind nicht schreien läßt, erzieht man es zur Aufsässigkeit.« Dabei ist es in Wirklichkeit umgekehrt: Nicht durch liebevolle Fürsorge legen die Eltern den Keim zu späterer Gegnerschaft, sondern dadurch, daß sie das Kind in seiner Not herzlos allein lassen.

Ein drittes Argument lautet schließlich, Neugeborene wären noch unfähig, Reize aus der Umwelt wahrzunehmen. Sie würden gar nicht merken, ob sie bei der Mutter lägen oder allein mit dem Geschrei der anderen in einem Brüllzimmer. Überdies verschliefen sie achtzig Prozent der Zeit. Die Unhaltbarkeit dieser Ansicht wird im siebten Kapitel anhand neuer Forschungsergebnisse bewiesen.

Eine Kinderquälerei ungeheuerlichen Ausmaßes

So stellt sich also die tägliche Praxis in den Entbindekliniken als eine Kinderquälerei ungeheuerlichen Ausmaßes heraus. Junge Mütter scheinen das instinktiv zu spüren. Aber sie sind machtlos der Autorität der rein rationalen Wissenschaft und der anonymen Macht des Krankenhausbetriebes ausgeliefert. Was bleibt ihnen anderes übrig, als zu glauben, was ihnen gesagt wird?

Seit 1980 ist jedoch ein erfreulicher Wandel zum Positiven eingetreten. Die sinkende Geburtenzahl in der Bundesrepublik führte dazu, daß sich die Entbindekliniken nach den Wünschen werdender Mütter richten müssen, wenn ihre Abteilungen nicht leer bleiben sollen. Aus Konkurrenzgründen ist derzeit nahezu jedes Krankenhaus in Hamburg gezwungen, auch die sogenannte »natürliche Geburt« und das »Rooming-in« anzubieten. Damit hat das gesunde Mutterempfinden über den seelenlosen »Krankenfabrikbetrieb« gesiegt. Die Kinder werden es ihren Müttern danken.

Denn die schlimmste Tierquälerei verblaßt hinter der Babyquälerei zur relativen Harmlosigkeit, weil die Folgen im menschlichen Bereich tiefgreifender sind. Bereits in ihren ersten Lebenstagen werden Menschenkinder um Geborgenheit und Liebe betrogen. Damit ist der Keim zum irrationalen Haß gelegt, der im späteren Leben zum Durchbruch kommt.

Eine der ersten, die das klar erkannt haben, ist Frau Professor Norma M. Ringler an der Universität Cleveland, Ohio. Ursprünglich wollte die Ärztin den Neugeborenen nur die Qual während der Eintrittszeit ins Leben erleichtern. Zusätzlich aber, und das war das Überraschende, erzielte sie eine wunderbare Änderung im Verhalten der Mütter.

Das Revolutionäre in dem, was sie tat, war eigentlich nur, daß sie in ihrer Klinik Verhältnisse schuf, wie sie vor Jahrzehnten schon geherrscht hatten, als Mütter noch im eigenen Heim von ihren Kindern entbunden wurden: Über die amerikanische Methode des »Rooming-in« hinausgehend, bekommen die Mütter ihre Kinder sofort nach der Geburt für eine volle Stunde zum Kennenlernen und in den darauffolgenden drei Tagen für je fünf Stunden zum Liebhaben und zum Spielen. Damit beide engen Körperkontakt bekommen, sind die Kinder fast nackt und nur mit einer Windel bekleidet. Für Wärme sorgt eine Infrarotlampe.

Hierbei haben die bereits erwähnten Professoren Marshall und Kennel unmittelbar nach der Geburt den ersten Kontakt zwischen der Mutter und ihrem Kind mit versteckter Kamera gefilmt: Vier bis acht Minuten lang schaut die Mutter ihr Baby nur an. Dann berührt sie die Ärmchen und Beinchen ganz vorsichtig und zart nur mit den Fingerspitzen. Etwas später streichelt sie den kleinen Körper mit der Handfläche, umfaßt ihn schließlich und blickt dem Kind dann aus zwanzig Zentimeter Entfernung lange und tief in die Augen.

Es scheint, als ob sie das Wunderbare der Erschaffung von Leben mit einemmal mit ihrem ganzen Wesen, ihrem Fühlen und mit allen Sinnen, voll umfängt und davon zutiefst ergriffen ist. So erfaßt das Wunder der Geburt auch sie selbst und führt die großartige seelische Wandlung zur Mutter in ihr herbei. Das sind die zukunftsentscheidenden Minuten.

Aber auch die langen Kontakte beider an den folgenden Tagen tragen viel zur Festigung und Stärkung der Mutter-Kind-Bindung bei.

Die Erfolge übertrafen alle Erwartungen. Vier Wochen später zeigten Beobachtungen durch Einweg-Spiegelscheiben, daß alle Mütter, die von Anfang an diesen engen Kontakt mit ihren Kindern gehabt hatten, viel liebevoller, bemühter, trostreicher, um mimisches Wechselspiel bedachter, besorgter, erfreuter und heiterer waren als Mütter, die aus anderen Entbindekliniken kamen, in denen die bislang übliche Trennung vom Kinde praktiziert wurde.

Spätere Untersuchungen ergaben das nunmehr Erwartete: Auch Jahre darauf, so konnte Frau Professor Ringler nachweisen, beschäftigten sich »ihre« Mütter noch immer viel eingehender mit den Kindern und waren viel mehr für sie da. Die enge Mutter-Kind-Bindung, die in den ersten Lebenstagen angebahnt wurde, erwies sich als haltbar und überdauerte unbeschadet alle schweren Belastungen.

Kulturgeschichte eines Naturtriebes

Dem Bielefelder Psychologieprofessor Klaus Großmann ist aufgefallen, daß die tiefgreifende Entfremdung zwischen Eltern und Kindern, ja, die gesamte kinderfeindliche Einstellung der Erwachsenen überhaupt, im gegenwärtigen erschreckenden Ausmaß genau gleichzeitig entstanden ist mit der Tendenz, die Kinder nicht mehr zu Hause zur Welt zu bringen, sondern in der Entbindeklinik.

Eine dem Unwissenden unbedeutend erscheinende Änderung, die weitgehende Trennung von Mutter und Kind während dessen ersten Lebenstagen, zeitigt eine immense Wirkung und führt zu Hartherzigkeit und Verrohung, die den Geist unserer Zeit zu prägen beginnen.

Dieses Phänomen steht in der Weltgeschichte keineswegs einzig da. Bereits in der Zeit um Christi Geburt wurde es im römischen Kaiserreich üblich, daß jede Frau der oberen Schichten ihr Baby einer Amme zum Säugen und Pflegen übergab. Sie selbst kümmerte sich kaum um ihr Kind. Die Folgen sind bekannt: ein Volk rücksichtsloser Weltbeherrscher, asozialer Sklavenhalter, sich an Gladiatorenkämpfen und Tierhetzen delektierender Barbaren verfiel mehr und mehr in Sittenlosigkeit und Unmoral. Schon im Muttermorde Neros schlug die Kindesvernachlässigung auf ihre Urheberin zurück.

In Frankreich wurde es um 1760 herum Mode, daß nicht nur der Adel, sondern auch Bürgerliche ihre Babys Ammen anvertrauten. Aus Paris sind Zahlen überliefert: Alljährlich gaben von 21 000 Müttern 19 000 ihre Kinder Ammen zur Pflege. Das Resultat: zuerst die Französische Revolution von 1789 mit ihren unbeschreiblichen Grausamkeiten und dann Napoleon.

Die französische Soziologieprofessorin Elisabeth Badinter zieht hieraus einen falschen Schluß. Sie meint, wenn im Lauf der Kulturgeschichte erhebliche Wandlungen im Verhältnis zwischen Mutter und Kind zu verzeichnen seien, beweise dies nur, daß die Mutterliebe »nicht unabhängig von Raum und Zeit in der Natur der Frau verankert und weder instinkthaft noch angeboren sei«.

Gar nichts hat sie verstanden. Der Naturtrieb der Mutterliebe ist beim Menschen deshalb kulturgeschichtlichen Wandlungen unterworfen, weil die Art und Weise – das Ob und Wie –, in der Mütter unmittelbar nach der Geburt den Kontakt zu ihren Kindern herstellen, in starkem Maße von der jeweiligen Kultur, Tradition, Mode und Weltanschauung abhängig ist. Und genau in diesem Punkt greifen geistige Elemente ein, um das Erscheinungsbild jenes Naturtriebes zu formen – meist mit negativen Folgen.

Es ist wie mit einem Samenkorn. Ob das, was aus ihm wächst, auch gedeiht, hängt davon ab, ob es auf Wüstensand, Felsgestein, Morast oder fruchtbaren Humus fällt. Aber Same bleibt Same und Trieb bleibt Trieb. Deshalb müssen wir den Weg zur natürlichen Geburt wiederfinden.

Um nicht falsch verstanden zu werden: Die Entbindung soll im Normalfall auch weiterhin in der Klinik stattfinden. Aus medizinischen Gründen ist das unbedingt notwendig. Aber dabei muß doch nicht das seelische Wohlergehen der Mütter und Kinder der physischen Gesundheit geopfert werden. Beides schließt sich doch gar nicht aus!

Zurück zur Nestwärme

Denn wir müssen einen Teufelskreis durchbrechen: Die erste Generation, die in der Klinik zur Welt gekommen war, hat inzwischen schon selber wieder Kinder bekommen . . . in der Klinik. Die einst Ungeliebten unter ihnen haben quantitativ und qualitativ noch weniger den Wunsch nach einem Kind als ihre Eltern. Aber nur dieser Wunsch allein ist, wie wir schon gesehen haben, in der Lage, unter sterilen klinischen Bedingungen die Bindung der Mutter an das Baby zu vollziehen. Und so wird die Gesamtsituation der seelischen Not von Generation zu Generation immer schlimmer.

Dabei gehört wirklich nicht viel dazu, einen entscheidenden Wandel herbeizuführen. Das »Rooming-in« und die geschilderte Ringler-Methode stellen kein Risiko dar. Sie haben sich schon tausendfach bewährt und sind ohne großen Mehraufwand überall realisierbar. Das Hindernis liegt allein im Bereich klinischer Dogmatik: Ärzte schätzen die Hygiene höher ein als die Mutterliebe und den intensiven Körperkontakt zwischen Mutter und Kind. Aber die Mutter ist für ihr Kind, wie Professor Klaus Großmann hervorhebt, kein ständig drohender Herd infektiöser Krankheiten, von pathologischen Sonderfällen einmal abgesehen. Indessen sterilisiert der Sterilitätsmythos auch die zwischenmenschlichen Beziehungen. Die Keimfreiheit tötet auch den Keim für das natürliche Wachstum der Mutterliebe.

Die schon erwähnten Professoren Marshall und Kennel haben es sogar zugelassen, daß im Brutkasten liegende Frühgeborene während der ersten drei Lebenstage von ihren gesunden Müttern berührt und gestreichelt werden durften. Es zeigte sich weder ein Ansteigen von Infektionen noch eine Störung der klinischen Pflegeroutine, statt dessen aber in der Folgezeit ein geradezu überwältigender Anstieg der mütterlichen Zuwendung zum Kinde.

Trotz dieser eindeutigen Resultate, die inzwischen schon in anderen Kliniken mit vollem Erfolg berücksichtigt werden, gibt es unverständlicherweise noch eine Vielzahl Ignoranten. Noch im April 1977 erklärte der Chefarzt einer großen Hamburger Frauenklinik: »Daß der Hautkontakt zwischen Mutter und Kind in den ersten Lebenstagen wichtig ist, dafür gibt es noch keinen Beweis – aber daß Hygiene für beide wichtig ist, dafür gibt es jede Menge von Beweisen.«

Damit steht er leider nicht allein da. Denn ein Kollege von einem anderen großen Hamburger Krankenhaus pflichtete ihm bei: »Es ist nicht anzunehmen, daß der persönliche Kontakt für die Mutter-Kind-Bindung von Bedeutung ist. Das Kind verschläft ja achtzig Prozent der Zeit.«

In diesem Zusammenhang darf die Schuldfrage gestellt werden. Seit zwanzig Jahren wird eine gewisse Sorte von Lehrern, Soziologen, Psychologen, Politikern, Journalisten und Fernsehkommentatoren nicht müde, uns immer wieder einzureden, die Schuld an der Lieblosigkeit im Elternhaus, an der Vernachlässigung der Kinder und an ihrer seelischen Not trügen allein die Eltern: »Die Familie macht uns kaputt. Darum zerstört, was uns kaputtmacht! Löst die Familie auf! Nehmt den Eltern die Kinder weg!«

Also ein Millionenheer von »Schuldigen«? Aber keiner fragt danach, wieso alle Eltern plötzlich zu Kindesverderbern geworden sein sollen, warum die Institution der Familie, seit Jahrtausenden in der Menschheitsgeschichte bewährt, jetzt mit einemmal fragwürdig geworden sein soll.

Die in diesem Buch umrissenen naturgeschichtlichen Tatsachen sprechen die Eltern jedoch in den meisten Punkten wegen erwiesener Unschuld frei. Denn sie gehören, wie ihre Kinder, selber zu den Opfern.

Daß sie in vielen Fällen nicht in der Lage sind, ihren Kindern das volle Maß an Nestwärme zu geben, um sie seelisch gedeihen zu lassen, ist nicht ihr Verschulden, sondern selber ein Krankheitssymptom unserer Zeit. Diese unheilvollen Dinge zum Besseren zu wenden und allen Beteiligten endlich die nötigen Kenntnisse zu vermitteln, die allein eine Gesundung herbeiführen können, auch dazu wurde dieses Buch geschrieben.

IV.
Tagesmütter im Land der Mantelpaviane

Die soziale Rolle der Weibchen

Überleben als Prüfstein des Sozialsystems

Wenn eine intensive gefühlsmäßige Bindung der Mutter zu ihrem Kind geknüpft worden ist, lösen sich viele Probleme, die mit der gewaltigen seelischen Umstellung vom krassen Egoismus zur hingebungsvollen Hilfsbereitschaft verbunden sind, von selbst. Grenzenlose Mühen und Sorgen, die sonst keine Kreatur je freiwillig auf sich nehmen würde, werden mit einem ebenso grenzenlosen Glücksgefühl getragen.

Dennoch nistet sich bei geistig höherstehenden Tieren, vor allem den Affen, eine emotionale Zwiespältigkeit ein. Wie auch einer noch so guten Menschenmutter gelegentlich »die Zimmerdecke auf den Kopf fällt«, wie sie sich fragt: »Warum schufte ich mich eigentlich von früh bis spät für Kind und Familie ab?«, wie sie sich insgeheim danach sehnt, einmal »auszusteigen«, das Leben zu genießen, sich in anderer, vielleicht künstlerischer Tätigkeit selbst zu verwirklichen, und dann doch mit absoluter Sicherheit bei ihren Kindern bleibt . . . so finden wir in dieselbe Richtung zielende Tendenzen bereits bei den Mantelpavianen.

Diese Geschichte ist so aufregend, daß sie in allen Einzelheiten erzählt werden muß. Erforscht hat sie der junge Züricher Zoologe Hans Sigg im Verlauf mehrjähriger Beobachtungen in den Geröll-Halbwüsten Zentral-Äthiopiens.

Das Exempel ist gerade deshalb so eindrucksvoll, weil es sich in einem der dürrsten Landstriche der Welt abspielt. Kein Mensch könnte sich dort aus dem Land ernähren, nicht einmal ein Buschmann. Die Affen haben täglich die Drohung des Hungertodes abzuwenden und sich obendrein noch einer Vielzahl von Raubtieren zu erwehren.

Unter diesen extremen Umweltbedingungen dürfen sich die Tiere nicht den kleinsten Fehler in der Organisation ihres Zusammenlebens leisten, nicht den geringsten Luxus, keine überflüssige Position im gesellschaftlichen Status, sonst sind sie schnell alle verloren.

In der menschlichen Gesellschaft treten Schäden und Fehler in der sozialen Organisation leider nie sofort in Erscheinung. Ein Puffer an Sicherheiten ist der Grund dafür, daß sich Fehler zunächst verschleiern und erst akkumulieren müssen . . . bis die Katastrophe da ist. Insofern gestattet der Blick auf das Tierbeispiel das Erkennen klarerer Konturen. Denn in der Tierwelt gibt es einen unbestechlichen Prüfstein des Sozialsystems: das Überleben.

Um es vorwegzunehmen: Bei den Mantelpavianen in der äthiopischen Steingeröll-Halbwüste erweist es sich, daß beides lebenswichtig ist: das Weibchen einmal als treusorgende Mutter, als Liebesspenderin für das Männchen, als sozialer Zusammenhalt für die ganze Familie – und zum anderen als »Werktätige«, die als Außenarbeiterin einen großen Teil zum gemeinsamen Lebensunterhalt beisteuert.

Das Problem der Zweiteilung dieser konträren Aufgaben haben diese Tiere auf bemerkenswert einfache Weise gelöst: Das Männchen hält sich zwei Weibchen, eines für die Liebe und die Dienste an den Kindern und ein zweites für die Nahrungsbeschaffung im Außendienst. Ein drittes Weibchen wäre für diesen Miniharem untragbar, denn dann müßten alle verhungern.

Welche Motivationen bewegen nun die Affen dazu, die eine oder die andere Position zu wählen?

Zunächst fiel es Hans Sigg auf, daß ein Weibchen, das er »Narba« nannte, stets zwanzig bis dreißig Meter vor der übrigen Gruppe herlief. Das zweite Weibchen, als »Frieda« bezeichnet, hielt sich hingegen zusammen mit drei Kindern stets in unmittelbarer Nähe des Paschas namens »Freund« auf. War Narba eine Art Aschenputtel, das gar nicht richtig zur Familie gehörte?

Einmal marschierte die Gruppe auf eine Dornenhecke zu. Dreißig Meter davor hielten die Affen inne. Lauerten hier Raubtiere im Versteck? Etwa ein Wüstenluchs, ein Erdwolf, Hyänen, Schakale, Ichneumons oder gar ein Leopard? Erst als Narba den Sprung ins Ungewisse wagte und ihr nichts Böses widerfuhr, folgten die anderen nach. War sie also auch eine Todeskandidatin, die sich für die anderen zu opfern hatte? Falls ja, weshalb tat sie das?

Etwas später tauchte schräg links ein einzeln stehender Baum auf. Vom vergangenen Jahr her wußte Narba noch, daß er um diese Jahreszeit einige Früchte trug. Es gehört nämlich zu den Pflichten eines Außendienstweibchens, sich über Jahre hinweg genau zu merken, wann wo welche Wurzeln, Pilze, Beeren, Früchte und anderen Dinge geerntet werden können. Ohne dieses für menschliche Vorstellung unfaßbare Orts-Zeit-Gedächtnis, nur bei zielloser Suche in der Halbwüste, wäre die ganze Familie dem Hungertode preisgegeben.

Arbeitsteilung im Miniharem

Narba wußte aber auch, daß bei diesem Baum Gefahr drohte. Ein Schakalpärchen hatte hier seinen Bau. Doch eine halbe Stunde zuvor hatte sie die Schakale weitab von hier bei der Erdhörnchenjagd beobachtet. Folglich mußte die Luft rein sein. Feindaufklärung und Feindvermeidung gehören also auch zu den Aufgaben des Außendienstweibchens.

Aber hatte Narba in der Familie auch so viel zu sagen, daß sie über einen Wechsel der Marschrichtung bestimmen durfte? Die Initiative, die Idee zum Kurswechsel, also hin zu einer Futterquelle oder fort von einer Gefahr, ging immer von ihr aus. Die Entscheidung, ob diesem Vorschlag stattzugeben sei, lag jedoch beim Pascha, bei Freund. Nach einigen Schritten schaute sich Narba um, ob er ihr mit den anderen auch folgte. Das Männchen, gewohnt, daß die Anregungen Narbas meist zum Besten der Familie waren, stimmte ihr fast immer zu. Freund war der »Herr im Haus«, aber er tat meist, was sein Weibchen wollte.

Wochen zuvor wollte er ihr allerdings einmal zeigen, wer hier zu bestimmen hatte, und folgte ihrem Kurswechsel nicht. Doch ausgerechnet damals hatte Narba die Richtung geändert, weil sie zwei Hyänen ausweichen wollte, die sie genau voraus, im Schatten eines Busches ruhend, entdeckt hatte. Da signalisierte sie dem sturen Kerl lautlos, nur mit Gebärden, ihre höchste Angst. Das verstand er endlich und gab nach. Gleichsam mit guten Argumenten können sich Mantelpavianweibchen also auch gegen den Willen ihres doppelt so großen und muskulösen Männchens durchsetzen.

Als Narba den angesteuerten Baum erreicht hatte, kletterte sie hinauf. Aber kaum hatte Freund bemerkt, daß sie genüßlich zu schmatzen begann, sprintete er herbei, um am Schmaus teilzuhaben. Und nun geschah etwas für das Verhältnis aller zueinander Typisches. Frieda, das andere Weibchen, zögerte unten. Offenkundig war es ihr unangenehm, sich in unmittelbare Nähe der anderen »Haremsdame« im Baum zu begeben. Bettelnd rief sie nach Freund, bis er sie durch Handzeichen ermunterte, zu ihm nach oben zu kommen.

Keine zehn Sekunden später verließ Narba, die Entdeckerin der Nahrungsschätze, leicht frustriert den Baum und suchte in der Nähe am Erdboden vergeblich nach kargen Wurzeln.

Sie war keineswegs von den beiden anderen aus dem Baum vertrieben, ja, nicht einmal bedroht worden, aber die unmittelbare Nähe Friedas war ihr so unangenehm, daß sie freiwillig auf Distanz ging, sogar um den Preis, den anderen das von ihr gefundene Futter zu überlassen. Beide Haremsweibchen streiten (außer in den noch zu beschreibenden Übergangszeiten) nie miteinander. Ständiger Familienzwist wäre für alle tödlich. Aber sie können sich eben nicht gut riechen.

Um den Ort, an dem das Männchen gerade frißt, und somit auch um Frieda, sein Lieblingsweibchen, ist ein unsichtbarer Bannkreis von etwa fünfzehn Metern Radius gezogen, aus dem sich das Außendienstweibchen stets heraushält. Somit kommt Narba nur dann in den Genuß der von ihr entdeckten Futterquelle, wenn diese eine größere Fläche bedeckt, etwa ein Feld Blumen, das nach einem der seltenen Regengüsse kurzzeitig erblüht. Andernfalls kann sie nur hastig ein paar Brocken schlucken, bevor die sie stets scharf im Auge behaltende übrige Familie herbeigeflitzt kommt.

Aus der Sicht der Versorgung der ganzen Familie hat diese ungerechte Art der Futterverteilung jedoch einen beachtlichen Nutzeffekt. Es klingt wie Hohn, aber hierdurch ist Narba genötigt, während die anderen fressen, bereits wieder neue Nahrungsquellen zu erschließen. Widerstandslos läßt sie sich diese Behandlung gefallen. Wir werden gleich sehen, warum.

Außendienst und Kinderpflege sind unvereinbar

Zuvor ein Blick auf die Rechte und Pflichten des Innendienstweibchens Frieda. Es wuselte ständig um Freund herum, wich ihm nie von der Seite und spendete ihm Zärtlichkeit, indem es bei jeder sich bietenden Gelegenheit seinen prächtigen Herrscherpelz kraulte.

Außerdem kümmerte sie sich mit wahrer Affenliebe um die drei Kinder. Aber, und das ist daran das Beachtenswerte, weil es hier zum erstenmal im Tierreich entdeckt worden ist, von diesen war nur eines ihr eigenes Kind. Die beiden anderen gehörten eigentlich Narba. In den Außendienst konnte diese jedoch ihre Kinder nicht mitnehmen, weil hier Feindaufklärung und Futtersuche die nötige Konzentration auf die Kinder unmöglich machten und weil abseits ihrer Aufmerksamkeit zu viele tödliche Gefahren lauerten: Giftschlangen, Skorpione und große Spinnen.

Deshalb benutzte Narba die »Kollegin« Frieda gleichsam als »Tagesmutter«. Nur nachts auf dem Schlaf-Felsen nahm sie ihre Kinder zu sich. Dort saßen sie dann alle friedlich beisammen: in der Mitte der Pascha, links und rechts angeschmiegt Frieda und Narba und zwischen ihnen und Freund die eigenen Kinder.

Es ist aufschlußreich, bereits in der Urgesellschaft dieser Affen auf das Phänomen der Tagesmütter zu stoßen.

Bei Begegnungen mit anderen Mantelpavianfamilien, etwa auf dem abendlichen Heimweg zum gemeinsam benutzten Schlaf-Felsen, war es auch stets Frieda, die wechselweise zu den Nachbarweibchen hinüberlief, um sie zu kraulen. Auf diese Weise pflegte sie freundschaftlichen Kontakt zu den anderen Familien. In so lebensfeindlicher Umwelt können diese Tiere nur existieren, wenn jegliche Feindschaft vermieden und Freundschaft allzeit aktiv aufrechterhalten wird.

Kurz: Das Innendienstweibchen hat ausschließlich soziale Bindungsfunktion.

Die Entdeckung dieser Gesellschaftsstruktur in einer Tiergemeinschaft durch Hans Sigg stellt eine echte Sensation dar. Die Lebensbedingungen sind so kärglich, daß ohne die »Erwerbstätigkeit« des einen Weibchens die gesamte Familie zum Hungertode verurteilt wäre. Aber ohne das »Hausmütterchen« geht es auch nicht. Ohne dieses würde kein Kind überleben, und das Geschlecht der Mantelpaviane wäre schon längst von unserem Planeten verschwunden.

Es stellt gerade heutzutage eine große Überraschung dar, daß sich diese Tiere bei der ständig drohenden Hungersnot in der Halbwüste, bei allgegenwärtiger Feindgefahr und unter extremen Witterungsbedingungen gleichsam den »Luxus« erlauben, ein erwachsenes Tier in jedem Zwei-Weibchen-Harem »nur« für jene Zwecke mit durchzuführen, die in der menschlichen Gesellschaft derzeit oft als überlebt und minderwertig angesehen werden: für die Sorge um die Kinder und für den sozialen Zusammenhalt und Frieden in der Familie.

Aber ausgerechnet da, wo der Tod täglicher Begleiter ist, wo der geringste Fehler in der sozialen Organisation augenblicklich zum Tode führt, also bei den Mantelpavianen, finden wir die für Kinder und Familie treusorgende Mutter als einen so wichtigen Bestandteil der Gemeinschaft, daß ohne sie ein Weiterleben einfach nicht mehr möglich ist.

Wer wird nun Innen- und wer Außendienstweibchen? Wie rangieren beide in der sozialen Stellung, im Ansehen der anderen Familienmitglieder? Und werden ihre selbstlosen Dienste für die Gemeinschaft in irgendeiner Weise belohnt?

Nachts und während der Mußestunden morgens und abends auf dem Schlaf-Felsen, wenn die ganze Familie neben zahlreichen anderen eng beieinander hockt, laust und krault der Pascha in allen bisher beobachteten Gruppen beide Weibchen ungefähr gleich lange. Daraus können wir schließen, daß ihm in dieser Situation beide gleich lieb und teuer sind.

Tagsüber bei der Futtersuche ist aber die »Dame« vom Innendienst sein Lieblingsweibchen. Davon ist, rein äußerlich betrachtet, jedoch kaum etwas zu bemerken. Ausschließlich nur in dem Fall, daß es einmal Streit zwischen beiden Weibchen geben sollte, würde ihn der Pascha in jedem Fall zugunsten des Innendienstweibchens schlichten. Nach der Ursache des Streits oder nach Gerechtigkeit fragt er dabei nie. Weil das Außenweibchen genau weiß, daß es so kommen wird und es nicht die geringste Chance bei einem Streit hat, bricht es ihn auch nie vom Zaun und hält vorsorglich auf Abstand.

Aus diesem Grund ist nach Einschätzung der »Damen« die Innenposition eindeutig am begehrtesten. Allerdings ist das Leben hier auch kein reines Honigschlecken. Zwar profitierte Frieda oft von dem Futter in der unmittelbaren Nähe des Paschas, wie in dem Beispiel mit dem früchtetragenden Baum. Aber wenn der Fund nur wenig ergiebig war, also nur eine Wurzel, nur ein Pilz oder nur ein winziges Wasserloch, eignete sich der Pascha ihn sofort rigoros an, ohne daß dabei für die eben noch so heißgeliebte Frieda etwas abfiel.

Wenn es heißt, die Familie gegen Hyänen oder Leoparden zu verteidigen, muß der alte Krieger gut bei Kräften sein. Insofern kommt sein Futteregoismus doch wieder der ganzen Familie zugute.

Doch im Grunde konnte es Frieda nur deshalb in ständiger unmittelbarer Nähe des ewig futterneidischen und tyrannischen Paschas aushalten, weil sie eine raffinierte Technik entwickelt hatte. Beim zufälligen Finden eines Bissens ließ sie sich nichts anmerken, versteckte das Futter unter ihren Füßen und verschluckte es hinter seinem Rücken blitzschnell. Im übrigen nährte sie sich nur von den Resten, die bei der Mahlzeit des »Herrn« abfielen. Demgegenüber besaß die »berufstätige« Narba doch wesentlich mehr Freiheiten und konnte durchaus Eigeninitiative entfalten.

Wie gelangt eigentlich eine Pavianin in die Position eines Innen- oder Außendienstweibchens? Dies läßt sich aus dem Lebenslauf der Tiere beantworten.

Noch neun Monate zuvor war Narba des Paschas enge Begleiterin und Lieblingsfrau gewesen, während ein anderes Weibchen den Außendienst versah. Eines Tage fiel diese jedoch ihrem gefährlichen »Beruf« zum Opfer. Ein Adler tötete sie. Die darauffolgende Woche zeigte deutlich, wie nun der Hunger Einzug hielt, weil die Kundschafterin und Futtersucherin fehlte. Einmal wäre die Familie sogar fast einer Riesenschlange, einer fünf Meter langen Felsenpython in die Fänge gelaufen, weil sie niemand zuvor gewarnt hatte.

Futter- und Gefahrenquellen inmitten der endlosen und eintönigen Gegend kann sich das Innendienstweibchen nämlich längst nicht so gut merken wie die Außendienstarbeiterin. Die ständige Sorge um die Kinder und das immerwährende Beachten des Paschas nehmen ihre ganze Konzentration so stark in Anspruch, daß ihr Hirn für andere Dinge nicht mehr aufnahmefähig ist. Und das Männchen selber achtet weniger auf Merkmale der Futterfundorte als auf eventuelle Freßbewegungen seiner Weibchen, um augenblicklich herbeizueilen und seine Ansprüche geltend zu machen.

Wie phänomenal die Kenntnisse der Außendienstarbeiterin auf diesem Gebiet sein müssen, macht ein Vorfall deutlich. Allmorgendlich pflegte die Familie auf dem Weg vom Schlaf-Felsen zur Nahrungssuche ein etwa tausend Meter entferntes trockenes Wadi unterhalb einer Eisenbahnbrücke zu durchqueren. Einmal aber machte Narba, von Freund ignoriert, ausnahmsweise einen kleinen Umweg über die Brücke, lief geradenwegs zu einer Eisenplatte, in deren Einbeulung eine kleine Wasserpfütze war, und schlürfte sie schnell aus.

Woher wußte sie, daß gerade jetzt und dort und nur für kurze Zeit (ein paar Stunden später wäre es verdunstet!) etwas Wasser zu finden war? Am Abend zuvor war an dieser Stelle ein in Wüstengebieten gelegentlich auftretender sogenannter Punktregen niedergegangen. Narba hatte das vom Schlaf-Felsen aus beobachtet, mit der Mulde in der Eisenplatte in Verbindung gebracht und diese Erkenntnis am folgenden Morgen sofort genutzt. Eine enorme Leisung für das Hirn eines Tieres!

Das Tabu des Frauenraubes

Zum Zeitpunkt, als Narba noch das Lieblingsweibchen des Paschas war, wußte sie jedoch noch nichts dergleichen. Nach dem Tod der alten Außendienstlerin mußte Freund also versuchen, sich ein neues Weibchen anzuschaffen. Doch wie? Einem anderen Pascha ein Weibchen stehlen? Unter Seebären ist das allgemein geübter Brauch. Er hat aber einen Nachteil, denn jeder Haremsbulle muß alle seine Weibchen Tag und Nacht wie einen Sack Flöhe hüten. Das wäre mit der Forderung nach unabdingbarem Frieden im Zustand extremer Existenznot in der Halbwüste unvereinbar.

Deshalb ist unter Mantelpavianen jedes fest verpaarte Weibchen, ganz gleich, ob im Innen- oder Außendienst, für alle anderen Männchen desselben Schlaf-Felsen-Clans absolut tabu. Diese höchst bemerkenswerte Verhaltensweise hat der Züricher Zoologieprofessor Hans Kummer in einem Experiment getestet.

Er hielt ein körperlich schwaches Männchen mit dessen Weibchen in einem Käfig und setzte einige Tage später ein sehr muskulöses Männchen hinzu. Der Neuling dachte aber gar nicht daran, sich mit dem Eigentümer um den Besitz des Weibchens zu streiten. Vielmehr setzte er sich mit allen Anzeichen seelischer Konflikte und starker Hemmungen in eine Ecke und drehte dem Pärchen den Rücken zu. Mit offensichtlich äußerster Willensanstrengung widerstand er der starken Versuchung.

Allerdings verhält sich der neu Hinzugelassene und körperlich Überlegene nur dann so anti-ehebrecherisch, wenn er den Weibchenbesitzer als Kumpan seines Schlaf-Felsen-Clans, also als Pascha einer befreundeten Familie, erkennt. Ist es jedoch ein Fremdling, fällt er augenblicklich über ihn her und raubt ihm sein Weibchen.

Der »Raub einer Sabinerin« kam also für Freund nicht in Frage, da alle Familienväter weit und breit seine Kameraden waren. Die Gelegenheit zum Erwerb eines neuen Weibchens ist für einen ersatzbedürftigen Pascha aber immer dann günstig, wenn in einer anderen Pavianfamilie eine Tochter geschlechtsreif wird.

Die Liebe der Mutter zur Tochter erlischt bei Mantelpavianen (im Gegensatz zu anderen Affenarten) immer dann, wenn das Kind erwachsen geworden ist. Sie jagt es dann zwar nicht davon, das wäre ja sein Tod, aber sie behandelt die »junge Dame« sehr grob, stößt sie von sich und bestraft sie immer häufiger für Nichtigkeiten. Sie macht der erwachsenen Tochter das Leben in der Familie zur Hölle.

Der Sinn des rabiaten Mutterverhaltens liegt auf der Hand: Mehr als zwei große Weibchen pro Familie können sich in der kargen Halbwüste nicht ernähren. Steppenpaviane, die in fruchtbareren Gebieten Afrikas leben, bilden hingegen kopfstarke »Weiberklüngel« aus Müttern, Töchtern, Tanten und Enkelinnen. So prägt die Umwelt die soziale Organisation der Tiergemeinschaften und das Verhalten von Müttern zu ihren Kindern.

Wenn in dieser Situation beim abendlichen Beisammensein vieler Familien auf dem Schlaf-Felsen ein Männchen zu einer so schlecht behandelten Tochter kommt und sich sanft und zärtlich an sie schmiegt, geht sie kurzerhand mit ihm. Das Männchen benutzt sozusagen die Sehnsucht des von der Mutter frustrierten Mädchens nach glücklicheren Kindheitstagen, um ihm die Freundlichkeit und Geborgenheit von einst zurückzugeben. So wird es seine neue Frau.

Bei so viel Aufmerksamkeit für das neue Weibchen, in diesem Fall also für Frieda, mußte Freund zwangsläufig seine bisherige enge Begleiterin, Narba, arg vernachlässigen. Bei anfänglichen Rivalitäten zwischen beiden Haremsdamen ergriff er streitschlichtend stets für Frieda Partei. So wurde Narba in die Außenposition abgedrängt. Und Frieda tat noch das Ihrige dazu. Tagsüber bei der Futtersuche hielt sie sich stets dort auf, wo Narba an ihr vorbeigehen mußte, falls sie Sehnsucht nach Freund hatte. Schon das verleidete ihr jede Annäherung an ihr Männchen.

So wurde Narba von der »Seele« der Familie zur »Berufstätigen« für Nahrungssuche. Und so ist auch der niedrigere Rang der »Arbeiterin« gegenüber dem meist jüngeren und schwächeren Lieblingsweibchen zu erklären.

Aber warum verließ Narba die Familie nun nicht ganz? Weshalb blieb sie auf dem Weg zur Selbständigkeit auf halber Strecke stehen? Das hat eine Vielzahl interessanter Gründe:

Einmal beobachtete Hans Sigg, wie sich zwei Außendienstweibchen miteinander verbündeten, um ohne Pascha auszukommen. Am ersten Abend kehrten beide blutüberströmt zum Schlaf-Felsen heim. Am zweiten Abend kamen sie überhaupt nicht mehr zurück. Ohne den männlichen Leibgardisten waren sie Feinden zum Opfer gefallen.

So ein Pavianmännchen ist gegenüber den schmächtigen Weibchen mindestens mit »Tarzan« zu vergleichen, wenn nicht gar mit »King Kong«. Es besitzt ein Gebiß, das dem eines Leoparden an Größe und Kraft in nichts nachsteht. Ein Weibchen, das sich von einem Pascha scheiden lassen will, muß also, wenn es überleben möchte, sogleich bei einem anderen Schutz suchen.

Aber das gelingt nicht so leicht. Wenn die Ernährungslage schlecht ist, widersteht der neue Pascha der Versuchung, seinen Miniharem zu vergrößern, und jagt ein drittes Weibchen davon.

Zudem quält das Weibchen die Sorge um die eigenen Kinder. Sie binden ihre Mutter an die alte Familie. In einigen Fällen ist es vorgekommen, daß der fremde Pascha, bei dem eine Weibchenstellung vakant war, die Kinder eines zu ihm übergelaufenen Weibchens getötet hat. Öfter noch weigern sich die Kinder des Außenweibchens, die ja unter der kindergärtnerischen Obhut der »Tagesmutter« stehen, diese zu verlassen. Nur selten gehen sie mit ihrer richtigen Mutter ins Exil, weil sie lieber in der ihnen vertrauten Familie bleiben.

Die große Problematik des Tagesmutter-Projekts tritt also auch schon bei den Mantelpavianen zutage: Die tagsüber stundenlange Trennung von der leiblichen Mutter und die Pflege durch eine andere Person entfremden das Kind seiner Mutter in bedenklicher Weise.

Die Vorteile der Ungerechtigkeit

Die dritte große Sorge, die Narba bei der alten Familie hielt, war die um das Futter. In der unermeßlichen Weite der Geröllwüste durchwandert jede Familie nämlich periodisch immer wieder dieselben Geländestreifen, während etwa zweihundert Meter links und rechts davon der Futtersuchkorridor benachbarter Familien beginnt.

Das bedeutet, daß die Fundortkenntnisse des Außendienstweibchens nur auf seine Nahrungsschneise beschränkt sind. Bei einem neuen Männchen, das ja auf fremden Futterpfaden wandelt, stünde eine Überläuferin also zunächst wie der Ochs vor dem neuen Tor. Damit ist die Gefahr akut, beim neuen Pascha zwar eine bessere Position als Neuling und also auch als Lieblingsweibchen zu erlangen, aber mit der ganzen Gruppe zunächst sehr hungern zu müssen, jedenfalls so lange, bis sich dort das in den Außendienst abgedrängte andere Weibchen eingearbeitet hat.

Deshalb behalten viele Außenarbeiterinnen lieber ihre schlechte Stellung in einer auf Futtersuche erfolgreichen Gruppe, als daß sie in eine gute Stellung in einer hungerdarbenden Familie übersiedeln. Tatsächlich wechseln die Mantelpavianinnen in ihrem etwa zwanzigjährigen Leben nur zwei-, höchstens dreimal ihre Gruppe.

So hart und ungerecht uns vieles im Leben dieser Tiere auch erscheinen mag, so lebenswichtig sind doch die Vorteile, die jeder aus diesem arbeitsteiligen Zusammenwirken zieht: Das Außendienstweibchen erhält für seine Futter- und Wassersuche sowie für die Feinderkundung als Gegenleistung die Betreuung seiner Kinder durch das Innendienstweibchen und den Schutz vor Raubfeinden durch das kräftige Männchen, ohne das es keine zwei Tage in der Wildnis überleben könnte.

Den gleichen Schutz genießt auch das Innendienstweibchen, das ebenfalls von den Futterfunden der »Kollegin« profitiert. Daß es so viel bekommt, zeigt, daß es mindestens ebensoviel gibt: nämlich Zärtlichkeit für das Männchen, Geborgenheit, Liebe und Lebensunterricht für die Kinder, sozialen Zusammenhalt und inneren Frieden für die ganze Familie sowie freundschaftlichen Kontakt mit anderen Mantelpavianfamilien.

Die derzeit in menschlicher Gesellschaft von vielen als minderwertig verachtete mütterliche Tätigkeit wird im sozialen System dieser Tiere somit außerordentlich hoch bewertet und der »Berufsarbeit« mindestens gleichgestellt.

Der Pascha wiederum erhält Nahrung vom einen Weibchen, Nachwuchs von beiden sowie liebevolle Zuwendung und Pflege seiner Kinder vom anderen.

Auf anderer Basis ist ein Überleben im gnadenlosen Existenzkampf in karger Wildnis einfach nicht möglich. Für die Mantelpaviane in jener Gegend ist dieses voller persönlicher Ungerechtigkeiten steckende gesellschaftliche System der einzige Weg, die eigene Existenz zu sichern. Die Gerechtigkeit für den einzelnen hat hintanzustehen, wenn es um das Wohl und Wehe der Gemeinschaft geht und damit auch wieder um das Leben des einzelnen Gruppenmitgliedes.

Die Tiere scheinen das zu spüren. Und deshalb lehnt sich auch keines dagegen auf. Eine Revolution der Systemveränderer findet hier nicht statt. Sie wäre gleichbedeutend mit der Selbstvernichtung.

Allerdings gibt es im Leben der Paviane auch Dinge, die sich nicht einfach auf der Basis gegenseitiger Abhängigkeiten erklären lassen. Man kann sie nur als ersten Schritt zum echten Altruismus verstehen:

In der übergeordneten sozialen Einheit dieser Tiere, dem aus mehreren Familien bestehenden sogenannten Clan, leben auch einige Männchen als Einzelgänger. Es sind alte Veteranen, die früher einmal Paschas waren, aber die Gruppenführung an jüngere Männchen abgegeben haben, meist freiwillig übrigens. Das Zeugen von Nachwuchs ist ihnen verwehrt. Ihren Lebensunterhalt können sie inzwischen allein bestreiten. Trotzdem liegt ihnen noch immer das Wohl ihrer ehemaligen Familie am Herzen. Denn immer wenn die Gefahr, in der sie schwebt, besonders groß ist, wenn zum Beispiel mehrere Hyänen angreifen, dann ist der alte Haudegen sofort zur Stelle.

Seite an Seite mit seinem Nachfolger kämpfend, erzielt der Veteran durch Sträuben seines besonders dicken und majestätischen Pelzes den größten Einschüchterungseffekt. Vielen Feinden vergeht allein bei seinem Anblick schon die Angriffslust. Aber wenn es zum Kampf kommt, geht der Veteran in so unerschrockenem Einsatz zum Gegenangriff vor, als hätte er nichts mehr zu verlieren. Notfalls opfert er sich sogar auf.

Hat er aber den Feind in die Flucht geschlagen oder vernichtet, verlangt er keinen Dank, sondern zieht, wie zuvor, als Einsamer seine eigenen Wege.

V.
Das Schicksal wird vorgezeichnet

Einflüsse im Ei und im Mutterleib

Bevor das Nest Wärme spenden kann

Vor einiger Zeit erregten Versuche Aufsehen, die Professor William C. Dilger an der Cornell-Universität in Ithaca, New York, mit Liebesvögeln durchführte. Wir nennen diese den Wellensittichen ähnelnden Tiere auch Unzertrennliche. In dieser Gattung gibt es unter anderen zwei Arten, die auf ganz verschiedene Weise Baumaterial zum Nest transportieren.

Die einen, die sogenannten Pfirsichköpfchen, schneiden von großen Blättern mit dem Schabel wie mit einer Schere lange Streifen ab. Von diesen nehmen sie immer nur einen zur Zeit in den Schnabel und tragen ihn fliegend zum Nestbauplatz. Die anderen, die Rosenköpfchen, wollen sich Wegzeit sparen und befördern bis zu fünf Streifen auf einmal. Aber sie nehmen sie nicht in den Schnabel, sondern klemmen die Streifen ins Rückengefieder und flattern wie ein fransenbehängter Harlekin los.

Eines Tages kam der Forscher auf die Idee, diese so unterschiedlich zu Werke gehenden »Transportarbeiter« miteinander zu kreuzen. Wie würden deren Kinder, die »Rosen-Pfirsich-Bastarde«, ihre Aufgabe verrichten? Um es gleich zu verraten: Drei volle Jahre lang bekamen sie kein einziges Nest zustande.

Immer wenn sie einen Blatt- oder Papierstreifen abgeknabbert hatten, standen sie instinktiv unter dem inneren Zwang, das Produkt in ihr Rückengefieder stecken zu müssen. Doch schon hierbei fehlte ihnen die ihren Eltern angeborene Geschicklichkeit. Sie stießen den Streifen mehr gegen als unter die Federn. Hatten sie ihn endlich mehr zufällig irgendwo hineingeklemmt, vergaßen sie, den Schnabel zu öffnen, und zupften die Luftfracht gleich wieder heraus. Oder sie hielten den erfolgreich verstauten Streifen unmittelbar danach für eine Verunreinigung, putzten sich gründlich und entfernten dabei den Fremdkörper wieder.

Schließlich, nach fünfzig bis sechzig gescheiterten Versuchen, nahmen die Mischlinge den Streifen in den Schnabel und flogen damit zum Nest, das sie jedoch nie fertigstellen konnten. Die Tiere wurden nämlich nicht durch Schaden klug. Anstatt beim nächstenmal das Nistmaterial gleich in den Schnabel zu nehmen, nestelten sie damit abermals zwölf Minuten lang vergeblich im Gefieder herum. Sogar noch nach drei Jahren »Praxis« stümperten sie so hilflos herum wie am ersten Tag.

Die Bastarde dieser verhaltensgenetischen Experimente hatten also von einem Elternteil den Zwang geerbt, Nistmaterial im Gefieder zu verstauen, und vom anderen Elternteil den Zwang, Fremdkörper aus dem Gefieder zu entfernen. In der Zwickmühle zwischen beiden Instinkten entstand dann jenes durch Lernen kaum korrigierbare, lebensuntüchtige Verhalten. Erst im vierten Jahr siegte die Einsicht, und die Vögel nahmen die Streifen gleich in den Schnabel.

Daß so ein kleiner Vogel mit seinem »Spatzenhirn« – wenn auch spät, aber immerhin doch – in der Lage ist, aus dieser verteufelten Instinkt-Klemme herauszufinden, sollte das Großhirnwesen Mensch hoffnungsvoll stimmen, mit ähnlichen Triebproblemen ebenfalls fertig zu werden.

Dennoch zeigt das Beispiel deutlich, daß sogar eine so simple Tätigkeit wie das In-den-Schnabel-Nehmen von Nestbaumaterial instinktiv, also gleichsam a priori, in dem Tier vorprogrammiert ist.

Eine der ersten elterlichen Tätigkeiten bei Vögeln ist das Sammeln von Nestbaumaterial. Mit unserem Verstand betrachtet, erscheint nichts einfacher und selbstverständlicher als das: Der Vogel sucht einen Halm, nimmt ihn in den Schnabel und fliegt damit zum Nistplatz. In Wirklichkeit aber wird dies Verhalten von einem Instinkt gesteuert, und da sehen die Dinge gleich ganz anders aus, obwohl oder gerade weil das Schicksal der Noch-nicht-Geborenen auf Gedeih und Verderb vom richtigen Handeln der Eltern abhängt. Das gleiche gilt auch für andere dem Nestbau dienende Verhaltensweisen, etwa die Nistplatzwahl.

Den Eiern und den Jungtieren in einem Nest drohen ständig zahlreiche Gefahren. Kletternde Kleinsäuger, räuberische Vögel und baumbewohnende Schlangen sind ständig auf Tour, um sich diese Nahrungsquelle zu erschließen.

Das Nest ist für die Brut nicht nur ein Hort elterlicher Geborgenheit, sondern gleichzeitig auch ein Magnet für Feinde, die jene Nestlinge verschlingen wollen, und es bedarf der raffiniertesten Tricks der Vogeleltern, ihre Kinder räuberischem Zugriff zu entziehen.

In vielen Teilen Afrikas leben zum Beispiel Webervögel, nahe Verwandte des Sperlings. Sie flechten ein kunstvolles Kugelnest und hängen es am langen Faden an die äußerste Spitze eines weit überhängenden Zweiges. Aber das genügt noch nicht als Schutz. Schon oft wurden Marder oder Baumschlangen beobachtet, die trotzdem auf schwankendem »Trapez« bis dorthin vordrangen, mitsamt dem Nest zu Boden stürzten und dort mit der Mahlzeit begannen.

Vor diesem »Drahtseilakt ohne Netz« schrecken Räuber jedoch regelmäßig dann zurück, wenn der Zweig mit dem Webernest über einem See oder Fluß hängt. Also, so könnten wir jetzt folgern, bauen diese Vögel ihre Brutstätten bevorzugt über Wasserflächen.

Aber so einfach liegen die Dinge nicht, wie der Bielefelder Verhaltensforscher Professor Klaus Immelmann herausgefunden hat. Denn in vielen Gebieten Afrikas führen kleinere Flüsse noch gar kein Wasser, wenn die Nester gebaut werden müssen. Das ist erst später, wenn die Jungen geschlüpft sind, zu Beginn der Regenzeit, der Fall. Die Vögel müssen ihre Nester also dort bauen, wo erst in Zukunft Wasser unter ihnen plätschern wird.

Nachgerade kompliziert mutet das an, viel zu verwickelt, als daß dies Problem auf der primitiven Basis eines Instinkts gemeistert werden könnte. Dennoch ist es so. Das wurde durch Errungenschaften der Zivilisation offenbar. Denn die Webervögel bauen neuerdings ihre Nester auch dort, wo sie niemals über einem Gewässer hängen, wo es aber so ähnlich aussieht: über asphaltierten oder betonierten Landstraßen, die sie mit trockenen Flußbetten verwechseln, oder über Wellblechdächern, die den optischen Eindruck eines Tümpels vermitteln.

Überraschenderweise scheinen die Raubsäuger und Baumschlangen demselben Trugbild der »Fluß- oder See-Attrappe« zum Opfer zu fallen. Denn sie verschonen Webernester über Straßen und Dächern.

Präzise ausgedrückt: Statt einsichtigen Verhaltens gemäß den geschilderten Zusammenhängen wirkt hier lediglich ein Schlüsselreiz (eine sich von der Umgebung kontrastscharf abhebende vegetationslose Fläche) auslösend auf die Nistplatzwahl der Webervögel und zugleich auch auf das Meideverhalten der vielen Nesträuber.

So baut jeder Vogel ganz instinktiv sein Nest dort, wo es für das Überleben seiner künftigen Kinder am günstigsten ist. Jede Vogelart bevorzugt zum Beispiel einen charakteristischen Höhenbereich über dem Erdboden.

Da sind einmal die Bodenbrüter wie die Stockente. Verstädterte Weibchen betrachten allerdings auch die Flachdächer von Hochhäusern, ja, sogar die Terrassen von Etagenwohnungen als artgemäßen »Boden« zum Brüten und bringen ihre Jungen dort zur Welt. Ein Mißverständnis, das nur deshalb für die Kinder nicht tödlich endet, weil sie so leichte Federflausche sind und noch ein so elastisches Knorpelskelett statt verkalkter Knochen besitzen, daß sie beim Absprung aus zwanzig Meter Höhe wie Fallschirmspringer in die Straßenschlucht herniederschweben und sich nichts brechen.

Gleichsam im ersten Stock, also in Büschen bis zwei Meter Höhe, sind die Amseln zu Hause. Aber auch hier spielen ihnen menschliche Errungenschaften manch bösen Streich. Seit etwa 1950 werden Buchen gezüchtet, die, als Gartenhecke gepflanzt, das Herbstlaub erst im Frühjahr unmittelbar vor dem Austreiben der neuen Knospen abwerfen, um dem Gartenbesitzer fast permanenten Sichtschutz gegen die Straße zu bieten.

Ihr erstes Nest im Jahr bauen die Amseln aber schon vor dieser Zeit und glauben, inmitten welker Blätter vor Katzenblicken gut geschützt zu sein. Dann aber, wenn die Brut im Gange ist, fällt plötzlich das gesamte Laub ab. Die Katze schleicht sich an, springt hoch und fängt meist die Mutter samt ihren Kindern. Aber im nächsten Jahr bauen Amseln abermals in dieser tödlichen Hecke ihre Nester.

In der »obersten Etage«, sozusagen in der Dachkammer, horsten unter anderem Störche und Greife wie Turmfalken und Seeadler. In einer Graureiherkolonie eines großen, alten Baumes geht es zu wie in der Hierarchie einer Firma: Je höher die Vögel im Rang stehen, desto höher residieren sie, und zwar nicht wegen der schöneren Aussicht, sondern weil es, wenn die Jungen in den Horsten schon größer geworden sind, auf die unten Wohnenden ständig weiß herniederkleckst.

Doch man verachte mir das Koten nicht. Verschiedene Vögel setzen es zum Schutz der Kinder planmäßig ein.

Vogelfreunde konnten sich lange Zeit nicht erklären, weshalb die Brandseeschwalbe im Gegensatz zu anderen Seeschwalben und Bodenbrütern geradezu auffallend helle, fast weiße Eier legt, wie sonst nur Höhlenbrüter, deren Eier keiner Tarnung bedürfen. 1978 hat

Professor H. F. Sears den Grund gefunden, weshalb dieses eigentlich so überaus verräterische Weiß nicht tödlich ist:

Gleichzeitig mit dem Ausmulden des Nestes im Dünensand beginnen die Eltern, die Umgebung des Nistplatzes mit ihrem Kot zu bombardieren. Bald liegen überall weiße Tüpfel, und kein Räuber kann aus der Luft unterscheiden, was Unrat und was Eier sind.

Noch wirkungsvoller gehen die Weibchen einiger Entenarten vor. Wird eine brütende Stock- oder Eiderente etwa von einer Wanderratte gestört, spritzt sie, bevor sie flieht, eine saftige Kotladung über die Eier. Normalerweise schreckt so etwas eine Ratte nicht ab. Aber während der Brutzeit mischt das Muttertier aus Drüsen einen so infernalischen Gestank in den eigenen Unrat, daß sogar einer Ratte der Appetit vergeht.

Die Kinderwiege als Magnet für tausend Gefahren

Bei anderen Vogelarten ist das Nest so sehr von Feinden gefährdet, daß die Entwicklung in eine verblüffende Richtung führt: weg vom Nest! Folgendes Erlebnis ist ein Beispiel dafür:

Der Himmel über der Stadt Singapur verfinsterte sich. Die schwarze Wolkenwand eines Taifunausläufers zog herauf. Erste Windstöße peitschten die Fernsehantenne auf dem Institutsdach des englischen Zoologen Dr. John Parks. Besorgt blickte der Vogelforscher hinauf. Auf einem fingerdünnen Querstab der Antenne hatte nämlich vor einigen Tagen ein Baumseglerpärchen eines der seltsamsten Nester in der Vogelwelt gebaut.

Auf dem Eisenstab war von den Verwandten unserer Mauersegler im Balance-Akt eine winzige Mulde geformt worden. Sie war noch wesentlich kleiner als ein Eierbecher und läßt sich am treffendsten mit einem Teelöffel ohne Stiel vergleichen. Von unten sah sie mehr wie die knorrige Verdickung eines Zweiges aus.

Schon die ersten Sturmböen müßten das einzige Ei aus diesem Mininest herausgeschleudert haben. Aber als der Taifun vorüber war, stellte der Forscher zu seiner Überraschung fest, daß es immer noch darin lag. Wie war das möglich? Als der Zoologe mit einer Leiter hinaufkletterte, lüftete sich das Geheimnis: Die Vogeleltern hatten das Ei mit Speichel im Nest festgeklebt!

Während andere Vögel ihre Brutstätte im dichten Laub verstecken, tarnt der Baumsegler die seinige als Astverdickung. Sein südamerikanisches Ebenbild ist der zu den Schmuckvögeln zählende Jodkotinga. Er benutzt nur Spinnweben und Speichel zum Bau eines Mininestes, an dessen Grund der blanke Ast zu erkennen ist.

Die Feenseeschwalbe, eine Bewohnerin tropischer Meeresinseln, baut sogar überhaupt kein Nest mehr. Sie legt ihr einziges Ei in eine Astgabel und brütet . . . im Stehen.

Noch einen Schritt weiter gehen die Blatthühnchen in Südostasien. Sie bauen zwar ein recht unordentliches Nest, aber sie benutzen es nur zur kurzzeitigen Ei-Aufbewahrung, nicht aber zum Brüten. Denn es schwimmt als Floß auf Seerosenblättern, wo es mit Sicherheit unter Wasser gesetzt und einsinken würde, sobald sich ein Vogel zum Brüten darauf niederlassen wollte.

Deshalb schaufelt sich der Vater die Eier unter die Flügel in die Achselhöhle, je zwei auf jeder Seite, klemmt sie fest wie ein Fieberthermometer und brütet sie dort aus. Auch die geschlüpften Küken hält er dort warm. Wenn sich der Vater ein wenig die Beine vertreten will und aufsteht, sieht man unter jedem Flügel vier kleine Beinchen nach unten baumeln. Naht sich ihm im dichten Blattwerk ein räuberischer Vogel, miaut er wie eine Katze und jagt damit den Feind in die Flucht.

Um das Leben der Kinder so gut wie möglich zu schützen, hat sich die Natur die großartigsten Methoden ausgedacht. In diesem Sinne ist auch ein weitverbreitetes Phänomen zu verstehen: das Heimatgefühl, also der Drang, den Nachwuchs genau dort zur Welt zu bringen, wo das Elterntier selbst das Licht dieser Erde einst erblickt hat. Dahinter steckt, natürlich unbewußt, das Prinzip: Wo es mir als Kind gut erging, werden auch meine Kinder eine Chance zum Überleben haben.

Zum Beispiel suchen Erdkröten alljährlich zur Laichzeit exakt ihren Geburtsort auf, um selber dort Eier abzulegen. Der englische Zoologe Dr. H. Heusser beobachtete zahlreiche dieser Froschlurche, wie sie mit einer Marschgeschwindigkeit von sechshundert Metern am Tag aus einem Wald herauskamen und einem mehrere Kilometer entfernten Sumpf- und Seengebiet zustrebten. Dabei hielten sie ganz bestimmte Wege ein, die nicht genau mit der Luftlinie übereinstimmten, sondern in Schlängellinien den Unebenheiten im Gelände Rechnung trugen. Die Kröten-»Straßen« waren zunächst grob auf den ungefähren Laichplatz gerichtet und verzweigten sich erst kurz vor dem Ziel auf die angestammten individuellen Ei-Ablageplätze der einzelnen Tiere.

Hatten die Amphibien ihren Geburtstümpel erreicht und trocknete dieser bei warmem Wetter unter ihren Füßen aus, suchten sie nicht ein einziges Mal in der nächsten Nachbarschaft nach einem tieferen, noch Wasser führenden Tümpel, den sie mit Leichtigkeit hätten finden können. Statt dessen gruben sie sich in den Morast ein und warteten, bis der nächste Regen wieder genug Wasser gab, um mit dem Laichgeschäft fortfahren zu können.

Im folgenden Winter wurde über einige dieser Laichplätze eine Autobahn gebaut. Doch im März darauf zogen die Kröten ohne Rücksicht auf die Betonpiste wieder exakt an den Heimatort. Ebenso unentwegt wie verzweifelt krochen sie auf der Fahrbahn umher und wurden in Massen überfahren. Nur wenige Meter daneben hätten sie zahlreiche andere Tümpel finden können. Aber sie mißachteten diese, weil es ihnen eingegeben ist, nur dort auf der weiten Welt zu laichen, wo sie einst aus den Eiern schlüpften. Heimattreue bis in den Tod!

Mit welchen Sinnen die Erdkröten ihren Heimatort auf wenige Meter genau zu finden wissen, auch wenn er sich im Aussehen völlig verändert hat, liegt heute noch in rätselhaftem Dunkel.

Nach gleichem Urvätergesetz der Heimattreue sind ebenfalls zahlreiche andere Tiere angetreten, nur daß bei ihnen der Weg nicht über wenige Kilometer führt, sondern über Tausende von Meilen.

Lachse finden aus den Weiten der Weltmeere, wenn sie nach drei bis sieben Jahren Hochseeaufenthalt laichreif werden, nicht nur ihren Heimatfluß, zum Beispiel den Rhein, früher, als er noch sauber war, sondern auch das kleine Gebirgsbächlein hoch oben in den Schweizer Alpen, wo sie einst geschlüpft waren.

Umgekehrt drängt es den Aal nach Jahren des Wachstums in einem mitteleuropäischen See, die Heimkehr ins Sargassomeer im mittleren Atlantik anzutreten, von wo er einst als winziges Wesen zu uns kam.

Auch Seeschildkröten navigieren auf hoher See über Tausende von Kilometern, um auf einer kleinen Insel am bewährt sicheren Strand ihre Eier zu vergraben.

Ein Schildkrötenexperte der südafrikanischen Universität Natal, Dr. George Hughes, meinte vor einigen Jahren, ebensogut Brutplätze für die Eier der sogenannten Unechten Karettschildkröte ausfindig machen zu können wie die Tiere selbst. Südlich Durban vergrub er einige hundert Eier an Strandabschnitten, die nach seiner Meinung gut geeignet waren.

Am ersten Platz setzte nach zwei Monaten eine Springflut die Gelege unter Wasser und vernichtete sie. Am zweiten Platz drangen Ameisen zu den Eiern vor und fraßen sie auf. Am dritten Platz hatte der Zoologe die Eier eine Handbreit zu tief vergraben. Als die Jungen schlüpften, schafften sie es nicht, sich an die Oberfläche hochzuarbeiten, und kamen elend um. Am vierten Platz war der Sand zu feinkörnig. Eine Gruppe Erstgeschlüpfter verschüttete alle nachfolgenden Geschwister, so daß diese zu Tode kamen.

So erlebte Expertenwissen ein Fiasko. Das Naturverfahren der Wahl des eigenen Geburtsortes als Wiege für die Brut triumphierte über menschliche Gelehrsamkeit.

Nicht zuletzt verfahren auch alle Zugvögel nach dem gleichen Prinzip. Eine Rauchschwalbe, die im Frühjahr aus Südafrika zu uns kommt, findet ja nicht nur die vorjährige Landschaft, nicht nur ihr Heimatdorf, nicht nur den gewohnten Stall, sondern exakt ihr angestammtes Nest wieder. Wird sie von anderen Schwalben daraus vertrieben, ist sie allerdings nicht so stur wie die Erdkröte, sondern bezieht in der Nachbarschaft ein anderes Quartier.

Im Interesse der Sicherheit der Kinder hat die Natur also bereits Tieren den Drang zum Ort der Geburt, eine Art Heimweh, eingegeben – und das Gefühl, in vertrauter Umgebung geborgen zu sein. Auch wir Menschen besitzen es.

Küken signalisieren aus dem Ei

»Brüten ist die simpelste Sache der Welt«, meinen viele Leute. »Wenn die Eier gelegt sind, setzt sich der Vogel einfach darauf und bleibt dann dort unter Aufbietung seiner ganzen Faulheit, bis er abgelöst wird.« Verhaltensforscher sind da ganz anderer Meinung, zum Beispiel die holländischen Zoologen Professor G. P. Baerends und Dr. R. H. Drent.

Bei Silbermöwen auf der Insel Schiermonnikoog beobachteten sie, daß es keineswegs gleichgültig ist, wie die drei Eier im Nest liegen. Werden sie überhaupt nicht bewegt, geschieht dasselbe wie in primitiven Brutkästen: Der Embryo verklebt mit der Schale und stirbt.

Das Gelege muß also immer wieder einmal gewendet werden, allerdings nicht so wie Buletten in der Bratpfanne. Denn der Embryo muß immer so hoch wie möglich auf der sich im Eiweiß frei drehenden Dotterkugel liegen. Nur dort bekommt er die nötige Nestwärme. Zwischen oberer Eischale und den von Federn entkleideten drei Brutflecken am Bauch des Elternvogels herrscht zu Beginn der Brut eine Temperatur von 39,5 Grad. Zwischen der Ei-Unterseite und dem Nestboden wurden jedoch nur zwölf Grad gemessen. Wenn das Ei falsch liegt, kann das Ungeborene also erfrieren.

Doch woran merkt die brütende Silbermöwe, die, wie an früherer Stelle vermerkt, nicht einmal ihre eigenen Eier von Kieselsteinen oder Holzklötzen unterscheiden kann, ob ihr Kind sich im Ei in Normallage zum Schwerefeld der Erde optimal entwickelt oder irgendwie schief liegt und leidet? Von außen sehen kann das ja keiner.

Vermutlich erhält der brütende Vogel diese für das Wohlergehen der Kinder wichtige Information über wärmeempfindliche Sinneszellen an den Brutflecken. Denn der Embryo beginnt ja langsam, selber Wärme zu erzeugen. Der Elternvogel wendet also das Ei mit den Füßen so lange, bis dessen wärmster Pol oben liegt.

Je älter der Ei-Insasse wird, desto mehr Wärme trägt er selber zum Brüten bei. Kurz vor dem Schlüpfen liefert das Kind etwa Dreiviertel der nötigen Wärme-Energie und die Elternmöwe nur noch ein Viertel. Das Temperaturgefälle zwischen Ober- und Unterseite des Eies verringert sich von 27,5 auf nur noch vier Grad. Selbst mit dem phänomenalen Temperatursinn der Tiere kann der Elternvogel nun nicht mehr erkennen, ob sein Kind derzeit vielleicht kopfunter in schmerzhafter Position liegt.

Deshalb beginnt zwei Tage vor dem Schlüpfen etwas Wunderbares. Der Ei-Insasse stimmt ein »Protestgeschrei« an, so lange, bis er sich wieder wohlfühlt. Es ist eine der überraschendsten Entdeckungen der Embryologie der letzten zwei Jahrzehnte, daß die Lautäußerungen vieler Vogelkinder nicht etwa mit dem ersten Piepen beim Schlüpfen aus dem Ei beginnen, sondern schon zwei Tage früher. Als winzige, noch unfertige Ei-Insassen können sie sich bereits mit ihren Eltern und mit ihren ebenfalls im Ei eingeschlossenen Geschwistern »unterhalten«.

Dabei ist diese Erscheinung gar nicht so schwer festzustellen. Wir Menschen brauchen nur einmal das Ohr an ein Ei im Nest während der letzten Brutphase zu legen. Dann vernehmen wir zarte Töne aus dem Inneren des Eies. Bleibt alles still, können wir das Gespräch beginnen, indem wir bei Hühnereiern Glucklaute ausstoßen oder bei Gänse-Eiern »Wi-wi-wi« wispern. Sogleich werden wir von drinnen feinstimmige Antwort erhalten.

Einem Greifvogel, der Rohrweihe, gelang diese Entdeckung allerdings schon vor Urzeiten. Wenn Mutter Bleßhuhn ihr Nest im Schilf gut getarnt verlassen hat, vernimmt eine darüber hinwegstreichende Rohrweihe mit ihrem äußerst scharfen Gehör das leise Piepen in den Eiern, entdeckt auf diese Weise das Nest und erbeutet das Gelege.

Zwischen Ei und Elternvogel gibt es sogar mehrere »Gesprächsthemen«.

Thema eins: Wenn der Eibewohner in unbequemer Stellung liegt oder zu sehr abkühlt, beginnt er mit zarten, hohen Fieptönen zu »weinen« und gibt nicht eher Ruhe, bis Mutter oder Vater ihn in die richtige Position gewendet hat. Aus diesem Laut entwickelt sich etwas später beim geschlüpften Küken der sogenannte »Ruf des Verlassenseins«, auch Kontaktsuchruf genannt. Er entspricht einem Weinlaut des Menschenbabys, mit dem dieses nach Berührung mit der Mutter verlangt.

Thema zwei wird von der Mutter ins »Gespräch« gebracht. Von dem Augenblick an, in dem ihr erstes Ei zu »sprechen« beginnt, läßt auch eine Haushenne erstmalig ihr bekanntes Glucken ertönen. Es bedeutet soviel wie: »Keine Angst, ich bin bei dir und werde dafür sorgen, daß es dir wieder gutgeht.« In diesem Sinne versteht es auch das Ungeborene und beruhigt sich sogleich.

Thema drei ist Gegenstand der gleichen mütterlichen Trostlaute. Bereits im Ei lernen die Küken die Stimme ihrer Mutter kennen. Das ist sehr wichtig, denn noch haben sie ja keine Ahnung, wie dasjenige Wesen, das ihre Mutter ist, aussieht. Deshalb hat es die Natur allen Hühner- und Entenküken eingegeben, sich nach dem Schlüpfen nur jenem sich bewegenden Etwas vertrauensvoll zu nähern, dessen Stimme genauso klingt wie jene, die sie im Ei gehört haben.

Übrigens vermuten auch Kinderärzte, daß ein neugeborenes Menschenkind seine Mutter sogleich an der Stimme erkennt.

Bei Hühnern ist der biologische Sinn klar: Inmitten des Gewimmels einer großen Schar Federvieh könnte es sonst unliebsame Verwechslungen geben.

In einer Reihe erregender Experimente hat Professor J. Brown Grier an der Northern-Illinois-Universität diese Zusammenhänge näher untersucht. Er ließ in zwei Brutkästen je zwölf Hühnereier ausbrüten. Im Kasten A wurde den Ei-Insassen statt mütterlicher Glucklaute ständig die Melodie »Jingle bells, jingle bells« vom Tonband vorgespielt und denen im Brutkasten B »Open the door, Richard«.

Als die kleinen Federflausche zwei Tage später schlüpften, sahen sie links und rechts je ein ausgestopftes Huhn. Aus einem Lautsprecher im Balg des einen Huhnes erklang die Melodie »Jingle bells« und aus dem des anderen »Open the door, Richard«. Nun konnten sich die Küken frei entscheiden, welche dieser beiden Attrappen ihre Mutter sein sollte. Ausnahmslos liefen sie zu demjenigen ausgestopften Etwas, aus dem die ihnen vertraute Melodie erklang.

Diesen Befund machten sich Zoologen im Max-Planck-Institut für Verhaltensphysiologie in Seewiesen bei Starnberg zunutze. Zwei Tage vor dem Schlüpftermin sprach jeweils ein Versuchsleiter zu einem Gelege von Grauganseiern: »Wi-wi, wi-wi-wi, wi-wi«, und zwar ohne die Stimme allzusehr auf gänsischen Akzent umzustellen. Mit den gleichen Lauten lockten sie dann die Küken unmittelbar nach dem Schlüpfen. So wurden sie von den neuen Erdenbürgern gleich an der Stimme wiedererkannt . . . und als Mutter akzeptiert.

Absprache über den Schlüpftermin

Thema vier ist gleichsam ein »Gespräch« der Eier untereinander. Die Geschwister verabreden sich, wann sie schlüpfen wollen. Denn bei allen Nestflüchtern ist es lebenswichtig, daß alle Geschwister eines Geleges nahezu gleichzeitig zur Welt kommen.

Zum Beispiel legt eine Wachtelhenne bis zu vierzehn Eier in ihr Bodennest. Dazu braucht sie ungefähr siebzehn Tage. Die Brutzeit dauert ebenfalls siebzehn Tage. Aber trotz des großen Altersunterschiedes der Eier schlüpfen die Küken alle fast zur gleichen Stunde.

Warum? Bei Nesthockern wie unseren Amseln oder Meisen hätte ein so »militärisch« exaktes Schlüpfen auf Kommando keinen rechten Sinn. Deshalb findet es hier auch gar nicht statt. Absolut lebenswichtig ist es aber für junge Nestflüchter, also für Wachteln, Hühner, Rebhühner, Fasane, Gänse, Enten und viele andere. Die Ausgeschlüpften sind bereits 3,5 bis 6,7 Stunden nach dem Ausbruch aus dem Eigehäuse voll lauffähig und wollen auch sogleich Bewegung haben. Die Mutter muß mit ihren Kleinen alsbald Spaziergänge oder Badeausflüge unternehmen. Das kann sie aber nur, wenn sie nicht gleichzeitig noch Nachzügler zu bebrüten und ihr Nest zu bewachen hat. Würden Nestflüchterküken nicht tatsächlich alle fast gleichzeitig schlüpfen, wäre stets ein Teil von ihnen verloren, entweder die unternehmungslustigen, mütterlicher Hilfe entbehrenden Spaziergänger oder die im Stich gelassenen Eibewohner.

Deshalb geschieht folgendes: Einmal fängt die Wachtelmutter nicht eher an zu brüten, bis sämtliche Eier gelegt sind. Dennoch zeigt sich, wenn man alle vierzehn Eier schallisoliert in verschiedenen Brutkästen ausbrütet, daß das Küken des zuletzt gelegten Eies drei Tage später als das des erstgelegten schlüpft.

Folglich muß es etwas geben, das für einen gemeinsamen Schlüpftermin sorgt, sobald die Eier engen Kontakt miteinander haben. Das sind Lautsignale, mit denen sich die Eier gegenseitig verständigen, und zwar Knackgeräusche, die in keinem Fall mit den Weinlauten verwechselt werden können.

Etwa zwei Tage vor dem Schlüpfen, wenn beim Embryo die Lungenatmung einsetzt (erst aus dem ei-internen Luftkissen, später durch die in die Schale gehackten Löcher), lassen die ältesten dieses ziemlich laute Knacken in trommelartigen Salven ertönen. Damit beginnt das Countdown zum Start in die Welt.

Wie Frau Professor Margarete Vince an der Universität Cambridge erforscht hat, beschleunigt das Knackkonzert der am weitesten entwickelten Eier den Herzschlag, die Atmung und den Stoffwechsel der jüngeren Geschwister so stark, daß sie ein schnelleres Reifetempo vorlegen und ebenfalls fit sind, sobald das Signal zum gemeinsamen Schlüpfen ertönt. Umgekehrt können auch Nachzügler durch eine langsamere Salvenfolge ihrer Knackgeräusche den Reifeprozeß ihrer älteren Geschwister verzögern. Sie sagen ihnen gleichsam: »Wartet noch ein bißchen, bis wir soweit sind!«

Verschiedene Rhythmen der Knacklaute spornen also das Wachstum der jüngeren Eikumpane an und verlangsamen es bei den älteren, so daß alle annähernd gleichzeitig schlüpfbereit sind. Dann, wenn alle im selben Takt knacken, wissen sie: Alle Mann sind klar. Und überall beginnt der Ausbruch aus dem engen Gehäuse. Ein erstaunlicher Erfolg jener ersten Laute, die noch Ungeborene von sich geben und empfangen.

Um eine letzte Bestätigung zu erhalten, entnahm Margarete Vince einem Wachtelgelege ein Ei und schob es einem anderen Weibchen unter, das schon einen Tag länger brütete. Prompt schlüpfte das Küken zur gleichen Zeit mit seinen neuen Nestgenossen und nicht synchron mit seinen leiblichen Geschwistern.

Gesprächsthema fünf ist wiederum etwas ganz anderes. Die Eibewohner melden ihrer Mutter: »Wir kommen bald. Stelle dich darauf ein, daß du uns in Kürze nicht mehr bebrüten, sondern füttern und ausführen mußt!«

Für den Organismus und für das Verhalten einer Vogelmutter ist das eine gewaltige Umstellung, die ihr gar nicht so leichtfällt, wie wir bei oberflächlicher Betrachtung meinen.

Das geht aus folgendem Experiment hervor: Dr. Erich Baeumer, ein Mitarbeiter am Max-Planck-Institut für Verhaltensphysiologie, hatte einem Haushuhn die befruchteten Eier drei Tage vor dem Schlüpftermin fortgenommen und in einen Brutschrank gelegt. Die Henne bekam statt dessen die gleiche Anzahl unbefruchteter Eier und brütete auf diesen weiter, als sei nichts geschehen.

Als die Küken im Brutkasten schlüpften, nahm sie der Zoologe und schob sie der auf tauben Eiern brütenden Henne unter die Federn. Am anderen Morgen sah er entsetzt, daß die Henne über Nacht alle ihre Küken totgehackt hatte. Nichtsdestoweniger brütete sie unbekümmert weiter auf den tauben Eiern . . . und auf ihren toten Kindern.

Bei Vögeln ist der Muttertrieb also etwas grundsätzlich anderes als der Brutpflegetrieb und muß erst durch die Lautäußerungen der winzigen Eibewohner geweckt werden.

Außerdem rufen die Stimmchen der kleinen noch nicht geschlüpften Vögel etwas wach, was es nach Meinung vieler Menschen gar nicht geben soll: den Vatertrieb, den Kinderpflegetrieb des Männchens. Aber diese Geschichte soll erst erzählt werden, wenn wir das Thema »Väter« behandeln.

Der Vollständigkeit halber sei hier ferner kurz angedeutet, daß jenes Phänomen der »sprechenden Eier« keineswegs auf die Welt der Vögel beschränkt ist. Wir kennen es auch von den Vorfahren der Vögel, von brutpflegenden Reptilien und sogar auch von einigen Insekten.

Gestreßte Mütter haben dumme Kinder

Bereits der Embryo im Ei, obgleich in harter Schale verpackt, ist also nichts von der Um- und Mitwelt völlig Isoliertes. Der Embryo oder Fötus im Mutterleib eines Säugetieres oder Menschen ist es noch viel weniger. Die Plazenta ist weder eine chemische Retorte noch eine »Insel der Seligen«.

Zum Beispiel können schon geringfügige Abweichungen von der Brut- oder Körpertemperatur der Mutter tiefgreifende Folgen für das ungeborene Kind haben. Das ist das aufsehenerregende Resultat von Experimenten, die die Doktoren C. C. Lindsey und G. E. E. Moodie an den Universitäten von Manitoba und Alberta durchführten.

Sie ließen die Eier von vielen Fischen, einigen Fröschen und einer Schildkröte bei Temperaturen ausbrüten, die etwas höher oder niedriger lagen als die für diese Tiere normalen Wärmegrade. Später durchleuchteten sie die Jungtiere mit Röntgenstrahlen und stellten dabei fest, daß diese in jedem Fall ein Rückgrat mit anomal vielen Wirbelknochen besaßen. Eine niedrigere Bruttemperatur verringerte die Anzahl, eine höhere vermehrte sie. Dasselbe geschah auch mit jungen Mäusen, als Forscher die tragenden Muttertiere einem kurzzeitigen Kälte- oder Hitzeschock aussetzten.

Daß Drogen, von der Mutter zu einem bestimmten Zeitpunkt der Schwangerschaft eingenommen, zu furchtbaren Mißbildungen der Kinder im Mutterleib führen können, ist seit der Contergan-Katastrophe hinlänglich bekannt. Ebenso können Sauerstoff- und Vitaminmangel sowie Erkältungskrankheiten der Mutter zu Mißbildungen beim Kind führen. Zum Beispiel bewirkt eine Masernerkrankung der Mutter manchmal, daß ihr Baby taub geboren wird.

Der Blutkreislauf und das Nervensystem von Mutter und Kind sind zwar voneinander getrennte Einheiten. Dennoch gelangen über die Blutschranke der Plazenta neben dem Sauerstoff und den Nährstoffen auch Viren und Drogen in den Leib des Kindes. Druck und Schläge auf den mütterlichen Unterleib beantwortet der Fötus mit Unruhe.

Tragende Ratten, die in Laborversuchen große Mengen von Alkohol zu trinken bekamen, brachten Junge zur Welt, die ihr Leben lang nervös und dumm waren, wie Intelligenztests bewiesen. Das ist nicht sonderlich überraschend. Interessanter sind die Details, die der Psychologieprofessor William R. Thompson an der Wesleyan-Universität in Middletown, Connecticut, entdeckte: Ratten, die nur kleine Mengen Alkohol genossen, bekamen Junge, die ruhiger, fügsamer und klüger waren als der Durchschnitt normaler Tiere. Nach Gabe mittlerer Alkoholdosen aber trat das Seltsame ein, daß alle Rattenmädchen dumm geboren wurden, sich die männlichen Jungtiere jedoch als relativ intelligent erwiesen.

Eine Durchleuchtung der Mutter mit Röntgenstrahlen kann ebenfalls böse Folgen haben. Wurden Rattenweibchen zu Beginn der Schwangerschaft mäßig stark bestrahlt, bekamen sie Kinder, die in Lernversuchen zwar gute Intelligenz, aber auch hohe Nervosität an den Tag legten. Die gleiche Strahlenmenge, der Mutter gegen Ende der Tragzeit verabreicht, führte hingegen zu nervlich zwar sehr stabilen, aber ziemlich dummen Kindern. Vom Menschen wissen wir, daß intensivere Röntgenbestrahlung der Mutter dazu führen kann, daß ihr Kind im späteren Leben an Leukämie erkrankt.

Desgleichen ist es eine durch zahlreiche Tierversuche gesicherte Tatsache, daß starke Streßbelastungen und Angstzustände bei einer Mutter während der Schwangerschaft zu schweren körperlichen und seelischen Störungen beim Kind führen können. Frau Professor Anne McLaren vom Institut für Tiergenetik in Edinburgh beschreibt folgende Experimente, die das veranschaulichen:

Eine größere Anzahl schwangerer Hausmäuse wurde in einem kleinen Käfig, der ihnen nur wenig Bewegungsfreiheit ließ, in engem Gedränge gehalten. In freier Natur ereignen sich solche Zustände regelmäßig in Zeiten der Übervölkerung und führen zum Zusammenbruch der Population. Die Tiere verfielen in fast pausenlose Angstzustände. Entsprechend der Dichte der Mäuse ließ sich die Schwere der Furcht regulieren.

Gewiß waren dies quälerische Experimente. Die Forscherin rechtfertigt sie jedoch damit, daß mit diesen Erkenntnissen geholfen würde, Quälereien an Menschenkindern zu verhindern.

Die Ergebnisse sprechen für sich: Waren die mütterlichen Ängste relativ gering, schenkten sie Kindern das Leben, die langsam in ihren Bewegungen sowie unternehmungsunlustig waren und sich in Lerntests ziemlich dumm anstellten. Eine Steigerung der Ängste bei tragenden Muttertieren wirkte sich auf deren Kinder in Form krankhafter Nervosität aus. Schon bald nach der Geburt klapperten die Jungen ohne ersichtlichen Grund vor Angst fortwährend mit den Zähnen, kratzten sich ständig das Fell, bis sie blutig waren, und produzierten immerzu Kot und Urin in kleinsten Portionen.

Eine weitere Verschärfung der Ängste ließ bei vielen Mäusekindern einen Spaltgaumen entstehen. Hier drängt sich die Parallele zum menschlichen Bereich geradezu auf. Denn von der medizinischen Wissenschaft wurden schon zahlreiche Fälle belegt, in denen Mütter, die während der Schwangerschaft unter einem schweren Schock gestanden hatten, Kinder mit Hasenscharten zur Welt brachten. In weniger schwerwiegenden Fällen litten die Babys unter Schlaflosigkeit, schrien außergewöhnlich viel und nahmen in den ersten Wochen kaum an Gewicht zu.

Unerträgliche und langandauernde Ängste bei Mäusemüttern

führten zu Fehl- oder Totgeburten oder dazu, daß die Jungtiere bald nach der Geburt starben.

Jungmäuse mit Spaltgaumen waren unfähig, die geringfügigsten Streßbelastungen zu verkraften. Häufige laute Klingelzeichen, die einer gesunden Maus gar nichts ausmachen, ließen die stark neurotischen Tierchen in die Höhe springen, wie irrsinnig umherrennen und am ganzen Körper zittern. Mehrere starben sogar den Schocktod.

Konzert im Mutterleib: der Herzschlag

Nicht minder tiefgreifend ist die Wirkung von Geräuschen auf das Kind im Mutterleib. Was lange bezweifelt wurde, hat Professor C. N. Smyth an der Londoner Universitätsklinik nachgewiesen: Ein noch ungeborenes Menschenkind kann bereits drei bis vier Wochen vor der Entbindung gut hören. Zwar glaubt bereits jede Mutter, dies zu wissen, denn sie spürt am eigenen Leibe, wie ihr Kind zusammenzuckt, wenn zum Beispiel eine Tür laut knallt. Skeptiker aber waren der Meinung, daß es nur der Schreck der Mutter sei, der sich auf das Kind übertrage.

Die Versuche geben jedoch den Frauen recht. Der Forscher legte einen kleinen Lautsprecher mit dickem Schaumgummiring so auf den Unterleib einer Schwangeren, daß die Mutter nichts hören konnte. Ihr Kind aber reagierte deutlich mit verändertem Herzschlag auf ungewöhnliche Geräusche.

Damit ist erwiesen, daß ein Menschenkind schon Wochen vor der Geburt ebensogut hören kann wie ein Hühnerküken vor dem Schlüpfen.

Das eindrucksvollste akustische Erlebnis eines Menschenkindes im Uterus ist ohne jeden Zweifel der Herzschlag der Mutter. Er ist das permanente »Vorwiegenlied«. Normales Pulsieren mit etwa 72 Schlägen in der Minute signalisiert ihm Ruhe und Geborgenheit. Eine Beschleunigung auf über hundert Schläge überträgt jedoch Unruhe und Angstgefühle, ohne daß ein Kind natürlich weiß, wovor es Furcht haben soll.

Dies hat seltsame Folgen. Unmittelbar nach dem Geburtsschock gewinnt das Baby nur dann seinen Seelenfrieden schnell zurück, wenn es wieder den beruhigenden Rhythmus des mütterlichen Herzschlages vernimmt. Natürlicherweise ist das dann der Fall, wenn es von der Mutter liebevoll »ans Herz gedrückt« wird. Bei Naturvölkern ist es eine Selbstverständlichkeit, daß der »Mutterhocker« oder »Tragling« gleich an die Brust gelegt wird.

Die Trennung des Säuglings von der Mutter, wie sie in unseren »fortschrittlichen« Kliniken gehandhabt wird, ist im Gegensatz hierzu eine unglaubliche Barbarei dem Kinde gegenüber.

Dabei hat die Natur der Menschenmutter einen wunderbaren Instinkt eingegeben, damit das Neugeborene ihren Herzschlag auch recht laut zu hören bekommt. Professor Lee Salk, der Bruder des Schöpfers der Polio-Schutzimpfung, Jonas Salk, hat diese hochinteressanten Zusammenhänge an der Cornell-Universität in Ithaca, New York, erforscht.

Kurz nach der Entbindung reichte er den Müttern ihre Kinder genau von vorn und beobachtete, auf welche Seite ihrer Brust sie es nahmen. Wenn bestimmte Bedingungen, von denen noch die Rede sein wird, erfüllt waren, legten hundert Prozent der Versuchspersonen den Babykopf, ohne zu zögern, auf die linke Seite, also in unmittelbare Herznähe.

Bemerkenswert ist, daß die Mütter dies völlig unbewußt tun. Befragt, warum sie so handelten, antworteten Rechtshänderinnen erst nach langem Überlegen: »Weil ich Rechtshänderin bin und die geschicktere Hand für andere Tätigkeiten brauche.« Linkshänderinnen, die ihr Kind auch auf der linken Seite hielten, erwiderten nach einigem Grübeln: »Weil ich Linkshänderin bin und das Baby so sicherer halten kann.« Nachträglich ersonnene Argumente für impulsives Handeln.

Übrigens, einige Wochen später, wenn das Baby schwerer geworden ist, erlischt diese Eingebung. Und die Mütter vermögen dann auch gar nicht mehr zu sagen, auf welcher Seite sie das Kind in den Tagen nach der Geburt hielten.

Tiefer in die Natur dieser Erscheinung lassen gerade jene Bedingungen blicken, unter denen junge Mütter ihre Neugeborenen nicht stets auf der linken Brustseite halten, sondern wechselnd an beliebiger Stelle. Es sind, wie Untersuchungen an einer amerikanischen Spezialklinik für Frühgeburten ergeben haben, ausschließlich jene Frauen, die unmittelbar nach der Entbindung für längere Zeit von ihrem Kind getrennt worden waren und in denen infolgedessen die emotionale Komponente der Mutterliebe nicht zum Durchbruch gekommen war.

Somit bestätigen diese Beobachtungen auch in einem kleinen Verhaltensdetail die weiter vorn geschilderten Forschungsergebnisse:

Das emotionale Element der Bindung einer Mutter an ihr Kind erwächst aus dem engen Körperkontakt beider während weniger Stunden unmittelbar nach der Geburt. Es wirkt überwiegend durch das Unbewußtsein und steuert sogar so geringfügig erscheinende Handlungen wie die des Kind-im-Arm-Haltens im Sinne größtmöglichen Wohlergehens des Babys.

Weitere Untersuchungen Professor Salks bestätigten das. Wenn ein Säugling in seinem Bettchen nach der Mutter schreit, beruhigt er sich viel schneller wieder, wenn er dicht ans schlagende Herz gehalten wird. Auf der anderen Seite der Mutterbrust kehrt sein Seelenfrieden viel langsamer zurück.

Betrug am Liebesverlangen des Kindes

Leider zieht der amerikanische Forscher aus seinen aufschlußreichen Ergebnissen nur unzureichende Konsequenzen. Er ließ in seiner Entbindeklinik in jenen Zimmern, in denen eine größere Zahl von Babys zum »Schlafen und Schreien« zusammengelegt wird, Kopfkissen-Lautsprecher in den Bettchen installieren, aus denen vom Tonband ständig menschlicher Herzschlag von 72 Pulsen pro Minute ertönte.

Die Erfolge waren beachtlich. Ohne dieses »Hörfunkprogramm« pflegte ein Baby in der Klinik während sechzig Prozent seines fünfstündigen Wachseins am Tag laut zu schreien. Unter dem beruhigenden Einfluß der Herztöne aus dem Lautsprecher verringerte sich die Brülldauer auf 38 Prozent der Wachzeit. Statt drei Stunden täglich voller Furcht, verlassen und verloren zu sein, also »nur« noch knapp zwei Stunden, angefüllt mit Angstzuständen.

Immerhin zeigte sich als zusätzliche Wirkung Erfreuliches. Die mit Hilfe eines technischen Tricks beschwichtigten Babys nahmen an den ersten vier Lebenstagen an Körpergewicht fast durchweg zu und nicht, wie es sonst die Regel ist, ab.

Hieraus ergibt sich eine wichtige Folgerung. Die Gewichtsabnahme eines Neugeborenen an den ersten vier Lebenstagen um durchschnittlich 230 Gramm ist nicht etwa ein ganz normaler Vorgang, sondern wird, höchst unnatürlich, durch ein zum Himmel schreiendes Maß an Streß und Angst beim alleingelassenen, stundenlang schreienden Baby verursacht.

Die Tatsache, daß die tägliche Brüllzeit des Babys durch den Lautsprechertrick von drei nur auf zwei Stunden verringert wird, sollte jedoch noch mehr zu denken geben:

Das Hören des mütterlichen Herzschlags beruhigt zwar das Kind. Aber dieser rein akustische Eindruck ist doch nicht das, was das Baby eigentlich ersehnt. Was es in seiner verzweifelten Verlorenheit braucht, ist doch die handgreifliche Gegenwart des Körpers der Mutter, ihrer Wärme, ihrer tastenden Hände, ihrer trostspendenden Stimme. Sie durch ein Tonbandgerät zu ersetzen, ist abermals ein Betrug am Liebesverlangen des Kindes.

Angeklagt ist die Unmenschlichkeit steril-rationalen Denkens, die alle natürlichen Werte und lebensnotwendigen Gefühlsregungen des Homo sapiens bis hinab zu den Empfindungen des Kindes im Mutterleib ignoriert und mit Füßen tritt. Alle die durchaus zu begrüßenden Fortschritte der medizinischen Wissenschaft werden sich ins Gegenteil ihrer erhofften Erfolge kehren, wenn sie bewirken, daß junges Leben Schaden nimmt an seiner Seele. Alle die kostspieligen Errungenschaften der Technik, in unseren Entbindekliniken im Namen der Humanität installiert, werden dann zur Drachensaat unserer Zukunft. Wenn sie die Mutterliebe unterdrücken und für Frost statt für Nestwärme sorgen, schaffen sie Monster statt Menschen.

VI.
Nur fassungsloses Staunen

Die Geburt

Die Nachgeburt als Abwehrwaffe

»Schau mal, Vati, dort steht eine Giraffe mit drei Schwänzen!« rief der zehnjährige Ralph, der das Glück hatte, an einer Fotosafari durch den Tsavo-Nationalpark in Kenia teilzunehmen. Der Fahrer des Geländewagens begriff sofort, was das bedeutete: Aus dem Leib der weiblichen Giraffe hingen bereits die beiden Vorderbeine eines Babys heraus. Die Geburt schien unmittelbar bevorzustehen.

Lichthupensignale meldeten das selten zu beobachtende Ereignis anderen Wagenkolonnen, und bald befand sich die Giraffe inmitten eines »Autoparkplatzes«. An die siebzig Kameras waren auf sie gerichtet.

Eine Giraffe, dieser bis zu 5,80 Meter hohe »Steppenwolkenkratzer«, bringt das Baby im Stehen zur Welt – wie die Mütter vieler anderer extrem nestflüchtender und von Raubtieren bedrohter Tierarten übrigens auch. Das Kind fällt also aus einer Höhe von anderthalb bis zwei Metern auf den Boden hinab. Sturzlindernd wirkt sich jedoch die Tatsache aus, daß ein Neugeborenes bereits fast zwei Meter lang ist. Babys Kopf berührt also schon beinahe den Erdboden, wenn seine Hinterbeine noch aus der Geburtsöffnung gleiten. Deshalb geht alles glimpflich ab.

Doch von alledem konnten die Touristen nichts auf ihre Filme bannen, denn volle zwei Stunden verstrichen, ohne daß die Vorderbeine des Jungen auch nur einen Zentimeter weiter herausrutschten. Die Reiseführer erklärten, leider nicht länger warten zu können. Ihre Wagenkolonne entschwand in einer Staubwolke. Keine zwei Minuten später lag das Giraffenkind gesund und munter auf dem Steppenboden.

Giraffen, aber auch Zebras, Gnus, Antilopen und viele andere potentielle Beutetiere haben die für uns Menschen unbegreifliche Fähigkeit, den Augenblick der Geburt bis zu zwölf Stunden lang nach eigenem Ermessen hinauszögern zu können, vor allem dann, wenn sie Gefahr wittern. Es wäre ja sowohl für die Mutter als auch für das Kind tödlich, gerade in dem Augenblick ein Baby zur Welt bringen zu müssen, in dem Raubtiere angreifen.

Offenbar werden im Streß einer Gefahrensituation Hormone im Muttertier frei, die den Zeitpunkt der Geburt verzögern.

Etwas Ähnliches wird gegenwärtig in Kinderkliniken am Menschen auf künstlicher Basis angewendet: die sogenannte »programmierte Geburt«. Werdende Mütter, bei denen Ärzte und Krankenschwestern die Niederkunft während der Nacht oder gar am arbeitsfreien Wochenende »befürchten«, bekommen eine Spritze, die dafür sorgt, daß das erwartete Baby kein Sonntagskind wird, sondern erst am Montag zur Welt kommt.

Erste das Kind schädigende Nebenwirkungen dieser Behandlung wurden bereits diagnostiziert, Musterprozesse gegen Kliniken geführt. Denn die Anwendung einer aus der Natur entlehnten biologischen Methode beim Menschen erwies sich gar nicht als »von Natur aus gut«. Vor lauter Biochemie haben die Initiatoren dieser Behandlung nämlich das Wichtigste vergessen: die Begleitumstände, unter denen die Natur zu diesem Mittel greift.

In freier Wildbahn stehen Tiere vor der Wahl: entweder Tod für Mutter und Kind durch Gefressenwerden oder aber Geburtsverzögerung mit eventuellen schädigenden Nebenwirkungen. In der Klinik aber lautet die Alternative: entweder Wochenend- oder Nachtarbeit für Ärzte, Hebammen und Krankenschwestern oder »programmierte Geburt« zur üblichen Arbeitszeit, und das beim Menschen, dessen Naturell gar nicht auf eine hormonale Verzögerung der Geburt eingestellt ist. Bei Tieren ist es eine Frage des nackten Überlebens, in der Klinik nur ein Aspekt der Arbeitszeiteinteilung.

Außerdem hat es die Natur so gefügt, daß bei allen tagaktiven Tieren die Geburten hauptsächlich nachts stattfinden, bei nachtaktiven Tieren aber im Verlauf des Tages. Und das aus gutem Grund: Während der Erholungsphase der Tagesrhythmik kann bei der Mutter wie beim Kinde das Geburtsgeschehen besser verkraftet werden.

Die angeblich der Natur entlehnte Methode entpuppt sich damit als Mittel zur schädlichen Manipulation der menschlichen Natur. Sie ist ein Teil jener unheilvollen rationalistischen Entwicklung, die gegenwärtig aus dem Krankenhaus immer mehr eine Medizinalfabrik macht und die Patienten zum unpersönlichen Produkt. Über der »Humanisierung der Arbeitsplätze« für das Pflegepersonal vergessen die Verantwortlichen, daß damit gleichzeitig eine Brutalisierung den Pflegebedürftigen gegenüber verbunden ist.

Es klingt grotesk, daß erst der Vergleich mit Tieren den Blick für das Menschliche schärft. Aber es ist nun einmal so: Nur wer die Tiere genau kennt, wird je des Menschen Seele begreifen und sie vor Schaden durch rationalistische Manipulation bewahren können.

Während bei der jungen Giraffe der Zwei-Meter-Sturz das erste Welterlebnis ist, nimmt ein Flußpferdbaby den umgekehrten Weg: Aus Angst vor Krokodilen versteckt sich die Flußpferdmutter bei der Geburt abseits ihrer Herde im trüben Wasser. Sie taucht völlig unter, etwa zwei Meter tief, und plötzlich schnellt das pummelige Baby wie ein Sektkorken in die Höhe. Nach den ersten Atemzügen verschwindet es gleich wieder unter Wasser und saugt bei seiner immer noch auf Tauchstation liegenden Mutter Milch.

Noch sturzgefährdeter als Giraffenbabys sind die Kinder all jener Tiermütter, die sich zur Geburt aufhängen. Das ist bei Fledermäusen und Faultieren der Fall.

Fledermäuse bauen ja nicht, wie Vögel, für ihre Kinder ein Nest. Sie hängen, den Kopf nach unten, an der Kuppel einer Höhle wie Schinken im Rauchfang, unter ihnen ein gähnender Abgrund. Wie leicht könnte das Jungtier unmittelbar nach der Geburt in den Tod stürzen! Doch sobald beim Weibchen die Wehen einsetzen, hakt es sich außer mit den Füßen zusätzlich noch mit den beiden Krallen, die vorn aus den Flügeln herausragen, am Gestein des Gewölbes fest. So wird ihr Leib zu einer richtigen kleinen Hängematte und Babywiege.

Doch einige Fledermäuse gehen noch weiter. Wenn Freunde des Segelsports ihre kleinen Kinder mit an Bord nehmen, schnallen sie diese mit einer sogenannten Sorgleine am Mast fest. Die Wüstenfledermaus, die im Westen der USA lebt, handelt ebenso. Ihre beiden Babys bleiben nach der Geburt noch einige Tage lang mit Hilfe der Nabelschnur an der Mutter »angeseilt«. Erst wenn sie so weit sind, daß sie sich mit hundertprozentiger Sicherheit am Leib der Mutter festkrallen können, durchbeißt diese die Nabelschnur und stößt die damit verbundene Nachgeburt aus.

Das ist, nebenbei bemerkt, nicht der einzige Zweck, zu dem einige Tiermütter die Nachgeburt noch längere Zeit bei sich behalten. Wenn zum Beispiel eine Gnumutter ungefähr eine halbe bis drei

Stunden nach dem Werfen von einer Hyäne angegriffen wird, ist ihr Kind noch nicht so schnell zu Fuß, daß es dem Räuber entkommen kann. Dann setzt sie im geeigneten Augenblick blitzschnell die Nachgeburt ab. Die Hyäne stürzt sich dann auf diese »Futterspende«, während Mutter und Kind unbehelligt das Weite suchen. Ein besonders genialer Kunstgriff der Schöpfung zum Schutze neugeborenen Lebens!

Doch zurück zur Geburt auf »hohem Trapez«. Ähnlich wie eine Fledermaus hängt sich auch ein Faultier mit den Beinen nach oben. Da es bei allem, was es tut, sich sehr langsam und ungeschickt bewegt, kann das daumengroße Baby unmittelbar nach der Geburt, ehe es sich am Bauchfell der Mutter festklammert, leicht abstürzen. Deshalb kommen, wie in Zoos beobachtet wurde, ein oder zwei andere Faultiere herbei und hängen sich dicht unterhalb der Gebärenden an allen vier Beinen auf: lebende Auffangnetze wie bei den Artisten in der Zirkuskuppel – und dazu ein bemerkenswerter Fall von Geburtshilfe im Tierreich!

Geburtshelfer und Hebammen im Tierreich

Hebammendienste kennen wir im Tierreich auch von Elefanten, Bisons, Delphinen, Walrossen, südamerikanischen Krallenäffchen, afrikanischen Stachel- und Bürstenhaarmäusen, manchmal auch von Hunden und Katzen sowie von einigen Froschlurchen und verschiedenen Milben, merkwürdigerweise also sowohl von entwicklungsgeschichtlich hochstehenden als auch von primitiven Arten.

Zum Beispiel gehören »gynäkologisch versierte Tanten« als feste Einrichtung zur Gesellschaft der Stachelmäuse ebenso wie Hebammen zur menschlichen Gemeinschaft. Die Stachelmaus, eine afrikanische Verwandte unserer Hausmaus mit sehr borstigem Fell, hat es bei der Geburt sehr schwer, da sie ungewöhnlich große Babys zur Welt bringt und diese obendrein meist noch mit dem Steiß voran. Ohne die Hilfeleistung erfahrener Freundinnen wäre die Kinder- und Müttersterblichkeit bei diesen Tieren artbedrohend hoch.

Die Einzelheiten, die Dr. Fritz Dieterlen an der Universität Freiburg aufzeichnete, verschlagen einem den Atem:

Schon die Eröffnungswehen waren sehr schmerzhaft. Doch die werdende Mäusemutter sonderte sich nicht, wie bei vielen anderen in Gemeinschaften lebenden Tierarten üblich, von der Gruppe ab.

Vielmehr folgte sie der Regel, der Geburt inmitten ihrer Sippe entgegenzusehen.

Eintragung im Protokoll: »Um 4.17 Uhr erscheint erstmals die Steißrundung des Babys; die Mutter beleckt sie. Dann geht die Rundung wieder zurück. 4.18 Uhr dauerndes Pressen. 4.19 Uhr kommen die Steißrundung und die Hinterbeine halb heraus, dann ganz. Während sie so hängen, reißen die Hüllen und werden von der ersten Hebamme abgeleckt.

4.21 Uhr rutscht das Baby etwas weiter heraus. 4.22 Uhr ist der Körper nach stärkstem Pressen nach hinten herausgerutscht. Die Hebamme hat bald alles freigeleckt. Aber der Kopf hängt noch drin. Die Mutter preßt und preßt, aber es geht nicht weiter. 4.29 Uhr ein plötzlicher Ruck, und das Junge fällt heraus. Es zieht die Nachgeburt gleich mit, die von der ersten und einer zweiten Hebamme verspeist wird. Dann putzen alle das Neugeborene.«

Wenn die Geburt noch länger dauert und sich die Mutter noch mehr quälen muß, ergreift eine der Hebammen das Hinterende des Babys ganz vorsichtig mit den Zähnen und zieht genau in dem Augenblick, in dem die Mutter preßt, bis das Kind glücklich auf der Welt ist. Vielfach besorgen die Hebammen auch das Abnabeln.

Die genaue Beobachtung von 86 Geburten ergab, daß nur jene Weibchen Hebammendienste leisten, die schon selber einmal Junge bekommen haben. Kinderlose Stachelmäuse verhalten sich hingegen völlig gleichgültig. Nur wer selber gelitten hat, ist anderen gegenüber hilfsbereit.

Übrigens geschieht es auch gar nicht so selten, daß ein Muttertier trotz der Hilfe im Wochenbett stirbt. Dann adoptieren die Hebammen die Jungen, sofern sie diese während der schweren Geburt am Leben erhalten konnten.

Nicht weniger hilfsbereit verhalten sich Delphine in der Stunde der Geburt. Mit dem Kinderkriegen haben es diese Meeressäuger nicht so leicht wie die meisten Fische, die einfach nur Eier ablaichen und alles Weitere den Wellen und dem Schicksal überlassen. Delphinbabys werden lebend geboren, und zwar unter Wasser. In den ersten Lebensminuten ist das kleine Wesen noch völlig hilflos und müßte ertrinken, wenn nicht sofort mehrere Delphinhebammen zur Stelle wären, um es zum Atmen an die Luft zu heben.

Meist schiebt sich eine Helferin unter die rechte Brustflosse des Neulings und eine zweite unter die linke. In volkreichen Verbänden drängen sich jedoch dichte Scharen von Helfern unter dem Neugeborenen. Alle sind so versessen darauf, lebenerhaltend mitzuwirken, daß sie auch noch die obersten Hebammen mitsamt dem Kind aus dem Wasser herausdrücken.

Auch bei anderen Waltieren wurden schon ähnliche Akte bereitwilliger Hebammendienste beobachtet. Erste Ansätze dazu finden sich sogar bei den Walrossen im Nördlichen Eismeer. Hier ist es zwar nur die Mutter allein, die ihr Neugeborenes zum ersten Atemzug an die Luft trägt, aber sollte sie dabei von einem Eisbären angegriffen werden, sind, wie schon geschildert, sofort die anderen Herdenmitglieder als kampfkräftige Leibwache des Babys zur Stelle. Auch eine Form von Geburtshilfe!

Wenn sie Feinde in der Nähe des Geburtsorts wittern, formieren sich ebenfalls Afrikanische und Asiatische Elefanten sowie die Bisons auf der nordamerikanischen Prärie zu einem Kreis um die Gebärende, fest entschlossen, sie bis zum Äußersten zu verteidigen. Im Zentrum einer solchen Elefantenfestung halten sich außer der werdenden Mutter noch zwei »Hebammen« auf. Meist sind dies die Mutter und die Großmutter oder eine Schwester der Gebärenden. Sie helfen beim Entfernen der Fruchtblasenhäute und beim Aufrichten des Babys auf die Beine.

Ans Wunderbare grenzt diese Tätigkeit auch bei unserer Hauskatze, nur mit dem Unterschied, daß die Hebamme hier das Männchen ist, also der Vater.

Aber frißt Vater Kater nicht seine eigenen Kinder? Viele Züchter glauben das und entfernen ihn, sobald er seine biologische Minimalleistung vollbracht hat. Was geschieht aber wirklich, wenn man den Kater bei seiner Familie läßt? Die Verhaltensforscher Professor Paul Leyhausen in Wuppertal und Dr. Eberhard Trumler in Königshofen haben unabhängig voneinander dasselbe beobachtet:

Sie ließen den Dingen freien Lauf und warteten ab, was geschehen würde. Einen Tag vor der Geburt war vom Vater noch nicht das mindeste zu sehen. Der Kater lebt ja keineswegs in treuer Einehe, sondern treibt es zwischenzeitlich in wilden Dachabenteuern mit anderen Weibchen. Aber eine Stunde vor der Geburt war er plötzlich da. Wie er von dem bevorstehenden Ereignis erfuhr, wissen die Götter. Als die Wehen einsetzten, legte er sich wie ein Kopfkissen quer vor sein Weibchen, damit es sich mit beiden Vorderpfoten auf ihn stützen und so den Schmerz besser ertragen konnte.

Für die meisten Tiere ist eine Geburt genauso schmerzhaft wie für den Menschen. Nur schreien sie nicht, weil sie ein Instinkt daran hindert. Sie dürfen sich und ihre Jungen ja nicht an Feinde verraten. Zu den wenigen Ausnahmen gehören die See-Elefanten, die so laut brüllen, daß sie das Tosen der Meeresbrandung übertönen, und eben unsere Hauskatzen.

Beim Kater schien das regelrecht Mitleid zu erregen, denn während der Preßwehen und des Austreibens leckte er seinem Weibchen zärtlich das Gesicht. Ohne diesen Trost reißt es allein gebärende Katzen oft vor Qual vom Lager hoch. Wie wahnsinnig drehen sie sich dann in Sprüngen um sich selbst. Weibliche Elefanten treibt es in gleicher Situation gelegentlich dazu, einen Kopfstand zu vollführen.

Die Liebe des Katers erleichterte der Gebärenden diese schwere Stunde sehr. Gleich nach der Geburt übernahm er auch vor dem Wurflager die Wache und attackierte dann sogar einen mit ihm sonst gut befreundeten Menschen. Außerdem schaffte er in den ersten Tagen danach unermüdlich Futter heran, damit die junge Mutter bei ihren Kindern bleiben konnte und nicht zu hungern brauchte. Also keine Spur von Kinderkannibalismus!

Geburtshilfe erscheint uns bei Tieren als etwas so Wunderbares und Hochstehendes, daß es uns verblüfft, dasselbe Phänomen auch bei entwicklungsgeschichtlich niedriger stehenden Tieren zu finden, wenngleich nur in wenigen Fällen. Aber hier ist dieses Verhalten mehr auf außerordentliche Begleitumstände oder gar auf krassen Egoismus zurückzuführen, also auf das Gegenteil echter Hilfsbereitschaft.

Bei dem in Ecuador lebenden Beutelfrosch müssen die etwa zweihundert Eier des Geleges eines Weibchens in einem Beutel auf dem Rücken des Muttertieres verwahrt werden. Dort hinein können sie aber nur mit Hilfe des Männchens gelangen. Sobald das Weibchen die Eier legt, befruchtet sie das Männchen und schaufelt sie sodann mit seinen Schwimmhautfüßen in den Rückenbeutel seiner Partnerin, wo der Laich in zwei Schichten gestapelt wird.

Dort bleibt er, vor Feinden gut geschützt, so lange, bis die Kaulquappen aus den Eiern schlüpfen und, eine nach der anderen, in die mit Regenwasser gefüllten Blatt-Trichter tropischer Ananasgewächse abgeworfen werden. In diesem »Ställchen« bleibt die Kaulquappe, bis sie zum Frosch geworden ist und aus eigener Kraft hinausspringen kann.

Für viel geringere Leistungen bekam unsere west- und mitteleuropäische Geburtshelferkröte ihren Namen. Hier ist es Aufgabe des Männchens, die Eier zu schützen. Es besitzt jedoch keinen Beutel, sondern wickelt sich die gallertige Schnur, in der die Eier wie in einer Perlenkette aufgereiht sind, als Knäuel um das Fersengelenk eines Hinterbeines. Beim Aufhaspeln geht es oft so eilig zu Werke, daß es die Eierschnur aus dem Weibchen herauszieht. Das ist schon die ganze »Geburtshilfe«.

Das Handlungsmotiv, Geburtshilfe zu leisten, kann aber auch nichts weiter als krasser Sexualneid sein. Das ist bei einigen Stroh- und Mottenmilben der Fall. Hier bringt das Weibchen an die zwei- bis dreihundert Junge lebend zur Welt, davon etwa fünfzig pro Tag. So lupenklein diese auch sind, besitzen sie doch schon im Augenblick der Geburt die volle Geschlechtsreife. Von den dreihundert Kindern sind nur neun Männchen. Sie entschlüpfen als erste dem Mutterleib und bleiben in unmittelbarer Nähe der Hinterleibsöffnung. Sobald die erste Schwester folgen will, drängen sich die Männchen heran. Das vorderste greift mit beiden Hinterbeinen in die Öffnung hinein, umfaßt das Weibchen und zieht es wie einen Flaschenkorken ans Tageslicht. Unmittelbar darauf paaren sich beide.

Vom »gynäkologischen« Standpunkt aus gesehen, ist diese »Geburtshilfe« völlig überflüssig. Kein Jüngst-Männchen rührt sich hilfsbereit, wenn es ein Bruder ist, der gerade zur Welt kommt. Somit ist die Ursache für dieses Verhalten nichts weiter als die Erscheinung der in der Natur hin und wieder vorkommenden sogenannten inzestuösen Babybegattung.

Doch steigen wir wieder zu den höchstentwickelten Arten im Tierreich auf: In der näheren animalischen Verwandtschaft des Menschen sieht es mit der Geburtshilfe merkwürdigerweise recht karg aus. Lediglich von einigen südamerikanischen Krallenaffen kennen wir einige Fälle. Die in der höchsten Wipfelregion der tropischen Regenwälder lebenden Tiere sollen während einer Geburt Hebammendienste als Auffänger und Reiniger des Babys leisten.

Sogar bei Schimpansen wurde nur eine Art von Selbsthilfe bei der Geburt beobachtet. Wenn das Kind zu lange in der Austrittsöffnung steckenbleibt, ergreift es die Mutter schließlich behutsam am Kopf und zieht es langsam heraus. Weitere Fälle von Geburtshilfe sind vorerst nicht bekannt.

Tiermütter schlagen keine Neugeborenen

Merkwürdigerweise »vergißt« eine Schimpansin in freier Wildbahn stets, ihr Kind nach der Geburt abzunabeln. Die weltbekannte englische Primatologin Dr. Jane Goodall, die im Gombe-Nationalpark am ostafrikanischen Tanganjikasee arbeitet, wunderte sich schon sehr darüber. Die einige Zeit nach der Niederkunft ausgestoßene Nachgeburt hängt dann mitunter noch einige Tage lang mit der Nabelschnur am Baby und wird so achtlos nachgeschleift, daß die Forscherin befürchtete, die Plazenta könnte sich im Gebüsch verfangen und das Kind aus dem Arm der Mutter reißen.

Während der ersten Lebenstage kann es sich noch nicht mit absoluter Fallsicherheit im Fell der Mutter festklammern und muß von ihr mit einem Arm gehalten werden, übrigens fast immer mit dem linken.

Aber auch bei allen anderen Säugetieren ist es für den vergleichenden Verhaltensforscher geradezu ins Auge springend, wieviel Zeit sich die Mütter während der Geburt mit dem Abnabeln nehmen.

Dieser Aspekt ist auch für uns Menschen von Bedeutung. Der französische Arzt Professor Frédérik Leboyer, der die »sanfte Geburt« propagiert, vertritt nämlich folgende Ansicht: »Ob die Nabelschnur sofort durchschnitten wird, wie es derzeit in den Entbindekliniken gehandhabt wird, oder erst nach einigen Minuten, wie es bei vielen Tieren der Fall ist, wirkt sich ganz entscheidend auf die Art und Weise aus, in der die Atmung einsetzt. Und damit auf die Einstellung des Neugeborenen zum Leben. Wird der Schnitt unmittelbar nach der Geburt vollzogen, tritt im kindlichen Hirn plötzlicher Sauerstoffmangel auf. Das hormonale Alarmsystem wird ausgelöst, und der Organismus reagiert darauf mit Panik. Beim Eintritt in das Leben begegnet das Kind schon dem Tod.«

Wie hingegen Tiere das Abnabeln besorgen, hat der Freiburger Professor Fritz Dieterlen am Beispiel der Stachelmaus minuziös beschrieben: Die meisten Mäusekinder sind nach der Geburt noch bis zu acht Minuten lang durch die Schnur mit der Mutter verbunden. Manchmal hängt sogar das erste Kind noch am fötalen Ernährungsschlauch, wenn das zweite geboren wird. Denn die Mutter oder die Hebammen nehmen sich zuvor sehr viel Zeit, die Embryonalhäute, am Kopf beginnend, vom Körper des Kindes behutsam abzulecken.

Danach nimmt die Mutter die erste Nabelschnurdurchtrennung nie unmittelbar am Bauch des Kindes vor, ja, nicht einmal in der

Schlauchmitte. Vielmehr ergreift sie die Schnur an beliebiger Stelle vorsichtig mit dem Maul, tastet sich mit den Lippen bis kurz vor ihre eigene Geburtsöffnung zurück und beißt die Schnur dort durch. Der freie Teil hängt dann noch längere Zeit am Kinde.

Erst später, nach der Geburt aller Kinder eines Wurfes und einem anschließenden Erholungsschlaf, führt sie die zweite Durchtrennung aus. Sie packt das freie Ende der noch am Kinde hängenden Schnur und frißt sie in Richtung Kind auf. Dabei geht sie nun gar nicht mehr zärtlich vor, sondern zerrt ständig an der Schnur wie an einem Gummiband. Das ist wichtig, denn hierbei ziehen sich die Schließmuskeln der Nabeladern zusammen, drängen das Blut in den Leib des Kindes zurück und verschließen sich. So entsteht nur ein unbedeutender Blutverlust.

Eine weitere interessante Frage ist: Wo hört die Mutter mit dem Fressen der Nabelschnur auf? Wenn ein Experimentator diesen Vorgang aus der Nähe betrachtet, wird das Muttertier dadurch oft verängstigt. Es reagiert mit Aggression, richtet diese aber nicht gegen den Störenfried, sondern setzt ihn in hemmungslose Freßbewegungen um. Das heißt, es hört mit dem Abnabeln überhaupt nicht mehr auf und verspeist das eigene Kind gleich mit.

Vor allem tun sich Goldhamstermütter schwer damit, zwischen Freßbarem und dem eigenen Kind zu unterscheiden. Der Beobachter merkt ihnen deutlich den Zwiespalt der Gefühle an, wenn sie beim Abnabeln mit ihren Zähnen am Bauch des Kindes angekommen sind. Bei jedem vierten Wurf, so hat der amerikanische Zoologe Dr. T. G. Rowell beobachtet, siegt die Freßlust über den Muttertrieb.

Unter ungestörten Verhältnissen hält die Mutter aber im selben Augenblick mit Fressen inne, in dem die Tasthaare ihrer Schnauzenspitze auf den geringsten Widerstand stoßen. An diesem »Anschlag« beißt sie auch die Schnur durch. Befindet sich zufällig ein fremder Gegenstand, etwa ein Steinchen, im Wurfnest und berührt ihn Mutters Maul beim Abnabeln nur leicht, beendet sie exakt an dieser Stelle ihre Arbeit mit einem kräftigen Durchtrennungsbiß.

Der Gefahr, die eigenen Kinder beim Abnabeln zu verschlingen, begegnet Mutter Wildschwein einfach dadurch, daß sie diese Tätigkeit stets ganz unterläßt. Zur Geburt legt sich die Bache in ihrem mit Heu dick gepolsterten Wurfnest auf die Seite. Die Neugeborenen sind sogleich gut zu Fuß, kuscheln sich durch das Heu und streifen dabei die Häute ihrer Fruchtblase selber und ohne mütterliche Hilfe ab. Dann veranstalten sie ein Tauziehen mit der Nabelschnur. Wie ein spiraliges Telefonhörerkabel wird sie länger und länger. Die Adern in ihr schließen sich. Und plötzlich reißt sie annähernd in der Mitte durch. Der noch am Frischling hängende Teil trocknet langsam aus und fällt nach etwa drei Tagen von selbst ab.

Einer gewissen Entbinde-»Automatik« bedienen sich auch viele andere Tiere. Zum Beispiel bringt eine Pferdestute ihr Fohlen im Liegen zur Welt. Die Nabelschnur reißt dann meist erst, wenn die Mutter nach vollbrachter Tat wieder aufsteht. Nur bei Antilopen und Giraffen, die im Stehen gebären, zerreißt die Schnur bereits, während das Baby zur Erde stürzt, allerdings auch hier erst nach heftiger Zugbeanspruchung, so daß sich der Blutverlust in Grenzen hält.

Wenn sich, generell gesehen, die weitaus meisten Säugetiermütter mit dem Abnabeln so viel Zeit nehmen, obwohl der durchtrennende Biß höchstens eine Sekunde erfordert, wenn sie erst die das Kind umschließenden Häute in aller Ruhe bis auf den letzten Fetzen entfernen, und zwar ungeachtet der dabei hinderlichen Nabelschnur, dann hat das den wichtigen Grund, das Kind vor einem seelischen Schock zu bewahren. Professor Leboyer deutete ihn schon an. In unseren Entbindekliniken sollten Ärzte und Hebammen dies mehr beachten, anstatt nach dem Prinzip rationeller Handwerksarbeit zu verfahren.

Zum Vergleich schaue man sich nur einmal an, wie eine Orang-Utan-Mutter oder eine Schimpansin ihr Kind entbindet. Diese Tiere stehen nämlich vor dem gleichen Problem wie der Mensch: Wie bringe ich die Atmung des Neugeborenen in Gang? Aber sie handeln ganz anders als wir.

In unseren Kliniken tritt das Kind aus der Geburtsöffnung nach draußen. Das ist sein erster Schock. Sogleich wird es abgenabelt und erhält damit den zweiten Schock. Und schließlich wird es mit dem Kopf nach unten an den Beinen gehalten und bekommt ein paar recht kräftige Klapse auf das Gesäß. Das ist sein dritter Schock. Natürlich schreit es dann und beginnt zu atmen. Aber, so kritisierte bereits die berühmte Ärztin und Pädagogin Maria Montessori im Jahre 1909: »Wissen wir dem Kind keinen liebevolleren Empfang zu bereiten?«

Die Menschenaffen gehen da viel zärtlicher zu Werke, wie folgendes Ereignis in der weltberühmten Affenstation »Orange Park« in Florida beweist:

In der Schimpansenabteilung herrschte heilloses Entsetzen. Vor wenigen Augenblicken hatte das Weibchen »Bess« ein Baby zur

Welt gebracht. Der Tierarzt hatte bereits die Nabelschnur durchschnitten. Aber das kleine, zappelnde Wesen atmete nicht. Sekunden mußten nun über Leben und Tod entscheiden.

In höchster Eile schob der Tierarzt das bereitgestellte Sauerstoffgerät heran. Doch als die Schimpansenmutter den monströsen, klappernden Blechkasten erblickte, sprang sie in völliger Verkennung der Lage auf und warf ihn mit einem Ruck um. Damit schien das Schicksal des Neugeborenen besiegelt zu sein.

Doch in diesem Augenblick beugte sich die Schimpansin behutsam über ihr Kind. Zuerst war sie nur von fassungslosem Staunen ergriffen. Der Augenblick, in dem in ihr der Muttertrieb erwachte! Dann sah es so aus, als wollte sie ihrem Kind einen Kuß auf die Lippen geben. Aber es war viel mehr als ein Kuß. Die ratlos umherstehenden Wissenschaftler trauten ihren Augen nicht: Bess führte bei ihrem Baby nämlich eine regelrechte Mund-zu-Mund-Beatmung durch . . . so lange, bis das kleine Wesen selber zu atmen begann. Als hätte sie einen Kursus für Erste Hilfe besucht, so fachgerecht rettete die Schimpansin ihrem Kind das Leben.

Diese für ein Tier fast unglaubwürdig erscheinende mütterliche Großtat berichtete Professor Robert M. Yerkes, der Leiter der Affenstation. In der Folgezeit beobachtete er die gleiche Mund-zu-Mund-Beatmung nicht nur bei Schimpansen, sondern auch bei Orang-Utans. Aber stets waren es nur Menschenaffenweibchen, die direkt aus dem Urwald in die Station gebracht worden waren, die diese Technik beherrschten. Die erstaunlichen Hebammenkenntnisse erlernen sie nämlich im Dschungel von ihren Müttern. Zoo-Insassen verlernen diese Kunst sehr schnell.

Wem käme bei dieser Geschichte nicht der Verdacht, daß wir Menschen in früherer Zeit ähnlich gehandelt haben? Wenn in der Schöpfungsgeschichte geschrieben steht: »Und Gott hauchte dem Menschen den Atem des Lebens ein«, so muß den Leuten dies damals ein plausibles Gleichnis gewesen sein.

Mit der Gegenüberstellung von Mensch und Menschenaffe soll die eigene Spezies auch keineswegs generell verunglimpft werden. Eine Menschenmutter, würde sie ihr Kind ohne fremde Hilfe zur Welt bringen, könnte es auch gar nicht übers Herz bringen, dem zarten Wesen Schläge auf die Po zu geben. Rein gefühlsmäßig würde sie sicherlich nicht schlechter handeln als die Tiere.

Das Problem liegt vielmehr darin, daß sich die Geburtshelfer in der klinischen Praxis immer weiter von den natürlichen Regungen

und Reaktionen einer Mutter entfernen und nur noch Sinn für eine
möglichst rationale Gestaltung des Medizinisch-Handwerklichen
entfalten. Aber die Geburt ist nun einmal der »Nabel der Welt«. Das
Geringste, was hier im seelischen Bereich verdorben wird, schlägt
Jahre später auf die Gesellschaft und die Zivilisation zurück.

Deshalb fordere ich die Abschaffung der Prügel-»Strafe« für
Neugeborene und statt dessen humanere Methoden, und sei es nur
die Einführung eines Sauerstoffgerätes zum Anregen der Atmung
beim Baby.

Schmerzen ertragen, ohne zu schreien

Auch der Tod der Mutter bei der Geburt ist keine nur auf den Menschen beschränkte Erscheinung. Bei Tieren können sich in gleicher
Weise wie bei uns Föten in Steißlage festklemmen und aus der Geburtsöffnung nicht austreten. Ohne Geburtszange oder Kaiserschnitt ist das der Tod von Mutter und Kind. Desgleichen können
auch starke innere Blutungen auftreten sowie Dammrisse und tödliche Verletzungen. Jeder Tierarzt weiß Dramatisches davon zu berichten.

Der Laie ist versucht, anzunehmen, daß die Schmerzen, die eine
Tiermutter zu ertragen hat, um so schlimmer sind, je größer ihr
Baby im Vergleich zu ihr ist. Merkwürdigerweise trifft das aber
nicht zu.

Zum Beispiel bringt das Rote Riesenkänguruh ein Kind zur Welt,
das noch nicht einmal ein Gramm wiegt. Wir müssen es mit der Lupe
im Beutel der Mutter suchen. Trotzdem windet und wälzt sich
das gebärende, 35 Kilogramm schwere Weibchen auf dem Erdboden umher, als würde es gleich zerrissen werden. Indessen verläuft
bei Känguruhs die Geburt stets »glücklich« und ohne Komplikationen.

Den Weltrekord des relativ zur Mutter größten Riesenbabys hält
die 36 Zentimeter lange australische Tannenzapfenechse. Das Kind,
das ihr ovovivipar entschlüpft, mißt genau die Hälfte: achtzehn Zentimeter. Obendrein kommt es nur selten allein, sondern meist zu
zweit oder dritt. Nach der Geburt ist die Mutter gleichsam nur noch
eine »halbe Portion«. Trotzdem windet sie sich nicht annähernd so
in Qualen wie das Känguruhweibchen.

Die Müttersterblichkeit ist bei Fischottern besonders hoch. Trotzdem scheiden diese Tiere, wenn sie gebärend sterben müssen, unter unbeschreiblichen Schmerzen lautlos aus dem Leben, während sie bei anderen Anlässen, etwa wenn sie ein Hund gepackt hat, wie am Spieße schreien. Meerschweinchen winden sich beim Kinderkriegen unter Schmerzen, aber sie wetzen nur die Zähne. Gebärende Wale vollführen nicht selten bis zu sechs Meter hohe Luftsprünge. Aber sie schreien alle nicht.

Besondere Pein könnten jene Kinder ihren Müttern bereiten, die bei der Geburt schon scharfe Hufe, Hörner oder Stacheln tragen. Das vermuten jedenfalls viele Laien. Aber die Natur hat hier raffinierte Maßnahmen getroffen, um die Mütter vor ihren Kindern zu schützen.

Die Hufe von Pferde- und Antilopenbabys, die bereits eine halbe Stunde nach der Geburt für den ersten Fluchtgalopp einsatzbereit, also hart sein müssen, sind im Mutterleib noch gesondert verpackt. Sie stecken in einer als Eponychium bezeichneten weichen Schutzhülle, die während der ersten eigenen Schritte auf hartem Boden von selber abfällt. Sie ist übrigens eine Spezialform des bekannten Fingernagel-Oberhäutchens.

In einer ähnlichen Verpackung stecken auch die Stacheln der Igelkinder. Bereits im Mutterleib sind diese Abwehrwaffen recht hart und spitz und schauen etwa drei Millimeter weit aus einer Art Schaumgummipolster heraus. Während der Geburt aber werden sie vollständig in diese gallertige Schutzschicht hineingedrückt, so daß sie die Austrittsöffnung der Mutter nicht verletzen können.

Noch verblüffender arbeitet der Schutzmechanismus bei Giraffen. Sie sind die einzigen Tiere der Welt, die bereits bei der Geburt Hörner tragen, wenngleich auch nur recht kleine und mit Fell gepolsterte. Dennoch könnten sie den Mutterleib tödlich verletzen. Deshalb sorgt ein geheimer Mechanismus dafür, daß die Hörner während des Austreibens nach hinten geklappt werden wie Schornsteine eines Schiffes, das unter einer niedrigen Brücke hindurchfährt.

So steckt der Geburtsvorgang, wie ihn die Schöpferkraft der Natur entwickelt hat, voll wunderbarer Einzelheiten. Alles ist perfekt aufeinander abgestimmt. Dennoch kann es der Mensch nicht lassen, Gott ins Handwerk zu pfuschen. Vieles glaubt er besser machen zu können. Wie sieht eine Tiergeburt aus, wenn der Mensch sich einmischt?

Der Erreger der geistigen Umweltverschmutzung

Als Beispiel sei die moderne Schweinezucht herangezogen. In Groß-
betrieben der Bundesrepublik erinnert derzeit vieles an das Schreck-
gespenst einer Science-fiction-Klinik. Der »Entbindungsraum« ist
weiß gekachelt. Das Personal, weiß bekittelt, arbeitet mit sterilen
Schutzstiefeln und Gummihandschuhen. Hygiene wird allerorten
groß geschrieben.

Männerhände packen die Muttersau wenige Tage vor dem Zeitpunkt des normalen Abferkelns und hängen sie bei vollem Bewußtsein an den Hinterbeinen auf. Sie zappelt und schreit. Ein
Mann setzt ihr den Bolzenschußapparat an die Schläfe und drückt
ab. Im gleichen Augenblick schneidet ein zweiter mit dem Messer
den Mutterleib auf und reißt die Ferkel heraus.

Diese Brutalform eines Kaiserschnittes nennt der Fachmann »Hysterektomie«. Sie wird nicht etwa nur vereinzelt bei Komplikationen
angewendet, sondern ausnahmslos bei jeder Schweinegeburt, und
zwar »im Interesse der Gesundheit der Ferkel«.

Die Babys kommen sofort in aseptische Kunststoffbehälter, werden abgenabelt, vom »mütterlichen Unrat« gesäubert und erhalten
die ersten Injektionen . . . während ihre Mutter geschlachtet und zu
Wurst verarbeitet wird. Nebenan beginnt derweil die absolut keim-
freie Aufzucht der Ferkel in Einzelbehältern und unter ständiger tier-
ärztlicher Aufsicht. Aldous Huxleys »Schöne neue Welt« ist im
Land der Schweine bereits Wirklichkeit geworden.

Diese Methode samt regelmäßigem Muttermord sei unumgäng-
lich, so argumentieren die Befürworter, damit die Ferkel total steril
aufwachsen. In der modernen Massenhaltung von Hausschweinen
befürchten die Züchter andernfalls eine seuchenartige Verbreitung
von ansteckenden Krankheiten wie Ferkelgrippe und Schnüffel-
krankheit.

Diplomlandwirt Eberhard Fasching, der in Rottenbuch selber
Schweine züchtet, bestreitet diese Ansteckungsgefahr entschieden
und zählt einfache und preiswerte Methoden auf, mit denen man einer Infektion vorbeugen kann, dabei trotzdem dem natürlichen Geschehen der Geburt freien Lauf läßt sowie der Mutter das Leben und
den Ferkeln eine artgemäße Kindheit erhält.

Aber die menschliche Rationalisierungs-, Manipulations- und
Sterilitätssucht ist 1982 noch stärker als alle Vernunft und Humanität
den Tieren gegenüber. Nach dem brutalen »Kaiserschnitt« stirbt je-

des fünfte Ferkel. Das sind doppelt so viel wie nach einer natürlichen Geburt. Außerdem kümmern die »Retortenferkel« in den ersten vier Wochen in Einzelboxen erbärmlich vor sich hin. Statt der sieben Kilogramm wie bei natürlicher Aufzucht wiegen sie dann nur vier Kilogramm. Und Schweine sind es auch nicht, sondern nur seelisch verkrüppelte »Futter-in-Fleisch-Verwandlungsmaschinen«. Die Kosten der »Schweine-Entbindeklinik« betragen ein Vielfaches des normalen Stallbetriebes. Trotzdem hält die Masse der Züchter an der barbarischen Methode fest.

Das ist das Ergebnis des sich von jeder natürlichen Regung lösenden rein rational technisch-wissenschaftlichen Denkens, einer mechanistischen Fortschrittsgläubigkeit, die gegenwärtig in viele Bereiche des Lebens vordringt und von der jener Muttermord bei der Ferkelgeburt nur ein Symptom ist, ein typisches und in eine grauenvolle Zukunft weisendes allerdings.

In dieser generellen Geistesverfassung ist der eigentliche Erreger der geistigen Umweltverschmutzung in unserer Zivilisation zu suchen.

Ihn gilt es zu erkennen, aber nicht etwa, um ein »Zurück zur Natur oder zur Steinzeit« zu fordern, sondern um die Errungenschaften von Naturwissenschaft und Technik den höheren Gesetzen des Lebens unterzuordnen und damit zu einer neuen weltumfassenden Humanitas zu gelangen.

VII.
Kindertreue bis in den Tod

Die Bindung des Neugeborenen an die Mutter

Sekunden, die lebenslang unauslöschbar bleiben

In der ostafrikanischen Steppe war die Zeit der Gnu-Geburten gekommen. Wie bei diesen Tieren üblich, hatten sich an die vierhundert Weibchen zu einem »Verein bald gebärender Mütter« zusammengeschlossen. Als die Sonne aufging, stand es fest: Innerhalb der nächsten wenigen Vormittagsstunden würden sie alle nahezu gleichzeitig ihre Babys zur Welt bringen.

Das ist ein bemerkenswertes Verhalten, um das Leben der Kinder zu schützen. Denn ihre Hauptfeinde, die Hyänen, sind in den Morgenstunden meist noch satt von der letzten Mahlzeit in der Nacht. Zudem vertreibt ein Rudel dieser Räuber alle anderen Artgenossen aus seinem Revier, so daß die Feinde ihre Kopfzahl selber sehr niedrig halten. Somit ist eine fast gleichzeitig erfolgende Massengeburt auf engem Raum ein ideales Rezept, die Gefahr für die Kinder möglichst einzuschränken.

An diesem Morgen jedoch war der Teufel los. Gerade als überall die Gnukälber zur Welt kamen, griff ein Rudel von sechs Löwinnen an. Mit fürchterlichem Gebrüll stießen sie von mehreren Seiten in die Herde hinein. Eine Panik brach aus. Im wirren Zickzack sprangen die Gnus durcheinander. Noch während des Geburtsaktes wurden die Muttertiere mitgerissen und von ihren Kindern getrennt.

Nach wenigen Minuten hatten die Löwinnen genug Beute getötet und begannen mit dem Mahl. Die Szene beruhigte sich. Doch was nun geschah, war unbeschreiblich. Überall blökten Gnukälber muttersuchend umher. Zum Teil staksten sie ungeschickt auf ihren Beinchen, zum Teil versuchten sie vergebens, sich zu erheben. Denn die Zeit des Laufenlernens dauert bei ihnen zwanzig Minuten.

Zögernd kamen nun auch die Mütter wieder herbei. Sie wußten genau: Wenn Löwen beim Fraße sind, greifen sie nicht so bald wieder an. So machten sie sich auf die Suche nach ihren Kindern.

Ich hatte schon beschrieben, wie die Bindung von Huftiermüttern an ihre Kinder vor sich geht: durch Nasenkontakt während des Ableckens der Fruchtblasenhäute in den ersten Minuten nach der Geburt. Die herbeikommenden Weibchen begannen also, jedes Jungtier zu beschnüffeln, ob es das eigene sei. Das führte in dieser Situation jedoch zu Tragödien. Denn bei den Säugetierbabys geht es keineswegs in Minutenschnelle, daß sie ihre Mütter kennenlernen. Vielmehr ist ihnen von der Natur nur ein sehr grobes Muttererkennungs-Schema eingegeben. Es veranlaßt sie, allem Größerem, was sich bewegt, nachzulaufen und um Milch und Liebe zu betteln, ganz gleich, wie es auch aussehen mag.

Näherte sich also ein Weibchen einem Kalb, glaubte dieses sogleich, es sei seine Mutter, und drängte herzu, um den Milchquell zu suchen. Jenes aber erkannte es sofort als fremdes Kind und stieß es von sich.

Bei einer größeren Anzahl von Weibchen war es aber nach der Geburt noch nicht zum Nasenkontakt gekommen, da der Angriff der Löwen dazwischengefahren war. Sie adoptierten das erstbeste Kalb, dem sie begegneten. Und das Kind akzeptierte die Fremde sofort und bereitwillig als Mutter und blieb seine ganze Jugendzeit über bei ihr.

Wildwart Jeff Winter, der dies beobachtet hat, berichtet jedoch außerdem von grotesken Verirrungen. Einige mutterlose Kälber näherten sich erwartungsvoll seinem sehr langsam fahrenden Geländewagen, schnupperten am Auspuff und wichen von diesem Augenblick an keinen Schritt mehr von der stinkenden Blechkarosse. Sie dachten also, das Auto sei ihre Mutter. Und, was das schlimmste war, sie suchten zwischen den Rädern nach milchspendenden Zitzen.

Während Gnubabys noch keine Gestaltvorstellung von der Mutter haben, besitzen sie indessen schon eine wenigstens ungefähre angeborene Vorstellung über den Ort, an dem sie nach Milch suchen können. Das auslösende Schema sind über ihren Kopf ragende, innere dunkle Ecken und Winkel wie zwischen dem Leib und den Beinen ihrer Mutter. Oft suchen sie zuerst hinter den Vorderbeinen nach den Zitzen. Denn sie müssen erst lernen, daß der Milchquell nur vor den Hinterbeinen zu finden ist. Aber wenn sie ein Auto mit ihrer Mutter verwechseln, suchen sie auch dort zwischen den Rädern, obwohl sie nur Wagenschmiere entdecken.

Mit dem Fernglas konnte Jeff Winter auch beobachten, wie sich ein mutterloses Kälbchen auf der verzweifelten Suche einer Löwin näherte, die sich gerade vom Riß erhoben hatte und langsamen Schrittes davontrottete. Es hielt sogar die große Raubkatze, die vielleicht gerade eben seine Mutter verspeist hatte, für seine Mutter!

Woher auch sollen eben geborene Tierkinder wissen, wie ihre Eltern auszusehen haben. Zwar treibt sie eine angeborene Sehnsucht nach einem Wesen, das ihnen Geborgenheit, Nestwärme und Nahrung gibt, aber welcher Gestalt dieses einzige sie selbstlos liebende Tier ist, das müssen sie erst lernen.

Zunächst muß allerdings die Liebe der Mutter zum Kind aufgekeimt sein; dann erst kann eine Bindung auch des Kindes an die Mutter nachfolgen.

Wie dieser wunderbare Vorgang in all seinen interessanten Einzelheiten abläuft, ist bislang am Beispiel von Vögeln am besten erforscht worden.

Wissenschaftliche Berühmtheit erlangte ein weißer Pfauenhahn im Wiener Tierpark Schönbrunn. In der Balzzeit entfaltete er seine oberen Schwanzdeckenfedern zu einem Rad von märchenhafter Pracht. Aber er stellte seine männliche Schönheit nicht etwa vor Pfauenweibchen zur Schau, sondern ausschließlich vor Riesenschildkröten. Natürlich ließen sich die Panzertiere davon nicht im mindesten beeindrucken. Aber das tat der Liebe des Pfaus zu ihnen keinen Abbruch. Sein ganzes Leben lang himmelte er, ein groteskes Beispiel animalischer Sodomie praktizierend, nur Schildkröten an. Die zauberhaftesten Pfauenhennen hingegen existierten für ihn überhaupt nicht.

In diesem Fall war es zu jener ausweglosen Verwirrung in Sachen Liebe »nur« deshalb gekommen, weil der Pfau im Lebensalter von wenigen Stunden eine absonderliche »Mutter« gehabt hat.

In jener Frühlingsnacht, in der er das Ei verlassen hatte, war starker Frost hereingebrochen. Seine Geschwister erfroren alle. Als einzigen Überlebenden hatte ihn ein Tierpfleger aufgegriffen und in das Tropenhaus gesetzt, wo zufällig Platz war: bei den Riesenschildkröten. Seither war der Pfau nicht mehr von dem Gedanken abzubringen, seine Mutter sei eine dieser Schildkröten, er selber gehöre ganz zu den gepanzerten Ungetümen und auch später als erwachsenes Wesen dürfe er nur Schildkröten lieben.

Solch merkwürdige Dinge geschehen, wenn Vogelkinder in einem ganz kurzen Abschnitt ihres ersten Lebenstages ein anomales Erlebnis haben. Es ist unglaublich, aber der Eindruck, den die allerersten Ereignisse bei einem jungen, piepsenden, total unvernünftigen Federflausch von Küken hinterlassen, ist so nachhaltig, daß er zeitlebens unauslöschlich in der kleinen Seele haftenbleibt. Auch wenn es noch so verrückt erscheint: Jahrelanges Zusammenleben mit anderen Pfauen, die Reife des Erwachsenenalters, ständige Mißerfolge in Sachen Liebe mit Schildkröten – dies alles vermag den Pfau nie und nimmer von seinem Babyeindruck zu kurieren, daß er eine Schildkröte und nicht etwa ein Pfau sei.

In ähnlicher Weise war auch ein Haushahn, der unter Enten aufwuchs, durch nichts in der Welt von dem Glauben abzubringen, daß er eine Ente sei. Er überwand sogar seine fast hysterisch zu nennende Wasserscheu und ging zusammen mit seinen Enten-Stiefgeschwistern baden – freilich nur so weit, bis ihm das Wasser buchstäblich bis zum Halse stand.

Küken halten ein Kofferradio für ihre Mutter

Nobelpreisträger Professor Konrad Lorenz war der erste, dem auffiel, daß es zwei ganz verschiedene Vorgänge sind, durch die ein Vogelkind einmal an seine Mutter gebunden und zum anderen auf einen Geschlechtspartner geprägt wird, wie der Fachausdruck heißt.

Der Zufall kam ihm bei dieser Entdeckung zu Hilfe. Er hatte eine Brut junger Dohlen aus dem Nest genommen, um sie selber weiter aufzuziehen, mit ihnen als »Dohle« unter Dohlen zu leben und dabei sonst kaum zu beobachtende Einzelheiten ihres Sozialverhaltens zu studieren.

Tatsächlich erkannten ihn alle Jungvögel als »Mutter« an. Als sie flügge geworden waren und frei in der Landschaft umherfliegen durften, kamen sie alle immer wieder zu ihm, setzten sich ihm auf Kopf und Schultern, flatterten durch das geöffnete Fenster in sein Arbeitszimmer und blieben stets so dicht bei ihm, wie andere Dohlenkinder bei ihren Eltern.

Die große Überraschung kam erst, als diese liebenswerten Vögel ihre Geschlechtsreife erlangt hatten. Ein Teil der Männchen betrachtete nun den Professor als einzig begehrenswertes Weibchen, umbalzte ihn nach allen Regeln der Kunst, und einige versuchten, sich mit seiner Hand zu paaren. Kein Zweifel: Diese Tiere sahen in ihm den Sexualpartner. Andere Dohlen aus derselben Brut, die ihm bislang ebenso treu nachgefolgt waren, dachten aber gar nicht daran, dem Gelehrten Balz-Anträge zu machen. Sie suchten sich zu diesem Zweck ganz normale Dohlenweibchen.

Das brachte Konrad Lorenz auf die entscheidende Idee, die sich hernach in weiteren Untersuchungen bewahrheiten sollte: Die sexuell irregeleiteten Vögel waren stets die jüngeren Nestgeschwister, während sich die älteren normal verhielten. Sie alle aber betrachteten den Professor als Mutter.

Dies läßt nur einen Schluß zu: Im Verlauf der Nestlingszeit von Jungdohlen gibt es zunächst eine nur wenige Tage während Zeitspanne, in der Wichtiges geschieht. Dem kleinen Nesthocker prägt sich dann und nur dann auf Lebenszeit das Bild dessen ein, wie später sein Geschlechts- und Ehepartner auszusehen hat, nämlich so wie jene Gestalten, die ihn als Baby füttern.

Wir nennen das die sensible oder empfängliche Phase der Prägung auf den Sexualpartner. Bemerkenswerterweise liegt sie in einem extrem frühen Abschnitt der Kindheitsentwicklung, in dem noch nicht die geringsten sexuellen Regungen im Jungvogel wachgeworden sind. Und doch entscheidet dieser frühkindliche Eindruck über den »Typ«, den er dereinst lieben wird.

Zu den Eltern besteht bei den Nesthockern (im Gegensatz zu den Nestflüchtern wie Graugänsen!) in diesem Zeitpunkt noch nicht die geringste Bindung. Die Kleinen sitzen passiv in ihrer Brutstätte und lassen alles über sich ergehen, was da kommt.

Erst wenn die sensible Phase der Prägung auf den Sexualpartner vorüber und eine Pause von etwa einem Tag verstrichen ist, beginnt die sensible Phase der Prägung der Jungen auf die Eltern. Sie liegt kurz vor dem Flüggewerden der Nestlinge. Erst jetzt erwacht also in den Kindern die persönliche Liebe zu ihren Eltern. Oder, wissenschaftlich nüchtern ausgedrückt: Es handelt sich um die sogenannte »Nachfolgeprägung«.

Zufälligerweise hatte Konrad Lorenz die jungen Dohlen gerade zu jenem Zeitpunkt ausgehorstet, als bei den älteren Nestlingen die sensible Phase der sexuellen Prägung bereits vorüber war, während sie bei den bis zu fünf Tage jüngeren Geschwistern gerade bevorstand. Deshalb verhielten sich die älteren sexuell normal und die jüngeren irregeleitet. Aber die sensible Phase der Prägung auf die Eltern durchliefen sie allesamt erst, als der Forscher sie pflegte.

Die frühkindliche Bindung des Neugeborenen an die Mutter ist von schicksalhafter Bedeutung und bei vielen (nicht allen!) Tierarten unauflösbar.

Zum Beispiel wird ein Lämmlein bereits im Verlauf der ersten Lebenswochen auf seine Mutter geprägt. Von da an ist sie allein sein Ein und Alles auf der Welt. Eine Alternative zu irgendwelchen Adoptiv- oder Pflegeeltern gibt es von dieser Zeit an nicht mehr. Und es kann für das Lamm nichts Schlimmeres geschehen, als daß seine Mutter danach stirbt.

Die Lämmer neuseeländischer Schafe machen nach dem Tode ihrer Mutter nicht einmal den Versuch, von Fremden als Pflegekind adoptiert zu werden. Wenn die Mutter auf dem Weidegang stirbt, bleibt das Kleine so lange blökend bei ihrem Leichnam, bis es selber verendet.

Hirten haben versucht, solche Waisenkinder mit Gewalt in die Herde zurückzubringen, sie dort mit der Flasche zu ernähren und währenddessen den Kadaver der Mutter zu beseitigen. Aber sobald sie das Lämmlein wieder losließen, rannte es zu genau derselben Stelle auf der weiten Steppe, wo seine Mutter gestorben war. Obwohl dort nichts mehr von ihr zu sehen war, verharrte das hilflose kleine Wesen an genau diesem Ort unbeweglich und starr – tagelang. Kindertreue bis in den Tod! Die Farmer bezeichnen diese Tiere als »placer sheep«. Es bleibt ihnen nichts anderes übrig, als ihnen den Gnadentod zu geben.

Das ist der Nachteil der durch nichts und niemand zu ersetzenden Liebe zwischen Mutter und Kind. Deshalb verliert sich diese enge Bindung auch sehr schnell, sobald das Lamm etwa drei Monate alt geworden ist.

Zwischen Vögeln und Säugetieren besteht jedoch ein wesentlicher Unterschied im Aufkeimen der Liebe des Kindes zur Mutter.

Bei Vögeln, vor allem bei Nestflüchtern, etwa der Graugans, geht dieser Vorgang blitzschnell vor sich, also innerhalb weniger Sekunden. Was das Küken nach dem Schlüpfen als erstes, größeres, bewegtes Etwas in unmittelbarer Nähe zu sehen bekommt, wird von ihm als Mutter mit Beschlag belegt, ganz gleich, ob es tatsächlich die echte Mutter ist oder eine am Draht gezogene Gänseattrappe, eine elektrische Spielzeugeisenbahn, ein Fußball, eine blinkende Straßenwarnlampe, ein leerer Schuhkarton, eine Bierflasche, ein tickender Wekker, ein Kofferradio, ein Brummkreisel oder ein . . . Mensch.

Alle diese grotesken Dinge, in zahlreichen Experimenten jungen

Graugansküken während der sensiblen Phase vorgeführt, wurden von ihnen sofort ebenso heiß geliebt, als wäre es die echte Mutter. Und keine Macht der Welt konnte sie davon abbringen, diesen Attrappen überallhin zu folgen.

Bei Stockentenküken liegen die Dinge schon etwas verwickelter. Sie sind wählerischer und bevorzugen, wie wir bereits gesehen hatten, dasjenige Etwas als Mutter, das dieselben Laute von sich gibt, die sie bereits vor dem Schlüpfen im Ei vernommen hatten.

Diese Form der Prägung, das erste »unvernünftige« Erlernen der elterlichen Gestalt, kann nur innerhalb dieser kurzen sensiblen Phase erfolgen, und zwar blitzschnell. Verstreicht diese Zeitspanne, ohne daß dem Tierkind etwas gezeigt wurde, das es als Mutter akzeptieren kann, folgt es später jedem beliebigen Lebewesen, jedem sich bewegenden Gegenstand, der ihm gerade in die Quere kommt, und das in immer wechselnder Folge völlig unpersönlich. Der Mutterersatz ist bei jeder Gelegenheit beliebig austauschbar geworden. Zu einer festen persönlichen Bindung, an wen oder was auch immer, ist dieses Tier sein ganzes Leben lang nicht mehr fähig.

Weil sich die Nachfolgeprägung bei Graugänsen so blitzschnell und endgültig vollzieht, sprechen Fachleute hier von einem extrem kurzzeitigen Sonderfall der sensiblen Phase: von der kritischen Phase. Sie scheint ein alleiniges Vorrecht nestflüchtender Vogelkinder zu sein.

Bei Nesthockern besteht gar kein Grund dafür, daß das Erlernen der Muttergestalt so schnell und in einer sehr eng begrenzten Zeitspanne ablaufen müßte. Noch länger dauert es bei Säugetierkindern. Deshalb darf man hier erst recht nicht von einer kritischen Phase sprechen.

Zwar lernen die Babys von Gnu, Zebra, Pferd, Schaf, Ziege und Hausschwein ihre Mütter unmittelbar nach der Geburt sehr schnell kennen, etwa innerhalb einer halben Stunde, und folgen gleich sehr anhänglich nach. Aber dieser Eindruck ist nicht wie bei Graugänsen und Pfauen unauslöschlich. Noch kann die Mutter, wenigstens im Experiment, ausgetauscht werden. Je eher das geschieht, desto schneller nimmt das Kind die neue Mutter an.

Damit besteht bei Säugetieren die Möglichkeit, anfängliche Irrtümer zu korrigieren. Alle jene Gnukälber, die beim Angriff der Löwen von der Mutter getrennt wurden und hernach dem Geländewagen, dem Löwen oder fremden Kälbern als »Mutter« hinterherliefen, hatten noch die Chance, diesen Fehlgriff wiedergutzumachen. Sobald die richtige Mutter sie gefunden hatte, folgten sie dieser alsbald nach.

Der Prozeß, der das Kind unlösbar fest an die Mutter bindet, dauert bei Säugetieren einige Wochen. Je länger er währt, desto haltbarer wird die Bindung, bis hin zum starren Verweilen am Sterbeort der Mutter wie bei den neuseeländischen Schafen. Unterbrechungen, etwa wie bei den »Tagesmüttern« der Mantelpaviane, schwächen die Kraft der Anhänglichkeit des Kindes an die Mutter erheblich ab.

Der Kieler Haustierforscher Professor Hans Hinrich Sambraus, der auf diesem Gebiet viele Beobachtungen gemacht hat, bezweifelt, ob unter diesen Umständen bei Säugetieren überhaupt noch von Prägung gesprochen werden darf.

Fehler, die seelische Krüppel zeugen

Wenn die Bindung des Kindes an die Mutter allerdings voll hergestellt ist, bleibt sie von unverbrüchlichem Bestand, sogar auch in aberwitzigen Situationen.

Professor Sambraus ließ auf einem Versuchsbauernhof ein männliches Geißlein von Geburt an dreißig Tage lang nur von einem Pfleger aufziehen. Andere Ziegen bekam es während der ersten sieben Lebensmonate nie zu sehen. Als das Tier dann endlich zu einer Ziegenherde gesellt wurde, trottete es auf dem Weidegang zwar getreulich mit, aber es zeigte niemals das geringste sexuelle Interesse für brünstige Weibchen. Doch sobald der junge Bock einen Menschen nur von weitem sah, stürmte er zu ihm und versuchte, ihn zu bespringen.

Am meisten hatten es ihm Menschen angetan, die einen weißen Kittel trugen – wie einst der Tierpfleger, der ihn an Mutters Statt aufgezogen hatte. Ja, sogar wenn der Ziegenbock die Wahl zwischen einem Holzlattengestell mit übergehängtem weißen Kittel einerseits und einer brünstigen Geiß andererseits hatte, bevorzugte er stürmisch die tote Attrappe, während das Weibchen für ihn überhaupt nicht existierte. Später erregte ihn sogar der bloße Anblick eines weißen Handtuchs als »äußerste Abstraktion des Textilien tragenden Menschen«, wie der Forscher schreibt.

Diese Abartigkeiten zu schildern ist deshalb so wichtig, weil in der dazu führenden seelischen Fehlentwicklung eine Wurzel des sogenannten Fetischismus zu suchen ist.

Der Forscher wollte natürlich versuchen, dem Ziegenbock die Abartigkeit auszutreiben und ihn wieder an artgemäßes Liebesspiel zu gewöhnen. Humane Methoden schlugen alle fehl. Schließlich griff er zu einem typischen Mittel der Psychiatrie: zum Elektroschock. Immer wenn das Tier einen Menschen bespringen wollte, bekam es einen elektrischen Schlag. Aber die Folge davon war nicht etwa, daß er nun alle Menschen als Schmerzverursacher mied und sich arteigenen Weibchen zuwandte. Vielmehr bezog er seine Abneigung nur auf den einzelnen Menschen, der ihn geschockt hatte, und machte allen anderen Personen weiterhin stürmische Anträge.

Ob also Prägung oder nicht, in jedem Fall ist die frühkindliche Bindung einer männlichen Ziege so dauerhaft und fest eingefleischt, daß sie nicht einmal eine Elektroschockbehandlung von ihrer fehlgeleiteten Abartigkeit abbringen kann.

Ob auch Vögel durch Fehlprägungen zu Fetischisten werden können, untersuchte bereits der Vater der modernen Verhaltensforschung, der Berliner Zoologe Dr. Oskar Heinroth. Ein auf ihn geprägter männlicher Edelfasan betrachtete während der Jugendzeit den Gelehrten als »Mutter«. Naturgemäß fand in dieser Zeit auch die Sexualprägung auf dieselbe Person statt. Mithin wandelte sich der Forscher in der Vorstellungswelt des Fasans allmählich von der Mutterfigur zur Braut. Das ging so weit, daß der Vogel die Gemahlin des Wissenschaftlers, die spätere Berliner Zoodirektorin Katharina Heinroth, voller Eifersucht als vermeintlichen männlichen Nebenbuhler wütend bekämpfte, wo immer er sie entdeckte.

Eines Tages zog sich der Forscher die Kleider seiner Frau an und sie den Anzug ihres Mannes. In dieser Kostümierung stellten sie sich vor dem Fasan in Positur. Der schon erwähnte Ziegenbock wäre auf den Trick hereingefallen.

Indessen blickte der Fasanenhahn ratlos hin und her, schaute beiden scharf ins Gesicht und fuhr dann laut zeternd und mit dem Schnabel hackend auf Frau Heinroth los, um gleich nach der erfolgreichen Vertreibung deren Ehemann als Weibchen zu umbalzen.

Als beide Zoologen etwas später die gleiche Maskerade einem ebenfalls auf den Forscher geprägten Großtrappenhahn vorspielten, zeigte sich aber das umgekehrte Bild: Das total verwirrte Tier liebte immer nur denjenigen Menschen, der den altvertrauten Anzug Oskar Heinroths übergezogen hatte. Steckte er aber in den Kleidern seiner Frau, wurde er von dem großen Vogel sozusagen als sein eigener Nebenbuhler statt mit Liebe nur mit Schnabelhieben bedacht.

Ob sich ein Vogel in dieser Situation also als Fetischist verhält oder nicht, hängt unter anderem auch davon ab, auf welche Merkmale er normalerweise unter seinesgleichen achtet. Großtrappen sehen nur auf das Gefieder, Edelfasane schauen aber auch ins Gesicht. Während bei Großtrappen Kleider Leute machen, halten sich die Edelfasane an ein individuelleres Kennzeichen der Persönlichkeit.

Um kein einseitiges Bild entstehen zu lassen, muß erwähnt werden, daß sich keineswegs alle fehlgeprägten Tiere in ihrem Sexualleben so stur in falsche Erscheinungsformen verlieben wie der erwähnte Ziegenbock. Das zeigt sich besonders eindrucksvoll an Wellensittichen.

Züchter dieser Vögel können nämlich seltsame Dinge erleben. Wenn sie die kleinen Eier künstlich erbrüten und die schlüpfenden Jungen gleich in die Hand nehmen, machen sie aus ihnen Vögelchen, die sich so eng an den Menschen anschließen, als wären sie selber eine Art Minimensch, und zunächst sieht noch alles so aus wie bei den Ziegen: Sobald die erste Paarungszeit kommt, wollen sie nur mit dem Menschen Hochzeit halten und nicht untereinander. Die Männchen landen dann auf der Hand ihres Pflegers und »lieben« dessen Finger.

Ein Trick kann hier jedoch Abhilfe schaffen: Wenn die Vögel vor dem Menschen zu balzen beginnen, verhängt man ihre Voliere mit einem Tuch so, daß sie ihren »Riesenliebling« nicht mehr sehen können. Im Gegensatz zu den Ziegen besinnen sie sich sehr bald eines Besseren, und der Herr Wellensittich umwirbt standesgemäß ein arteigenes Weibchen. Entfernt der Züchter aber auf dem Höhepunkt der Liebesspiele den Vorhang, balzen beide augenblicklich durch die Gitterstäbe hindurch den Menschen an; der eine, weil er ihn für sein eigentlich viel heißer geliebtes Weibchen, der andere, weil er ihn für sein männliches Idealbild hält. Und so balzen sie im ständigen Wechsel einmal den Menschen an und dann wieder den arteigenen Partner, sooft der Experimentator den Vorhang auf- oder zuzieht.

Eine Katastrophe geschieht jedoch dann, wenn beide Vögel hinter dem Sichtschutz ein Gelege erbrütet haben, ihre Nestlinge gemeinsam füttern und erst zu diesem Zeitpunkt der Vorhang entfernt wird. Augenblicklich leben beide Wellensittiche in Scheidung, lassen ihre Kinder verhungern und balzen beide wieder den Menschen an.

Sie sind zwar fehlgeprägt, können sich aber dennoch gegenseitig lieben und paaren, als »Notlösung« gewissermaßen. Aber eigentlich bleibt doch der Mensch ihre heimliche große Liebe.

Die Methode, ein Tier unmittelbar nach dessen Geburt auf den Menschen zu fixieren, wird von Verhaltensforschern oft angewendet, wenn sie mit ihm als Kumpan unter Kumpanen leben und ihr Verhalten studieren wollen. Sie erscheint verführerisch, eröffnet sie uns doch das Tor zur echten Freundschaft mit diesem Tier, zu einer so innigen Bindung wie sonst nur zwischen Mutter und Kind. Aber gerade deshalb sollten wir damit sehr behutsam verfahren.

Alle Tierfreunde, die den faszinierenden Zauberstab dieses Wissens nutzen, um ein Tier schicksalhaft an sich zu binden, sollten bedenken, daß sie auch allzeit voll verantwortlich für dieses Leben sind. Das Tier später allein zu lassen oder an fremde Leute wegzugeben wäre eine ungeheuerliche Quälerei, aus der Sicht des Tieres nur vergleichbar mit dem Verkauf des eigenen Kindes.

Die geforderte Behutsamkeit umfaßt aber etwas noch Wichtigeres. Die Bindung des Tieres an den Menschen darf nur eine Nachfolgebindung sein, unter keinen Umständen auch eine sexuelle Prägung. Im zweiten Fall verdirbt der Züchter das Tier zur sexuell abartigen Kreatur, zum seelischen Krüppel, der lebenslang unfähig ist, sich mit seinesgleichen anzufreunden, und meist auch, sich unter Artgleichen normal zu paaren. Kurz: ein Wesen, das auch zur Erforschung artgemäßer Verhaltensweisen völlig untauglich ist.

Wie man dabei am besten vorgeht, soll nun am Beispiel von Pferden erläutert werden.

Wie Tiere zu Menschenfreunden gemacht werden

Die tiergerechteste Methode hat Frau Professor Gertrude Hendrix an der Universität von Illinois entwickelt. Sie fand heraus, wie sich ein Fohlen bereits unmittelbar nach der Geburt zum problemlosen, »reiterfreundlichen« Gefährten des Menschen machen läßt. Sie beschreibt ihr Verfahren so:

»Ich übernehme das Neugeborene gleich vom Tierarzt. Ich umarme und hätschele es, streichele seinen Hals und kraule es etwa so, wie es die richtige Pferdemutter beim sogenannten ›Knubbeln‹, dem Fellbeknabbern mit den Lippen, auch tut. Wenn das Fohlen ermüdet, höre ich damit sofort auf, fahre aber eine Stunde später mit dieser Behandlung fort.«

So geht das über die ersten vier Lebenstage des Fohlens weiter. Die Forscherin maßt sich aber nicht an, die Rolle der Pferdemutter vollständig zu übernehmen. Im Gegenteil. Sie weiß: Immer wenn man die Stute völlig aus dem Leben des Fohlens entfernt, wird später ein zwar sehr am Menschen hängendes Wesen daraus, aber auch ein sexuell abartiger Verhaltenskrüppel.

Deshalb versucht die Professorin, mehr die Rolle einer »Pferdetante« zu spielen. Auch in freier Natur, etwa bei den wildlebenden Mustangs im amerikanischen Westen, kommen unmittelbar nach der Geburt andere Stuten ihrer Haremsfamilie herbei, um das jüngste Mitglied ihrer Gemeinschaft zu bestaunen und zu liebkosen. Nur in den ersten Stunden verhindert die Mutter den direkten Kontakt. Ihr Fohlen soll zunächst nur sie allein erschnuppern und damit als Mutter erkennen. Ist diese gefühlsmäßige Bindung des Kindes an die Mutter erst vollzogen, dürfen auch die »Tanten« heran.

Bei Gertrude Hendrix behalten die Pferdebabys also ihre leibliche Mutter, lernen aber vom ersten Atemzug an, daß die Menschen für sie eine Art »liebe Tanten« sind und mithin auch zur Pferdegemeinschaft gehören. Etwas später streichelt die Forscherin die Fohlen nicht mehr allein. Ständig wechselnde Personen tun dasselbe. Damit wird erreicht, daß sich die Fohlen nicht nur an sie persönlich binden, sondern daß sie gleichsam die ganze Menschheit als vertraute Freunde empfinden.

Als Ergebnis dieser Forschungen wächst gegenwärtig in Amerika eine völlig neue Klasse von Reitpferden heran. Die Tiere sind von Natur aus gutmütig zu allen Menschen. Sie zeigen keine Sattelnervosität mehr, werfen keinen Reitschüler ab, wenigstens absichtlich nicht, und kennen weder Schreckreaktionen noch Panik. Mit einem Wort: Sie sind »reiterfreundlich«.

Was für das Pferd gilt, trifft erst recht für den Hund zu. Auch für das neugeborene Hundekind, den Welpen, sind die ersten Lebenswochen von prägender Bedeutung für den Charakter, seine Einstellung zum Menschen und damit für sein ganzes Leben. Viele Dinge, die es im Verlauf der sensiblen Phasen während der ersten sieben Wochen seines Erdendaseins nicht gelernt hat, kann es später nie mehr nachholen. Zum Beispiel wird in dieser Zeitspanne auch die Wesensart des Tieres geformt – entweder zum treuen Freund des Menschen oder zum indolenten Muffel oder aber zum Angstbeißer und Killer.

Das ist deshalb bemerkenswert, weil der Züchter einen jungen Hund meist erst dann verkauft, wenn der Welpe von seiner Mutter entwöhnt wurde, also im Alter von etwa zwölf Wochen. Dann ist sein

Charakter bereits vorgeformt, obgleich er noch gar nicht richtig zu erkennen ist. Der Käufer kann seinen erworbenen Hund dann zwar noch dressieren und zu allerlei Tätigkeiten abrichten, aber am Persönlichkeitsbild ist dann trotzdem nicht mehr viel zu biegen – eine Tatsache, die merkwürdigerweise von vielen Menschen außer acht gelassen wird, weil sie nur Wert auf einen adeligen Stammbaum legen, der irrigerweise eine Garantie für gute Erbanlagen sein soll.

Der bekannte Hundeforscher Dr. Eberhard Trumler hat einige faszinierende Vorgänge im Detail herausgefunden. In der vierten bis siebenten Lebenswoche der Welpen darf sich der Züchter zum Beispiel nicht darauf beschränken, den Jungtieren die Futterschüssel einfach nur so hinzuschieben. Dadurch werden sie nie zum Freund des Menschen. Denn die Liebe eines Hundes zum Menschen geht nicht durch den Magen.

Vielmehr sollte der Mensch, ähnlich wie Hundemütter es auch tun, täglich mehrmals mit den Welpen spielen. Dabei müssen die Jungtiere auch den Duft des Menschen intensiv riechen können. Ein Welpe, der bis zur einschließlich siebenten Lebenswoche nie gespielt hat, weder mit seinen natürlichen Eltern noch mit dem menschlichen Pfleger, bleibt zeitlebens ein sturer, unfreundlicher Klotz, mit dem niemand etwas anfangen kann. Es klingt grotesk, aber wenn ein Hundehalter erst von der achten Woche an mit einem Welpen spielt, kann er sich über Monate täglich mehrere Stunden lang mit dem Tier abmühen – es hat alles nicht mehr Sinn, als wolle er sich einen Bettvorleger zum Spielkameraden machen.

Und wenn der Hund bis zur siebenten Lebenswoche keinen Menschenduft geschnuppert hat, geschieht das Entsprechende: Er bleibt für alle Zeiten menschenscheu, so sehr er später auch verhätschelt werden mag.

Diese Erscheinung weist, genauso wie beim Pferd, noch feinere Nuancen auf: Bekommt das vier- bis siebenwöchige Hundebaby immer nur zu einem Menschen Riechkontakt, schließt es sich künftig nur diesem einen Herrchen oder Frauchen an, während es allen anderen Leuten gegenüber unsicher und kontaktarm bleibt. Wenn das Baby aber von vielen Menschen gestreichelt wird, nimmt es später als großes Tier zu allen Menschen eine freundliche Haltung ein, auch zu wildfremden, die es als Baby gar nicht berührt haben.

Es ist ein Zeichen typisch menschlichen Nichtverstehens der Natur, daß viele Leute der Ansicht sind, mit modernen Dressurmethoden lasse sich jeder Hund zu allen Fähigkeiten abrichten. Aber alles, was denkbar ist, ist noch lange nicht machbar. Die Geschöpfe Gottes sind nicht beliebig manipulierbar. Die erfahrenen Ausbilder an den Polizei- und Zollhundeschulen wissen das am besten. Zum Beispiel baut die Fertigkeit des Erschnüffelns und Anzeigens von verstecktem Rauschgift auf dem Spieltrieb des Hundes auf. Ist dieser aber bereits in der frühesten Jugendzeit verkümmert, helfen alle Lehrmethoden nichts. Er muß die Hundeschule als irreparabel ungeeignet verlassen.

Im Welpen werden also bereits die Weichen gestellt, ob er zu einem scharfen Wachhund heranwächst, der nur einem Herrn treu ergeben ist und der sich durch keine Freundlichkeit und Futterspende fremder Personen bestechen läßt, oder ob aus ihm ein Allerwelts-Spielhund für die Kinder und deren Freunde wird.

Unnahbarkeit oder »Solidarität« sind bei Hunden eben keine Lernziele, die sich auch mit späteren Erziehungsmaßnahmen erreichen lassen. Beides wird zwischen der vierten und siebenten Lebenswoche, also in der sogenannten »sensiblen Domestikationsphase«, wenn das Tier noch ein total unvernünftiges »Nahrungsverdauungsbündel« ist, unverrückbar geprägt. Was der Welpe nicht lernt, lernt der Hund nimmermehr!

Gibt der Halter dem Hundebaby während der Domestikationsphase statt eines Menschen ein anderes Tier, zum Beispiel eine erwachsene Katze oder ein Kaninchen, so schließt es sich an dieses andere Tier ebenso fest an wie sonst an den Menschen.

Im Norden Mexikos benutzen Farmer diese Prägbarkeit, um wildlebende Kojoten, auch Präriewölfe genannt, zu Hirten ihrer Ziegenherden zu machen. Der Welpe wird aus dem elterlichen Erdbau ausgegraben und noch als blindes Wesen einer Ziege ans Euter angelegt, unmittelbar nachdem dieser wiederum deren eben geborenes Geißlein weggenommen worden war. So glaubt die Ziege, der junge Kojote sei ihr Kind, und der Präriewolf hält die Ziegenherde für sein Rudel.

Wenn er herangewachsen ist, übernimmt er die Führung der Herde aus eigenem Antrieb, verläßt mit ihr morgens früh den Pferch, hält sie zusammen, ohne daß ein Mensch dabei zu sein und Anweisungen zu geben braucht, und treibt sie abends wieder heim. Schnell begreift er den Notschrei der Ziegen, eilt sogleich zum alarmierenden Tier und attackiert den Störenfried, und zwar auch dann, wenn es ein anderer Kojote oder ein Mensch ist – oder gar der Besitzer der Herde selber.

So stark prägen früheste Kindheitseindrücke in einem Tier das Bild seiner sozialen Mitwelt, in der es sich dann eine Position und Lebensaufgabe sucht!

Ein Irrtum wandelt Fleischfresser in Vegetarier

Außer der Bindung an die Eltern, derjenigen an das Erscheinungsbild des Sexualpartners und derjenigen an eine soziale Gemeinschaft prägen sich in der Seele des Tierkindes noch andere Eindrücke zu lebenslang bleibenden Vorstellungen.

Was ein Hundewelpe während der ersten drei Wochen, in denen er feste Nahrung zu sich nimmt, zu fressen bekommt, das und nur das will er auch später haben. An diese Regel hält er sich bis zum Absurden. Forscher gaben einem Hundebaby in dieser Zeit nur Haferflokken, Sandtorte und gekochten Reis, aber niemals rohes Fleisch. Also verschmähte das Tier auch später alles rohe Fleisch und hielt sich nur an vegetarische Kost, obwohl es immer schlimmer an akuten Mangelschäden litt. Es erkrankte und starb bald darauf. »Was der Bauer nicht kennt, das ißt er nicht!«

Auch die Theorie, daß jedes Tier ganz instinktiv wüßte, was es fressen darf und was nicht, läßt sich nicht aufrechterhalten. Zwar besitzt zum Beispiel ein Hühnerküken ein angeborenes Wissen um Körnerfutter. Schon wenige Stunden nach dem Schlüpfen beginnt es, zuerst sehr zielungenau, nach allem zu picken, was Körnchenform hat, auch wenn es kleine Steinchen sind. Aber das Erkennen differenzierter gestalteter Nahrung und des Unterschiedes etwa zwischen schmackhaften und bitteren Kräutern ist schon so kompliziert, daß die relativ einfachen auslösenden Schemata eines Instinkts dafür nicht ausreichen. So etwas kann ein Tierkind nur von seinen Eltern lernen.

Um einem Vergessen des elterlichen Lehrinhalts vorzubeugen oder auch um Eigenmächtigkeiten des Kindes, die zum Beispiel zu Pilzvergiftungen führen können, auszuschließen, wurde von der Schöpfung auch für das Nahrungserkennen das Prägungslernen im frühesten Kindesalter entwickelt – ein Vorgang, der mit Intelligenz gar nichts zu tun hat, der sich aber unauslöschlich fest in dem kleinen Gedächtnis eingraviert.

Wenn Graugänseltern mit ihren erst wenige Tage alten Gösseln über eine Wiese spazieren, drängen sich die Kleinen zu den Köpfen der Großen und schauen, wie Professor Konrad Lorenz beobachtet hat, ganz genau zu, welche Gräser und Kräuter ihre Eltern rupfen. Und nur dieses Futter schnabulieren sie dann und für alle Zukunft selber.

Zahlreiche Kinder anderer Tierarten verhalten sich genauso, sogar auch bei Säugetieren, zum Beispiel den Giraffen. Wenn das Junge Laub zu fressen beginnt, beugt sich die Mutter tief herunter, berührt mit ihrem Maul den Kopf des Kindes und beginnt mit der Nahrungsaufnahme. So zeigt sie ihm im Lippenkontakt, welche Bläter gut schmecken. Bei dieser Kost bleibt das Kind dann sein Leben lang.

Sogar bei Schimpansen ist es ähnlich. Tierpfleger im Zoo können daran verzweifeln, einem älteren Exemplar dieser Menschenaffen, das noch nie zuvor Bananen gefressen hat, diesen Leckerbissen schmackhaft zu machen. Eher verhungert das Tier, als daß es etwas ihm Unbekanntes frißt.

Diese Methode hilft, Vergiftungen vorzubeugen. Die Anzahl jener Tiere, die sich im Lauf des Lebens ständig neue Nahrungsquellen erschließen, ja, bei denen es geradezu eine Existenzfrage ist, alles Neue und nur erdenklich Freßbare auszuprobieren, ist sehr gering. Wander- und Hausratten, Kolkraben und Saatkrähen sowie Haussperlinge gehören dazu. Sie bilden die Ausnahme von der erwähnten Regel, daß sich das Wissen um Nahrung nur während einer kurzen Zeit in der Kindheit einprägen läßt.

Auch bei diesem Vorgang »unvernünftigen Lernens« kann es gelegentlich zu Pannen kommen.

Zum Beispiel ist es jungen Zwergmungos angeboren, künftig alles das als Nahrung zu betrachten, das blutverschmiert in ihrer Nähe liegt. Naturgemäß ist das ein totes Beutetier, das ihnen von Rudelmitgliedern gebracht wurde. Doch bei Frau Dr. O. Anne E. Rasa, die diese Tiere im Seewiesener Max-Planck-Institut aufzog, geschah Merkwürdiges. Sie meinte es besonders gut mit den Jungen und bettete sie auf weiches Heu. Als sie elf Tage alt waren, brachten ihnen Rudelmitglieder zum erstenmal getötete Mäuse. Deren Blut besudelte auch etwas Heu.

Die Folge war verheerend. Sogleich betrachteten die jungen Fleischfresser auch Heu als feste Nahrung, fraßen es begierig, wo auch immer sie es fanden, und starben am Magenkatarrh.

Warum geschieht dieses Unglück in der freien Wildbahn Afrikas nie? Die Forscherin fand heraus, daß die erwachsenen Zwergmungos das genaue Gegenteil eines Nestbaues betreiben. Sie roden den Wurfplatz und richten die Kinderstube auf dem blanken Erdboden ein!

Ist es hier das Signal »Blut«, das den jungen Zwergmungos die »Beute« kennzeichnet, so ist es bei Hauskatzen- und Iltiskindern der Geruch dessen, was ihnen die Mutter als Nahrung bringt.

Ein Landwirt, der in der Lüneburger Heide eine Hühnerfarm betreibt, hielt sich auch eine Katzenfamilie gegen die Mäuseplage, wie er hoffte. Indessen fütterte die Mutter ihre Jungen, ohne daß es ruchbar wurde, ausschließlich mit Hühnerküken. Später, als der Geflügelfarmer der Katze auf die Schliche gekommen war, versuchte er, den inzwischen sechs Monate alt gewordenen Kätzchen das Fangen von Mäusen beizubringen.

Zunächst klappte alles wunderbar. Sobald die jungen Katzen etwas knistern, rascheln, kratzen oder nagen hörten, waren sie wie elektrisiert und sprangen voller Jagdfieber herzu. Erblickten sie dann etwas, das sich flink bewegte, folgten sie ihm. Und spürten sie bei diesem Etwas eine fellartige Oberfläche, packten und töteten sie es. Obwohl sie nie zuvor in ihrem Leben Mäuse gesehen hatten, fingen und töteten sie diese sofort. Die eben genannten Merkmale sind nämlich die den Katzen angeborenen Beuteschemata.

Doch dann folgte die Überraschung auf dem Fuße. Die erfolgreichen Jägerinnen schnupperten an ihrer toten Beute und ließen sie dann achtlos liegen, obgleich sie großen Hunger hatten. Auch später im Leben fraßen sie niemals eine Maus, so viele sie davon auch fingen.

Das bedeutet: Ein Beutetier zu fangen und es auch zu fressen sind grundsätzlich zwei ganz verschiedene Dinge. Die erste Aktion ist unter anderem Katzen und Iltissen angeboren. Für die zweite aber muß gleichsam ein Genießbarkeits-Signal erlernt werden, nämlich der Duft dessen, was dem Tier als Kind von seiner Mutter als Nahrung vorgesetzt wurde. Frißt es in seiner Jugend niemals Mäuse, kommt es auch später niemals auf diesen Geschmack.

Für menschliche Vorstellungskraft noch schwerer zu begreifen ist die Pickbewegung bei Hühnerküken. Es war schon dargelegt worden, daß diesen Tieren das Erkennen von Körnern angeboren ist. In den ersten beiden Lebenstagen picken sie nach allem, was Körnerform hat, treffen es mit dem Schnäbelchen jedoch nur selten. Damit sie während dieses »Zielunterrichts« nicht verhungern, zehren sie derweil vom Eidotter, das sie kurz vor dem Schlüpfen in sich hineingeschlürft haben. Jetzt wissen Sie, lieber Leser, wenn Sie Ihr Frühstückei essen, wozu das gelbe Dotter gut ist.

Innerhalb von zwei Tagen lernen die Küken aber vortrefflich, die Körner exakt in den Schnabel zu bekommen. Doch was geschieht, wenn sie ein Experimentator hindert, dies zu lernen? Die Annalen der Wissenschaft füllt solch ein Fall: Ein Forscher zog Küken während der ersten zwei Lebenswochen im Dunkeln auf und fütterte sie derweil, indem er ihnen die Körner mit der Pinzette in den Schnabel steckte. Zu Zielübungen hatten die kleinen Federflausche also keine Gelegenheit.

Anschließend wurde getestet, ob die Tiere, inzwischen größer und »vernünftiger« geworden, das Lernpensum nachholen konnten. Sobald Körnerfutter in Sicht kam, vollführten sie mit dem Kopf wirre Zuckungen in der Luft. Ihr Schnabel erreichte nicht einmal den Erdboden. Und alsbald verhungerten die Küken inmitten eines ganzen Haufens von Körnern.

Die Züchtung der Streitbarkeit

Wenn wir all dies über frühkindliche »unvernünftige« Lernvorgänge bei Tieren erfahren, dünken wir Menschen uns mit unserem Intellekt meilenhoch über dieses Niveau erhaben. Jedoch sei hier vorerst kurz angedeutet, daß der Homo sapiens keineswegs von diesen Vorgängen völlig frei ist. Nur werden uns diese Dinge nicht so recht bewußt – eben weil sie nur auf das Unbewußte in uns wirken. Es sei denn, wir durchschauen diese Zusammenhänge.

Frühkindliche, lebenslang bleibende Einprägungen erstrecken sich nämlich auf vielfältige Gebiete, nicht nur auf die bisher beschriebenen, also auf das Kennen- und Liebenlernen der Eltern, auf die Fixierung jenes Gestalt-Typus, den das Tier später bei der Wahl des Ehegefährten bevorzugt, auf die Festlegung der Sozialkumpane, auf die Formung des Charakters, auf die Fixierung auf bedenkenlos genießbare Nahrung, sondern auch noch auf zahlreiche andere Bereiche, von denen ich hier nur einen kurzen Überblick geben kann.

Zum Beispiel hängt auch die Stärke der Aggressivität eines Tieres unter anderem davon ab, ob es bereits im frühen Jugendalter viel kämpfen muß, um sich unter seinesgleichen zu behaupten.

Bei Japanischen Wachteln liegt, wie Professor Zing Y. Kuo herausgefunden hat, die sensible Phase für die Prägung auf Friedfertigkeit oder Angriffslust in der Zeit zwischen dem achten und zehnten Lebensmonat. In dieser Spanne mußte eine Hälfte der Vögel täglich mehrmals mit artgleichen Partnern »Kampfsport« treiben, während bei der anderen Hälfte stets für Frieden gesorgt wurde.

Außerdem teilte der Forscher beide Gruppen in je zwei Hälften auf. Die einen Vögel durften in Gemeinschaft unter ihresgleichen bleiben, während die anderen außerhalb der »Kampfsportzeiten« in Einzelkäfigen lebten.

Später testete er die erwachsen gewordenen Wachteln auf ihr Aggressionsniveau. Bei weitem die streitsüchtigsten Raufbolde waren jene Tiere, die ihre Jugend in Einzelzellen verbracht und Kampfsport betrieben hatten. Aggressive Sportarten dienen also nicht als »Ablaßventil« der Aggression. Sie trainieren die Angriffslust.

Mit weitem Abstand folgte eine andere Gruppe, und zwar überraschenderweise nicht die der kampferprobten Gemeinschaftstiere, sondern die der kampfungewohnten Einzelhäftlinge.

Kampfspiele in einer gewissen Phase der Jugendentwicklung steigern also die Aggressivität im späteren Erwachsenendasein. Aber wenn die Tiere statt in der Gruppe als Einzelkinder aufwachsen, so wirkt dieser Umstand in noch viel stärkerem Maße aggressionfördernd als Kampfsport. Das Leben in der Gemeinschaft dämpft hingegen die sich ohnedies ins uferlose steigernde Streitsucht. Das sollte zu denken geben.

Als etwas prinzipiell anderes als die Aggression erscheint uns die Sangeskunst und Musikalität von Vögeln. Dennoch ist auch das Musische bei vielen Sängern nur in früher Kindheit zu erlernen.

Dies beginnt bereits mit dem Begreifen mütterlicher Lock- und Warnrufe. Wiederum sei unter zahlreichen Beispielen nur eines herausgegriffen. Ein frisch geschlüpftes Stockentenküken hat zunächst noch keine Ahnung, wie jener Ruf seiner Mutter klingt, der es zum Unterschlüpfen unter ihre Fittiche auffordert. Und ebensowenig kennt es den Laut, der ihm höchste Gefahr signalisiert und es zur Flucht auffordert. Beides muß es erst lernen.

Das zeigte sich bei Versuchen, die Professor Eckhard H. Hess und Dr. A. Ogden Ramsay am Psychologischen Institut der Universität Chicago durchführten. Sie lehrten Entenküken, beim Ertönen bestimmter Laute zu fliehen und bei anderen Schallsignalen unter eine Mutterattrappe zu schlüpfen. Zum Beispiel lernte ein Küken, bei einem Trompetenton Reißaus zu nehmen. Ein anderes verstand hingegen einen Flötenton als »Alarmsirene«.

Völlig beliebig durften die akustischen Signale jedoch nicht sein. Als Warnung begriffen die Küken nur einsilbige Laute, als Lockruf hingegen nur drei- oder viersilbige. Das grobe Schema ist ihnen also angeboren, aber Feinheiten wie Tonhöhe und Klangfarbe werden, sofern sie in das Schema passen, erlernt.

Und auch für dieses Lernen gibt es eine nur sehr kurze Schulzeit. Für den Lockruf ist es allein der erste Lebenstag, für den Warnruf sogar nur die Phase zwischen der 36. und sechzigsten Stunde. Hat das Entchen in dieser Zeit keine Gelegenheit, einen Warnruf zu hören und sich zu verstecken, begreift es diesen Sinnzusammenhang nie und wird alsbald von einem Feind gefressen.

In der höheren Kunstfertigkeit der Singvögel ist es im Prinzip genauso. Angeboren ist ihnen nur ein recht primitives arttypisches Melodienschema. Dieses musikalisch zu verfeinern, zu variieren, zur vollendeten Schönheit, die erst Chancen bei der Brautwerbung verspricht, zu vervollkommnen, ist erst einem späteren Lernprozeß vorbehalten.

Beim Zebrafinken liegt diese Aufnahmebereitschaft für Sangesweisen nach Forschungen des Bielefelder Zoologen Professor Klaus Immelmann exakt zwischen dem 25. und 38. Lebenstag. Die Art und Weise, wie das vor sich geht, könnte jeden Schullehrer zur Verzweiflung über den mangelnden Lernwillen der Schüler treiben: Der Lehrer des jungen Zebrafinken ist dessen Vater. Während der erwähnten sensiblen Phase stellt er sich vor seinen Kindern in Positur und schmettert seine Arien. Die Küken scheinen sich indessen für alles mögliche andere zu interessieren. Legt der Vater eine Vorsinge-Pause ein, zwitschern die Jungen ein Kauderwelsch zusammen, das mit Vaters Melodien nicht das mindeste zu tun hat: den sogenannten Jugendgesang. Sie machen gleichsam »Unsinn«, statt brav zu üben.

Am 38. Lebenstag kann der Experimentator den unaufmerksamen Schüler von seiner Familie trennen und fern von ihr einzeln in einer Voliere halten. Zunächst geschieht nichts Aufregendes. Aber plötzlich, nachdem fünf Wochen verstrichen sind, tiriliert der Jungvogel genau dieselben Lieder, die ihm sein Vater vor 35 Tagen vorgesungen hat. Er hatte sein Pensum doch gut gelernt.

Gibt man dem jungen Zebrafinken während der sangessensiblen Phase einen andersartigen Ziehvater, der ganz andere Lieder singt, etwa ein Japanisches Möwchen, dann kann er sein Leben lang nur dessen Melodien zum besten geben. Wie die Alten sungen, so zwitschern auch die Jungen. Und hört er in diesen dreizehn Kindheitstagen gar nichts, bleibt er für immer ein armseliger Stümper, der von allen heiratslustigen Weibchen verschmäht wird.

Viele Tiere lernen bereits in der Jugendzeit etwas, das uns Menschen bis auf den heutigen Tag unbegreiflich geblieben ist: Wo auf dem weiten Erdenrund ihre Heimat liegt. Ich meine die Zugvögel. Wie Lurche ihren Geburtstümpel, Fische ihr Heimatgewässer, Schildkröten den Strand, an dem sie geschlüpft waren, kennen – wir berichteten im fünften Kapitel schon darüber –, so streben auch Vögel über globale Entfernungen dorthin zurück, wo einst ihre »Wiege« stand.

Zum Beispiel kommt ein Neuntöter nach weiter und langer Winterreise, die ihn bis nach Zentral- oder gar Südafrika geführt hat, ja nicht nur so ungefähr nach Bayern zurück, sondern ganz exakt etwa nach München-Grünwald, Alpenstraße 22, in den hinteren Garten auf den zweiten Apfelbaum links, also dorthin, wo er einst zur Welt kam.

Wann lernt ein Zugvogel seine Heimat so gut kennen, daß er sie als Weltreisender ohne Karte, Wegweiser und Reiseführer wiederfinden kann? Die Braunschweiger Ornithologen Dr. Rudolf Berndt und Dr. Wolfgang Winkel haben versucht, das herauszufinden, indem sie gerade flügge gewordene Trauerschnäpper 250 Kilometer weit von ihrem Geburtsort wegverfrachteten und dort freiließen. Wenn die Vögel, bevor das »Fernweh« des Zugtriebes in ihnen zum Durchbruch kam, nur einige Tage Zeit hatten, mit der neuen Gegend vertraut zu werden, kehrten sie im nächsten Frühjahr zum Verfrachtungsort zurück und nicht etwa dorthin, wo sie einst aus dem Ei geschlüpft waren.

Das bedeutet: Dem Vogel ist nicht, wie vielfach noch vermutet wird, ein geheimnisvolles Heimatgefühl angeboren. Vielmehr merkt er sich die globale Lage seiner Heimat erst kurz vor dem Start nach Afrika. Erst wenn ihn das Fernweh auf die Reise treibt, lernt er den Wert seiner Heimat schätzen. Aber was im einzelnen in seinem kleinen Gehirn vorgeht, ist uns vorerst noch ein Rätsel. Vermutlich prägt sich der Vogel einige Koordinaten des Erdmagnetfeldes ein, nach dem er auf uns noch unbekannte Weise navigiert.

Fassen wir zusammen: Die Zahl der Dinge, die ein Tierkind im Verlauf seiner Jugendzeit in einer meist eng begrenzten sensiblen Phase innerhalb einer kurzen Zeitspanne mehr oder weniger unauslöschlich für sein späteres Leben prägungsartig erlernt – und die damit wesentliche Teile seines Wesens formen und Schicksalswege vorzeichnen –, ist von erstaunlicher Vielfalt und erstreckt sich über ein buntes Spektrum verschiedenartigster Verhaltensweisen.

Das »dumme erste Vierteljahr«

So erhebt sich die interessante Frage, wie es beim Großhirngiganten Mensch um diese Vorgänge »unvernünftigen Lernens« bestellt ist, um die unserem Willen und auch unserem Bewußtsein entzogenen Dinge, die eine so frappante Ähnlichkeit mit der Vorprogrammierung eines Computers haben.

Es gehört zu den Paradoxien der menschlichen Erkenntnisfähigkeit, daß gerade unsere früheste Kindheit, in der das Fundament der späteren Persönlichkeit vorgeformt wird, die am wenigsten erforschte Phase unserer gesamten Entwicklung überhaupt ist.

Die Hauptschuld daran trägt eine krasse Fehlinformation über das Wesen des Neugeborenen, nämlich die irrige Ansicht, das Baby sei während der ersten Lebenswochen und -monate ein stumpf dahinvegetierendes, großhirnloses Saugreflexwesen, das Sinneseindrücke, wenn überhaupt, nur im verschwommenen, wirren, sinnlosen Chaos erlebe. Das Fundament dieser in Kinderkliniken fast zur Weltanschauung hochstilisierten, gefährlich falschen Ansicht bilden eine große Anzahl von Versuchen mit Neugeborenen, die jedoch, wie 1973 nachgewiesen wurde, samt und sonders unter völlig falschen Bedingungen stattgefunden hatten.

Das ist die Tragödie dieser Irrungen: Die Experimentatoren brachten das Baby, weitab von seiner Mutter, in ein Labor, legten es dort in ein Bett auf den Rücken und ließen allerlei optische oder akustische Reize auf den Säugling einwirken. Bis zum Alter von drei Monaten reagierte kein Versuchskind auch nur in der geringsten Weise. So entstand der Begriff vom »dummen ersten Vierteljahr«.

Jeder Vergleich mit den frühkindlichen Lernphasen bei Tieren, wie ich sie eben beschrieben habe, wurde deshalb von Kinderpsychologen strikt abgelehnt. Beim Menschen wäre das eben ganz anders.

Keiner dieser vielen Experimentatoren kam auf die Idee, daß jenes »Versagen« der Neugeborenen nur darauf zurückzuführen war, daß diese, fernab der Mutter und umgeben von einer Flut fremdartiger Geräusche und Gestalten, unter fürchterlicher Angst litten und nur deshalb zu keiner Reaktion fähig waren. Gerade weil die Babys

Sinneseindrücke empfingen und sie als fremd und bedrohlich erkannten, achteten sie nicht auf weitere Reize.

So entstand das Märchen vom Neugeborenen als einer empfindungslosen »Milchverdauungswurst«. Unsere Kinder haben noch heute darunter zu leiden.

Dabei ist es so einfach, die Versuche unter natürlichen Bedingungen und ohne Streß für das Kind durchzuführen. Der amerikanische Kinderpsychiater Professor T. B. Brazelton ließ die Mutter ihr Kind ganz normal in aufrechter Sitzhaltung auf den linken Arm nehmen. Wenn es sich völlig entspannt ankuschelte, hielt er ihm einen roten Plastikring am Faden etwa dreißig Zentimeter vors Gesicht und bewegte den auffälligen Gegenstand langsam hin und her.

Mit einemmal zeigte es sich, daß alle Neugeborenen bereits im Alter von 45 Stunden (!) diesem Ring mit ihren Augen aufmerksam folgen. Desgleichen bewegen die Kinder im selben Alter ihr Köpfchen, um die Richtung zu Geräuschquellen, etwa einer unsichtbaren Rassel, herauszufinden.

Der Bielefelder Kinderpsychologe Professor Klaus Grossmann konnte diese Befunde in eigenen Versuchen voll bestätigen. Trotzdem stößt er bei Kinderärzten, Gynäkologen, Hebammen und Kinderschwestern immer wieder auf Ablehnung, ja, auf offene Feindschaft. Führt er ihnen dann die so denkbar einfachen Versuche vor, herrscht ungläubiges Staunen im Kreise. Dann siegen die Tatsachen über verstaubte Schulweisheit.

Neugeborene Menschenkinder sind also gar nicht so »dumm«, wie die Erwachsenen bislang glaubten. Im Gegenteil, bereits während des »dummen ersten Vierteljahres« sind die Kinder für viele Eindrücke aufnahmebereit, die in ihnen, ähnlich wie bei Tieren, wichtige Wesensgrundlagen bleibend vorformen.

Was sogenannte Fachleute bisher ignorierten, weiß hingegen jede gute Mutter, wenngleich instinktiv und unbewußt. Wenn sie ihr Kind bei sich hat, sucht sie intensiven Blickkontakt mit ihm. Um ihm tief in die Augen zu schauen, geht sie aber nicht so dicht heran, als wolle sie Kleingedrucktes auf einer Landkarte entziffern, sondern hält einen Abstand von zwanzig bis 25 Zentimetern ein. Professor Hanus Papousek hat am Münchner Max-Planck-Institut für Psychiatrie herausgefunden, warum:

In den ersten Lebenstagen kann das Kind seine Augen nur bis zu dieser Entfernung scharf einstellen, auf nähere Distanz nicht. Soll es das Gesicht seiner Mutter klar erkennen, darf diese also nicht näher herangehen. Und ganz instinktiv tut sie es auch nicht, als wüßte sie um die noch mangelhafte sogenannte Akkomodationsfähigkeit des Kleinen.

Ist auf einem Wissensgebiet der Bann erst einmal gebrochen, so purzeln weitere Erkenntnisse serienweise ans Licht. Frau Dr. Carolyn Goren Jirari konnte an der Universität von Chicago sogar nachweisen, daß Menschenkinder bereits am ersten Lebenstag ein angeborenes Erkennen menschlicher Gesichtszüge offenbaren. Wie dem bereits erwähnten Hühnerküken das instinktive Wissen um die Körnchenform als möglicher Nahrung eingegeben ist, so kennt das Neugeborene bereits vor dem ersten Milchschluck an der Mutterbrust das Grundschema des menschlichen Gesichts. Dorthin schaut es und nicht etwa auf die Brust oder den Arm. Eine Attrappe, etwa nach der Kinderregel »Punkt, Punkt, Komma, Strich – fertig ist das Mondgesicht« gezeichnet, erregte bei allen der 31 getesteten Babys wesentlich mehr Aufmerksamkeit als alle übrigen Gegenstände und ebensoviel wie ein echtes Gesicht.

Die persönlichen Gesichtszüge der Mutter lernt das Kind allerdings erst mit ungefähr zweieinhalb Monaten von anderen Gesichtern zu unterscheiden. Doch bevor es im Alter von acht Monaten zu »fremdeln« beginnt, reift in ihm gegen Ende des fünften Monats eine heftige Angstreaktion gegenüber Gesichtern mit hoher dunkler Stirn.

Der Wuppertaler Verhaltensforscher Professor Paul Leyhausen nimmt an, daß dies ein Relikt aus der Urzeit ist, als das Sträuben der schwarzen Kopfbehaarung, wie heute bei Schimpansen, noch eine Drohgebärde war. Wie dem auch sei, ein Vater oder Besucher kann jedenfalls nichts Schlimmeres tun, als mit einem Zylinderhut oder einer schwarzen »Melone« auf dem Kopf an ein mindestens fünf Monate altes Kind heranzutreten. Augenblicklich schreit es los, daß der Kinderwagen wackelt. Ähnlich angsteinflößend wirkt übrigens auch eine Brille mit dickem, dunklem Gestell.

Das Gewinnen des Urvertrauens

Doch zurück zu den so überaus wichtigen allerersten Lebenstagen eines Menschenkindes. Nach dem bisher Dargelegten darf niemand mehr daran zweifeln, was für eine gute Mutter seit je eine Selbstverständlichkeit ist: nämlich daß, bereits am ersten Lebenstage beginnend, eine innige Wechselbeziehung zwischen Mutter und Kind in beiden Richtungen aufgebaut wird.

Die eminente Bedeutung dieser Wechselbeziehung hebt die amerikanische Kinderpsychologin Professor Mary D. S. Ainsworth nachdrücklich hervor: Die Bindung des Kindes an die Mutter ist ein langwieriger Prozeß, der bereits in den ersten Lebenstagen des Kindes mit dem Gewinnen des Urvertrauens beginnt. Von der Festigkeit dieser Bindung wird im späteren Leben des Kindes Entscheidendes abhängen: die Fähigkeit, soziale Bindungen auch zu anderen Menschen zu knüpfen, Mitglied einer Gemeinschaft zu werden und eine harmonische Aggressions-Angst-Balance zu entwickeln (darüber später mehr), bis hin zur Entfaltung des Interesses an Ereignissen und Dingen und damit des Reifeprozesses der Intelligenz.

Die unheilvolle Entwicklung, daß gegenwärtig der Frost der Gefühlskälte zwischenmenschliche Beziehungen in Familie und Gesellschaft zerstört, findet seinen Ursprung im Mangel an Urvertrauen, das zwischen Kind und Eltern schon in den ersten Lebenstagen aufgebaut werden muß.

Wer trägt die Schuld? Am allerwenigsten natürlich die Kinder. Aber wer will es auch den Eltern ankreiden? Wurden sie nicht von Ärzten daran gehindert, in der Entbindeklinik gleich nach der Geburt eine intensive emotionale Bindung zu ihrem Kind aufzubauen? Wurde ihnen nicht gesagt, daß ihr Kind während der ersten drei Monate nichts Sinnvolles aus der Welt wahrnimmt? Wen wundert es, daß Eltern dann glauben, ihr Kind in ein Säuglingsheim abschieben zu können? Wurde ihnen nicht täglich erzählt, wie minderwertig die Rolle einer Mutter im Vergleich zur »sich selbst verwirklichenden« berufstätigen Frau ist?

So wird die Bereitschaft der Eltern, eine enge Bindung zu ihrem Baby herzustellen, untergraben. Die Folgen sind Feindschaft und Prügel oder Vernachlässigung auf der einen Seite und Ablehnung, Isolation, Rebellion auf der anderen. Wen wundert das eigentlich?

Dabei besitzt jedes Baby bereits in den ersten Lebenstagen eine voll ausgereifte natürliche Veranlagung zur sozialen Wechselbeziehung mit der Mutter. Wie der Kinderarzt Professor J. H. Kennel an der Universitätsklinik von Cleveland, Ohio, seit vielen Jahren registriert hat, offenbaren Babys regelmäßig schon sieben Minuten nach der Entbindung eine Munterkeit und Aufmerksamkeit hohen Grades gegenüber allem, was um sie herum geschieht. Dieser Zustand hält für etwa eine Stunde an. Hernach erreicht das Kind diesen Aufmerksamkeitsgrad während der folgenden acht bis zehn Tage nicht mehr.

Die Feststellung dieser Tatsache verbindet der Forscher mit dem dringenden Appell an alle Fachkollegen, den Müttern ihre Kinder während dieser Zeit unbedingt ins Bett zu geben, und zwar splitternackt bis auf eine Windel. Der sowohl für die Mutter als auch für das Kind zufriedenstellende Verlauf dieser ersten Kontaktaufnahme ist entscheidend für das Zustandekommen des weiteren Wechselspiels der beiden untereinander und für das Entstehen des Urvertrauens beim Kind.

Die gefühlsmäßige Motivation beider zu diesem Wechselspiel erwächst in ebendieser ersten Stunde beim Erwachen des Muttertriebes, wie ich es im zweiten Kapitel geschildert habe, und andererseits beim Baby aus dem Gefühl des Urvertrauens heraus, das es aus dem mütterlichen Zuspruch aufgrund seines natürlichen Kontaktbedürfnisses gewonnen hat. Hinzu tritt das befriedigende Erlebnis des Babys beim ersten Saugen an der Mutterbrust, obgleich dies nur zweitrangiger Natur ist, wie der Aachener Psychologe Professor Emil Schmalohr betont.

Die Liebe des Säuglings zur Mutter geht keineswegs über das Saugen und den Magen. Denn eine soziale Bindung wird nicht über das Freßbedürfnis geknüpft, sondern in erster Linie über das natürliche soziale Kontaktbedürfnis.

Als erstes muß im Neugeborenen das willig aufkeimende, zarte Pflänzchen der Liebe zur Mutter gepflegt werden. Denn das Urvertrauen ist die Basis zu allen späteren Lern- und Erziehungsprozessen. Läßt man es durch Gleichgültigkeit absterben, ist die Seele des Kindes geschädigt, und alle folgenden Sanierungsversuche bleiben nur Flickwerk.

Bei dem Wechselspiel zwischen Mutter und Kind muß erstere ohne Zweifel der Initiator sein. Spezialisten für die Psychologie der Neugeborenen, die Professoren Alexander Thomas, Stella Chess und Herbert G. Birch, die an der Universität New York lehren, haben jedoch nachgewiesen, daß jedes Baby schon vom ersten Lebenstag an individuelle Unterschiede im Temperament, in der Aufmerksamkeit und der Ausdauer seiner Zuwendung zur Mutter an den Tag legt. Diese angeborenen Eigenschaften wirken wiederum auf das Verhalten der Mutter zurück und damit auf die prägenden Umwelteinflüsse beim Kind.

Ein Baby, das zum Beispiel schnell und häufig von leichtem Schlaf zu lautem, nur schwer zu beruhigendem Schreien überwechselt und danach ebenso abrupt wieder in Schlaf versinkt, wird von seiner Mutter eher mit Ernüchterung und Zurückhaltung behandelt als ein anderes Kind, das sich leicht anschmiegt und durch Einkuscheln des Köpfchens an die Brust der Mutter gleichsam eine Liebeserklärung abgibt.

Die Forscher unterscheiden »von Geburt an schwierige Kinder« von leicht zugänglichen und von sogenannten »slow to warm-up children«, bei denen sich die Bindung langsam entwickelt. Es ist ein böses Geschick, daß gerade die »schwierigen Kinder« in der Wechselbeziehung zu ihrer Mutter oft abgewiesen werden und sich ihr »Schwierigkeitsgrad« durch den Rückkopplungseffekt zunehmend steigert – es sei denn, eine Mutter weiß um diese Zusammenhänge. Dann ist sie durchaus in der Lage, das negative Element in der Veranlagung des Kindes durch intensivere Zuwendung zum Positiven zu wandeln. Je eher sie damit beginnt, desto leichter hat sie es.

Denn das angeborene Wissen des Neugeborenen um Verständigungsweisen im Wechselspiel mit der Mutter ist bereits von Anfang an beachtlich. Es weiß genau, was es tun muß, um sich seiner Mutter mitzuteilen, und es versteht bereits viele Signale von ihr.

Professor Klaus Grossmann nennt folgende Signale der Zuwendung auf seiten des Säuglings: Einkuscheln beim Tragen; das Köpfchen schiebt sich in die Halsmulde; Lächeln kommt im dritten Monat hinzu; differenzierte Lautgebung; körperliche Zuwendung; offener, suchender Blick und aufmerksames Anblicken; Aufforderungslaute; Suchen, Zuhören, Greifen, Festhalten und vieles mehr.

Umgekehrt versteht das Baby auch schon die Signale der Mutter, und zwar nicht nur den beruhigenden Klang ihres Herzens. Es weiß, was Streicheln und Lächeln bedeuten und erkennt am Tonfall der Stimme Liebe oder Unwillen.

Keine Tiermutter läßt ihr Kind schreien

Ein Kapitel für sich ist in diesem Zusammenhang das Schreien des Babys. Hierüber kursieren derzeit immer noch die haarsträubendsten Meinungen.

»Babys muß man schreien lassen. Das stärkt die Lungen und die Stimmbänder.« Dies oberste Gebot herrscht heute noch in vielen Kinderstuben. Das Schreizimmer in den Entbindekliniken, in denen zwanzig und mehr Babys stundenlang um die Wette brüllen, ist bereits der Anfang dazu. Und in vielen Lehrbüchern für Mütter steht immer noch zu lesen: »Das Baby, das immer gleich aufgenommen und beruhigt oder gar gefüttert wird, sobald es schreit, wird schnell zu einem wahrhaften Tyrannen werden, welcher seiner Mutter keinen Frieden geben wird.« Autoritätsanbeter hingegen sehen bereits im Babygebrüll die erste Strophe vom Protestsong der Halbstarken.

Die Tatsachen, die Wissenschaftler merkwürdigerweise erst seit kurzem zu erforschen beginnen, sehen ganz anders aus. In Baltimore hat Frau Professor Mary Ainsworth mit ihren Mitarbeitern zahlreiche Mütter und deren Kinder, ohne Einfluß zu nehmen, ein volles Jahr beobachtet, und zwar das Schreiverhalten, die Reaktion darauf und den Fortgang der Persönlichkeitsentwicklung der Kinder.

Die Ergebnisse sind verblüffend: Alle Kinder, die während der ersten drei Lebensmonate von der Mutter häufig liebevoll getröstet wurden, wenn sie weinten, schrien später im Alter zwischen neun und zwölf Monaten nicht, wie erwartet, mehr, sondern erheblich weniger als jene, denen die Mutter durch Nichtbeachten des Schreiens das Gebrüll abgewöhnen wollte. Also nicht diejenigen Babys wurden zu Tyrannen, auf deren Weinen hin die Mutter immer gleich gelaufen kam, sondern gerade die anderen, die man brüllen ließ.

Bislang waren sich zahlreiche sogenannte »Experten« darüber einig, daß belohnende, tröstende Behandlung des weinenden Kindes das Schreien verstärke. »Nichts haben sie verstanden«, kommentiert Professor Klaus Grossmann die neuen Forschungen. »Sie haben nur ein paar triviale Erkenntnisse aus Tierdressuren unbesehen auf einen Verhaltensbereich angewendet, der so gar nicht zu begreifen ist!«

Das Schreien ist bei Säuglingen wie bei ganz jungen Tierkindern etwas ganz anderes als bei älteren, frechen Lausejungen: nämlich kein Akt der Aggression, sondern ein Signal riesiger Angst vor dem Verlorensein, nichts anderes. Keine Tiermutter läßt ihr vor Angst schreiendes Baby im Stich. Später allerdings, wenn das Kind schon größer geworden ist, ist das freilich etwas anderes.

Schon rein instinktiv kann sie gar nicht anders, als zur Hilfe zu eilen, wie Leyhausens weiter vorn beschriebene Beobachtung an Hauskatzen beweist. Und doch erzieht sich keine Tiermutter damit »Tyrannen, die ihr keinen Frieden geben«. Gefühlskälte gegenüber einem schreienden Baby zu entwickeln blieb allein dem Intellekt des Menschen vorbehalten. Künftig sollte keine Mutter mehr darauf eingehen, wenn in Broschüren, Vorträgen oder Unterweisungen versucht wird, ihr wider das natürliche Empfinden Hartherzigkeit gegen ihr Kind einzureden.

Wir Zivilisationsmenschen müssen uns immer wieder klarmachen, daß unsere Babys von Natur aus »Mutterhocker« oder »Traglinge« sind, ähnlich wie neugeborene Affen, die sich ständig an ihre Mutter klammern. Man versetze sich in so ein kleines Wesen, das nun einmal engen Körperkontakt braucht, die wohlige Wärme, den Nuckel, den beruhigenden Schlag des Herzens. Wenn dies alles plötzlich nicht mehr da ist, überfällt es instinktiv eine fürchterliche Angst vor dem Verlassensein, die fast gleichbedeutend mit der Angst vor dem Tode ist.

Je länger das Baby schreien muß, desto tiefer brennt sich diese Angst in die kleine Seele ein. Als Folge übersteigert sich die Angst in der Charakteranlage und kann sich nicht im dynamischen Gleichgewicht mit dem Gefühl der Geborgenheit zum ausgewogenen Maß entwickeln, wie noch im zehnten Kapitel genauer untersucht werden wird.

Damit ist der Keim zur Lebensangst und Hoffnungslosigkeit gesät. Eine seelische Fehlentwicklung nimmt ihren Anfang; sie endet in besonders krassen Fällen später im Leben in Rauschgiftsucht, manchmal auch im Selbstmord.

VIII.
Herzblut für die Kinder

Eltern als Akkordarbeiter
und Drückeberger

Spitzenleistungen der Babypflege

Polarnacht in der Antarktis. Das Thermometer zeigt minus 65 Grad.
Seit achtzehn Stunden peitscht der Orkan unvorstellbare Schnee-
massen über die Kolonie der dreitausend Kaiserpinguine. In dichten
Gruppen drängen sich die 1,15 Meter großen Vögel eng aneinander,
um sich gegenseitig zu wärmen; die Köpfe eingezogen und geduldig
dieses schwere Schicksal ertragend, das ihnen fast Tag für Tag in der
monatelangen ununterbrochenen Finsternis des Südpolarwinters
widerfährt.

Warum harren sie alle hier aus trotz der Toten, die der Sturm täglich fordert? Weshalb hungern sie wochenlang erbärmlich und verschwinden nicht einfach ins wärmere Meer zu den vielen schmackhaften Krebsen, Fischen und Kalmaren? Ihr einziger Hinderungs-
grund ist ein kleines Ei, das jeder von ihnen auf der »Wärmflasche«
seiner stark durchbluteten Füße balanciert, eine Bauchfalte von
oben darüber gestülpt wie einen Eiwärmer. Der Besitz dieses kostba-
ren Gutes bereitet dem Kaiserpinguin solch große Freude, daß er
nicht nur die Schneesturmhölle um sich herum dafür in Kauf nimmt,
sondern trotz aller Unbill ständig aufpaßt, daß sein Ei nicht ein einziges Mal in den Schnee rollt. Das Leben darin wäre sofort tot.

Wenn das Küken endlich schlüpft, hat ihm der Vatervogel bereits
115 Fastentage und etwa die Hälfte seines Körpergewichts geopfert.
Doch damit ist es der Plagerei noch nicht genug. Zwar kommt nun
die Mutter vom Fischfang heim und löst den Ehegatten in der Kinderpflege ab, aber was er in den folgenden 136 Tagen zu leisten hat,
ist noch schlimmer: einen mehrfachen Gewaltmarsch über zwanzig
bis dreißig Kilometer Packeis zum nächsten Wasserloch, an dem oft

der Seeleopard lauert, Langstreckentauchen unter dem Eis hindurch zum offenen Meer, Fische fangen, unter dem Eis das Wasserloch wiederfinden und denselben Gewaltmarsch zu Fuß zu Weib und Kind zurück, um Futter heranzuschaffen – und das alles noch sieben- oder achtmal hintereinander.

251 Tage schuften beide Pinguineltern pausenlos für ihr einziges Kind. Das sind mehr als acht Monate voller Strapazen, Entbehrungen und Lebensgefahren. Dann erst, Mitte Dezember, wenn das Kind selbständig ist und die Kolonie verläßt, sind den Eltern ganze fünfzehn Tage Erholung vergönnt. Tags darauf beginnt schon die Mauser, der Wechsel des Federkleides, den sie auf einer einsamen Insel im Südpolarmeer überstehen müssen, ohne schwimmen, das heißt, ohne fressen zu können, und zwar 45 Tage lang.

Gleich danach aber drängt es die Eltern bereits wieder mit einer Gewalt, die alle Bequemlichkeit besiegt, freudig erregt, den eintausendfünfhundert bis zweitausend Kilometer weiten Rückweg zur Brutkolonie anzutreten – zum Zwecke der Liebe und der Aufopferung für das nächste Kind.

Ein Jahr Plagen, Hunger und Frieren für das Kind bei nur fünfzehn Tagen »Urlaub«! Wer hätte je gedacht, daß die Elternpflichten bei Tieren solch ungeheure Ausmaße annehmen?

Doch was würden wir Menschen sagen, wenn wir »nur« so viel für unsere Kinder schuften müßten wie etwa die Kohlmeisen? Im Durchschnitt sammeln Meiseneltern während der achtzehn- bis 21tägigen Nestlingszeit 7743mal Futter, um es in die ewig hungrig hochgereckten Schnäbelchen ihrer neun Kinder zu stopfen. In der »Endspurtzeit« kurz vor dem Flüggewerden bringt jeder Elternvogel von Sonnenauf- bis Sonnenuntergang pausenlos alle zwei Minuten eine Mahlzeit in die Nisthöhle. Wenn er dieses Pensum nicht schafft, zum Beispiel, weil er in mageren Jahren länger suchen muß, bedeutet dies regelmäßig den Tod eines oder gar mehrerer Kinder.

Das Elternpärchen einer anderen Tierart muß seinen Jungen täglich etwa 40 000 Beutetiere bringen. Das sind die Mauersegler. Bei ihrer Beute handelt es sich zwar nur um fliegende Blattläuse, Mükken und Kleinfliegen, aber trotzdem müssen sie alle einzeln gefangen werden. Eine enorme Leistung.

Ein Gänsegeier fliegt für eine einzige Atzung bis zu zweihundert Kilometer weit. Graugänse lieben den Schlaf über alles. Wenn es nach ihnen geht, verbringen sie täglich zwölf Stunden in Morpheus'

Armen. Haben sie aber Kinder zu hüten, drücken sie kaum ein Auge zu.

Vom Pelikan berichtet eine alte Legende, er würde sich mit dem Schnabel die Brust aufreißen, um die Kinder mit seinem Herzblut zu nähren. Das entspricht zwar nicht der Wahrheit, aber für einen anderen Vogel trifft Ähnliches tatsächlich zu: für den Flamingo. Er füttert seine Jungen mit einer im Kropf produzierten Flüssigkeit, die so viele rote Blutkörperchen enthält, daß sie rot erscheint. Herzblut als Nahrung für die Kinder!

Ebenfalls scharf bis an den Rand des Todes geht es in Familie Brillenpelikan bei der Fütterung älterer Kinder. Wenn Vater oder Mutter zum Nest heimkehren, stürzen sich die zwei oder drei Jungen wie Räuber auf ihn oder sie. Einer klemmt seinen Schnabel in den des Elternvogels, hebelt ihn wie eine verschlossene Schublade mit Gewalt auf und schiebt sich kämpfend mit seinem Hakenschnabel, Kopf und Hals tief in den Schlund hinein. Es sieht so aus, als wolle der Vater sein Kind verschlingen. Tatsächlich aber bohrt sich das Kind bis zum tiefsten Magengrunde vor, so daß beide fast daran ersticken. Trotz dieser Tortur kommen die Eltern immer wieder, um ihre Quälgeister zu füttern.

Es gibt wirklich nichts, das Tiereltern daran hindern könnte, für ihre Kinder zu sorgen, nicht einmal schmerzhafte »Undankbarkeit«.

Mutter Blauwal entwickelt sich zur reinsten Milchfabrik. Täglich spendet sie ihrem Kind bis zu 430 Liter Milch. Das ist so viel, wie fünfzig Hochleistungskühe geben. Bei dieser Nahrungsmenge kann man den jungen Blauwal übrigens nahezu wachsen sehen. Jeden Tag wird er 4,2 Zentimeter länger und zwei Zentner schwerer!

Dafür opfert ihm die Mutter einen großen Teil ihres Körpergewichts. Das Junge besitzt nämlich noch nicht jene vierzehn Zentimeter dicke Speckschicht, die ältere Furchenwale vor der Kälte der antarktischen Gewässer schützt. Damit es also nicht erfriert, muß die Mutter die an Krillnahrung überreichen Südpolargewässer verlassen und in dreitausend Kilometer weiten Wanderungen wärmere Seegebiete aufsuchen. Hier findet sie kaum Schwärme jener kleinen Krebstierchen, von denen sie sich nähren kann. Und so magert sie enorm ab, bevor ihr Kind, von ihr gesäugt, so viel Fett angesetzt hat, daß sie mit ihm wieder in die Antarktis zurückkehren kann.

Geradezu beängstigendes Abmagern ist überhaupt das unausweichliche Schicksal vieler Tiermütter. Sogar bei kleinen Singvögeln, denen man ja nicht unter das aufgeplusterte Gefieder schauen kann, nimmt es bedenkliche Ausmaße an.

Die Braunschweiger Ornithologen Dr. Wolfgang Winkel und seine Frau Doris haben es bei Trauerschnäppern genau nachgemessen. In den ersten elf Fütterungstagen verliert eine Vogelmutter fast ein Drittel ihres Körpergewichts, wenn sie acht Junge zu versorgen hat. Anstatt selbst genug zu fressen, stopft sie fast alles in ihre Kinder hinein. Der Vater verliert an seinem Fleisch in gleicher Zeit nur fünf Prozent; was gewisse Rückschlüsse auf seine Kinderliebe gestattet. Manchmal beteiligt sich der Vater auch gar nicht am Füttern. Dann magert die Mutter noch einmal um weitere zwei Prozent ab und erreicht damit die äußerste Grenze zum Hungertod.

In ganz anderen Dimensionen spielt sich dasselbe Phänomen bei Mutter Eisbär ab. Wenn sie sich zum Beispiel während des Sommers vor der Küste Nordalaskas herumtreibt, begibt sie sich, um einem Kind das Leben zu schenken, auf eine achthundert Kilometer weite Wanderung nach der Wrangelinsel vor der Nordküste Ostsibiriens. Es ist die Angst vor Wolfsrudeln, die zwar nicht ihr, aber den Kindern gefährlich werden können, die sie dazu treibt.

Dort bringt sie in einer selbstgegrabenen Schneehöhle ein oder zwei je sechshundert Gramm leichte, fast nackte Winzlinge zur Welt. Eine in die Schneehöhle hineingeschmuggelte Kamera hielt es im Bilde fest: Nicht ein einziges Mal berühren die Jungen den Schnee. Die Mutter bettet sie sofort auf den Pelz ihrer beiden mächtigen Vorderpranken, deckt sie mit dem zottigen Kehlbart zu und wärmt sie mit dem warmen Hauch ihres Atems.

Volle vier Monate verläßt sie ihre Kinder nicht. Vier Monate lang säugt sie ihre Jungen regelmäßig, ohne je selber auch nur einen Happen zu fressen. 122 Tage lebt sie nur vom eigenen Körperfett. Dabei magert das Sieben-Zentner-Weibchen um etwa zwei Zentner ab – eine kaum faßbare mütterliche Leistung an der äußersten Grenze zum Hungertod.

Genau diese Grenze ist es auch in vielen Fällen, die wiederum das Gebiet festlegt, außerhalb dessen eine Tierart nicht mehr leben kann, die also ihr Verbreitungsgebiet beschränkt. Professor Joel Berger, Zoologe an der Universität von Colorado, hat diesen aufschlußreichen Mechanismus am Beispiel der Dickhornschafe untersucht.

Die Grenze mütterlicher Leistungsfähigkeit ist bei diesen Bewohnern der Rocky Mountains überall dort erreicht, wo die Anstrengungen der Geißen zum Ernähren der Kinder lebensgefährliche Ausmaße erreichen: dort, wo in der Mohawe- und Sonorawüste kaum noch Pflanzen wachsen, wo die Tiere oft stundenlange, gefährliche Klettertouren unternehmen müssen, nur um an ein paar dürre Halme zu gelangen. Dort reicht die Futtermenge einfach nicht mehr aus, um genügend Milch zu erzeugen.

Sobald die heiße Sommerszeit beginnt und das Nahrungsangebot noch spärlicher wird, verstoßen die Mutterschafe ihre Kinder vorzeitig, weil sie keine Milch mehr haben. Die meisten zu früh entwöhnten Lämmer sind dann gar nicht fähig, sich aus eigener Kraft am Leben zu erhalten. Nicht weniger als 95 von hundert Jungtieren müssen dann sterben.

Die Grenze des Verbreitungsgebietes einer Tierart liegt also nicht, wie bisher angenommen wurde, dort, wo die erwachsenen Tiere einer Art nicht mehr genug zu fressen finden, sondern dort, wo die Muttertiere ihre Kinder nicht mehr ernähren können.

Das ist gleichsam der wirtschaftliche Faktor im Phänomen der Mutterliebe. Trotzdem sollte man diese Vorgänge nicht, wie es in jüngster Zeit gelegentlich geschieht, allzu starr nach der Kosten-Nutzen-Rechnung betrachten. Viele Tiermütter haben nämlich ganz raffinierte Methoden entwickelt, ihr Arbeitspensum zum Betreuen ihrer Kinder auf ein zum Teil grotesk anmutendes Minimum zu verringern.

Vögel erfanden die vollautomatische Fütteranlage

Ihre Maßnahmen reichen von der »Schnellabspeisung« über die »Erfindung von Brut- und Pflege-Automaten« und die Anwerbung von Hilfspersonal bis zum Kuckucksverhalten.

Solch ein Trick erlaubt es zum Beispiel der Elefantenspitzmaus, im Gegensatz zum Dickhornschaf vollends die totale Wüste zu bewohnen: die Namib in Südwestafrika.

Als Lebensraum braucht das nur zwölf Zentimeter kleine grazile Tierchen, das seinen Namen nur wegen der rüsselartigen Nase trägt, ein Jagdgebiet von einem Quadratkilometer Größe. Aus Angst vor Feinden geht es nur nachts auf Insektenfang. Um eine einzige Mahlzeit für seine ein oder zwei Jungen zusammenzubekommen, muß es im Durchschnitt eine Strecke von zweieinhalb Kilometern zurücklegen, wie der Bonner Zoologe Professor Franz Sauer und seine Frau Eleonore erforscht haben. Dabei flitzt die Mutter auf selbstangelegten »Schnellstraßen« mit Geschwindigkeiten bis zu zwanzig Kilometer pro Stunde dahin, auch in stockdunkler Nacht, da sie jeden Fußtritt auswendig gelernt hat.

Trotz dieser Hektik bleibt ihr zur persönlichen Kinderbetreuung kaum noch Zeit. Deshalb beschränkt sich ihr Mutter-Kind-Kontakt in jeder Nachtstunde auf nur vier bis fünf Besuche von jeweils nur wenigen Sekunden Säugezeit. Dann rast sie schon wieder wie wild zum neuen Jagdausflug davon. Eine Mutterfamilie, in der die Mutter fast ständig durch Abwesenheit glänzt!

Eine weitergehende persönliche Bindung und soziales Verhalten lernen die Kinder auf diese Weise natürlich nie. Aber wüstenbewohnende Elefantenspitzmäuse brauchen, ja, dürfen das auch gar nicht, da sie in dieser extrem lebensfeindlichen Umwelt nur als Einzelgänger existieren können. Dieser Tendenz entsprechend, finden wir »Mutterfamilien mit mütterlicher Abwesenheit« auch überwiegend bei einzelgängerischen Tierarten, in sozialen Verbänden hingegen nur in Ausnahmesituationen.

Was aber, wenn eine Tiermutter in dürren Zonen nicht nur zwei, sondern sechs Kinder säugen und, wie die Ägyptische Riesenspitzmaus, noch mehr Nahrung beschaffen muß? Dann kehrt sich das Bild ins Gegenteil: Die Jägerin trennt sich überhaupt nicht mehr von ihren Kindern, sondern trägt sie auf der Safari mit sich herum. Wie das?

Unmittelbar nach der Geburt saugt sich jedes Baby an einer mütterlichen Zitze fest, ohne wieder loszulassen. Wenn die Jagd beginnt, werden die sechs Kinderchen ständig wie ein Bündel kleiner Troddeln am Bauch der Mutter durch die Landschaft geschleift. So kann die Spitzmaus pausenlos Futter schnappen, während die Jungen pausenlos nuckeln.

Da aber dieser sogenannte Zitzentransport nicht gerade die sanfteste Methode ist, ändern die Kinder am sechsten Lebenstag ihre Technik. Sie lösen sich von den Zitzen und bilden eine Karawane. Das stärkste Kind beißt sich an Mutters Schwanzwurzel fest; das zweite hängt sich an das erste hinten dran und so weiter. Koppelt ein Experimentator die Kinderkette von der Mutter ab und läßt das erste ins Heck des letzten beißen, so trippeln sie alle lieb und brav immerzu im Kreis herum.

Mutter Feldhase, eine echte Eigenbrötlerin, besucht ihre Jungen nur einmal innerhalb von 24 Stunden, und zwar klammheimlich in dunkelster Nacht, um sie nicht Feinden zu verraten. Ein Spitzhörn-

144

chen, an zänkischer Streitsucht kaum zu überbieten, erscheint sogar nur jeden zweiten Tag einmal bei ihren Jungen, ein Seebär gar nur einmal in der Woche. Und der Albatros stattet seinem Kind, wenn es schon etwas älter ist, in der Woche auch nur einmal einen Gelegenheitsbesuch ab. Dann bringt er allerdings eine solche Riesenladung Fische und Kalmare, daß sein Junges für die nächste Woche mehr als genug zu futtern hat.

Geradezu technisch genial ist jedoch die »vollautomatische Babyfütterungsanlage« der australischen Regenbogenvögel. Das sind in allen Farben schillernde Verwandte unserer europäischen Bienenfresser, etwa schwalbengroße Vögel.

Das Pärchen gräbt zunächst einen anderthalb bis zwei Meter langen, waagerechten Gang in einen lehmigen Steilhang und muldet an dessen hinterem Ende eine geräumige Nisthöhle aus. Sobald Mutter und Vater, sich abwechselnd, mit dem Brüten beginnen, verstoßen sie in »ungehöriger« Weise gegen die Benimmregeln, die allen Vögeln das Beschmutzen des eigenen Nestes verbieten.

So wird die Unterlage der Eier bald zu einem Misthaufen, von dessen Gestank Schmeißfliegen in die Höhle gelockt werden – zum Zwecke der Ei-Ablage. Bald darauf schlüpft es im dunklen Bau: Regenbogenvogelküken aus den Vogeleiern und dicke Maden aus den Fliegeneiern. Nun brauchen die Küken, wenn sie Hunger haben, nur ein wenig mit ihren Schnäbelchen im Untergrund zu stochern, und schon haben sie jederzeit einen fetten Happen, ohne daß sich die Eltern darum bemühen müssen.

Der Vorrat an Maden wird keineswegs schnell aufgezehrt. Im Gegenteil: Der »Kulturboden« für Fliegennachwuchs wird ja immer reichhaltiger und damit das Madengewimmel immer zahlreicher. Bald erzeugen allein schon die Maden so viel Wärme in der Höhle, daß die Vogeleltern ihre Kinder gar nicht mehr wärmen müssen. Der Futterautomat wird somit gleichzeitig zur selbsttätigen Raumheizung mit dem eigenen Dung als Energiequelle! Also eine dreifache Entlastung der Eltern, die kaum noch nach dem Wohlbefinden ihrer Kinder schauen: keine Futtersuche, keine Reinigungsarbeit, kein Warmhalten.

Wenn die Jungen nach 21 Tagen flügge sind, quillt das Nest von Maden geradezu über, und der Betrachter hat den Eindruck, als würden die Vögelchen vor dem Wurmgewimmel förmlich die Flucht ergreifen.

Dieses »Prinzip der genialen Faulheit«, das übrigens nur funktioniert, weil sich diese Tiere unter den nicht gerade hygienisch zu nennenden Umständen auf uns noch unbekannte Weise vor Krankheiten schützen können, hat jedoch einen Nachteil: Es kommt zwischen Eltern und Kindern keine persönliche Bindung zustande. Einige Tage müssen die Jungen noch außerhalb des Nestes gefüttert werden, ehe sie selber stechende Insekten fangen und entgiften können. Dabei zeigt sich, daß in der Vogelkolonie jeder Erwachsene jedes beliebige Jungtier füttert, das ihn anbettelt.

Von haarsträubender Faulheit in Sachen Kinderpflege ist auch Mutter Koala, jene niedliche, kleine »Teddybärin«, die auf den Eukalyptusbäumen Australiens lebt und von Kopf bis Fuß nach Hustenbonbons riecht.

Erstens braucht die Koalamutter ihr einziges Kind nicht zu tragen. Dafür hat sie von der Natur einen Beutel bekommen wie das Känguruh, nur daß ihr Beutel die Öffnung nicht oben hat, sondern nach unten, und zwar aus gutem Grund: Zunächst saugt sich das nur zwei Zentimeter winzige Koalababy an einer Zitze innerhalb des Beutels fest und lebt im Dauerlutschverfahren von der Muttermilch. Aber wenn es etwas größer ist, braucht es eine festere Übergangsnahrung, mit der es langsam an das Fressen von Eukalyptusblättern gewöhnt wird. Jede andere Tiermutter würde sich nun die Mühe machen, die Rohkost vorzukauen und dann das Kind mit diesem Brei von Mund zu Mund zu füttern.

Nicht so jedoch die Koalamutter. Sie macht sich das in nicht mehr zu überbietender Weise einfach. Professor Keith Minchin, der Direktor einer Koalafarm bei Adelaide, schildert das so: Während sich die Mutter in eine Astgabel setzt, steckt das Kind seinen Kopf zum Heckspalt des Beutels heraus, wobei es in direkter Anschauung die beiden Wölbungen des mütterlichen Hinterteils zu sehen bekommt. Dann zwängt das Junge sein Köpfchen mit aller Kraft in die bewußte Öffnung hinein, ja, es versucht sogar, diese mit beiden Händen noch weiter aufzuziehen, und verzehrt den Darminhalt mit allen Zeichen des Wohlbehagens.

Es gibt also Tiere, die anderen buchstäblich hinten hineinkriechen!

Diese Art der Fütterung erfolgt einen ganzen Monat lang, anfangs jeden dritten, später jeden zweiten Tag je einmal, und zwar nachmittags zwischen fünfzehn und sechzehn Uhr. In dieser Zeit bekommt die Mutter regelmäßig und pünktlich eine Art speziellen Babybrei-

Durchfall: zwar vollständig im Blinddarm entgiftete (Eukalyptusblätter enthalten Blausäure!), im übrigen aber fast unverdaute, dem Kind bekömmliche Nahrung.

Das programmierte Ausbleiben verdauender Magensäfte unterstützt auch die Kinderpflegebemühungen der Wölfe. Die amerikanischen Tierfilmer Cris und Lois Crisler, die mehrere Monate lang mit einem Rudel Wölfe in der kanadischen Wildnis lebten, waren von der Art und Weise beeindruckt, wie diese Tiere das Fleisch für die Jungen transportierten, nämlich im Magen. Als sie die hervorgewürgte Kindernahrung näher untersuchten, staunten sie über die hervorragende Beschaffenheit des Fleisches: »Es hätte aus einer Metzgerei kommen können.«

Brutkästen der Natur für die Kinder

Aber auch schon für das Brutgeschäft wurden viele automatische Hilfsgeräte von Tieren entwickelt. Der künstlich beheizte Brutkasten ist keineswegs eine Erfindung des Menschen. Zahlreiche Tiere kennen ihn schon seit hundert Millionen Jahren, unter anderem die Teju-Echsen in Südamerika, die afrikanischen Nilwarane und die indischen Königskobras, also die mit vier bis fünf Meter Länge größten Giftschlangen der Welt.

Sofern sie in ihrem Revier eine Termitenburg finden, brechen die Weibchen dieser Reptilien die Festung auf, schlüpfen hinein, legen schnell die Eier ab und kriechen wieder heraus. Sogleich strömen Hunderte von Termitenarbeitern herbei, um das Loch wieder zu verschließen. Drei Stunden später sind die Echsen-, Waran- oder Schlangeneier lebendig eingemauert.

Und das ist gut so. Denn Termiten fressen Holz und keine Eier. Die Brut ist hier also vor Feinden so sicher wie in einem Tresor. Überdies besitzt jede Termitenfestung eine Klima-Anlage, die von den kleinen Insekten so reguliert wird, daß ständig eine gleichmäßige Temperatur von dreißig Grad herrscht. Für die Termiten ist das eine behagliche Wohnzimmerwärme; für die Reptilieneier aber ist es der ideale Brutkasten ... und für deren Eltern die totale Arbeitsentlastung, denn nach der Ei-Ablage brauchen sie sich überhaupt nicht mehr um ihre Kinder zu kümmern. Ein Patent, dessen »Erfinder« sich Faulheit leisten dürfen!

Erheblich riskanter ist eine ähnliche »Erfindung« der Rostspechte in Sri Lanka, einst Ceylon genannt. Sie meißeln, wie die deutschen Ornithologen Dr. Bernt Eichhorn und Dieter Zingel in Bilddokumenten festgehalten haben, ein Loch in das Nest von Baumameisen, um ihr eigenes Nest dort so einzurichten, wie es Spechte sonst in Baumstämmen tun. Beide Nester wurden sofort mit Zwischenwänden hermetisch gegeneinander abgeriegelt. Die Klima-Anlage der Ameisen lieferte zusätzliche Wärme zum Brutge-schäft. Der Hauptvorteil zeigte sich aber erst, als die Jungen ge-schlüpft waren. Die Eltern brauchten nicht mühsam nach Futter zu suchen. Sie pickten einfach die Ameisen ihres Gastgeberstaates und verfütterten sie an die Nestlinge.

Doch die »Rache« der Ameisen folgte bald. Ein Sturm beschädig-te das Doppelnest. Durch den Riß drang ein ganzes Ameisenheer in die Vogelkinderstube ein und skelettierte vor den Augen der hilf-losen Eltern alle Jungen.

Die eigentlichen Wärmetechniker der erwähnten Brutapparate sind jedoch die Termiten und Ameisen. Die Teju-Echsen, Nilwara-ne, Königskobras und Rostspechte haben den Inkubator also nur entdeckt, nicht erfunden. Wohl aber zeigen unsere einheimischen Bunt-, Grün- und Schwarzspechte bereits einen ersten Ansatz zur »technischen« Wärme-Erzeugung.

Es beginnt mit dem Bestreben, sich die Schwerarbeit des Stamm-ausmeißelns zu erleichtern. Diese »Zimmerleute des Waldes« wis-sen nämlich, daß es sich lohnt, die Bruthöhle knapp unterhalb eines abgestorbenen und vom Schwammpilz befallenen Astes anzulegen. Denn der Pilz dringt von dort in das Innere des Stammes ein und weicht das Kernholz auf, während das Splintholz darum herum hart bleibt.

Wenn die Nisthöhle fertig ist, siedeln sich dort weitere Fäulnispil-ze an, sie wirken als »Ofen« und erzeugen eine lauwarme Zimmer-temperatur. Das erspart den Eltern zwar nicht das Brüten, aber er-möglicht es ihnen doch immerhin, sich längere Zeit vom Gelege zu entfernen, um Futter zu suchen, ohne daß die Brut Schaden erleidet.

Dieses Prinzip haben andere Tiere zur Vollkommenheit des voll-automatischen Brutapparates weiterentwickelt: die Alligatoren und die Großfußhühner.

Bald nach der Paarung beginnt das Alligatorenweibchen in den Everglades von Florida mit Erdarbeiten. Es benutzt sein zähnestar-rendes Maul als Schaufel, um ein Gemisch aus Schlamm, Blättern und Gräsern zu einem lockeren, meterhohen Haufen aufzuschichten. Oben muldet es einen Krater aus, legt je nach Alter und Ernährungslage fünfzehn bis achtzig Eier hinein und deckt sie mit weiteren Pflanzenresten zu.

Dieses Nest ist in der Lage, wie ein Brutapparat künstlich Wärme zu erzeugen, und zwar durch die Verwesung faulenden Nistmaterials. Es ist derselbe Effekt, der eine Scheune in Flammen aufgehen läßt, wenn das Heu beim Einfahren noch zu feucht war. In der Nässe entwickeln sich Billionen und Aberbillionen Bakterien, deren Körperwärme sich zur Bruthitze summiert. Wird der »Ofen« zu heiß, zerrt die Alligatorin das Nistmaterial auseinander. Bleibt es in Florida aber längere Zeit zu trocken, um die Verwesungstätigkeit der Bakterien in Gang zu halten, spritzen die Alligatorenmütter, die ständig bei ihrem Bruthügel Wache halten, mit dem Schwanz Wasser auf das Nest. Es ist, als wüßten sie, daß sie nur dadurch wieder Wärme für ihre Eier erzeugen können.

Wenn wir noch faszinierendere Dinge erleben wollen, müssen wir zur Südseeinsel Neubritannien fahren. Der Münchner Zoologe Professor Thomas Schultze-Westrum schildert die Dinge, die sich dort ereignen, so:

»Es bot sich uns ein überwältigendes Schauspiel: Aus gelb verkrusteten Gesteinsspalten drangen Dampf und kochendheiße Wasserfontänen. In weiten Wasserbecken wallte die Oberfläche von aufsteigendem Gas. Schwarzer und silbergrauer Schlamm brodelte in tiefen Kesseln, und zwischen seltsamen Schraubenpalmen stiegen dichte Dampfschwaden vor dem Hintergrund des Urwaldes hoch.«

Plötzlich, im ersten Morgengrauen, schien diese vulkanische Landschaft wie verzaubert zu sein. Leise, ohne das geringste Geräusch, schritten Großfußhühner aus dem Dickicht des Dschungels hervor: erst zehn, dann hundert, schließlich einige tausend. Von allen Seiten strömten sie herbei. Aus vielen Teilen der Insel kamen sie in hellen Scharen, um hier die Erdwärme des Vulkans als Massen-Brutofen auszunutzen.

Über mehrere Quadratkilometer war der Erdboden von Höhlen durchlöchert, von tiefen Gängen, die von den Vögeln schon in früheren Jahren ausgescharrt worden waren. Schnell suchte sich ein jeder ein Loch und verschwand darin. Wieder war von tierischem Leben nichts mehr zu bemerken, nur daß überall aus den Löchern immerzu Ladungen von Erde herausflogen. In Tiefen von ein bis drei Metern betätigte sich jedes Freycinet-Großfußhuhn mit seinen tatsächlich sehr großen Füßen als Bergarbeiter, um den Stollen auszubessern und so weit nach unten zum vulkanischen Herd vorzutreiben, bis das »Thermometer« in der Zungenspitze exakt 33 Grad registrierte, also die erwünschte Bruttemperatur.

Dann wurde schnell das Ei gelegt, und nach insgesamt fünfzehn Minuten war alles wie ein Spuk wieder vorbei. Lautlos, wie die Masse der tausend Vögel gekommen war, verschwand sie wieder im Dschungel. Um ihren Nachwuchs brauchten sie sich nicht weiter zu kümmern. Der Vulkan lieferte Nestwärme genug. So traten sie alle lieber eine lange, beschwerliche Wallfahrt aus den entlegensten Teilen der 450 Kilometer langen Insel an, als wochenlang selber zu brüten.

Niemals bekommen die Kinder ihre Eltern zu Gesicht. Wenn sie geschlüpft sind, verlaufen sie sich wie Hänsel und Gretel im Wald und führen ein Eremitendasein. Zu sozialem Verhalten sind sie unfähig. Aber es wird auch gar nicht von ihnen verlangt.

Überall dort, wo den Freycinet-Großfußhühnern der Weg zu vulkanisch aufgewärmten Regionen zu weit ist, bauen sie ähnlich wie die Alligatoren Bruthügel aus Laub. Jedoch sind ihre Bauwerke noch viel größer und komplizierter. Das nur rebhuhngroße Weibchen errichtet eine wahre Pyramide, die einen Basisdurchmesser von zwölf Metern und eine Höhe von fünf Metern erreichen kann. Es sind die gewaltigsten Bauwerke überhaupt, die Vögel in aller Welt auftürmen können. Und dafür müssen sie unvorstellbar viel schuften.

Das größte Problem besteht darin, in der Eikammer des großen »Komposthaufens« eine allzeit konstante Temperatur von 33 Grad aufrechtzuerhalten. Wird dieser Wert nur geringfügig unter- oder überschritten, sterben die Embryos in den Eiern ab.

Wird es zu heiß, baut der kleine Vogel Entlüftungsgänge unter die Eikammer, damit überschüssige Verwesungswärme entweichen kann. Gegen Abend verstopft er die Luftlöcher wieder. Zu Beginn des Sommers ist es mit bloßer Lüftung nicht mehr getan. Die Verwesungswärme des Heizuntersatzes nimmt zwar rapide ab, da sich der Energie-Inhalt des Kompostes erschöpft, aber nun droht die Sonnenglut die Eier zu überhitzen. Deshalb deckt der Vogel seinen Brutapparat von nun an mit einer Sandschicht zu, die er mit zunehmender Tageshitze immer dicker aufhäuft. An besonders heißen Tagen erreicht sie schließlich eine Mächtigkeit von einem Meter – eine kaum faßbare Leistung.

Manchmal wird es tagsüber so heiß, daß nicht einmal diese dicke

Sandschicht ausreicht, die Sonnenstrahlung abzuschirmen. Noch gewaltigere Sandmassen vermag das Tier aber nicht mehr zu bewältigen. Deshalb baut es jetzt in den Bruthügel etwas ein, das man getrost mit einem Kühlaggregat vergleichen kann. In aller Morgenfrühe, wenn noch ein frischer Luftzug weht, ist der Vogel bereits bei der Arbeit und breitet größere Sandmengen unmittelbar neben dem Hügel flach aus, damit sie abkühlen. Kaum ist das geschehen, verfrachtet er den kühlen Sand, noch ehe die ersten wärmenden Sonnenstrahlen scheinen, in pausenlosem Scharren durch einen Gang in die unmittelbare Nähe der Eikammer. Nachts baggert er die Sandmassen wieder heraus und in der Morgenfrühe wieder herein, Tag für Tag.

Besonders beachtlich ist dabei, daß der Vogel weder zuviel noch zuwenig Sand transportiert, sondern stets variierend genau die Menge, die er braucht, um die zu erwartende Sonnenhitze exakt auszugleichen.

Alles begann mit der Faulheit und dem Versuch, sich vor dem Brutgeschäft zu drücken. Aber die Natur hat diesen Vögeln eine Entwicklung aufgezwungen, die ihnen überall dort, wo keine vulkanische Wärme zur Verfügung steht, ein Tausendfaches an Arbeit abverlangt.

Der Nachwuchs wird im Tresor verwahrt

Völlig automatisch arbeitet hingegen das Kühlaggregat, das der Weißbürzel-Steinschmätzer als Unterbau für sein Gelege konstruiert. Er brütet in der Sahara und muß daher seine Eier nicht wärmen, sondern kühlen, damit sie nicht »gekocht« werden.

Aber auch Fische können uns in Erstaunen versetzen. Eine Fischmutter kann viel unternehmen, um ihre Eier vor gefräßigen Mäulern zu schützen. Sie kann mehrere hunderttausend oder gar Millionen Eier legen und dann nur noch hoffen, daß wenigstens ein paar davon hungrigen Feinden entgehen. Das ist die an Körpersubstanz aufwendigste, aber an Arbeitsleistung sparsamste Methode. Fische können aber auch eine Reihe von Tricks anwenden und zum Beispiel die Eier in einem gepanzerten »Tresor« ablegen, der zugleich als Befruchtungsort, Brutkasten und Kindergarten dient. Das ist das Patent des Bitterlings.

Als Preis für diese Dienste muß das Weibchen lediglich einige Komplikationen auf der Brautschau in Kauf nehmen. Das acht Zentimeter lange Männchen spielt sich zur Balzzeit als farbenprächtiger Playboy auf. Dennoch vermag all seine Schönheit keines Weibchens Herz zu rühren, sofern der Bräutigam nicht eine große lebende Teich- oder Malermuschel in seinem Privatbesitz vorzuweisen hat. In einem Aquarium, das keine Muschel enthält, kann unter Bitterlingen niemals die Liebe aufkeimen. Das ist ungefähr dasselbe, als könnten Menschenmann und -frau nur dann erotische Gefühle entwickeln, wenn schon eine Babywiege im Hause steht.

Im Hochzeitsreigen tanzt das Bitterlingspärchen ständig um die lebende Muschel (nicht wie Kraken um eine tote und leere Schale!) herum. Dann verharrt das Weibchen regungslos über der ängstlich verschlossenen Schale, bis die Muschel keine Gefahr mehr wittert und ihr Gehäuse einen Spalt öffnet. Blitzschnell führt der Fisch seine Legeröhre ins Innere der Muschel und stößt die Eier hinein. Anschließend verfährt das Männchen ähnlich mit seinen Samen. So werden die Eier im Inneren der Muschel befruchtet.

Von nun an überlassen die Fische ihre Brut dem fremden Tier wie der Kuckuck seine Eiern anderen Vögeln. Bald schlüpfen die kleinen Bitterlinge. Doch verspüren sie noch keine Lust, den schützenden Panzer zu verlassen. Sie haken sich in der Muschel fest und zehren dort noch einen Monat lang vom eigenen Dottervorrat. Erst wenn dieser aufgebraucht ist, lösen sie sich los und lassen sich mit dem Atemwasser der Muschel nach draußen stoßen.

Dieses »Kinderheim« ist jedoch kostenpflichtig. Die Muschel hat zur selben Zeit nämlich auch Nachwuchs bekommen, winzige Larven mit Beißklammern. Damit schnappen sie sich an den Flossen der jungen Bitterlinge fest und gehen mit ihnen auf die Reise. Nun schützt das größere Fischlein die Muschelkinder und ernährt sie mit seinen Körpersäften, bis auch sie nach drei Monaten ihrer Wege schwimmen.

Babypflege auf Gegenseitigkeit, wenn die Eltern ihre Unterstützung versagen!

Methoden, sich um die Arbeit zu drücken

Das bequemste Verfahren, um zu einem »vollautomatischen Brutapparat« zu kommen, ist es, die eigenen Eier einfach fremden Tieren in deren Nestern unterzuschieben, wie es unser Kuckuck praktiziert.

Viele Leute meinen oft im Scherz: Ein Kuckuck müßte man sein.

Dann würde man seine Kinder schnell fremden Pflegeeltern übergeben und wäre mit einem Schlage alle Sorgen los. Da ein Kuckuckskind seine drei, vier oder fünf Nestgenossen einfach über »Bord« wirft, wird es hernach als Einzelkind von den Zieheltern so gut gefüttert und verwöhnt wie sonst fünf Kinder zusammen. Was also kann es Besseres für den eigenen Nachwuchs geben!

In der Tat ist diese Methode einerseits so verlockend und bequem, daß nicht nur unser Kuckuck davon Gebrauch macht, sondern mindestens noch 81 weitere Vogelarten sowie einige Fische und sogar Insekten. Andererseits aber entwickelten die unfreiwilligen Gasteltern so viele Abwehrmaßnahmen, daß die Kuckucksbrut bei fremden Zieheltern stündlich mit Enttarnung und Todesstrafe zu rechnen hat.

Deshalb muß Frau Kuckuck viel mehr Eier legen als so manch anderes Vogelweibchen, nämlich bis zu zwanzig oder gar 25 Stück. Aber aus nicht mehr als zwei oder drei Eiern erwächst ein flügges Kind. Wegen dieser starken Verluste konnte sich das Kuckucksphänomen nur bei wenigen, besonders raffinierten Arten halten.

Über den Kuckuck selbst ist schon so viel geschrieben worden, daß ich mich hier auf die abgefeimtesten Methoden anderer Brutschmarotzer, wie sie zoologisch genannt werden, beschränken möchte.

Der körperlich größte »Kuckuck«, zugleich aber auch der harmloseste Brutparasit, ist der Vogel Strauß. Zur Fortpflanzungszeit besitzt der Paschahahn einen Harem, der aus einem Lieblings- und mehreren Nebenweibchen besteht. Aber er kann, vor allem nachts, wenn er brüten muß, nicht alle »Damen« zusammenhalten. So beglücken diese reihum mehrere Nester fremder Hähne mit ihren je bis zu 1,5 Kilogramm schweren Rieseneiern. Selbst das Lieblingsweibchen jubelt Nachbarn mehrere Eier unter.

Das hat verschiedene Gründe. Eine Straußenhenne legt in der Saison etwa zwanzig Eier, und zwar alle zwei Tage eines. Das heißt, das erste Ei ist 38 Tage älter als das letzte. Dieser Altersunterschied ist aber viel zu groß, als daß er sich durch »Piepabsprache« der Eibewohner zu einem gemeinsamen Schlüpftermin (wie bereits am Beispiel anderer Nestflüchter geschildert) egalisieren ließe. So bekommt die Henne während des ersten Teils ihrer Legeperiode auch von anderen Hennen Eier geliefert, bis ihr Nest von zwanzig bis dreißig Stück überquillt. Während des zweiten Teils »revanchiert« sie sich, indem sie ihre stattlichen Produkte an andere liefert.

Hinzu tritt ein weiterer Vorteil: Falls ihr Gelege von Löwen, Hyänen oder Schmutzgeiern zerstört wird, überleben wenigstens einige ihrer Eier bei Nachbarn.

Andere Vögel werden erst durch akute Wohnungsnot zum »Kukkuck« gemacht, so zum Beispiel die in Baumhöhlen brütende Rotkopfente. Stolze Nestbesitzer brüten ganz normal wie jeder andere Vogel auch. Aber die Wohnungslosen machen dann ihren Nachwuchs zu »Hausbesetzern«, indem sie ihre Eier einem fremden arteigenen Pärchen in die Höhle legen. Da diese meist sehr tief ausgemuldet ist, können die Eigentümer den überzähligen Eiersegen nicht entfernen. Ein Fall ist belegt, in dem nicht weniger als 87 Eier in einem Nest gezählt wurden. Natürlich kann ein solch riesiges Gelege allenfalls in den Tropen erbrütet werden.

Soweit handelt es sich nur um Brutparasitismus unter Artgenossen. Aber schon eine nahe Verwandte, die Schwarzkopf- oder Kukkucksente, hat im mittleren Südamerika den nächsten Schritt vollzogen. Sie brütet prinzipiell nicht selber, sondern schiebt ihre Eier den Weibchen fremder Entenarten unter, aber auch Bleßhühnern, Möwen, Ibissen und Reihern, ja, sogar auch Bussarden und Geiern, die dann ihre Jungen aufziehen.

Ein weiteres Motiv, zum »Kuckuck« zu werden, ist die mangelnde Fähigkeit, ein haltbares Nest selber zu bauen. Wir finden es beim südamerikanischen Glanzkuhstärling. Erst versucht er verzweifelt ein Nest zustande zu bringen. Aber beim geringsten Windhauch fällt es wieder auseinander. Inzwischen pressiert der Eilegedrang des Weibchens. Einige legen dann ihre Eier irgendwohin auf den Erdboden, wo sie zugrunde gehen. Andere Weibchen suchen sich in ihrer Not aber ein x-beliebiges anderes Nest. Die Gefahr, daß diese »Kukkuckseier« vom Wirt erkannt und entfernt werden, ist sehr groß, die Todesrate enorm.

Auf diesem Niveau verhalten sich die »Kuckuckskinder« ihren Ziehgeschwistern gegenüber noch sehr tolerant. Das ist zum Beispiel bei den Blaugrau-Tangaren in den amerikanischen Tropen der Fall. Mißlingt ihnen der Nestbau, »enteignen« sie das Nest der kleineren Maskentangare. Aber sie werfen deren Eier nicht heraus, sondern bebrüten auch sie und ziehen die geschlüpften Küken gemeinsam mit den eigenen auf. Sie adoptieren die Kinder der von ihnen verjagten Eltern. Ein »Kuckuck«, der sich nicht von der Arbeit der Kinderpflege drückt, sondern noch für fremde Junge zusätzlich sorgt, gleichsam als Gegenleistung für das gestohlene Nest!

Für alle Nicht-Eroberer unter den Brutschmarotzern lautet das erste große Problem: Wie bekomme ich mein Ei in das Nest der keineswegs von ihrer Gastgeberpflicht überzeugten Pflegeeltern?

Der südamerikanische Riesenkuhstärling dringt nach Art eines japanischen Kamikazefliegers in eine Brutkolonie der mit ihm verwandten Stirnvögel ein. Von allen Seiten angegriffen, bezieht er sehr viel Prügel, richtet dabei aber eine solche Verwirrung an, daß er einen günstigen Augenblick findet, sein Ei in ein fremdes Nest zu legen. Das dauert natürlich nicht so lange wie beim Haushuhn, sondern höchstens zwei Sekunden.

Der Häherkuckuck versucht es hingegen mit List. Dazu braucht das Weibchen jedoch die Hilfe seines Männchens. Wenn die »Dame« ein Nest entdeckt hat, in dem die Wirtin schon mit dem Eierlegen begonnen hat, flötet sie ein sonst nie geäußertes Signal: »Woigwoig-woig.« Daraufhin kommt das Männchen sofort herbei, greift die Brütende an und verwickelt sie in einen allerdings recht harmlosen Luftkampf. Aber diese Ablenkung genügt dem Häherkuckucksweibchen, in Sekundenschnelle ein Ei in das entblößte Nest zu legen.

Dieses Beispiel ist noch aus einem anderen Grund interessant. Fast alle Brutschmarotzer leben so wenig sozial, daß sie nicht einmal zur Paarbindung fähig sind. Das Aufwachsen bei artfremden Eltern zieht immer eine Verkümmerung des Sozialverhaltens nach sich. Insofern sind die Einehe des Häherkuckucks wie übrigens auch die des Kuckuckswebers und des afrikanischen Smaragdkuckucks bedeutsame, jedoch bisher noch nicht näher untersuchte Ausnahmen.

Mit Hilfe des Ablenkungsmanövers seines Männchens wagt es Frau Häherkuckuck sogar, Eier in die Nester der großen Kolkraben, Krähen, Elstern und Eichelhäher zu legen. Wenn das Junge im fremden Nest schlüpft, kann es seinen Schnabel gleich viel weiter aufreißen als die rechtmäßigen Kinder der Pflegeeltern. Damit wird nun, sachlich ausgedrückt, eine übernormale Auslösung des Füttertriebes hervorgerufen. Die fremden Eltern bevorzugen also den Wechselbalg vor ihren eigenen Kindern, da sie noch keine persönliche Bindung zu ihnen hergestellt haben.

Nur wenn das Häherkuckucksei in ein Dohlennest geraten ist, hat das untergeschobene Küken fatales Pech gehabt. Junge Dohlen können ihren Schnabel nämlich noch weiter aufsperren als der Fremdling, und so muß er bei diesen Pflegeeltern verhungern.

Solches »Pech« schalten viele »Kuckuckskinder« von vornherein dadurch aus, daß sie ihre fremdartigen Nahrungskonkurrenten aus dem Nest werfen, wie bei unserem Kuckuck, oder sie gar töten.

Letzteres tun die eben geschlüpften Jungen der in Afrika lebenden Honiganzeiger in besonders grausamer Weise. Jene Vögel, die Menschen wie auch Honigdachsen den Weg zu einem Bienennest zeigen, sind ganz rabiate Brutparasiten. Das Junge besitzt vorn am Ober- und Unterschnabel je einen großen Zahn, so daß es aussieht, als trüge es eine Perforierzange. Als eine solche gebraucht es dies Mordwerkzeug auch, obwohl es noch winzig, nackt und blind ist. Es zerknackt und zerknipst damit alle anderen Eier oder Nestgeschwister. Trotz dieses Gemetzels wird es von den mit blindem Instinkt geschlagenen Eltern der von ihm Getöteten als Kind angenommen und liebevoll aufgezogen.

Mit dieser mörderischen Methode schaden sich die Barbaren jedoch selbst in einschneidender Weise. Je mehr Honiganzeiger von Fremden, meist Bartvögeln, aufgezogen werden, desto mehr Nachwuchs der Wirtsart richten sie zugrunde, desto geringer wird die Zahl der Wirte und damit wiederum die Möglichkeit, Honiganzeiger-Nachwuchs in »Pension« zu geben. Mit jedem Wirtskind, das ein »Kuckuck« tötet, vernichtet er auch einen Teil der Zukunft seiner eigenen Nachfahren.

Humanes Handeln bringt größere Erfolge

Mit »humanen« Methoden kommen andere Tiere, die ihre Kinder außer Haus geben wollen, viel weiter, sofern sie allerdings ein ans Wunderbare grenzendes Maß von Anpassungsfähigkeiten besitzen. Das ist bei jenen Vögeln so, die bezeichnenderweise »Witwen« heißen. In einer Region Afrikas, so haben Vogelforscher gezählt, waren nur sechs Prozent aller Nester der Wirtsart nicht mit zusätzlichen Witweneiern belegt worden. Einige enthielten sogar bis zu fünf »Gäste« im trauten Miteinander mit den eigenen Kindern. Und das sogar bei solchen Wirtseltern, die ganz genau wissen, wie ihre eigenen Kinder auszusehen haben und jeden nur geringfügig von diesem Bild abweichenden Wechselbalg unnachsichtig verhungern lassen.

Allein schon die penible Genauigkeit, mit der sie das Aussehen ihrer Kinder überprüfen, um nur ja keinen »Kuckuck« aufzuziehen, setzt uns in Erstaunen. Auf den ersten Blick sollte man meinen: »Im Dunkeln ist gut Munkeln.« Denn die Prachtfinken, die sich die Witwen als Wirte für ihre Kinder aussuchen, bauen ein am Baum hängendes Kugelnest, das nur durch ein an der Seite befindliches Einflugloch zu erreichen ist. Die Jungen liegen also tagsüber im Halbdunkel. Hier könnte es leicht geschehen, daß ein Elternvogel andere Körperteile mit einem aufgerissenen Kinderschnabel verwechselt und das Futter in der Eile etwa zwischen zwei Flügel stopft.

Um dem vorzubeugen, besitzen die Jungen leuchtend farbige »Rückstrahler« am Schnabelrand und grellbunte »Zielscheiben« im Rachen. Diese Leuchtplaketten werden von den Prachtfinken gleichzeitig als unverwechselbare Erkennungszeichen gegen »Kuckuckskinder« benutzt. Bei einer Art, dem Veilchenastrild, sind die Rückstrahler himmelblau, bei anderen orange, zitronengelb oder weiß. Der aufgerissene Rachen und Innenschnabel zeigen die verwegensten Tapetenmuster: exakte Konfigurationen schwarzer Punkte, Striche und Teilkreise, dazu Geheimzeichen in allen Farben des Regenbogens. Keine zwei der 125 Prachtfinkenarten tragen als Nestlinge das gleiche Rachenmuster. Ein falscher Farbtupfer mit dem Pinsel genügt, und das Küken erhält von seinen Eltern keinen Happen mehr.

Und dennoch werden die Nester von nicht weniger als fünfzehn Prachtfinkenarten von »Kuckucken« heimgesucht, also von den Witwenvögeln. Wie Professor Jürgen Nicolai, Direktor des Instituts für Vogelforschung in Wilhelmshaven, erforscht hat, imitieren die Nestlinge jeder der fünfzehn Witwenarten diesen komplizierten Rachenmuster-Geheimcode jeweils einer Prachtfinkenart so perfekt, daß sie nicht als Fremdlinge erkannt werden.

Daß die jungen Witwen den Kindern der Gastgeber auch in der Gestalt und im Gefieder gleichen, versteht sich von selbst, ist aber dennoch erstaunlich, denn erwachsen unterscheidet sich das Witwenmännchen vom Prachtfinken etwa so wie ein Paradiesvogel von der Nebelkrähe.

Aber auch im Verhalten verrät sich der unwillkommene kleine Gast durch keine falsche Gebärde. Im Gegenteil, das erbarmungswürdige Bettelpiepen gelingt ihm sogar noch überzeugender als den leiblichen Kindern seiner Zieheltern.

Im übrigen aber beträgt sich das Witwenküken zu seinen Nestgeschwistern außerordentlich brav. Es denkt weder an Mord noch Streit. Ja, wenn die gesamte Brut flügge ist, bleibt es noch längere Zeit bei der Wirtsfamilie. Es entwickelt eine enge Bindung zu ihr. Und fast bin ich versucht, zu sagen, daß hier im Prinzip etwas Ähnliches geschieht wie bei Pferd, Hund oder Graugans, wenn der Mensch diese Tiere von klein an bei sich aufzieht.

Es muß aber im Interesse der Witwenvögel auf jeden Fall verhindert werden, daß die Witwenkinder auch sexuell voll auf die Prachtfinken geprägt werden. Deshalb verlassen ältere Witwenkinder ihre Finkenfamilie und schließen sich unter ihresgleichen zu Jugendbanden zusammen.

Wann nun was geprägt oder gelernt wird, ist ungeheuer kompliziert. Das Ergebnis sieht jedenfalls so aus: Zum Beispiel fühlt sich ein Paradieswitwenweibchen sexuell keineswegs zu einem Prachtfinkenmännchen hingezogen, weil es (wahrscheinlich angeborenermaßen) weiß, daß der richtige Freier eine lange schwarze, raschelnde Federschleppe tragen muß.

Würde es aber nur danach Ausschau halten, könnte es leicht zu Verwechslungen kommen, denn die Federschleppen der Breitschwanz-, Spitzschwanz-, Sudan-, Kongo- oder Togo-Paradieswitwe ähneln einander. Und eine Verwechslung wäre für Bastardkinder tödlich. In der Rachenzeichnung bekommen sie nämlich Merkmale von der Mutter und andersartige vom Vater. Dieses Gemisch würde vom Gastgeber sofort als fremd erkannt, und das Küken würde gleich nach dem Schlüpfen dem Hungertode preisgegeben werden.

Deshalb erwählt sich zum Beispiel die Spitzschwanz-Paradieswitwen-»Dame« einen »Herrn«, der nicht nur die lange Schleppe trägt, sondern der ihm gleichzeitig quasi erzählt, daß er einst, ebenso wie sie, bei den zu den Prachtfinken gehörenden Buntastrilden aufgewachsen ist. Das berichtet er ihr durch seinen Gesang. Einmal zwitschert er typische Witwenmelodien, dann aber zwischendurch immer wieder jene Lieder, die er in seiner Gastgeberfamilie gelernt hat. Nur wenn Teile seines Potpourris mit dem übereinstimmen, was sie als kleiner Nestling von ihren Zieheltern gehört hat, gibt sie dem Freier eine Chance.

Anschließend legt das Weibchen seine Eier nur jenen Vögeln ins Nest, die genauso aussehen wie einst seine Pflegeeltern. Damit ist der Kreis geschlossen.

Die Schöpfung hat ungeheuer viel Phantasie aufgeboten, um das Netz dieser zahlreichen Anpassungsvorgänge, gegenüber denen unser Kuckuck primitiv wirkt, fehlerlos zu knüpfen. Aber nur so konnten »Kuckucke« entstehen, die nicht nur die »humansten«, sondern zugleich auch die erfolgreichsten der Welt sind.

Brutparasiten kennen wir jedoch nicht nur im Reich der Vögel, sondern auch bei Fischen und Insekten.

Im ostafrikanischen Malawisee leben mehrere Arten von sogenannten Maulbrütern. Das sind Buntbarsche, die ihre Eier dadurch besonders wirkungsvoll vor Feinden schützen, daß sie den Laich in der Höhle ihres Maules aufbewahren. Ihr Schlund gleicht dann einer gefüllten Kaviardose. Wie soll die Mutter jedoch mit dieser Fracht im Maul die, je nach Artzugehörigkeit, zehn- bis dreißigtägige Brutzeit durchhalten? Wie verträgt sich das Phänomen des Maulbrütens mit der Notwendigkeit des Fressens? Das ist in der Tat ein arger Zwiespalt, mit dem diese Fische leben müssen. Jede Art zieht sich auf andere Weise aus der Affäre.

Beim Maulbrütenden Kampffisch überträgt das Weibchen die gesamte Brut und Kinderfürsorge dem Männchen, das während dieser Zeit weitgehend fasten muß und zum Skelett abmagert, während sich das Weibchen mästet . . . zum Erzeugen eines neuen Geleges. Einmal wurde solch ein ausgehungertes Männchen im Aquarium von einem Forscher in Versuchung geführt. Er hielt ihm einen Leckerbissen direkt vors Maul. Daraufhin spuckte das Tier sämtliche Eier aus, fraß schnell das Futter und schnappte dann den Laich wieder auf.

Gerechter geht es beim Pfauenaugen-Buntbarsch zu. Hier lösen sich beide Eltern im halbtägigen Turnus ab. Dabei stellen sie sich Kopf gegen Kopf. Der Ablösende reißt seinen Rachen weit auf, und der Ehepartner spuckt ihm den ganzen Eiersegen hinein.

An diesem Punkt setzt der »Unterwasser-Kuckuck« mit seiner Taktik an. Wenn er solch eine Übergabe beobachtet, pirscht er sich heran und spuckt auch seinerseits dem Ablöser einige von seinen Eiern ins »Nest« seines Maules. Forscher, die dies beobachteten, hatten den Eindruck, daß die fremden Mütter wohl merkten, daß ihnen »Kuckuckseier« untergejubelt wurden. Aber sie fraßen sie dennoch nicht auf, weil sie sonst ihre eigene Brut gefährdet hätten.

Auch aus dem Reich der Insekten kennen wir Tierarten mit Kuckucksgebaren: die »Kuckucksbienen«. Sie umfassen etwa 120 verschiedene Arten. Hinzu kommen noch einige »Kuckuckshummeln« sowie mehrere Falten- und Wegwespen und auch Ameisen.

Jede Art wendet eine eigene Taktik an. Die Methoden reichen vom unbemerkten Einschlüpfen und Ei-Ablegen im Nest etwa einer Blattschneiderbiene bis zur gezielten Ermordung des Wirtstieres – zum Beispiel einer Schmalbiene, genau in dem Augenblick, in dem das Opfer sein Nest mit einer Nektar-Pollen-Mischung, dem Honigkuchen, randvoll gefüllt hat – und der anschließenden Ablage des eigenen Eies in diesem Schlaraffenland.

Waisenkinder werden adoptiert

Bei solch hundertfältiger »Kinder-Abwimmelungs-Raffinesse« im Reich der Vögel, Fische und Insekten drängt sich die Frage auf, ob es nicht auch bei den Säugetieren »Kuckucke« gibt, also einen Brutparasitismus, bei dem statt der Eier gleich die Jungtiere untergeschoben werden.

Verschiedentlich versuchten Menscheneltern, Neugeborene von Moses über Romulus und Remus oder Kaspar Hauser bis zu den unzähligen ausgesetzten Findelkindern in fremder Pflege aufwachsen zu lassen. Aber hier erkennen wir einen Unterschied zum Kuckucksverhalten: Bei der Ziehmutter tritt weder eine Verwechslung mit dem eigenen Kind auf, noch wird sie von übernormalen auslösenden Reizen zu Pflegehandlungen getrieben. Sie weiß genau, mit wem sie es zu tun hat. Es handelt sich also um eine Adoption.

Nicht anders verhält es sich im Prinzip auch bei Säugetieren. »Kuckucke« sind nach dem derzeitigen Stand des Wissens in dieser Tierklasse unbekannt. Die starke Bindung der Mutter an ihre Kinder, die um die Stunde der Geburt angebahnt wird, bewirkt, daß das »In-Pflege-Geben« der eigenen Kinder zu fremden Eltern nirgends zur festen Gewohnheit wird.

Wohl aber kann es in Einzelfällen zu Degenerationserscheinungen kommen, so daß in einer Säugetiermutter der Kinderpflege-Instinkt gar nicht erwacht. Was dann geschieht, beobachtete Professor Paul Leyhausen an seinen Hauskatzen.

In einem Gehege seines Wuppertaler Instituts brachten zwei Weibchen etwa gleichzeitig ihre Jungen zur Welt. Während das eine sofort mit leidenschaftlicher Hingabe seine Jungen betreute, verweigerte das andere den Jungen die Milch, leckte die Neugeborenen nicht sauber und ließ sie achtlos liegen. Aus mehreren Metern Abstand sah sich die erste Katze das mit gespannter Aufmerksamkeit an. Dann lief sie hinüber und holte die drei fremden Jungen, eines nach dem anderen behutsam mit dem Maul transportierend, zu ihren vier eigenen Kindern, die ihr offenbar noch nicht genügten, ins Nest und adoptierte sie. Die andere Katze ließ das ungerührt geschehen. An den folgenden Tagen kam sie nur gelegentlich zu Besuch, beleckte ihre Jungen, tat aber sonst nichts für sie.

Im Gegensatz zum Kuckucksverhalten geht bei dieser Art der Adoption die Initiative von der übergroßen Kinderliebe der Pflegemutter aus.

Eine Vorstufe dazu beobachtete der Verhaltensforscher Dr. Eberhard Trumler in seinem Institut. Drei seiner völlige Bewegungsfreiheit genießenden Katzen hatten sich ein und denselben Kater erwählt. Sie teilten ihn sich friedlich und erwarteten von ihm auch nahezu gleichzeitig Junge.

Schnell baute der Forscher vier Hütten mit jeweils einigen Metern Abstand, damit jedes dieser angeblich so einzelgängerischen Tiere sein eigenes Heim bekomme. Aber wo brachten die drei Mütter ihre Kinder zur Welt? Alle in ein und derselben Hütte. Hier säugte jede Katze jedes Junge, sofern es gerade Hunger hatte. Sogar der vermeintlich kinderverschlingende Kater hauste auch noch im selben Heim und wärmte später die zwölf Jungen an kalten Tagen, wenn die drei Mütter einmal gleichzeitig außer Haus gehen wollten.

Eine Gemeinschafts-Kinderkrippe fast so wie im israelischen Kibbuz!

Diese zunächst nur wie eine Nettigkeit anmutende Solidarität der Mütter ist bei den Löwen in freier Wildbahn zum unabdingbaren Überlebensrezept geworden.

Innerhalb eines Rudels bekommen die Weibchen aus Gründen, die ich später erläutern werde, alle zu etwa der gleichen Zeit Nachwuchs. Nach einigen Wochen separater Kinderstuben führen die Mütter alle ihre Kinder im Rudelzentrum zusammen. Von dieser Stunde an darf jedes Löwenbaby nicht nur bei seiner Mutter Milch saugen, sondern jederzeit auch bei jeder anderen Löwin seines Rudels.

Wenn Forscher ein Muttertier und ihre Jungen nicht vor dieser Zusammenführung persönlich gekennzeichnet haben, können sie hernach nie mehr feststellen, welches Kind zu welcher Mutter gehört. So sehr geht alles in einer Gemeinschaft auf.

Diese Freizügigkeit wird vom Zwang zur »Berufstätigkeit« der Mütter diktiert. Es ist nämlich die Aufgabe der Löwinnen, auf die Jagd zu gehen und das Futter für das Rudel zu beschaffen, während die zwei, drei oder vier männlichen Tiere nur die Landesverteidigung gegen fremde Artgenossen übernehmen. So bleibt meist nur eine Löwin als Kindergärtnerin oder Tagesmutter zurück, während die anderen Fleisch beschaffen müssen.

Die Jagd ist nicht ungefährlich. Eine Löwin kann von einem Büffel getötet, vom Horn eines Spießbocks durchbohrt, vom Nashorn zermalmt, von einer Giftschlange gebissen, vom Huftritt einer Giraffe erschlagen oder vom Krokodil ertränkt werden. Nicht selten werden Löwenbabys auf diese Art zu Waisenkindern. Aber dann sind sie keineswegs verloren, sondern werden sofort adoptiert. Ein wirklich beispielhaftes Sozialverhalten, das den Fortbestand der Rudelgemeinschaft trotz des schwerwiegenden Verlustes sichert.

Doch leider ergeht es nicht allen Waisenkindern im Tierreich ebenso gut wie den jungen Löwen. Von Schafen wissen wir bereits, daß sie keine elternlosen Lämmer adoptieren.

Ein Seelöwenbaby, dessen Mutter gestorben ist, kann in der Kolonie am Meeresstrand tagelang zwischen Tausenden anderer Artgenossen umherirren, zum Gotterbarmen winseln und schreien und um Milch betteln – nicht eine einzige Seele wird sich seiner in der großen Volksmasse erbarmen. Im Gegenteil: Alle stoßen und beißen das hilflose Baby fort, bis es nach einigen Tagen an Hunger, Erschöpfung und Wunden stirbt. Der Hintergrund dieser Gefühlskälte: Die Milchmenge, die ein Seelöwenweibchen produziert, reicht nur für das eigene Kind. Spenden an Fremde würden den eigenen Nachwuchs bis zur Lebensuntüchtigkeit schwächen.

Aus diesem Grund finden wir die Bereitschaft von Tiereltern, Waisenkinder zu adoptieren, in Tiergemeinschaften je eher, desto mehr Junge eine Mutter dort pro Wurf im äußersten Fall bekommen kann. Eine Hausmaus kann bis zu acht Junge werfen und auch ernähren. Bringt sie weniger zur Welt oder sterben einige bei der Geburt, kann sie, ohne die eigenen Kinder zu benachteiligen, fremde bei sich aufnehmen.

Die Ausnahme von dieser Regel bilden Tiere wie Elefanten, Delphine, Affen und Wildhunde. Bei ihnen erwacht die Adoptionsfreude auf der Basis der Verwandtschaft und persönlichen Bekanntschaft in der gut organisierten sozialen Gemeinschaft. Natürlich beschränkt sich das Annehmen an Kindes Statt unter Säugetieren nur auf solche Kinder, die bereits so alt sind, daß sie ohne Muttermilch existieren können.

Nach der erwähnten Regel müßten vor allem Vögel prädestinierte Adoptiveltern sein. Sie sind es auch, zum Beispiel die Waldkäuze, wie folgende Geschichte erhellt:

An einem warmen Frühlingstag brachten Spaziergänger einen ganz jungen Waldkauz, der noch nicht fliegen konnte und den sie für einen hilflosen Waisen gehalten hatten, zu einem mit mir befreundeten Förster. Er setzte den kleinen Vogel in ein freies Kaninchengehege im Garten. Als es Abend wurde, begann der neue Gast ganz erbärmlich zu schreien. So ging es die ganze Nacht. Am anderen Morgen traute der Förster seinen Augen nicht. Neben dem Jungvogel lagen nicht weniger als 27 tote Mäuse. Nach dieser Anzahl zu urteilen, müssen nicht nur die Eltern, sondern auch alle anderen erwachsenen Waldkäuze der weiteren Umgebung das schreiende Kind während der Nacht mit Mäusen geradezu bombardiert haben.

Bei den Seeschwalben sind es lediglich diejenigen Elterntiere, deren sämtliche Kinder ums Leben gekommen sind, etwa bei einer Überflutung des Brutplatzes oder in Zeiten einer Hungersnot, die sich an der Fütterung überlebender fremder Kinder beteiligen. Sie suchen im Meer nach Fischen, fliegen mit der Nahrung, auch wenn sie selber großen Hunger haben, zur Brutkolonie, suchen dort nach dem Nest, in dem das größte Hungergeschrei herrscht, und füttern dort die fremden Jungtiere.

Im Donaudelta bauen die Seeschwalben ihre Nester auch auf schwimmenden Schilfinseln. Hier geschieht es recht oft, daß ein älterer, schon recht vorwitziger Nestling ins Wasser fällt, abgetrieben wird und nicht mehr heimfindet. Wie sollen die Eltern den kleinen Ausreißer wieder ins Nest kriegen? Greifen und tragen können sie ihn nicht. Neben ihm landen und mit dem noch Flugunfähigen nach Hause schwimmen wäre eine Möglichkeit. Aber Seeschwalben machen es anders, wie ich beobachtet habe.

Schon nach wenigen Minuten war eine Staffel von zwölf erwachsenen Nachbarn zur Stelle, die nun, einer nach dem anderen, im Tiefflug über das Küken hinwegsausten, und zwar stets genau in Richtung Heimat zielend. Das Kleine bekam ein wenig Angst und wollte fliehen, natürlich mit gleichem Kurs. So kam es schließlich wohlbehalten heim. Eine Gemeinschaftsaktion einander in freundschaftlicher Nachbarhilfe verbundener Tiere hatte das Kind gerettet.

Wie zuverlässig sind Pflegeeltern?

In ganz großartiger Weise helfen auch kinderlos gewordene Trottellummen dem überlebenden Nachwuchs ihrer Nachbarn auf den Inseln der Nordmeere. Zugleich zeigt sich hier aber auch ein gewichtiger Unterschied in der Zuverlässigkeit zwischen den Eltern und den Helfern.

Zum einen geht die Liebe der Nachbarn nicht so weit, daß sie die Kinder auch füttern. Sie beschränken sich aufs Bewachen und aufs

Wärmen unter ihrem Gefieder, wenn beide Eltern auf Fischfang ausgeflogen sind und wenn der eisige Sturm um die Klippen peitscht. Zum anderen kann es aber auch geschehen, daß der nachbarliche »Babysitter« plötzlich großen Hunger bekommt. Während ein Elternvogel in dieser Situation niemals sein Kind im Stich läßt, kann sich keiner darauf verlassen, daß der fremde Helfer, der übrigens auch kein Verwandter ist, ebenso selbstlos durchhält. Es geschieht gar nicht so selten, daß ein Elternvogel heimkehrt und sein vom »Babysitter« verlassenes Kind erfroren vorfindet.

Ebensowenig zuverlässig sind auch Adoptiveltern im Reich der Affen, obwohl sie sich am Anfang geradezu kindernärrisch gebärden. So zum Beispiel bei den 65 Zentimeter großen Haubenlanguren, die in kopfstarken Horden auf der südostasiatischen Halbinsel Malaya sowie auf Sumatra und Borneo leben.

Gleich nach der Geburt eines Babys kommen an die zehn, elf oder zwölf zur Zeit gerade kinderlose »Tanten« herbei, um das Neugeborene zu bestaunen. Im Gegensatz zu vielen anderen Tieren, sogar auch den Löwen, bei denen die Mutter ihr Kind in den ersten Tagen oder Stunden ganz für sich allein haben will, gibt die Langurenmama ihr Baby schon nach wenigen Minuten den Neugierigen zur näheren Betrachtung in die Hand.

Dann wird der Kleine von einer »Tante« zur anderen der Reihe nach im Kreise herumgereicht. »Teenager«, also Weibchen, die selber noch nie ein Kind bekommen haben, stellen sich hierbei noch sehr albern an. Erst schnappen sie über vor Gier, das Baby in die Arme zu bekommen, kaum aber haben sie es, keckern sie laut los und geben es umgehend an die Nachbarin in der »Geburtsfestrunde« weiter.

Ist die leibliche Mutter eine junge, noch sehr unerfahrene Äffin, etwa weil es ihr erstes Kind ist, kann es vorkommen, daß sogar auch sie zu denjenigen im Kreise gehört, die das Baby immer gleich weiterreichen. Dann ist sie es sehr schnell los, und ein in der Kinderpflege routiniertes Weibchen nimmt das Neugeborene mit »nach Hause«. Es kommt zur Adoption infolge der Unfähigkeit der Mutter, gleich zu Beginn eine feste Bindung zu ihrem Kind zu knüpfen.

Auch Menschenmütter erfaßt angesichts ihres ersten Kindes oft eine große Unsicherheit. Sie wissen nicht so recht, wie sie sich in einzelnen Situationen verhalten sollen, haben Angst, etwas falsch zu machen, und rennen beim ersten Dauer-Schluckauf des Babys gleich zum Arzt. Das ist altes Urmütter-Erbe.

Denn bei Affen in freier Wildbahn stirbt fast jedes erstgeborene Kind an schwerwiegenden Pflegefehlern der jungen Mutter. Und das, obwohl sie zuvor als Mädchen ihrer Mutter jahrelang beim Betreuen ihrer jüngeren Geschwister geholfen und dabei schon Erfahrungen gesammelt hat. Es scheint fast so, als sei das erstgeborene Junge gleichsam nur ein Übungsobjekt, ein Kind zur Probe, ehe die Mutter beim zweiten Baby routinierter zu Werke geht.

Bei den Haubenlanguren ist das erste Kind dennoch nicht verloren, eben weil es von erfahrenen Pflegekräften adoptiert wird.

Aber auch wenn das Junge schon etwas älter ist, kann es vorkommen, daß ein fremdes Weibchen der Mutter das Kind entreißt. Dann gibt es Zeter und Mordio. In diesen Fällen wehren sich auch die Kleinen mit aller Kraft und großem Gekreisch gegen den Mutterwechsel, weil sie ihre alte Mutter – sei es die leibliche oder schon eine Adoptivmutter – bereits sehr liebgewonnen haben. Doch das Sträuben nützt ihnen nicht viel, insbesondere dann nicht, wenn sie einer Adoptivmutter weggenommen werden, da diese nur verhältnismäßig geringen Widerstand leistet. Sie ist eben doch keine richtige Mutter.

Fast durchweg sind es ältere Affenweibchen, die jüngeren Müttern die Kinder stehlen. Eine alte, in Sachen der Kinderpflege sehr selbstsicher gewordene Matrone läßt sich so etwas jedoch nicht mehr gefallen. Sie behält ihre eigenen Kinder und zieht sie allein groß. Und ihre männlichen Kinder sind es auch, die später die Eignung zeigen, Hordenführer zu werden, während die Knaben, die nacheinander mehrere Mütter besaßen, zeitlebens ein in Junggesellengruppen umhervagabundierendes Volk bleiben: »Rocker« ohne die Fähigkeit zu konstruktivem Sozialverhalten.

Waisenschicksale bei Schimpansen

Tief zu denken gibt auch das Schicksal der Waisenkinder unter wildlebenden Schimpansen. Die berühmte Forscherin Jane Goodall hat drei dieser Ereignisse im ostafrikanischen Gombe-Reservat in allen Phasen verfolgt.

Einer dieser armen Wichte hieß »Merlin«. Er war gerade drei Jahre alt, als er von einem gemeinsam begonnenen Ausflug ohne seine Mutter zur Schimpansenhorde zurückkehrte. Der Himmel weiß, was seiner Mutter zugestoßen war und wie sie sich vielleicht für ihr Kind aufgeopfert hatte.

Der Empfang war über alle Maßen herzlich. Die anderen Menschenaffen eilten Merlin entgegen, um ihn zu begrüßen und zu umarmen. Etwas später kehrte auch »Miff« heim, Merlins drei Jahre ältere, noch jungfräuliche Schwester. Vom ersten Augenblick an verhielt sie sich ihm gegenüber genauso liebevoll wie einst nur seine Mutter. Sie ließ ihn auf sich reiten, erlaubte ihm, das Schlafnest mit ihr zu teilen, und wich nicht von seiner Seite. Die ältere Schwester hatte den kleinen Bruder adoptiert.

Jane Goodall glaubte schon, es sei wieder alles in bester Ordnung. Doch dann mußte sie dieses berichten: »In den folgenden Wochen wurde Merlin immer magerer, seine Augen sanken immer tiefer in die Höhlen, und sein Fell wurde stumpf. Seine Lethargie wuchs, und er spielte seltener und seltener mit seinen Altersgenossen.«

Würde wenigstens die Zeit die seelischen Wunden heilen, die der Tod der Mutter geschlagen hatte? Mit Spannung verfolgte die Forscherin den weiteren Werdegang. Doch der körperliche Verfall Merlins wurde trotz nicht ermüdender Hingabe der Schwester von Monat zu Monat schlimmer. Den Erwachsenen gegenüber zeigte er sich von geradezu sklavischer Unterwürfigkeit und Anbiederungssucht; zu Gleichaltrigen aber wurde er immer aggressiver. Nach drei Jahren Mutterlosigkeit nur noch ein erbarmungswürdiger Schatten seiner selbst, bekam er Kinderlähmung und starb.

Der Schimpansenjunge »Beattle« war auch drei Jahre alt, als seine Mutter verschied. Doch hatte er das Glück, eine große Schwester zu besitzen, die mit acht Jahren bedeutend älter als Merlins Schwester war. Sie konnte sich noch besser für ihn einsetzen. Nach Monaten des Abmagerns begann sich Beattles Verfassung zu bessern. Im Alter von sechs Jahren verhielt er sich wie ein ganz normales Affenkind, nur daß er ungewöhnlich eng an seiner älteren Schwester hing. Doch eines Tages verschwand er im Urwald und wurde seither nie mehr gesehen.

Das dritte Waisenkind war das Mädchen »Sorema«. Ihre Mutter wurde vom Tod ereilt, als die Kleine erst ein Jahr alt war. Auch besaß sie keine ältere Schwester. So sprang ihr sechsjähriger Bruder »Sniff« ein. »Es war«, so berichtet die Forscherin, »ein rührender Anblick, wie das junge Männchen mit seiner winzigen Schwester umherzog, sie mit einer Hand gegen seine Brust drückte und sie hätschelte und lauste.« Er gab ihr auch Bananen, die sie verspeiste. Aber im Alter von einem Jahr braucht ein Schimpansenkind noch Milch, und die konnte es natürlich nicht bekommen. So verfiel es von Stunde zu Stunde. Am vierzehnten Tag erschien Sniff beim Futterplatz und trug Soremas toten Körper in den Armen.

Alle drei Fälle gingen tragisch aus. Ungeklärt bleiben vorerst zwei Fragen. Warum werden bei wildlebenden Schimpansen Waisenkinder im Gegensatz zu Zootieren und anderen Affen wie Steppen-, Mantel- und Bärenpavianen nur von älteren Geschwistern adoptiert und nicht von erwachsenen Truppmitgliedern? Und warum war es den älteren Geschwistern trotz größtem Bemühen, viel Zärtlichkeit und bestem Willen nicht möglich, die Waisen am Leben zu erhalten?

Eine Antwort auf die zweite Frage könnte in folgender Beobachtung zu finden sein: Es ist eine bekannte Eigenart der Schimpansen, daß erwachsene Männchen etwa täglich einmal einen Tobsuchtsanfall bekommen. Sie reagieren dabei ihre aufgestaute Aggression an Bäumen ab, um sinnlose Tätlichkeiten unter Gruppenmitgliedern zu vermeiden. Nur wenn ihnen ein Ignorant in die Quere kommt, lassen sie etwas von ihrer Rage an ihm aus. Die anderen Hordenkumpane merken aber fast immer, wenn es bei einem gleich wieder »soweit« ist, und verziehen sich eiligst. Denn der Anblick des kreischenden, Äste peitschenden Wüterichs flößt ihnen Angst ein.

In ebendieser Situation versagten die Adoptiveltern jedoch regelmäßig. Während eine echte Schimpansenmutter als erstes nach ihrem Kind greift und mit ihm in Sicherheit eilt, zeigten sich die Adoptiveltern völlig kopflos und dachten nur daran, sich selbst zu retten. In der Folge davon erwischte der Tobende das Waisenkind, packte es am Arm, schleifte es ein paar Meter hinter sich her und ließ es dann liegen.

Die Verletzungen am Körper des Kindes waren jedesmal nur geringfügig. Aber seelisch erlitt es einen schweren Schock. Diese Ereignisse müssen ihm trotz intensiver Pflege durch den Mutterersatz und trotz aller gegenseitigen Liebe doch das Gefühl absoluter Geborgenheit genommen haben – und damit auch das Urvertrauen, jenen unerschütterlichen Fels, ohne den kein höheres Lebewesen in einer feindlichen Welt voller Gefahren psychisch lebensfähig ist.

Eine Adoptivmutter kann bei Schimpansen eben doch nicht die richtige Mutter vollwertig ersetzen. Gefahrensituationen bringen diese Wahrheit an den Tag.

Verhält es sich beim Menschen ebenso? Nein! Denn der Mensch ist, ich sagte es schon, das einzige Wesen, das sich kraft seiner geistigen Fähigkeiten über den Zwang des Instinkts erheben kann – allerdings nur dann, wenn er sich der irrational-gefühlsmäßig wirkenden Kräfte voll bewußt ist.

In unserer Gesellschaft können Adoptiveltern dem Kind viel mehr geben als so manche leibliche Eltern, zum Beispiel, wenn sie aus medizinischen Gründen keine Kinder zeugen können, sich aber sehnlichst Kinder wünschen und dann eines oder mehrere adoptieren. Bei ihnen kann der übergroße Wunsch nach einem Kind den emotionalen Zündeffekt zur Mutterliebe genauso auslösen, wie wir es weiter vorn am Beispiel der Eltern von Frühgeburten, die längere Zeit in einem Inkubator verbringen müssen, besprochen haben.

Vergleichen wir ihr Liebeverhalten gegenüber dem Kind mit dem einiger leiblicher Eltern, die sich über ihr unerwünschtes Baby ärgern und die es versäumt haben, unmittelbar nach der Geburt eine herzinnige Bindung zu ihrem Kind herzustellen, fällt die Prognose nicht schwer, dem Adoptivkind eine wesentlich sonnigere Jugend vorherzusagen.

Andererseits sollten sich Ehepaare, bevor sie sich zur Adoption entschließen, gründlich prüfen, ob ihr gefühlsmäßiges Verlangen, ihre Sehnsucht nach einem Kind, wirklich echt und groß genug ist, um in ihnen das Feuer der Mutterliebe voll und dauerhaft zu entfachen. Leider nur gar zu oft reichen ihre emotionalen und moralischen Kräfte nicht aus. Dann melden sich bei ihnen innere Stimmen etwa dieser Art: »Wer weiß, von welchen miserablen Eltern dieses schreckliche Kind abstammt?« Verantwortung wird auf anonyme, nie greifbare Personen abgewälzt. Die Liebe zum Kind läßt nach oder schwindet ganz. Gott sei ihm gnädig.

IX.
Wenn die Elternliebe versagt

Kinderkannibalismus

Stiefväter werden zu Mördern

Es war noch keine vier Stunden her, daß eine fremde Bruderschaft von drei jüngeren männlichen Löwen in der ostafrikanischen Serengetisteppe einen Harem von fünf Weibchen und deren Kinder erobert hatte. Einen der beiden männlichen Verteidiger hatten sie beim Liebesspiel überrascht und im Kampf drei gegen einen getötet. Der zweite alte Revierinhaber war angesichts der Übermacht geflohen.

Nun begannen die neuen Rudelherrscher mit ihrer ersten Amtshandlung. Diese bestand nicht etwa darin, sich in sexueller Absicht um die soeben eroberten Löwinnen zu kümmern. Vielmehr suchten sie tagelang alle Dorngesträuppe und Felsspalten ab, also jene Verstecke, in denen Löwenmütter bei Gefahr ihre Babys zu verbergen pflegen, um ebendiese Jungtiere zu töten.

Der Verhaltensforscher Dr. Brian C. R. Bertram beobachtete einmal, wie eine sich unbeobachtet wähnende Löwin gerade dabei war, ihre erst wenige Tage alten Kinder, eines nach dem anderen, in ein ihr noch sicherer erscheinendes Versteck zu bringen. Einer der Eroberer erwischte sie dabei, riß ihr das Baby aus dem Maul und biß es tot. Elf Tage später fanden die neuen Machthaber auch die drei übrigen Jungen und töteten sie in kannibalischer Manier. Weitere vier Tage später entdeckten sie die fünf gerade eine Woche alten Babys einer zweiten Löwin und brachten sie alle um.

Acht Wochen darauf bekam eine dritte Löwin zwei Junge. Die beiden anderen waren Totgeburten, weil die Mutter, wie alle Weibchen des Rudels, unter der starken Streßwirkung dieser barbarischen Verhältnisse stand. Schon nach zwei Tagen wurde der Geburtsplatz von den neuen Rudelherrschern ausfindig gemacht, und augenblicklich verschwanden die Babys im Rachen der Männchen. Ähnliches widerfuhr den fünf Kindern zweier weiterer Löwinnen drei Wochen darauf.

Nach diesem an Herodes' Kindermord zu Bethlehem erinnernden Ereignis folgten sieben babylose Monate im Rudel. Dann brachten, fast auf die Woche gleichzeitig, fünf Löwinnen insgesamt vierzehn Junge zur Welt. Nach der Zeitrechnung konnten sie nur Abkömmlinge der neuen Machthaber sein. Diese Babys wurden nunmehr von den männlichen Löwen nicht nur verschont, sondern in geradezu rührender Weise verwöhnt. Die stiefväterlichen Ungeheuer hatten sich inzwischen zu liebespendenden leiblichen Vätern gewandelt.

Als die bekannten Verhaltensforscher Professor George B. Schaller und Dr. Brian Bertram diesen Tatbestand nicht als zufällige Ausnahmeerscheinung, sondern als unabwendbares Schicksal im Leben aller Löwen in freier Wildbahn darstellten, ging ein Schock durch die Welt der Tierfreunde.

Vernahmen wir nicht oft genug aus dem Mund von Dichtern und Philosophen Sprüche wie: »Das einzige Lebewesen der Welt, das seinesgleichen umbringt, ist der Mensch!« Und nun wird uns gesagt, daß Greuel, Entsetzen und Kindermord auch unter artgleichen Tieren herrschen, daß also auch in der vom Menschen unberührten Natur die Welt nicht mehr »in Ordnung« ist oder nie »in Ordnung« war.

Das Erschütterndste aber liegt darin, daß der Kinderkannibalismus, auch Infantizid genannt, nach Ansicht der Soziobiologen im Konzept der Natur als wesentliches Verhaltenselement eingeplant sein soll. Seit Schallers Entdeckung bringt die Zoologie nämlich ständig neue Beispiele von zahlreichen anderen Tierarten ans Licht. Stoßen wir hier auf das barbarische Prinzip des »von Natur aus Bösen«?

Ähnlich erschreckender Kindermord wie bei den Löwen wurde bislang bei den indischen Hulman-Affen sowie den afrikanischen Guerezas, Weißnasen-Meerkatzen, Roten Stummelaffen und Steppenpavianen beobachtet. Wahrscheinlich findet er bei noch viel mehr Affenarten statt, nämlich überall dort, wo ein oder mehrere Männchen über einen Harem herrschen und früher oder später von fremden Eroberern vertrieben werden. Die neuen Herren bringen in vielen Fällen erst einmal alle Babys um, nachdem sie die kleinen Wesen der Mutter unter fürchterlichem Kreischen entrissen haben.

Ein Zyniker hat in diesem Kindermord durch fremde Männchen bereits eine »nur geringfügig übertriebene Form« menschlichen

Stiefvater-Verhaltens sehen wollen. Das ist jedoch völlig absurd, und zwar aus zwei Gründen. Nach eingehenden Untersuchungen der Berliner Gerichtsmedizinerin Professor Elisabeth Nau spielen Stiefmütter und -väter bei Kindesmißhandlungen keineswegs die ihnen früher häufig zugeschriebene verhängnisvolle Rolle. Sie sind nur in fünf Prozent aller Fälle von Rohheit und Quälerei die Täter. Kindesmißhandlung ist also in erster Linie ein Delikt jener leiblichen Eltern, die keine Bindung zu ihren Kindern aufgebaut haben.

Zum anderen ist der Kindermord auch bei unseren nächsten Verwandten im Tierreich, den Schimpansen, unbekannt. Das liegt jedoch nicht an einer moralischen Höherentwicklung, sondern an veränderten Gepflogenheiten in der sozialen Organisation ihrer Gruppen. Der Anführer einer etwa zwanzigköpfigen Schimpansensippe kommt nämlich nie als Eroberer aus der Fremde, sondern stets als guter Freund aus den eigenen Reihen. Bei einem Machtwechsel sind also der neue Regent und alle Kinder der Gruppe bereits gute alte Bekannte. Und persönliche Freundschaft ist eine ziemlich verläßliche, wenngleich nicht hundertprozentige Gewähr gegen Mord und Totschlag unter Tieren.

Sogar auch bei den sonst kindermordenden Hulman-Languren hat der Göttinger Zoologieprofessor Christian Vogel einmal beobachtet, daß der neue Hordenführer nicht, wie sonst üblich, von außerhalb als Eroberer kam, sondern daß ein jahrelang als Stellvertreter dienendes Männchen den altersschwach gewordenen Boß kampflos, ja, fast freundschaftlich ablöste. Nach diesem Machtwechsel blieben alle Kinder und Babys dieser Gruppe unbehelligt.

Dieses Ereignis veranlaßte Professor Vogel, das ganze Problem der Kindestötung kritisch zu durchleuchten. Die Praxis im Freileben der indischen Hulmans zwingt die Theorie zu erheblichen Einschränkungen. Nach seinen Beobachtungen kommt der Infantizid in dieser Tiergemeinschaft nämlich nur selten vor. Daß der neue Hordenführer zum »Herodes« wird, tritt nur dann ein, wenn er von den Weibchen des eroberten Harems nicht anerkannt wird.

Sie können sich ihren Pascha ja nicht aussuchen, sondern müssen denjenigen hinnehmen, der sie erobert. Manchmal ist ihnen der eine oder andere zu ruppig und herrschsüchtig oder ganz einfach unsympathisch. Sie lehnen ihn ab. Das spürt der Neue. Er fürchtet, auch sexuell nicht zum Zuge zu kommen, und wird noch aggressiver. Diese Aggressivität entlädt das Männchen aber nicht gegen die Weibchen, das würde die Lage ja nur verschlimmern, sondern gegen Ersatzobjekte, also gegen die Kinder. Das Resultat ist ganz im Sinne des Männchens: Die kinderlos gewordenen Weibchen kommen schnell in den Östrus und werden »heiß«. In dieser Verfassung vergessen sie ihre Aversionen gegen den verhaßten Pascha und lassen ihn gewähren. Nach der Paarung wandelt sich die Abneigung in Zutrauen. Das Ziel ist erreicht.

Ob sich diese Dinge in Löwengesellschaft genauso abspielen, muß noch erforscht werden.

Außerdem kennen Affenmütter im Gegensatz zu den Löwinnen eine Reihe von Tricks, mit denen sie ihre Kinder vor einem neuen »Herodes« retten können. An anderer Stelle berichtete ich schon ausführlich über die »Mütterunion gegen den Kindermord« bei den Hulmans.* Im Land der Roten Stummelaffen wechseln die Weibchen oft die Gruppe, weil sie auf der Suche nach einem besonders starken Pascha sind. Sie erhoffen sich von ihm, daß er kräftig genug ist, sich nicht von einem fremden Eroberer vertreiben zu lassen, wenigstens so lange nicht, bis ihr Kind so alt geworden ist, daß es nicht mehr in Gefahr schwebt, von einem Stiefvater ermordet zu werden.

Niedlichsein schürt Mordlust

Das Merkwürdige ist dabei folgendes: Die bei der Machtergreifung eines rabiaten Stiefvaters todgeweihten Affenkinder sind ausgerechnet jene, die noch die »Niedlichkeitssignale« ihrer Babyuniform tragen. Beim hellbraunen Steppenpavian sehen die Babys rabenschwarz aus, beim silbergrauen Hulman ebenfalls schwarz, beim grauschwarzen Brillenlanguren aber goldgelb bis weiß und beim tiefschwarz und weiß gemusterten Berg-Guereza uni hellweiß. Die Babyfärbung steht im auffallenden Kontrast zur Fellfarbe der Großen.

Normalerweise finden erwachsene Artgenossen, besonders Weibchen und »Tanten« dieses sogenannte »Kindchenschema« unwiderstehlich niedlich. So ist es gleichsam eine Garantie dafür, daß erwachsene Tiere, auch wenn sie nicht die Mutter sind, die Kleinen herzen und ihnen nichts Böses antun, wenngleich nicht auf längere Dauer, so doch wenigstens für die Zeit kurzer Begegnungen.

Auch die Spezies Mensch reagiert übrigens auf ein Kindchenschema. In Puppengesichtern wurde dieses sogar zu einem übernormalen

* Vergleiche Anmerkungen im Anhang des Buches.

Nur Schimpansen, die am eigenen Leib erfahren haben, was Mutterliebe ist, können später selber Kinder aufziehen.
© Tierbilder Okapia

Das Laufenlernen ist bei Elefantenbabys eine Sache der ersten Lebensstunde. Mutters Rüssel ist dabei behilflich.
© Ringnier, Syndication RDZ

Jungvögel wie dieser Amsel stehen die »Haare« zu Berge: ein Signal, das sie vor Angriffen fremder Singvögel schützt.
© Vitus B. Dröscher

Eine Mantelpavianfamilie mit Pascha, Innendienstweibchen und einem Kind.
Der Pascha droht mit dem mächtigen Gebiß.
© Toni Angermayer, Tierpark Hellabrunn

Sogar angesichts der reißenden Zähne seiner Mutter empfindet das Löwenbaby das Gefühl der Geborgenheit.
© Bildarchiv J. Lindenburger

Bei der Giraffe ist die Geburt ein Sturz aus zwei Meter Höhe.
© Tierbilder Okapia

Gnus formieren eine Schlachtordnung, um den Geparden vom Angriff auf neugeborene Kälber im Hintergrund abzuhalten.
© Dürk, Tierbilder Okapia

Mutter Böhmzebra schützt ihr Baby vor dem angreifenden Schakal, indem sie es mit ihrem Körper als Schild abschirmt.
© A. Root, Tierbilder Okapia

Fast menschliche Züge nimmt die Liebe an, mit der das Fohlen an seiner Mutterstute hängt.
© Photo-Center, Braunschweig

Duftig wie ein Seidenstrumpf ist das aus Gräsern, Spinnweben und Speichel geschaffene Nest des Einsiedler-Kolibris.
© G. Ziesler, Toni Angermayer

Solange junge Flamingos im Nest hocken, füttern sie die Mütter. Später im Kindergarten wird ihr Schicksal ungewiß.
© Vitus B. Dröscher

Eine Löwin bringt ihr Kind in ein Versteck. Wenn es die Tragschlaffe einnimmt, geschieht ihm kein Unheil.
© Reinhardt-Tierfoto

Später als erwachsenes Tier wählt eine Ziege nur solche Wesen als Paarungspartner, die so aussehen wie einst seine Mutter.
© Reinhardt-Tierfoto

Nestwärme – das bedeutet auch für die jungen Gartengrasmücken Sicherheit, Futter und Lebenshilfe.
© H. Reinhard, Toni Angermayer

Wenn der junge Kuckuck zum Riesenmonster herangewachsen ist, füttert ihn die Zaunkönig-Pflegemutter immer noch.
© F. Merlet, Bavaria

Bergsteigeunterricht für das Alpensteinbock-Kitz. Die Mutter zeigt ihm am Übungsfelsen jeden einzelnen Schritt.
© Walter Sittig

Während Mutter Küstenseeschwalbe ihr Junges im Gefieder wärmt, bringt der Vater einen Fisch.
© Günter Ziesler, München

Wenn Mutter Braunbär gefährliche Stromschnellen durchschwimmt, darf das Kind auf ihrem Rücken reiten.
© Bildarchiv J. Lindenburger

Auslöser hochstilisiert. Die Liebe zu Kindern, die es weckt, darf jedoch nicht mit der Mutterliebe verwechselt werden. Denn das Ansprechen auf das instinktive Niedlichkeitsempfinden hält nie und nimmer den starken Belastungen stand, denen echte Mutterliebe gewachsen ist.

Im Reich der Affen kann das Niedlichkeitsempfinden sogar das genaue Gegenteil des Kinderschutzes bewirken. Wenn ein ungeliebtes Männchen gerade die Herrschaft über eine Horde angetreten hat, wandelt das Signal »Hab mich bitte lieb!« des Kindchenschemas Sympathie zum Baby in grausige Mordlust.

Dr. Thomas T. Struhsaker, Verhaltensforscher von der Rockefeller-Universität New York, hatte den Eindruck, daß der bloße Anblick eines »niedlichen« Babykleides im neuen Haremspascha geradezu einen fanatischen Vernichtungswillen anstachelte. Jugendliche Affen, die schon das Erwachsenenfell trugen, wurden jedoch – anders als bei den Löwen – verschont.

Desgleichen werden bei Weißnasen-Meerkatzen auch jene Babys nicht getötet, die vier Monate nach einer Machtübernahme geboren werden, obwohl dies noch keineswegs die vom neuen Herrscher gezeugten Kinder sind. Die Tragzeit dauert nämlich fünf Monate. Aber das Männchen tut schon so, als wären es die Seinigen und behandelt sie gut. Die Motivation seines Sinneswandels könnte darin liegen, daß in dieser Zeit die Spannungen zwischen dem Pascha und den Weibchen abgebaut wurden und Einvernehmen herrscht.

Ein Erklärungsversuch des gesamten Kindermordphänomens basiert auf der von dem amerikanischen Genetiker Professor W. D. Hamilton aufgestellten Sippen-Selektions-Hypothese (englisch: »kinselection«). Sie verwirft das »Gesetz von der Erhaltung der Art«, da die eben genannten Fälle von Kindermord zweifellos nicht der Erhaltung der Art dienen. Statt dessen versucht seine These alles soziale Verhalten mit dem »Egoismus der Gene« auf der Basis des Individuums zu erklären: Der neue Herrscher töte die ihm fremden Jungen, damit die Weibchen alle sofort wieder sexuell empfänglich würden und damit seine Gene (in den »Hüllen« der Kinder »verpackt«) statt die des vertriebenen Paschas verbreiten könnten.

Diese These ist inzwischen scharf kritisiert worden. Und über die eigentliche Motivation der kindermordenden Tiere sagt sie auch nichts aus, denn die Tiere wissen ja nichts über die Zusammenhänge von sexueller Hitze, Paarung, Tragzeit und Kinderkriegen.

Plausibler erscheinen diese schrecklichen Dinge im Licht der Bevölkerungs-Regulations-Hypothese des englischen Zoologen Professor V. C. Wynne-Edwards. Danach treten in einer Tierpopulation bei Übervölkerung Entartungserscheinungen im sozialen Verhalten auf, die eine Dezimierung der Kopfzahl auf das Normalmaß zur Folge haben. Kinderkannibalismus unter Tieren ist demnach solch eine Entartung, nicht das Normalverhalten.

Je stärker der Bevölkerungsdruck in einer Löwenpopulation ist, desto mehr Freischärler versuchen, Harems für sich zu erobern, desto öfter wechselt die männliche Rudelführung, desto mehr Jungtiere werden getötet. Die Bevölkerungszahl sinkt. Das Morden hört auf, bis die Kopfzahl wieder steigt.

Falls überhaupt keine Eroberer mehr aus der Fremde kommen, übernehmen heranwachsende Jungmännchen der eigenen Gruppe die Führung. Dann wäre eine weitere Verminderung der Kopfzahl verderblich. Folglich unterbleibt dann auch der Kindermord. Das ist das Normalverhalten.

Tod den Ungeborenen!

Neben dem direkten Kindermord kennen wir auch den indirekten. Die geradezu dramatischen Ereignisse, die dazu führen, hat der Münchner Zoologe Dr. Walter Bäumler an der Erdmaus erforscht. Das ist jenes Tier, das in manchen Jahren unsere Getreidefelder zu Millionen bevölkert.

Normalerweise lebt die Erdmaus ganz brav in Einehe. Männchen und Weibchen halten treu zusammen und weisen fremde Eindringlinge ab. Doch sobald die Bevölkerungszahl in günstigen Jahren steigt und die Familien mit ihren Erdbauten enger zusammenrücken müssen, geraten die Männchen in einen Sexualrausch. Sie gehen bei den Weibchen der Nachbarn fremd und streben es an, sich einen Harem zuzulegen.

Das beschwört eine nicht enden wollende Kette schwerer Kämpfe unter den Männchen herauf. Die gesteigerte Sexualität hat barbarische Mordlust im Gefolge. Die Tiere springen sich an die Kehle und beißen sich tot. Neunzig von hundert kommen dabei um oder wandern aus.

Aber jedes der wenigen Männchen, die sich behaupten, kann sich nun tatsächlich einen Harem von durchschnittlich neun Weibchen zulegen. Diese bilden sogleich eine Nestgemeinschaft. Alle die etwa sieben Jungen, die ein Muttertier in Abständen von je 21 Tagen zur Welt bringt, werden in einem zentralen Nest mit denen der anderen »Haremsdamen« zusammengelegt und von allen Weibchen gemeinsam gesäugt und aufgezogen, und zwar ohne Beachtung der leiblichen Mutterschaft.

Diese Haremsbildung und die gemeinsame »Kinderkrippe« wirken sich in der ersten Phase dieser Entwicklung jedoch noch gar nicht bremsend auf die Bevölkerungsexplosion aus, sondern heizen die Massenvermehrung unbeschreiblich an. Viel weniger Männchen zeugen viel mehr Kinder!

Unter anderem wird jetzt das auf uns höchst befremdlich wirkende Phänomen der Säuglingsbegattung in Gang gesetzt. Der Haremspascha paart sich bereits mit seinen eigenen Kindern, wenn diese erst drei Tage alt und noch ganz winzig sind. So können die Jungen im Alter von dreieinhalb Wochen bereits selber Junge bekommen. Dieser Inzest ist wohl das Äußerste an Sexualrausch, was wir im Tierreich kennen. Es sind Zustände wie bei den Lemmingen, den nahen Verwandten der Erdmaus.

Doch bald darauf setzt die zweite Phase dieser populationsdynamischen Orgie ein. Und sie führt zum Untergang der ganzen Bevölkerungsgruppe.

Von außen dringen fremde Männchen in die total übervölkerte Region ein und entreißen den durch ausschweifendes Sexualleben stark geschwächten Paschas in mörderischen Kämpfen die Harems.

Nun brauchen die Eroberer aber nicht, wie die Löwen oder Hulmans, die Kinder zu töten, um sich mit deren Müttern paaren zu können. Diese Form des Infantizids wäre in Anbetracht der Möglichkeit zur Säuglingsbegattung auch gar nicht sinnvoll. Deshalb geschieht hier etwas, das als »Bruce-Effekt« schon seit 1959 bekannt ist:

Allein der Körperduft des fremden Männchens wirkt bei allen eroberten Weibchen als »Anti-Baby-Droge«. Er unterbricht bei allen tragenden Weibchen in diesem Familienbau die Entwicklung der Embryos im Mutterleib. Der Geruch jedes Männchens, das nicht der leibliche Vater ist, bewirkt, daß die Embryos, je nach ihrem Entwicklungsstadium, entweder im Mutterleib in nichts aufgelöst oder als Fehlgeburt ausgestoßen werden.

Ein Kindermord bereits an den Ungeborenen, und zwar nicht durch das Mittel reißender Zähne, sondern ausschließlich indirekt durch den Körpergeruch eines Fremden! Nur wenn ein Erdmausweibchen zur Zeit der Haremseroberung ein oder zwei Tage vor dem

Werfen steht, ist dieser unheimliche Mechanismus machtlos. Dann bringt es seine Kinder lebend zur Welt. Aber dann eilt der neue Herrscher sofort wie ein Löwe herbei, um eben diese Kinder unmittelbar nach der Geburt aufzufressen. Wenige Augenblicke später paart er sich dann auch noch mit dem Muttertier, dessen Kinder er gerade eben verschlungen hat.

Doch nun beginnt dieses barbarische Prinzip, sich gegen sich selbst zu richten. Denn längst bevor die 21 Tage der Trächtigkeit herum sind, längst bevor die Kinder des neuen Eroberers geboren werden, ist schon wieder ein neuer Eroberer da. Abermals gehen alle Kinder verloren. Der extreme »Gen-Egoismus« sorgt dafür, daß kein Männchen sich mehr fortpflanzen kann. Und so geht die Kette immer weiter.

Es ist ein Morden und ein Sichpaaren in Hochpotenz. Aber Kinder kommen überhaupt nicht mehr zur Welt. Und so stirbt trotz hypersexueller Raserei der größte Teil der Population binnen kurzem aus.

Denn sie wissen nicht, was sie tun

Darüber hinaus spielt in der Natur der unwissentliche Kinderkannibalismus eine große Rolle, etwa bei den Fröschen. Sie besitzen noch relativ primitive Augen, mit denen kein perfektes Bild-Erkennen möglich ist. Die Amphibien unterscheiden lediglich kleine, sich bewegende Dinge (gleich Beute) von großen (gleich Feinde) und froschgroßen (gleich Paarungspartner). So paßt bei Fröschen auch jede Kaulquappe und jedes Jungtier, das ihnen zu nahe kommt, nur in das Beuteschema. Sie fressen es auf, nicht wissend, daß es ihr eigenes Kind sein könnte.

Das ist auch die Basis des Schemas »Groß frißt Klein«, etwa bei den Kraken, Hechten, Aalen, tropischen Krabben, fleischfressenden Meeresschnecken und vielen anderen. Sie sind allesamt Kinderkannibalen. Aber sie wissen gar nicht, was sie tun.

Unwissentlicher Kinderkannibalismus findet sogar auch zwischen Eltern und ihren leiblichen Jungen statt. Sprachen wir bisher nur davon, daß fremde Artgenossen Kinder fressen, so muß jetzt über den gleichen barbarischen Akt der Eltern berichtet werden. Diese Form des Infantizids heißt »Kronismus«, so genannt nach dem Titanen Kronos der griechischen Mythologie (nicht zu verwechseln mit Chronos, der Personifikation der Zeit), der seine eigenen Kinder verschlang.

Zum Beispiel ist es in den Bruthöhlen der Zwergohreulen den fütternden Eltern, vor allem zu nächtlicher Fütterungszeit, nicht möglich, mit den Augen ein noch fast nacktes Jungtier von der Beute, einer Maus, zu unterscheiden. Deshalb müssen die Jungen ständig mit Erkennungslauten darum betteln, nicht getötet, sondern gefüttert zu werden. Wenn in Hungerszeiten ein Küken zu schwach ist, um noch zu piepsen, wird dieses sogenannte »Nesthäkchen« von den Eltern als Beute angesehen und an die Geschwister verfüttert.

Unwissentlichen Kronismus kann auch der Mensch durch falsche Behandlung bei Hunden hervorrufen. Viele Züchter beharren in dem abwegigen Glauben, der Vaterrüde würde seine eigenen Kinder umbringen, und halten ihn deshalb von Weib und Wurf fern. Dem Hundeforscher Eberhard Trumler kam das unter dem Aspekt natürlicher Lebensweise widersinnig vor. So führte er zwei Versuche durch.

Im ersten ging er davon aus, daß es vielleicht doch das sicherste sei, den Rüden während der ersten Lebenswochen noch nicht zu den kleinen, zarten Welpen zu lassen. Später, wenn sie größer und kräftiger wären, könne der Vater aber wahrscheinlich gut mit ihnen spielen. Als sie 72 Tage alt waren, ließ der Forscher den Rüden erstmalig zu seinen Kindern.

»Der Erfolg war erschütternd«! berichtet Eberhard Trumler. »›Artus‹ biß sofort einen der Welpen tot und wurde danach von der Hündin energisch daran gehindert, weitere Welpen anzugreifen. Es gelang ihm dann aber doch noch, einen der Welpen so zu verletzen, daß ich ihn einschläfern mußte. So blieb mir nichts anderes übrig, als die Tiere wieder zu trennen.«

Keiner außer Eberhard Trumler hätte jetzt wohl den Mut zum zweiten »Experiment« aufgebracht, nämlich so zu verfahren, wie es dem Vorgang in der vom Menschen unbeeinflußten Natur entspricht: Er ließ den Vaterrüden an der Geburt teilnehmen und trennte ihn auch nicht von seinen Welpen. Doch nun geschah das genaue Gegenteil vom erwarteten Kindermord. Der Vater hielt »Wache« und bemühte sich in liebenswerter Weise um die Seinen. Nicht eine Sekunde, in der ein Kindermord zu befürchten war!

Um Vatergefühle zu entwickeln, muß der Rüde also allzeit bei seiner Familie bleiben. Andernfalls erkennt er die Welpen nicht als seine Kinder und bringt sie unwissentlich um.

Männliche Tiere werden, wenn der Vatertrieb versagt, sehr leicht zu Kannibalen.

Dasselbe trifft bei Triebversagen aber auch recht oft für Mütter zu. Die Fälle, in denen Mutter und Kind bei der Geburt oder beim Schlüpfen voneinander getrennt werden, brauche ich nur kurz in Erinnerung zu rufen. Darüber hinaus kann es aber auch geschehen, daß in einer noch sehr jungen Mutter die instinktive Anlage zur Kinderpflege noch nicht voll ausgereift ist. Befremdend häufig kommt das ausgerechnet beim Symboltier glücklichen Kindersegens vor, beim Weißstorch.

Es ist Anfang Juni in dem schleswig-holsteinischen Storchendorf Bergenhusen. Gerade schlüpfen die ersten Babys, die Freund Adebar sich selbst gebracht hat, aus den 67 Eiern, die in den 22 belegten Horsten ausgebrütet werden. Da überstürzen sich die Alarm-Meldungen:

Der Storch auf dem Dach des Hauses von Bauer Sendel schnappt eines seiner drei Tage alten Kinder am Flügelchen und schleudert es aus dem Horst. Ein zweites Küken stürzt hinterher. Die Kleinen trudeln das Dach hinab und schlagen auf das Straßenpflaster. Kurz darauf sind sie tot.

Gegen Mittag findet Bauer Reimann ein Storchenküken leblos in der Dachrinne: von seinen Eltern über »Bord« geworfen. Noch am gleichen Tag beobachtet Bauer Carstensen, wie »sein« Storch ein Junges im Horst mit dem Schnabel erdolcht, in Stücke reißt und an die Geschwister verfüttert.

In den nächsten Tagen werden bei Tierarzt Dr. Wulf Hansen im benachbarten Süderstapel nicht weniger als 21 Jungstörche eingeliefert. »So etwas geschieht hier fast jedes Jahr!« berichtet seine Frau, die es sich zum Ehrenamt gemacht hat, alle diese Waisenkinder in ihrem Garten so gesund zu pflegen, daß sie Ende August über den Bosporus nach Südafrika fliegen können.

Die Ursache für den Babymord im Storchennest liegt in drei Bereichen.

Erstens in mangelnder Triebreife junger Eltern. Mitunter werfen Erstbrüter bereits ihre eben gelegten Eier aus dem Horst, weil sie nichts damit anzufangen wissen. Sie haben in ihren ersten Lebensjahren ja nie miterlebt, wie gebrütet wird, da sie in Südafrika geblieben waren, bis sie den Brutdrang zum erstenmal verspürten. Die Bauern sagen: »Sie zahlen ihre Miete.«

Zweitens kann bei erfahrenen Brutvögeln eine Steigerung ihrer Aggression den Pflegetrieb zum Erlöschen bringen. Wenn sie zum Beispiel von einem heimatlosen, wohnungssuchenden, vagabundierenden, drei- oder vierjährigen Jungstorch auf ihrem Horst angegriffen werden, kann es zu einem erbitterten Kampf kommen. Aber selbst wenn die alten Eltern Sieger bleiben, werfen sie kurz darauf entweder alle Eier oder alle Jungvögel aus dem Horst und brüten im laufenden Jahr nicht wieder.

Drittens kann eine übergroße Hungersnot die Storcheneltern in eine so verzweifelte Panik treiben, daß sie ihre Kinder töten und an deren Geschwister verfüttern. Da große Feuchtgebiete in letzter Zeit trockengelegt wurden, gibt es kaum noch Frösche. Nach Jahren, in denen Feldmäuse zahlreich sind, folgen Zeiten mit nur sehr wenigen dieser Wühlnager. Heuschrecken, Käfer und andere Insekten werden mit Chemikalien vergiftet. Was sollen da die armen Störche in unserer Zivilisationslandschaft überhaupt noch zu fressen finden? Der wahre Schuldige am Kindermord der Störche ist in diesem Falle also der Mensch.

Zweifellos eigenes Verschulden trifft aber Haussperlings- oder Schwaneneltern in Fällen vorzeitig wieder erwachender sexueller Lüste.

Als vor Jahren eine Alsterschwänin, so berichtet Harald Niess, der Leiter der Hamburger Schwanenwarte, vier Küken im dichten Schilfgürtel erbrütet hatte und zum erstenmal mit ihnen hervorgeschwommen kam, eilte das Männchen, das bislang in einiger Entfernung Wache gehalten und das Nest zuvor nie gesehen hatte, sofort herbei und überhäufte sein Weibchen mit Zärtlichkeiten, während seine Kinder für den in früheren Jahren stets sehr fürsorglichen Vater Luft waren.

Wild aufbrausende Liebesgefühle verdrängten allmählich sogar den Muttertrieb des Weibchens. Hin- und hergerissen zwischen den immer drängender rufenden Küken und dem in voller Pracht balzenden Männchen, wandte sich die Höckerschwänin immer häufiger dem Liebhaber-Ehepartner zu und ließ ihre Kinder verkommen. Fünf Tage später waren sie alle tot.

Bei Haussperlingen geschieht ähnliches Unheil in den gar nicht so seltenen Fällen, daß ein Männchen in Bigamie lebt. Erst sorgt er in einem Nest für Nachwuchs. Wenn dieses Weibchen brütet, geht der »Herr« fremd und umwirbt ein zweites Weibchen hinter der nächsten Häuserecke. Dieses Theater dauert so lange, daß bei Brutbeginn des zweiten Weibchens im ersten Nest schon längst die Jungen geschlüpft sind. Kommt er dann endlich wieder zu Besuch, fühlt er keinerlei Bindung zu seinen Kindern, hat nichts als abermals Sex im Sinn und umbalzt die Mutter so lange, bis er sie »herumgekriegt« hat. Überwältigender erotischer Rausch tötet die Liebe zu den Kindern, und schließlich werfen sie beide alle Jungen aus dem Nest und beginnen eine neue Brut.

In beiden Fällen, beim Höckerschwan wie beim Haussperling, war der Vater während der ersten Kindheitstage seines Nachwuchses abwesend, konnte also keine echten väterlichen Gefühle entwickeln. Und schon geschah das Unheil. Entsprechende Vorgänge im menschlichen Bereich drängen sich von selber auf.

Tiereltern, die ihre Kinder verkaufen

Neben der vom »Vater« angeregten sexuellen Zügellosigkeit kann auch die Genußsucht der Erwachsenen für die Kinder zur tödlichen Gefahr werden, so zum Beispiel bei der Kleinen Roten Waldameise.

Dies ist die erregende Geschichte vom Untergang ganzer Staaten durch übersteigerten Hang zum Schlemmerleben: Sie beginnt ganz harmlos und alltäglich damit, daß einige Weibchen eines Schmetterlings, des Arion-Bläulings, ihre Eier im Thymian ablegen. Die ausschlüpfenden Raupen fressen zunächst ganz brav an Thymianblättern, wie sich das für eine Raupe gehört. Nach der zweiten Häutung beginnt eine Rückendrüse zuckersüßen, berauschenden Honigtau zu spenden. Arbeiterinnen der Kleinen Roten Waldameise oder der Gelben Wiesenameise eilen herbei, betrillern die Raupe mit ihren Antennen und melken den süßen Saft. Sie stellen Wachen auf, die »ihre« Raupen gegen Schlupfwespen, Raubfliegen und andere Feinde verteidigen. Ist eine Pflanze kahlgeweidet, schleppen die Ameisen ihre »Zuckersaft-Kühe« auf eine andere Thymianpflanze, möglichst in der Nähe ihres Nestes.

Nach der vierten Häutung geht eine weitere tiefgreifende Wandlung in den Raupen vor sich. Die bisherigen Vegetarier werden zu gierigen Fleischfressern. Wenn sie bis jetzt noch nicht von Ameisen gefunden wurden, verspeisen sie Blattläuse, andere Insekten oder in kannibalischer Sitte sich gegenseitig ... bis pro Pflanze nur noch eine Bläulingsraupe übrig ist.

Wenn jedoch die Ameisen die Raupe schon entdeckt oder gar gemolken und beschützt haben, ist nun der Zeitpunkt gekommen, die begehrten Zuckersaftspender in das Innere des Ameisennestes zu transportieren. Die Raupe gibt selber das Zeichen dazu: Während sie von einer Ameise gemolken wird, macht sie einen Buckel. Daraufhin ergreift sie die Ameise mit den Kieferzangen und schleppt sie ab.

In den unterirdischen Kammern des Ameisen-Labyrinths verbringt die Raupe fast ein Jahr. Nahezu jeden anderen Fremdling würden die Gastgeber sofort angreifen und töten. Aber den Honigtau der Raupen schätzen die Ameisen so hoch, daß sie die Zuckerwasserproduzenten sogar bereitwillig füttern, und zwar mit ihren eigenen Larven! Nur um in den Genuß der Süßigkeiten zu kommen, verkaufen die Ameisen ihre Kinder an ein Ungeheuer – wie in alten Sagen einst die Germanen Jungfrauen an einen Drachen.

Ihre Gier nach Genußmitteln kennt keine Grenzen. Wenn in Nestnähe sehr viele Bläulingsraupen umherkrabbeln, werden sie alle hereingetragen und mit Ameisenbrut gefüttert, bis der Staat allmählich an Kinderlosigkeit ausstirbt.

Weniger die Genußsucht als der bohrende Hunger ist es, der die in Europa lebende Deutsche Wespe zum Kinderkannibalen macht. Hier hat sich das Auffressen der eigenen Brut sogar zu einem regelmäßig praktizierten Überlebenssystem entwickelt. Es wird immer dann wirksam, wenn, wie so oft, mitten im Sommer polare Kaltluft mit tagelangem Regen hereinbricht und keine Sammlerin ausfliegen kann.

Dabei ist zweierlei zu bedenken: Erstens: Bekommt eine Wespe zweieinhalb Tage lang nichts zu fressen, stirbt sie den Hungertod. Zweitens: Im Gegensatz zu den Bienen bewahren die Wespen in ihren Papierwaben nicht die kleinsten Futtervorräte auf, weder Honig noch Pollen, noch irgend etwas anderes. Trotzdem kann der Staat eine kalte Regenwoche überleben.

Wieso? Diese Insekten benutzen ihre Kinder, die Larven, als Futterspeicher. In den ersten Hungertagen gehen die Arbeiterinnen noch zartfühlend mit dem Nachwuchs in den Waben um. Mit zaghafter Bettelgebärde betrillern sie die Brut an der Kopfregion, bis dort ein Tröpfchen Futtersaft hervortritt. Jetzt füttern also die Kinder die Erwachsenen!

Bleibt es länger naßkalt, verhungern die ausgepumpten Kinder als erste und werden dann obendrein noch selber mit Haut und Haar gefressen. Die Kinderschar als Nahrungsreserve für die kannibalischen Erwachsenen im Staat!

Ähnliche Verhältnisse herrschen auch in den Staaten der Hornissen und Hummeln. Bei all diesen Insekten sind es jedoch nicht die Eltern, die ihre Kinder fressen, sondern die älteren Geschwister. Sie wandeln sich von Helfern zu Kindesmördern, zu sogenannten Kainisten.

In Abwandlung von Bert Brecht könnte man sagen:»Erst kommt das Fressen und dann die Mutterliebe«, jedenfalls bei einigen wenigen Tierarten. Hierunter zählen bezeichnenderweise auch jene, bei denen keine enge Mutter-Kind-Bindung geknüpft wird, sondern wo mehrere Mütter den ganzen Kindergarten aller Weibchen ohne Ansehen, ob eigenes Kind oder nicht, gemeinsam aufziehen: bei den Löwen. In satten Zeiten funktioniert dies System wunderbar. Aber sobald die Not hereinbricht, ist der Teufel los.

Die Löwenbabys bekommen in mageren Zeiten zwar weiterhin ihre Milch. Doch wenn sie etwas älter geworden sind, der Milchquell der Mutter und der Tanten versiegt ist und die Jungen noch nicht selber jagen können, werden sie in Monaten der Futterknappheit von selten erlegter Beute mit wütenden Prankenhieben weggefetzt und gnadenlos dem Hungertod preisgegeben.

Durch ähnlich rücksichtsloses Verhalten den Kindern gegenüber bahnte sich bei einem anderen Kindergärten bildenden Tier 1969 eine Massenkatastrophe an.

Die außerordentlich flachen Seen der Etoschapfanne in Südwestafrika, vor deren Ufern Millionen von Flamingos brüten, trockneten damals früher als in anderen Jahren aus. Etwa 150 000 Jungvögel konnten zu diesem Zeitpunkt noch nicht fliegen und standen in kopfstarken »Kindergärten« beieinander. Die Geschwader der Elternvögel fanden keine Nahrung mehr. Gewohnt, daß sich ja auch andere um ihre Kinder kümmern, erhoben sie sich alle in die Luft und ließen die unermeßlichen Scharen der völlig hilflosen Jungvögel zurück.

Diese versuchten, zu Fuß zu folgen, irrten aber kreuz und quer in der Wildnis umher und fielen zu Hunderten Löwen, Hyänen, Schakalen und Geiern zum Opfer. Wildwarten, Tierärzten und Arbeitern einer Straßenbaukolonne gelang es, wenigstens 12 000 Jungflamingos einzufangen und mit Fahrzeugen zu einem anderen, noch Wasser führenden See zu bringen.

Maßnahmen der Natur zur Geburtenbeschränkung

Viele Vogeleltern überantworten aber auch ihre Nestlinge dem Tode, nachdem sie eine feste Bindung zu ihnen hergestellt haben. Die Ursachen dazu sind abermals der große Hunger und eine Art Hoffnungslosigkeit bei der Futterbeschaffung. Dies grausame Schicksal trifft stets die Jüngsten im Nest, die Nesthäkchen oder »Nesthöckchen«, wie sie Dr. Hans Löhrl, der Direktor der Vogelwarte Radolfzell, genannt hat.

Wenn die Zeiten gut sind und die Eltern genug Nahrung für alle heranschaffen können, geht es den Kleinsten im Nest am besten. Dann werden sie so sehr verwöhnt und mit Nahrung vollgestopft, daß sie zum Termin des ersten gemeinsamen Ausfliegens ihre älteren Geschwister in der körperlichen Entwicklung voll eingeholt haben.

Aber in der Hungersnot wird aus dem Verhätscheln tödliche Vernachlässigung. Dann bekommen die Jüngsten überhaupt kein Futter mehr, und sie müssen sterben.

Was würde eigentlich geschehen, wenn es Vogeleltern auch in Notzeiten allen ihren Kindern in gleicher Weise gerecht machen würden? Alle bekämen gleich wenig Futter, alle gelangten gleich schwächlich ins Alter des Selbständigwerdens, alle wären dem harten Lebenskampf gleichermaßen nicht gewachsen und würden zugrunde gehen, noch bevor sie selbst Nachwuchs zeugen könnten. Eine Tierart, die nach diesem Gerechtigkeitsprinzip handeln würde, wäre binnen kurzem ausgestorben.

Doch dieser Hungertod der Nesthäkchen ist nur ein Teil aus dem Spektrum von Möglichkeiten, mit denen Tiere die Zahl ihrer Kinder den derzeit herrschenden Realitäten anpassen.

Die Maßnahmen zur Geburtenbeschränkung beginnen bei Vögeln schon mit dem Eierlegen. Wenn die Ernährungslage schlecht oder der Lebensraum eng ist, hat es ja gar keinen Zweck, erst sehr viele Eier zu legen und danach einen großen Teil der Nestlinge verhungern zu lassen. Deshalb legen Vögel, die ihre Ernährungslage »übersehen« können, nur so viele Eier, wie sie hoffen, Nestlinge durchfüttern zu können. Unter günstigen Bedingungen legt zum Beispiel eine Amsel fünf Eier. In den völlig von diesen Vögeln übervölkerten Stadtrandsiedlungen jedoch allenfalls nur zwei.

Diese Regulation geht natürlich nicht über das Bewußtsein der Tiere. Sie folgt anderen Mechanismen, etwa dem Ernährungszustand (je besser ein Weibchen genährt ist, desto mehr Eier kann es

herstellen) oder der Streßbelastung (je stärker der Bevölkerungsdruck und damit der soziale Streß ist, desto weniger leistungsfähig
werden die Fortpflanzungsorgane). Zum anderen entwickeln die Vögel aber auch ein Gefühl dafür, wieviel Eier sie zum Brüten unter sich
haben müssen.

Können Vögel Eier zählen? Sicherlich nicht. Aber auf anderem
Wege leisten sie durchaus Adäquates.

Bei einem Teil der Vögel vermag der Organismus nur eine sehr beschränkte Eizahl herzustellen. Zu diesen sogenannten »determinier-
ten Eierlegern« gehören zum Beispiel die Haustaube mit zwei Eiern
pro Brut, die Nachtigall mit fünf, die Rauchschwalbe mit fünf oder
sechs, der Trauerschnäpper mit fünf bis sieben Eiern. Zu mehr langt
es unter keinen Umständen. Als »Zählen« kann man das kaum bezeichnen.

Andere Vögel sind aber mehr oder weniger gut in der Lage, Verluste, die sie durch Nesträuber erleiden, durch Nachlegen auszugleichen, und zwar so lange, bis sie so viel Eier bebrüten, wie es nach ihrem Gefühl sein müssen. Wenn ein Experimentator einer Blaumeise,
die die Geräumigkeit ihrer Nisthöhle und die Ernährungs-Chancen
in ihrem Revier so »einschätzt«, daß sie zehn Eier bebrüten will, vom
zweiten Ei an täglich das neu hinzugefügte Ei fortnimmt, legt sie insgesamt vierzehn Eier, bevor ihr Organismus streikt.

Der Goldspecht hört in diesen Experimenten erst beim 72. Ei auf –
und die Stockente irgendwann zwischen dem achtzigsten und dem
hundertsten Ei. Absoluter Rekordinhaber ist jedoch unser Haushuhn. Da sein Nest aus bekannten Gründen nie die vom Vogel ersehnte Eizahl erreicht, legt es unentwegt nach bis an sein Lebens-
ende: fast jeden Tag ein Ei und bis zu 270 im Jahr.

Forscher haben aber auch den umgekehrten Versuch gemacht und
einer Henne, die gerade zu legen begonnen hatte, das Nest mit künst-
lichen Eiern gefüllt. Daraufhin hielt der Vogel seine Legearbeit für
vollbracht, legte kein weiteres Ei mehr und begann zu brüten. Beim
»Zählen« helfen dem Huhn Tastsinneszellen am Brutfleck, also an
jener Stelle des Unterleibes, an der kurz vor dem Brüten die Federn
ausfallen, damit die Haut die Eier im direkten Kontakt wärmen
kann. Aber mit diesem Tastsinn zählt der Vogel nicht so, wie wir
Menschen es tun würden. Vielmehr ist es ein allgemeines Mengenge-
fühl zwischen einem Zuviel und Zuwenig, das ihm anzeigt, wann genug Eier im Nest liegen – etwa dem Sattheitsgefühl in unserem Magen vergleichbar.

Ein anderes Problem zum Bestimmen der optimalen Gelegegröße ist die richtige Prognose der künftigen Ernährungslage zur Zeit des Fütterns der Nestlinge. Vögel, deren Ernährungsbasis mit dem Wetter oder mit der Zeit stark schwankt, »tippen« dabei natürlich oft daneben. Deshalb sind hierbei jene Vögel besonders begünstigt, deren Nahrungsquelle während eines Frühjahrs ziemlich konstant bleibt, ungeachtet eventueller Frosteinbrüche, Hitzewellen, Dauerregen oder Dürrezeiten.

Unter diesen Umständen hat der Waldkauz das wohl idealste Anpassungs-System der Vogelwelt entwickelt. Während bei Kohlmeisen, Tannenhähern, Blutschnabelwebern und anderen Arten Jahre einer Bevölkerungsexplosion mit Zeiten ausgesprochen geringer Siedlungsdichte wechseln, bleibt die Kopfzahl der Waldkäuze immer annähernd dieselbe, ganz gleich, ob die Beutetiere zur Zeit sehr knapp oder sehr reichlich vorhanden sind.

Wie der Vogel das anstellt, hat Dr. H. N. Southern, Zoologe an der Universität Oxford, in jahrelangen Beobachtungen herausgefunden. In einem Jahr, in dem seine Beutetiere, nämlich Mäuse, eine große Seltenheit sind, legt das Waldkauzweibchen überhaupt keine Eier, verzichtet also von vornherein auf jeglichen Nachwuchs.

Im folgenden Frühjahr, wenn sich die Mäuse etwas vermehrt haben, legt es drei Eier. Aber das brütende Weibchen kann noch nicht vom Männchen ausreichend mit Nahrung versorgt werden und verläßt das Nest für längere Zeit, um selbst zu jagen. Das Gelege kühlt stark ab. Die Folge ist, daß nur aus einem der drei Eier ein Junges schlüpft. Und dieses kann hernach auch von beiden Eltern zusammen großgefüttert werden.

Erst im Jahr darauf, wenn die Mäuse wieder zahlreicher die Erde bevölkern, füttert der Vater die brütende Mutter ausreichend. So ist sie nunmehr in der Lage, alle drei Küken zum Schlüpfen zu bringen. Und diese können nun fast durchweg einer gesicherten Zukunft entgegensehen.

Das Leben, ein ewiger Numerus clausus

Ganz im Gegensatz zur »Familienplanung« der Waldkäuze steht das »Lotteriespiel« um das Leben ihrer Kinder, zu dem die in Panama lebenden Wanderdrosseln von einer extrem feindlichen Umwelt gezwungen werden. Ihnen bleibt, kaum überspitzt ausgedrückt, nur die Wahl, ihre Jungen entweder verhungern oder aber von Feinden fressen zu lassen.

Vom Futterangebot aus betrachtet, wäre eigentlich die Regenzeit die beste Saison, den Nachwuchs aufzuziehen. Dann gibt es überall Regenwürmer in Fülle, gerade die rechte Kost für die Nestlinge. Aber zu jener Zeit haben so viele Räuber ihrerseits Junge zu ernähren, daß ihnen die Wanderdrosselkinder gerade gelegen kommen, an die Räuberkinder verfüttert zu werden. Nicht weniger als 85 von hundert Nestlingen ereilt dieses schlimme Schicksal, wie Dr. Eugene Morton vom Smithsonian Tropical Research Institute in Balboa, Panama, beobachtet hat.

Die einzige Alternative für die Eltern liegt darin, ihre Kinder nicht in der Regenzeit aufzuziehen, sondern während der Dürreperiode. Dann sind die meisten Räuber aus der Halbwüste abgewandert und stellen keine Bedrohung für die Kinder mehr dar. Aber in der Trockenzeit gibt es auch keine Regenwürmer mehr. So verfüttern die Eltern dann rein vegetarische Kost in Form von spärlichen Grassamen. Diese enthalten für die kleinen Allesfresser viel zuwenig Protein. Die Jungen bleiben klein und dünn, und von hundert Nestlingen sterben 58 am Hunger.

Entweder werden also 85 Prozent der Kinder von Feinden gefressen, oder 58 Prozent von ihnen sterben unter den Augen der Eltern einen erbärmlichen Hungertod. Die Wahl zwischen beiden Möglichkeiten scheint den Tieren sehr schwer zu fallen, denn nur siebzig Prozent aller Wanderdrossel-Eltern entscheiden sich für jenen Weg, auf dem zwar mehr Kinder überleben, aber das Elend der Hungersnot durchlitten werden muß.

Wie in diesem Fall, so sind auch bei vielen anderen Vögeln beide Eltern nötig, um alle Jungen am Leben zu erhalten. Das geht besonders eindrucksvoll aus Beobachtungen hervor, die dem Frankfurter Zoologen Professor Friedrich Wilhelm Merkel gelangen, als er den persönlichen Lebenslauf einiger Stare über mehrere Jahre hinweg verfolgte.

Stare leben gefährlich, weil sie viel im Neuland vagabundieren, wo sie nicht den Hinterhalt der Katze, den Lauersitz des Falken und nicht die Gewohnheiten anderer Feinde kennen. In zwei Fällen wurde der Starenvater vom Tode ereilt, als seine fünf Jungen erst acht Tage alt waren. Die Mutter schuftete von nun an bis zur totalen Erschöpfung, um allein das nötige Futter herbeizuschaffen. Aber es ging einfach über ihre Kräfte. Erst starb das jüngste Kind, das Nesthäkchen. Dann schritt der Tod in der Sterbefolge genau nach dem Körpergewicht von klein nach groß weiter vor. In beiden Nestern überlebte schließlich nur jeweils ein Junges.

Die Tatsache, daß bei vielen Vogelarten der Vater unerläßlich ist, um die volle Anzahl der Kinder am Leben zu erhalten, ist übrigens die Ursache dafür, daß wir im Reich der Vögel so sehr viel häufiger auf das Phänomen gattentreuer Einehe treffen als etwa bei den Säugetieren.

Das akute Nahrungsproblem in der Zeit, in der Kinder ins »Haus« kommen, kann, wenngleich nur in seltenen Fällen, so doch auch durch Vorratswirtschaft gemeistert werden, so zum Beispiel beim Neuntöter.

Für den unvorbereiteten Spaziergänger sieht die nähere Umgebung eines Neuntöternestes, etwa in der Buschreihe eines Feldrains, recht makaber aus. Da hängen plötzlich, auf Dornen aufgespießt, zum Beispiel eine Hornisse neben einem Schmetterling oder Käfer, eine Eidechse, ein Frosch und eine Maus, als wären sie gekreuzigt worden. Das ist das Lebensmittellager, das Vater Neuntöter anlegt, sofern gerade günstige Jagdzeiten herrschen, während sein Weibchen brütet.

Wenn einige Tage darauf die Jungen schlüpfen und dann, wie so oft in Mitteleuropa, eine Schlechtwetterperiode einsetzt, können die Eltern ihre Kinder aus dieser »Speisekammer« ernähren und damit am Leben erhalten.

Laien haben kaum eine Vorstellung davon, welche Katastrophe schlechtes Wetter für viele Tierkinder bedeutet. Fällt nur drei Tage lang Dauerregen, sind in der ganzen davon betroffenen Region alle Mäusebussard-Nestlinge tot! Zwölfjährige Untersuchungen des deutschen Ornithologen Dieter Rockenbauch belegen das. Regnet es nur zwei Tage lang, stirbt auch schon ein Drittel oder gar die Hälfte aller jungen Mäusebussarde. Vor allem leiden die größeren, schon vier bis fünf Wochen alten Jungtiere unter der Nässe und Kälte, weil sie von der Mutter nicht mehr unter den Fittichen geschützt und gewärmt werden. Die Mutter zerfleischt dann fast immer die toten Kinder und verfüttert sie an die noch lebenden Geschwister.

In schlechten Wetterverhältnissen erkennen wir also eine weitere Ursache für den Kinderkannibalismus.

Geradezu mysteriös erscheint das Auffressen der eigenen Kinder bei der Guppys, also bei jenen sehr beliebten Aquariumsbewohnern, mit denen Anfänger und Kinder ihre ersten »Gehversuche« in der Haltung von Fischen beginnen und die man wegen ihres reichen Kindersegens auch »Millionenfische« nennt. Ihnen haftet der Ruch an, Babyfresser zu sein.

1966 wollte Professor C. M. Breder, der Direktor des New Yorker Aquariums, einmal präzise untersuchen, was es mit dem »millionenfachen« Kinderkriegen und dem anschließenden Kronismus dieser Fischlein auf sich hat.

In einem kleineren Becken, das ständig mit Futter und Sauerstoff für fünfhundert Fische ausreichend versorgt wurde, setzte er nur einen einzigen Guppy aus, und zwar ein trächtiges Weibchen. Im folgenden halben Jahr brachte es in nur vierwöchigen Abständen 102, 87, 94, 71 und 89 Junge zur Welt, insgesamt also 443. Eine abschließende Volkszählung ergab aber, daß von all diesen vielen Kindern nur neun am Leben geblieben waren: sechs Weibchen und drei Männchen. Alle anderen hatte das Muttertier schon kurz nach der Geburt aufgefressen.

In ein zweites, gleich großes Aquarium tat der Forscher zu Beginn 17 Männchen, 17 Weibchen und 17 Jungtiere, insgesamt also 51 Guppys. Auch hier quoll alsbald reicher Kindersegen aus den Leibern der lebendgebärenden Fische. Aber ausnahmslos jedes Baby wurde unmittelbar nach der (meist nachts stattfindenden) Geburt von seiner Mutter gefressen, obwohl mehr als genug anderes Futter vorhanden war. Und nicht nur das. Auch die bereits vorhandenen Jungtiere verschwanden in den Mäulern der Erwachsenen. Und sogar unter diesen selbst setzte ein großes, unerklärliches Sterben ein. Nach einem halben Jahr lebten auch nur noch sechs Weibchen und drei Männchen – genauso wie im ersten Aquarium.

Es stimmt also: Guppys fressen ihre Kinder. Aber trotzdem waltet hier nicht ein alles wahllos verschlingender Babykannibalismus. Die Eltern fressen nämlich nicht in jeder Situation alle Kinder bis zum letzten auf. Bis zu einem gewissen Grad des Gedränges in der Menge lassen sie ihre Kinder leben. Sonst gäbe es ja keine Guppys auf der Welt. Diese Tiere betreiben mithin eine aktive Geburtenkontrolle, allerdings in sehr barbarischer Form.

Bemerkenswerterweise ist es aber nicht der Hunger, der ihr soziales Zusammenleben zum Kinderkannibalismus entarten läßt, sondern . . . ja, was eigentlich?

Professor Breder hat herausgefunden, daß ein voll ausgewachsener Guppy einen Lebensraum von etwa zwei Litern Wasser benötigt.

Steht ihm weniger zur Verfügung, wird er zum Kinderfresser. Wahrscheinlich erzeugt in ihm ein zu starkes Gedränge eine Art Streß. Und diese nervliche Belastung steigert seine Aggressivität, die sich gegen die Schwächsten entlädt, also gegen die Kinder.

Aber das ist noch nicht der Weisheit letzter Schluß. Denn die Guppys fressen sich, wie die Versuche gezeigt haben, stets so auf, daß letzten Endes auf ein überlebendes Männchen stets zwei überlebende Weibchen kommen. Im selben Verhältnis der Geschlechter, also mit doppelter Überzahl der Weibchen, werden übrigens auch die Babys geboren. Woher aber die Tiere wissen, ob sie gerade noch ein weibliches oder aber ein männliches Jungtier auffressen müssen, um exakt zur zweifachen Weibervorherrschaft zu gelangen, das ist uns gegenwärtig noch ein Buch mit sieben Siegeln.

Möglicherweise wird das kannibalische Verhalten von Duftstoffen gesteuert, also von sogenannten Pheromonen. Bei Fröschen ist dieser Vorgang bereits zweifelsfrei nachgewiesen worden. Wenn man in ein Aquarium zu einer Gruppe kleiner Kaulquappen ein einziges größeres Exemplar dieser Froschlarven hinzufügt, hören die kleinen trotz noch überreichen Nahrungsvorrats unbegreiflicherweise auf zu fressen und sterben bald. In einer Wassermenge von 120 Litern vermag eine große Kaulquappe sechs kleine auf diese rätselhafte Weise zum Hungertod zu zwingen.

Dieselbe sozial induzierte Appetitlosigkeit kann der menschliche Experimentator aber auch künstlich hervorrufen, wenn er nur das Wasser, in dem einige große Kaulquappen zuvor herumgeschwommen sind, in das Becken der Kleinen gießt. Es ist also eine chemische Flüssigkeit, mit der die Natur hier auf so seltsame Weise eine Art Vorrecht der Erstgeborenen praktiziert.

Das Prinzip der selbstregulatorischen und sehr barbarischen Bevölkerungskontrolle ist im Tierreich sehr weit verbreitet. Auch in freier Natur stehen Tiere vor einem ewigen Numerus clausus. Als typisches Beispiel sei hier nur noch über den Goldhamster berichtet.

Das folgende Experiment erinnert zwingend an jenes mit den Guppys. Die Doktoren L. Goldman und Heidi Swanson, Mitarbeiter am Anatomischen Institut der Universität Birmingham, setzten zwei weibliche und zwei männliche Goldhamster in ein Gehege von drei Quadratmetern Größe und ließen sie sich unter schlaraffenländischen Bedingungen nach Herzenslust vermehren.

Wäre dieser Versuch mit Mäusen durchgeführt worden, so hätte

sich die Bevölkerungszahl im Käfig bei mehr als hundert Tieren ein-
gependelt. Feldmäuse verfügen über Verhaltensweisen, die soziales
Gemeinschaftsleben auch noch bei hohem Gedrängefaktor bis zu
einem bestimmten Grenzwert gestatten. Erst von da an setzen
Entartungserscheinungen und Kannibalismus ein.

Ganz anders verhalten sich in gleicher Situation jedoch typische
Einzelgänger wie der Goldhamster. Statt sich in dem Gehege auf
hundert Tiere zu vermehren, überschritt ihre Kopfzahl niemals acht
Stück. Meist waren es Muttertiere, die die Kinder anderer Weibchen
töteten.

Darüber hinaus gibt es Anlässe, in denen Goldhamstermütter
auch ihre eigenen Kinder auffressen. Sie sind gar nicht einmal so selten.

Noch wenige Minuten, bevor ein Weibchen eigene Junge zur Welt
bringt, verhält es sich gegenüber fremden Babys kannibalisch. Diese
mörderischen Gelüste ersterben praktisch erst im Augenblick der
Geburt des ersten Kindes vom eigenen Wurf. Die Mutterliebe erwacht. Und nun erst sind auch die Babys fremder Mütter tabu.

Beobachten wir einmal, was nun geschieht: Kurz nacheinander
gebar ein Weibchen zwölf Kinder. Das vierte und das achte waren
bereits tot, als sie aus dem Mutterleib kamen. Sie wurden sofort von
der Mama gefressen. So blieben noch zehn. Wie alle Goldhamsterin-
nen, so hatte auch dieses Weibchen aber nur acht Zitzen. Da jedes
Kind eine Zitze als seinen ganz persönlichen Stammplatz an der
»Milchbar« verteidigt, konnten zwei nicht genährt werden. Die
Hamsterin löste das Problem, indem sie ihre beiden »überflüssigen«
Kinder ebenfalls verspeiste.

Die »Überzähligen« sind eigentlich nur Ersatzkinder für den Fall,
daß es im Wurf mehrere Totgeburten gibt. Denn es ist sehr wichtig,
daß die Höchstzahl von acht Kindern pro Wurf stets voll erreicht
wird, da die Art in der Syrischen Wüste, ihrem Herkunftsland, sonst
nicht überleben könnte.

Zählt ein Goldhamster also die Häupter seiner Kinder, ob es ihrer
zu viele sind? Dann wäre er intelligenter als Papageien und Affen. Er
ist es aber nicht. Ihm hilft vielmehr ein Instinkt. Jedes Kind, das nicht
mittrinkt, wenn die anderen Geschwister alle an den Zitzen nuckeln,
wird von der Mutter sofort als »überflüssig« betrachtet und verspeist. Darum ist auch über ein Kind, das eine Mahlzeit nur verschläft, schon das Todesurteil gesprochen.

Einige überzüchtete und degenerierte Weibchen sind regelrecht kitzelig. Wenn die Neugeborenen zum erstenmal zu den Zitzen drängen, um zu trinken, springt die Mutter in die Luft, kratzt sich am Bauch, reißt dabei die Babys fort, bis sie apathisch liegenbleiben, und frißt sie dann auf.

Manchmal genügt es auch schon, wenn sich ein Muttertier bei der Geburt von einem menschlichen Beobachter bedroht fühlt, daß ihre Aggression, wie schon erwähnt, gesteigert wird und sich gegen die eigenen Kinder wendet.

So sehen wir im Goldhamster den extremen Fall eines nicht sozial lebenden Tieres mit äußerst schwach ausgeprägtem Muttertrieb, der bereits durch geringfügige Belastungen sehr verschiedener Art erlischt. Damit ist der Weg zum Kinderkannibalismus frei.

Situationen, in denen Eltern ihre Kinder töten

Eine seelische Belastung, die Muttergefühle besonders stark in Mitleidenschaft zieht, ist der Streß, genauer: der Distreß.

Früher geschah es in zoologischen Gärten recht oft, daß Löwen, Tiger, andere Raubkatzen und Bären ihre Neugeborenen vor den Augen einer entsetzten Zuschauermenge auffraßen. Seinerzeit machten Zoodirektoren wie Publikum den »barbarischen Charakter dieser Bestien« dafür verantwortlich.

Heute kennen wir den wahren Grund. Diese Tiere reagierten in gleicher Weise wie die Goldhamsterin, der Neugierige bei der Geburt zu dicht auf den Pelz rückten. Lärmende Schulklassen und fotografierende Besucher streßten die Muttertiere. Verzweifelt trugen sie ihre Kinder im Maul auf der vergeblichen Suche nach einem Sichtschutz und Versteck von einer Käfigecke in die andere. Schließlich brannte die Aggressions-Sicherung durch, und sie bissen die eigenen Kinder tot.

Um das künftig zu verhindern, besitzen moderne Raubtiergehege ein Geburts- und Kinderzimmer, das im Halbdunkel lärmgeschützt abseits liegt und von niemandem außer der Tiermutter (und vielleicht einer Videokamera) eingesehen werden kann. Hier ist es bislang noch nie geschehen, daß eine »bestialische Mutter« ihr Kind getötet hätte.

Aber mitunter genügen bereits geringfügige Störungen, um Tiereltern zu Kannibalen werden zu lassen. Konrad Lorenz schildert solch einen Fall. Einmal war ein Passagierflugzeug vom Kurs abgewichen und hatte eine Silberfuchsfarm in geringer Höhe überflogen. Das reichte bereits aus, sämtliche Weibchen, die vor kurzem Junge bekommen hatten, dazu zu bringen, ihre Kinder aufzufressen.

Max Schmeling berichtet dasselbe von seiner Nerzfarm, die er sich nach dem Kriege in einem Dorf bei Hamburg aufgebaut hatte. Nach Jahren bester Zuchterfolge wurde ein Fliegerhorst der Luftwaffe in die Nähe gelegt. Vom selben Tag an gebärdeten sich alle lärmgestreßten Nerze ihren Kindern gegenüber nur noch kannibalisch. Die Farm mußte aufgegeben werden.

Am krassesten treten die Streßsymptome bei jenem Tier zutage, das zum »Paradepferd« der Streßforschung geworden ist, dem Spitzhörnchen. Diese Vorfahren der Halbaffen sterben am Streß wie Manager in der Wirtschaftskrise. Sie zählen zu den wenigen Lebewesen, die sich gegenseitig statt totzubeißen totstressen. Der Münchner Zoologe Professor Dietrich v. Holst hat dieses sonderbare Phänomen erforscht.

In der Waldsavanne Thailands besitzt jedes der in strenger Einehe lebenden Pärchen ein Grundstück von etwa zwanzig Quadratmetern Größe, möglichst mit einem Baum in der Mitte, in dessen Höhle sich das Schlafnest befindet. Ringsum lebt eine Unendlichkeit extrem feindseliger Nachbarn.

Wenn in einer Familie der männliche Nachwuchs die Geschlechtsreife erlangt hat und auswandern muß, kann die Reise nur in eine Welt von Todfeinden führen. Da die fremden Revierinhaber innerhalb der eigenen Gebiete meist allen Eindringlingen überlegen sind, erlebt der Auswanderer eine nicht enden wollende Kette von Niederlagen.

Das streßt enorm. Aber solange noch ein Fluchtweg offenbleibt, ist die Seelenpein bereits zehn Minuten nach der Niederlage vergessen und kann verkraftet werden. Und wenn der Heimatlose früher oder später eine Familie trifft, in der das Männchen gerade von einem der zahlreichen artfremden Feinde gefressen worden ist, tritt er sogleich an dessen Stelle, und alles ist gut.

Aber er kann, vor allem bei einer der häufigen Übervölkerungen, auch leicht in eine ausweglose Situation geraten. Überall ringsum nur Sieger. Ständig sieht er einen davon, und allein dieser Anblick streßt ihn für längere Zeit. Die Folge ist starker Gewichtsverlust und Tod durch Streß nach einigen Stunden. Damit reguliert sich die Bevölkerungsdichte der Spitzhörnchen auf ein für alle Überlebenden erträgliches Maß. Noch ehe der Hungertod für die zu zahlreich gewordenen droht, vermindert sich die Volksmenge durch Streßtod der »nicht benötigten«.

Derart überflüssigerweise von den Eltern in die Welt gesetzte Kinder gibt es in freier Natur jedoch nur hin und wieder. Denn schon viel eher greift der Streß innerhalb der Familie regulierend ein.

Die Familie ist im Gegensatz zur rauhen Umwelt ein Hort des Friedens. Immer wenn die Verhältnisse zum Auswandern infolge einer Übervölkerung ungünstig sind, dürfen alle Kinder, auch die der älteren Würfe, daheim bleiben. Bis zu zehn Tiere kuscheln sich dann im Nest zusammen. Aber die Enge streßt doch ein wenig, was zur Folge hat, daß sich die Kinder viel langsamer als sonst zu geschlechtsreifen Tieren entwickeln. Sie durchleben eine verzögerte Jugend.

Eines Tages ist es dann aber doch soweit, daß etwa eine Tochter voll erwachsen wird. Das streßt nun wieder die Mutter. Sie wird aggressiv, aber nicht gegen ihre große Tochter, sondern gegen ihre jüngsten Kinder. Eben noch säugt sie ihre Babys liebevoll. Dann aber springt sie plötzlich auf, flitzt zum Schlafnest der Kinder zurück und frißt ein Baby nach dem anderen auf – ich bin fast versucht zu sagen: um ihnen ein von vornherein aussichtsloses Leben zu ersparen.

Hält der Streß noch länger an, werden alle Weibchen steril und alle Männchen impotent, erst psychisch, dann sogar auch physisch. In einem Muttertier, das kurz vor der Geburt steht, lösen sich die zwei, drei oder vier ungeborenen Kinder wieder vollständig in Körpersäfte auf. Das junge Leben, für das kein Platz auf Erden ist, wird bereits im Mutterleib wieder ausgelöscht, ohne eine Spur zu hinterlassen.

Das Sündenregister der Kindesmörder

Dieses Kapitel über den Kindesmord habe ich mit Vorbedacht so detailliert ausgeführt, wie es bislang noch nirgends geschehen ist. Warum? Kindesmißhandlungen und Kindestötungen nehmen derzeit in den sogenannten zivilisierten Ländern immer erschreckendere Ausmaße an. Hierin liegt eines der großen Probleme unserer Zeit.

Aber ich sehe täglich mit Sorge, in welch dilettantischer Weise diese Lebensfrage simplifiziert wird. Den einen passen die Brutalitäten von Eltern gegen ihre Kinder prächtig in ihr Konzept zur Diffamierung der Institution der Familie, ohne nach tieferliegenden Ursachen zu fragen. Ansätze zur Besserung sind von dieser destruktiven Seite somit nicht zu erwarten.

Die anderen erkennen immer nur Teilaspekte oder kurieren an Symptomen statt an Ursachen. Dabei zeigt bereits der Blick auf die Tierwelt, wie vielschichtig dieser Komplex ist.

Um es zusammenzufassen: Infantizid registrieren wir beim Versagen des Mutter- oder des Vatertriebes. Mangelhafter Muttertrieb erwächst aus folgenden Ursachen:

1. beim Nichtzustandekommen einer ausreichenden Mutter-Kind-Bindung um die Stunde der Geburt. Dies ist zweifellos der Urquell der Verderbnis. Ihm kommt primäre Bedeutung zu, auch beim Menschen. Schwächen im Phänomen der Mutterliebe vergrößern die Gefahr, daß weitere destruktive Faktoren ihre unheilvolle Wirkung entfalten können. Diese sind:

2. Trieb-Unreife bei zu jungen Muttertieren, wie ich es am Beispiel des Weißstorchs geschildert hatte;

3. Trieb-Konflikt bei vorzeitig wiedererwachender sexueller Lust, welche meist durch das Balzverhalten eines Vatertieres verschuldet wird, das seinerseits keine Bindung zu den Kindern hergestellt hat, in diesem Buch durch das Verhalten der Höckerschwäne und Haussperlinge dokumentiert;

4. Trieb-Konflikt mit dem Genußstreben in Fällen, in denen Tiere regelrecht süchtig geworden sind wie die Kleinen Roten Waldameisen;

5. Trieb-Konflikt mit Aggressionen. Anlässe hierzu können unter anderem sein:

   a) Unfrieden in der »Kinderstube«, etwa Streit zwischen den Eltern oder schwere Kämpfe mit Fremden (siehe die Geschichte von den Bergenhusener Weißstörchen),

   b) übergroßer Hunger, wie bei den Löwen, den Flamingos, den Deutschen Wespen und den Nesthäkchen ganz allgemein,

   c) sozialer Streß, in diesem Kapitel erläutert am Beispiel der Löwen, Hulmans, Erdmäuse und Spitzhörnchen,

   d) Entartungserscheinungen bei Übervölkerung, wie bei Guppys und Goldhamstern beschrieben;

6. Trieb-Lockerung durch vorzeitiges Erlöschen der Mutter-Kind-Bindung, zum Beispiel in den Fällen, in denen ein Muttertier seine Jungen einem »Kindergarten« überantwortet, um die Beziehungen zum Kind abbrechen zu können.

In diesem Sündenregister der Kindesmörder kommen die Väter zu kurz. Die männlichen Tiere sind sogar in erster Linie als Babykannibalen zu verzeichnen. Das liegt daran, daß fast durchweg die Bindung des Vaters an die Kinder viel schwächer ist als die der Mutter. Also bricht sie bereits bei viel geringerer Belastung zusammen.

Trotzdem können wir ganz generell sagen: Mangelhafter Vatertrieb entsteht im wesentlichen aus den gleichen Ursachen wie die erwähnten Defekte in der Mutterliebe. Bei Vätern erlangt, allerdings ausschließlich im Tierreich, auch noch das »Stiefvaterproblem« große Bedeutung, wie es am Beispiel der Löwen und einiger Affenarten geschildert wurde.

Doch davon abgesehen, verdienen es alle anderen Punkte dieser Liste, darauf untersucht zu werden, in welcher Weise sie auch im menschlichen Bereich Rückschlüsse für eine Therapie gestatten.

X.
Womit läßt sich eine Mutter ersetzen?

Die Liebe zum Kind als Keimzelle sozialen Verhaltens

Experimente zum Ausschalten der Mutter

Wie entwickelt sich eigentlich ein Kind, wenn es ohne Mutter aufwachsen muß?

An Versuchen, Kinder »vom Zwang des Elternhauses zu lösen, um ihnen freie Entfaltungsmöglichkeiten zu bieten«, hat es im Lauf der Geschichte nicht gemangelt. Verfechter intoleranter Doktrinen versuchten auf diese Weise, die Jugend unter ihre Herrschaft zu bringen. Adolf Hitler drohte, nach dem »Endsieg« die Kinder den Müttern wegzunehmen, um sie in »Nationalpolitischen Erziehungsanstalten« volksgerecht erziehen zu lassen. Aber auch gegenwärtig verzeichnen wir Tendenzen, die Jugend mehr und mehr dem Einfluß des Elternhauses zu entziehen. Dieser Weg ist durch die geplante Entwicklung von der Gesamtschule zur Ganztags- und zur Vorschule gekennzeichnet, die schrittweise jüngere Kinder erfassen soll.

Geradezu fanatische Verfechter dieser pädagogischen Richtung waren der amerikanische Psychologe Professor Harry F. Harlow, ein geborener Russe, und seine Frau Margaret Kuenne Harlow, die im Primaten-Laboratorium der Universität von Wisconsin arbeiten. Ihre Untersuchungen sind nicht eben neu. Sie fanden statt in der Zeit von 1954 bis in den Anfang der siebziger Jahre. Aber in die breitere Öffentlichkeit gelangten bisher leider nur bruchstückhafte, den wahren Sachverhalt verzerrende Berichte. Der epochale Wert dieser Forschungsarbeiten liegt aber in der Dramatik der vollständigen Geschichte. Sie sei hier kurz skizziert und in weiterreichende Zusammenhänge eingebettet.

Es begann damit, daß mehrere Psychologen der Universität, die mit Rhesusaffen experimentierten, den Wunsch äußerten, möglichst charaktergleiche Tiere von der Zuchtstation zu erhalten. Individuelle Unterschiede im Temperament, in der Intelligenz, der Furchtsamkeit und Reaktionsfähigkeit verfälschten ihnen die vergleichenden Versuchsergebnisse. Daher sollte es Harlows Aufgabe sein, Rhesusaffen zu züchten, die nicht nur in ihrem körperlichen Zustand gleichwertig waren, sondern auch im Verhalten übereinstimmend reagierten. Das Gleichheitsprinzip, von dem wir in der Menschheit träumen, sollte bei diesen Tieren verwirklicht werden.

Wodurch werden Affen eigentlich ungleich? Offenbar sind sie alle gleich geboren, so postulierte Harry Harlow als Behaviorist. Folglich kann es nur an Unterschieden in der Erziehung liegen. Wer erzieht die Tiere? Die Mutter. Also ist sie der große Ungleichmacher. Sie sollte nunmehr ausgeschaltet werden.

Tierpfleger nahmen den Affenmüttern die Kinder unmittelbar nach der Geburt weg. Jedes wurde für sich allein in einen schlichtuniformen Käfig gesteckt, bekam nie mehr die Mutter zu sehen und wurde nur von Wärtern mit der Milchflasche aufgezogen.

Allerdings war auch die tierärztliche Betreuung sehr aufwendig. Täglich wurden den Babys Spritzen mit Antibiotika, Vitaminen und eisenhaltigen Präparaten verpaßt. Das war unabdingbar, da andernfalls die Äffchen an Infektionen sterben wie die Fliegen.

Das gleiche Massensterben wurde übrigens früher, als es noch keine Antibiotika gab, auch aus den staatlichen und kirchlichen Findelhäusern gemeldet. Mütter pflegten damals unerwünschte Babys auszusetzen oder in diese Anstalten zu geben. Die Ungeliebten waren dort jedoch fast ebenso sicher dem Tod ausgeliefert, als hätten die Mütter ihre Kinder gleich in den Fluß geworfen. Fast alle Säuglinge starben in diesen Heimen, noch bevor sie das erste Lebensjahr erreicht hatten.

In Venedig überlebten um 1840 von zweitausend Kindern nur fünf, in Prag anno 1858 von 2831 Kindern kein einziges, in London von 13 229 Findelkindern nur jedes achtzehnte. Nicht viel besser war es in Rom, Paris, Berlin und allerorten. »Kindersterbeanstalt« wäre die richtige Bezeichnung gewesen.

Der Mangel an natürlicher Arznei, nämlich der Muttermilch, verbunden mit dem Gefühl des Nicht-Geborgenseins, verzweifelter Ängste des ewigen Verlassenseins, machte diese armen Wesen anfällig für die sonst harmloseste Infektion und lieferte sie dem Tode aus.

Bei Harlows Rhesusaffen verhinderten modernste Medikamente

den Babytod. Die Tiere gediehen sogar besser als jene, die bei ihren Müttern geblieben waren. Der Jubel der Forscher war groß. Ihre künstlich aufgezogenen Tiere wuchsen schneller, wurden größer und kräftiger und waren gesünder als die natürlich aufgewachsenen. »Wir haben es geschafft«, triumphierten sie. »Kindererziehung durch die leiblichen Mütter ist für die Jungen von Nachteil und kann nunmehr als überholt gelten.«

Doch als die Druckerschwärze der ersten Erfolgsmeldung noch feucht war, meldeten die Tierpfleger alarmierende Verhaltensstörungen. Je älter die Affenkinder wurden, desto krasser fielen neurotische Abartigkeiten ins Auge. Die Harlows berichteten wörtlich:

»Die im Labor unter Mutterentzug lebenden Affen sitzen in ihren Käfigen und starren ins Leere. Sie laufen im Käfig stereotyp im Kreise umher, umklammern den Kopf mit Händen und Armen und wippen stundenlang hin und her. Zwangshandlungen werden zur Gewohnheit. Zum Beispiel kneifen sie sich an die hundertmal täglich in dieselbe Brustregion, bis sie bluten.«

Und etwas später: »Ein Mensch, der an ihren Käfig tritt, reizt sie zur Selbstaggression. Dieses Verhalten stellt einen völligen Zusammenbruch und eine Umkehr der normalen Abwehrreaktion dar. Ein Affe, der in freier Natur geboren wurde, richtet seine Aggression gegen die herannahende Person, nicht gegen sich selbst. Ähnliche Symptome der emotionalen Pathologie werden bei deprivierten Menschenkindern in Waisenhäusern und bei völlig in sich zurückgezogenen Jugendlichen und Erwachsenen in Nervenheilanstalten beobachtet.«

Doch noch gab der Forscher nicht auf. Er hoffte, daß die Verhaltensstörungen durch die erotische Liebe geheilt werden könnten. Als die 56 mutterlos Aufgewachsenen die Geschlechtsreife erlangt hatten, brachte er sie zur erhofften Paarung zusammen. Doch nun zeigte sich ihre Entartung erst in voller Schärfe. Alle Tiere waren völlig unfähig, sich zu paaren. Statt zu zärtlichem Liebesspiel kam es zu einer mörderischen Beißerei.

Also ganz ohne Mutter, so folgerte Harry Harlow, schien es doch nicht zu gehen. Aber nun dachte er darüber nach, was Mutterliebe eigentlich konkret ist. Ließen sich aus dem Riesenspektrum dieses Phänomens vielleicht einzelne Elemente isolieren oder von der Persönlichkeit der Mutter abstrahieren, um dem Kind alles zu geben, was es braucht?

Die Liebe geht nicht über den Magen

1957 begannen die weltberühmt gewordenen Experimente mit Mutterersatz-Attrappen. Eine ganze Geisterbahn skurriler Modelle wurde den Rhesuskindern geboten. Schließlich blieben zwei Typen als erfolgversprechend im Versuch: die sogenannte »Drahtmutter« und die »Stoffmutter«. Erstere bestand aus einem zylinderförmigen Drahtgestell, etwa vom Umfang der Brust und des Unterleibes eines erwachsenen Rhesusaffen. Ein Holzkopf steckte oben darauf. Arme und Beine fehlten. Aber an der Stelle, wo sich bei einer richtigen Mutter die Zitzen befinden, schaute der Nuckel einer gefüllten Milchflasche durch den Draht. Bei der zweiten, der »Stoffmutter«, war ein identisches Drahtgestell mit flauschigem Frotteetuch überzogen. Eine Milchflasche aber fehlte.

Welche dieser beiden Attrappen würden die Rhesusbabys als Ersatzmutter wählen, die nahrungspendende oder die zum Ankuscheln? Die kleinen Wesen, zum erstenmal in solch einen Käfig gesetzt, zauderten keine Sekunde. Mit einem Satz sprangen sie auf die »Stoffmutter«, klammerten sich dort fest und ließen stundenlang nicht wieder los. Erst wenn der Hunger zu groß wurde, kletterten sie zum Milchnuckel der »Drahtmutter«, saugten hastig und saßen – schwupp! – schon wieder auf dem kuscheligen Fell. Rückte der Experimentator beide Attrappen dicht aneinander, blieb das Äffchen mit den Beinen an der »Stoffmutter« angeklammert und gierte nur mit dem Kopf nach drüben, um dort an die Flasche zu kommen und zu saugen.

Sicherheit und Geborgenheit schien dem Affenbaby nur jene Mutterattrappe zu bieten, zu der sich ein angenehmer Körperkontakt herstellen ließ.

Aus diesem Resultat zog der Aachener Professor Emil Schmalohr einen bedeutsamen Schluß: »Dieses Ergebnis steht im völligen Gegensatz zur Theorie, daß die Bindung des Kindes an die Mutter als Sekundärbedürfnis durch die Befriedigung des Nahrungstriebes entsteht. Es beweist vielmehr, daß die Kontaktbedürfnisse des Kindes von außerordentlicher Bedeutung sind und die Nahrungsbedürfnisse ihnen gegenüber vernachlässigt werden können.« Die Liebe des Kindes zur Mutter geht also weder durch den Magen noch über die »oralen« Wünsche des Babys, wie früher von der Psychoanalyse falsch postuliert wurde.

Und die Verhaltensweise des Futterspendens ist auch nicht jenes gesuchte Einzelelement, das sich von einem Muttertier loslösen läßt und dabei für das Kind das Wesentliche darstellt, was es auf dieser Welt sucht.

Wenn nicht dies, was ist dann das Wesentliche? Das eben erwähnte Bieten eines begehrten Körperkontakts, der Ankuschelmöglichkeit etwa? Die Harlows hofften, hier weiterzukommen. Es zeigte sich nämlich folgendes:

Wenn sich ein Rhesuskind mehrere Stunden an die Stoffpuppe festgeklammert hatte, begann es langsam, seine schlimmste Angst zu verlieren und sich für seine Umwelt zu interessieren, etwa für die Spielsachen, die im Käfig verstreut lagen. Während erst noch die Beine, schließlich aber nur noch die Füße mit der »Stoffmutter« in Kontakt blieben, tasteten sich die Arme nach einem Spielzeug vor. Als nichts Schlimmes geschah, lösten die Affenkinder auch noch die letzte Berührung mit der Mutterattrappe und gingen vorsichtig auf Erkundung aus.

Aber beim ersten Schreck, der zum Beispiel vom unsichtbaren Experimentator dadurch ausgelöst wurde, daß er einen trommelschlagenden Aufzieh-Teddybär in den Käfig tappen ließ, klammerte sich das Affenkind nach einem »rettenden« Sprung gleich wieder an der Puppe fest, als ob diese fähig wäre, ihm Schutz und Geborgenheit zu geben.

Wie völlig anders verhielten sich mutterlose Rhesuskinder, in deren Käfig keine Stoffmutter stand! Auch ohne daß man sie im mindesten erschreckte, hockten sie in einer Ecke, krümmten sich vor Angst, schlangen Arme und Beine um den eigenen Leib, als wollten sie sich selbst umarmen, und starrten nur gegen die Wand. So verharrten sie wochenlang und wagten es nicht einmal, ein Spielzeug zu berühren.

Wir befinden uns hier am Keimpunkt der Intelligenzentwicklung eines Individuums. Unter Kinderpsychologen herrscht heute kein Zweifel mehr, daß die geistige Entwicklung wesentlich davon beeinflußt wird, wieviel Anregungen ein Kind schon in frühester Jugend empfängt und ob es in der seelischen Lage ist, sich für diese Anregungen zu interessieren. Unterlassungssünden in frühen Kindheitstagen führen zu irreparabler Verdummung infolge zerebral verursachter Indolenz.

Zahlreiche Experimente belegen das. Hier seien nur wenige erwähnt. Internationales Aufsehen erregten die Untersuchungen einer Arbeitsgruppe an der Universität von Kalifornien, die von dem Psychologen Professor Mark R. Rosenzweig, dem Biochemiker Professor Edward L. Bennett und der Neuroanatomin Frau Professor Marian Cleeves Diamond geleitet wurden. 1971 gelang es ihnen erstmalig, bei Ratten und Mäusen Unterschiede im Aufbau des Gehirns nachzuweisen, je nachdem ob die Tiere dreißig Kindertage lang in einem langweiligen Einzelkäfig gesessen oder aber mit mehreren Artgenossen gemeinsam viel anregendes Spielzeug benutzt hatten.

Die Großhirnrinde derjenigen Tiere, die spielen durften, war um 6,4 Prozent schwerer als die der zur Stumpfsinnigkeit gezwungenen Ratten und Mäuse. Aber nicht nur das. Auch die Anzahl der Verzweigungen der einzelnen Hirnzellen, der sogenannten Dendriten, hatte bei den »Spielkindern« zugenommen, desgleichen die Anzahl der Nervenkontakte, also der »Synapsen«.

Anregungen und Spiel in früher Kindheit prägen somit das Wachstum und die Reifung der Großhirnstrukturen.

Eine Diskussion, ob man diesbezüglich von Mäusen auf Menschen schließen kann, erübrigt sich durch Untersuchungen der Psychologen Dr. Reginald Dean und Dr. Marcelle Geber an Negerkindern in Uganda. In Testserien, die jeder Altersstufe angepaßt waren, machten sie zunächst eine verblüffende Entdeckung. Bis zum Alter von zwölf Monaten waren die Kinder der schwarzen Landbevölkerung in ihrer geistigen Entwicklung gleichaltrigen nordamerikanischen und europäischen Kindern weit voraus.

Doch vom zwölften Lebensmonat an gab es einen Bruch. Der Vorsprung schwand, die Kinder fielen stark zurück, dreijährige wirkten stumpf und teilnahmslos.

Als Ursache diagnostizierten die Forscher eine radikale Umstellung in der Erziehungsmethode. Bis zum ersten Geburtstag lebt das Kind in ständigem Kontakt mit seiner Mutter. Sie trägt es auf dem Rücken überall mit sich herum, unterbricht jede andere Tätigkeit, wenn der Säugling nach ihr verlangt, sie spielt und schläft sogar mit ihm zusammen. Das bekommt ihm ausgezeichnet.

Aber wenn das Kind ein Jahr alt ist, trennt sich die Mutter von ihm abrupt. Es verliert nun nicht nur den ständigen Körperkontakt, sondern wird zur Großmutter oder einer Tante in Pflege gegeben. Die sperrt es meist in eine dunkle Hütte, in der es weder Spielzeug noch gleichaltrige Freunde noch irgend etwas anderes vorfindet, das sein Interesse weckt. So stumpft seine kleine Seele allmählich ab, und es ergeht ihm wie dem mutterlosen Rhesusäffchen.

Das Fiasko mit dem vollautomatischen Babybett

Somit zurück zu Harlows Versuchen. Alle jene Affenkinder, die eine »Stoffmutter« als Rückhalt und Ausgangspunkt für ihre Entdekkungsreisen besaßen, zeigten sich an allem interessiert und geistig rege. Ja, körperlich gediehen sie sogar deutlich besser als die unter der Regie der leiblichen Mutter aufgewachsenen Kontrolltiere.

Schon schlossen die Forscher daraus, daß es ihnen gelungen sei, die Natur zu übertreffen. Die Stoffmutter schien die bessere Mutter zu sein. Sie war für das Kind stets erreichbar, wurde nie ungeduldig, ließ das Kind nie üble Launen spüren, zeigte niemals Ablehnung, frustrierte, strafte, schlug und biß nicht und ließ der Wesensentwicklung des Kindes unbeeinflußt freien Lauf.

Die Harlows verkündeten stolz: »Wir haben den Weg gewiesen, wie man Affenkinder unabhängig von ihren Müttern aufziehen kann.« Sie äußerten sogar schon die Vermutung, daß auch bei Menschenkindern eine persönliche Pflege durch die Mutter überflüssig sei.

Die amerikanische Elektro-Industrie, stets bemüht, neueste Erkenntnisse der Wissenschaft in praktische Anwendung und finanziellen Gewinn umzumünzen, entwickelte bereits das »vollautomatische Babybett«.

Sobald der darin liegende Säugling schreit, schaltet sich selbsttätig ein Tonbandgerät ein, das die Herztöne und Beruhigungslaute der Mutter erklingen läßt. Gleichzeitig versetzt ein Elektromotor das Bett in Schaukelbewegungen. Fünfmal täglich schwenkt außerdem eine perfekt angewärmte Milchflasche vor den Mund des Babys. Nur eine Vorrichtung zum computergesteuerten Windelwickeln fehlte noch.

Da stoppte ein Alarmruf die Fließbänder der Ersatzmütter-Fabrik. Harlows bei Stoffpuppen aufgewachsene Rhesuskinder waren gerade geschlechtsreif geworden. Und zu diesem Zeitpunkt wurde offenbar, daß, bislang unbemerkbar, im Gemüt der Tiere eine seelische Wüste angerichtet worden war. In Gemeinschaftskäfigen zusammengebracht, erwiesen sich diese Rhesusaffen um keinen Deut weniger asozial, hyperaggressiv und sexuell abartig als ihre einst in Isolierhaft ohne Stoffpuppe aufgewachsenen Leidensgenossen. Nur ein einziger Unterschied war zu bemerken: Jetzt zeigten die Tiere eine innige Zuneigung zwar nicht zu ihresgleichen, aber zu Stoffpuppen!

Das Ideal der Gleichheit war erreicht. Alle Rhesusaffen, die diese mutterlose Jugend durchlebt hatten, waren gleich bissig, gleich bösartig, gleich pervers und gleichermaßen unfähig sogar zur erotischen Liebe.

In den Ohren »fortschrittlicher« Soziologen muß es wie Hohn klingen, aber ohne die das Kind angeblich vergewaltigende Beeinflussung durch die Mutter, anders ausgedrückt: ohne deren Liebe, wächst ein von Grund auf unglückliches, zwischen irrationalen Ängsten und Aggressionen hin- und hergerissenes, asoziales Seelenmonster heran.

Wir müssen es dem Ehepaar Harlow hoch anrechnen, wie sie sich nun verhielten. Sie gestanden 1962 unter dem Eindruck dieser Ereignisse ein, daß die Versuchsergebnisse das genaue Gegenteil ihrer Arbeitshypothese bewiesen hatten. Alle Bemühungen, charaktergleiche Affen unter Entzug der leiblichen Mutter genormt aufzuziehen, wurden sofort gestoppt. Die Realisierung der Schreckensvisionen George Orwells und Aldous Huxleys im Bereich der Aufzucht von Affen findet nicht statt. Von den Tatsachen überzeugt, wandelte sich der Saulus zum Paulus. Von da an zählen die Harlows zu den überzeugtesten Verfechtern der natürlichen Mutter-Kind-Bindung als wesentlicher Vorbedingung zum seelischen Gedeihen der Kinder. Alle weiteren Versuche hatten zum Ziel, dies zu untermauern.

Eine nun auftauchende Frage lautete: Wie wird sich ein Rhesusweibchen, das mutterlos aufgewachsen war, zu seinen eigenen Kindern verhalten? Da es paarungsunfähig war, wurde es künstlich besamt. Als das Baby zur Welt kam, tat die Mutter so, als handele es sich um einen Haufen Unrat. Achtlos ließ sie es liegen und dachte nicht daran, es zu säugen. Wenn es dem Kleinen einmal gelang, sich anzuklammern, riß es die Mutter wütend ab, warf es in eine Ecke oder scheuerte mit ihm den Fußboden, als wäre das Kind ein Lappen.

Selbst ohne Liebe aufgewachsen, war das Weibchen völlig unfähig, seinem Kind die Liebe zu geben, die es einst selbst so sehr vermißt hatte. Offenbar kann der Muttertrieb in Affen nur dann aufblühen, wenn zuvor die emotionale Veranlagung dazu nicht zerstört wurde.

Die seelischen Verheerungen, die jene Mutter damit bei ihrem Kind anrichtete, waren in der Folge noch erheblich schlimmer als diejenigen, unter denen sie als Kind selbst zu leiden gehabt hatte. Die mutterlos aufgewachsene Äffin wirkte sich auf das Seelenleben ihres

Kindes noch viel verheerender aus als jede Stoffpuppe und Mutterattrappe.

So zeugt das Böse fortlaufend Böses in ständig steigender Potenz.

Die seelische Verfassung einer verzweifelten Mutter

Betrachten wir einmal die ersten Anfänge dieser verhängnisvollen Entwicklung, und zwar nicht in dem so überaus krassen Stil der Affenversuche, sondern in viel feineren Ansätzen bei uns Menschen. Was geht in jungen Müttern vor, die selbst nie die Liebe ihrer Mutter erfahren haben? Kann ihnen geholfen werden? Um dies zu beantworten, möchte ich aus dem Brief einer jungen Dame zitieren, die einen meiner Vorträge über dieses Thema gehört hatte. Er heißt uns hoffen. Sie schrieb mir:

»Ihre Darstellung der Rhesusaffenversuche hat mir vieles klar gemacht, was ich nur dunkel geahnt habe, mir aber nicht erklären konnte. Ich war seit meinem dritten Lebensjahr bis zum achten Jahr in verschiedenen Heimen, Kindergärten und Horten, da meine Mutter alleinstehend und berufstätig war. Das blieb nicht ohne Folgen. Ich war ein furchtbar verschüchtertes Kind, das sich für sehr dumm und nichtssagend hielt. Kurz, ich war ein ›Underdog‹. Ich traute mich kaum in ein Geschäft, um etwas zu kaufen. Wenn mich auf der Straße jemand nach der Zeit fragte, wäre ich am liebsten in den Erdboden versunken.«

Nach Schilderung weiterer Einzelheiten fährt sie fort: »Das größte Unglück brach über mich herein, als ich mein erstes und mein letztes Kind bekam. Ich hatte so eine schöne Schwangerschaft und freute mich sehr auf das Kind. Aber ich wußte nicht, was auf mich zukam. Jedesmal wenn das Kind schrie, bekam ich vor Aufregung Durchfall. Außerdem hatte ich das Pech, daß über mir eine Familie mit zwei einjährigen Jungen wohnte, die nächtelang brüllten wie am Spieß, ohne daß die Mutter etwas dagegen unternommen hätte. Es war zum Wahnsinnigwerden. Und wenn meiner dann auch noch anfing zu brüllen, war ich nahe daran, mit ihm aus dem Fenster zu springen. Er beruhigte sich auch nicht, wenn ich ihn auf den Arm nahm, weil mein Herz wie rasend schlug.«

Am ehrlichen Willen, eine gute Mutter zu sein, fehlte es also nicht. Aber das emotionale Gerüst war völlig aus den Fugen geraten. Doch es sollte noch schlimmer kommen: »Später, als er schon laufen konnte, geriet ich manchmal so in Wut, daß ich ihn hätte umbringen können. Wenn er dann weinte und so ein hilfloses kleines Gesicht machte – dieses kleine, schwache, eigentlich Zärtlichkeit und Liebe erheischende Gesichtchen, die Tränen in den Augen –, dann erinnerte mich das alles dumpf an etwas in mir, das ich töten und vernichten wollte. Ich geriet auch völlig aus der Fassung, daß ich so böse auf ihn war, ihn schüttelte und anschrie. Ich haßte ihn um so mehr, als er mir zeigte, wie widerlich ich doch sein konnte.

Dann haßte ich meine Mutter, die mich in diese Welt und damit in dieses Dilemma gebracht hatte. Ich konnte nicht verstehen, daß ich nach solch einer miserablen Kindheit auch noch jetzt als Mutter so viele Schwierigkeiten haben sollte. Nach Ihrer Darstellung der tieferen Zusammenhänge verstehe ich nun aber, wie dies alles über mich gekommen ist, und weiß, daß weder ich noch mein Sohn dafür verantwortlich sind. Sie haben mir sehr viel bewußtgemacht, und mit diesem Wissen versuche ich jetzt, meine Emotionen unter Kontrolle zu bringen. Mein Sohn und ich kommen jetzt schon viel besser zurecht.«

Angesichts dieser erschütternden Zeilen erübrigt sich jeder Kommentar.

Zwischen Todesangst und Mordrausch

So bliebe noch die wichtigste Frage zu klären: Was ist es denn exakt, das in der Seele eines lebenden Wesens in Verwirrung gerät, wenn während der Kindheitsentwicklung die Liebe der Mutter fehlt. Eine neue Testserie des Ehepaares Harlow brachte hierüber Klarheit.

Wiederum wurden Rhesusbabys gleich nach der Geburt der Mutter weggenommen, ihr aber später wieder zurückgegeben, und zwar bei den Tieren der Gruppe A nach drei Monaten, bei denen der Gruppe B nach sechs Monaten und bei denen der Gruppe C nach zwölf Monaten.

Als die Äffchen der Gruppe A ihre Mutter wiedersahen, erschraken sie zunächst sehr. Sie war für die Kleinen ja ein unbekanntes Wesen. Aber dann faßten sie zu ihrer Mutter (die sich indessen mehr als »Tante« fühlte) volles Vertrauen. Die sprichwörtliche Affenliebe allen kleinen Kindern gegenüber trug ihre Früchte. Die weitere seelisch-geistige Entwicklung verlief ohne Störung. Alle Jungtiere wuchsen zu sozial vollwertigen Gemeinschaftsmitgliedern heran.

Die Rhesusbabys der Gruppe B wurden erst nach sechs Monaten der Mutter, die in einer Horde lebte, zurückgegeben. Hier zeigten sich schon schwerwiegende seelische Schäden. Die Affenkinder erschraken nicht nur kurzzeitig vor der betriebsamen Menge, sondern waren von einer so vehementen Dauerangst ergriffen, daß sie auf keinen noch so freundlich gemeinten Kontaktversuch der Mutter eingingen und jedem Spielantrag gleichaltriger normaler Kinder auswichen. Unter ständigen Anzeichen größter Furcht führten sie ein Dasein im selbstgewählten Abseits – volle neun Monate lang.

Dann schlug das Bild permanenter Angstzustände plötzlich ins krasse Gegenteil um. Ohne daß sie jemand geärgert oder beeinträchtigt hätte, brach aus den Schüchternen eine unberechenbare Angriffswut hervor, die sich vor allem gegen jüngere und schwächere Kinder in der Horde entlud. Die Außenseiter wurden zu gefürchteten Aggressionsvulkanen.

Noch viel schrecklicher traten diese Tendenzen bei den Affenkindern der Gruppe C zutage. Nur dauerte bei ihnen die Phase nicht enden wollender Ängste deutlich länger, nämlich ein volles Jahr. Und um so radikaler vollzog sich alsdann der Umschwung zur blindwütigen Raserei gegen alles und jeden bis hin zum Mordrausch. Aus heiterem Himmel griffen diese seelischen Krüppel nicht nur schwächere Artgenossen an, sondern auch die eigene Mutter, andere erwachsene Tiere und sogar den körperlich haushoch überlegenen Pascha. Sie mißhandelten Schwächere und versuchten, die Stärkeren in heimtückischen Überraschungsangriffen zu töten. Zwischenzeitlich wurden sie aber immer wieder von Angstzuständen geschüttelt.

Analysieren wir diese Vorgänge. Zunächst bemächtigte sich der Kinder himmelschreiende Angst. Später traten Phasen höllischer Aggressivität hinzu. Mithin war in diesen armen Geschöpfen keine Ausgewogenheit des Gefühlslebens zustande gekommen, keine neutralisierende Balance zwischen Angst und Aggression. Zwischen diesen beiden Polen wurde dann auch das gesamte übrige Seelenleben der hilflosen Kreatur zerfetzt.

Das ist die bedeutsamste Aussage, die aus diesen Versuchen gewonnen wurde.

Die einzige Kraft, die bei Tieren jene extremen Urgewalten in Harmonie vereinen kann, ist die Liebe der Mutter zu ihrem Kind und das Gefühl sicherer Geborgenheit in frühesten Erdentagen. Professor Harry Harlow nennt es die »emotionale Entwicklungstrilogie aus Mutterliebe, Furcht und Aggression«.

Bei jungen Menschen kennen wir dasselbe Phänomen in Gestalt völlig irrational hervorbrechender Ängste und Wutanfälle, die in Apathie erschlaffen. Begegnen sie fremden Leuten, ziehen sie sich zunächst ängstlich zurück. Läßt sich ein Meinungsaustausch dennoch nicht vermeiden, schlägt ihr Verhalten in unbegreifliche Zornausbrüche um. Im nachhinein bereuen sie ihre heftige Reaktion und resignieren.

Für diese Fälle gibt es einen guten Seelenarzt, der nichts kostet: die tiefere Einsicht in diese Zusammenhänge, den Willen und die geistige Kraft, zum Bezwinger und nicht zum Spielball destruktiver Gefühlswallungen zu werden. Die Fähigkeit, dies leisten zu können, ist jenes entscheidende Element, mit dem sich der Mensch über das Tier zu erheben vermag.

Wenn man um die mangelhafte Balance zwischen Angst und Aggression weiß und um ihre Ursachen und Folgen, kann man kraft seines Willens diese irrationalen Regungen unter geistige Kontrolle bekommen und die Ausgewogenheit herstellen. Es gehört allerdings ein titanisches Maß an Selbstdisziplin dazu.

Gerade deshalb sollten wir auch einsehen, daß wir auf der emotionalen Ebene dem Tier durchaus ähneln. Wer dies ignoriert, begibt sich der einzigen Möglichkeit zur Therapie an der Wurzel des Übels mit Hilfe spezifisch menschlicher Eigenschaften.

Denn daß wir Menschen gefühlsmäßig ähnlichen Gesetzen unterworfen sind, geht nicht nur aus dem oben erwähnten Brief der verzweifelten jungen Mutter hervor, sondern auch aus Forschungen von Professor John A. Bowlby. Er untersuchte Verhaltensweisen von Kindern, die im Alter von sechs Monaten bis drei Jahren von den Müttern in Heime gegeben worden waren. Später im Leben, so konstatierte er, »machen diese Leute starke emotionale Erfahrungen der Wut und der Angst durch und beginnen daraufhin, ihre sozialen Beziehungen nach einem neuen Muster auszurichten. Oft ist dies ein Muster, nach dem keine bestimmte Person begehrt und geliebt wird«.

Als mögliche Folge-Erscheinungen führt die Uelzener Kinderpsychologin Christa Meves eine Anzahl psychopathologischer Symptome unter dem Sammelbegriff der neurotischen Verwahrlosung an:

1. generelle Ablehnung des Bestehenden in Schärfegraden, die weit über den üblichen Generationenkonflikt hinausgehen und von Protesten bis zu offenen Aggressionen reichen;

2. illusionäre Riesenansprüche bei einem Gefühl des Zukurzge-
kommenseins und damit erhöhte Anfälligkeit für Eigentumsdelikte,
Verkümmerung des Gewissens;

3. im kreativen Bereich kaum zu überbietende Passivität und
mangelnde Durchhaltefähigkeit;

4. die Motivation zum Handeln lähmende Gefühle der Enttäuschung und Resignation, die durch Alkohol, Nikotin und Rauschgift
betäubt werden;

5. Unvermögen zu gefühlsmäßigen Bindungen und zur Liebe zu
einzelnen Personen, Ersatz derselben durch Bindungen an Organisa-
tionen oder Doktrinen.

Sie nennt die Opfer dieser Entwicklung die »ruinierte Generation«, ein Ausdruck, der nicht ganz glücklich gewählt ist, da, wie wir
gesehen haben, eine Therapie durchaus im Bereich des Möglichen
liegt.

Je weniger Liebe die Kinder in früher Jugend selber empfangen haben, desto krasser entwickeln sich diese Symptome bis hin zur Kriminalität, Anfälligkeit zum Selbstmord und zum Terrorismus.

Ein Schreckensbeispiel dieser Entwicklung bieten derzeit jene
zwei Millionen »Criancas de ningeum«, also die sogenannten Nie-
mandskinder, in den Großstädten Brasiliens. Von Geburt an von ihren Eltern ungeliebt, aufgewachsen in den »Favelas«, den ärmsten
Slums der Welt, unter ständigem Hunger, in unbeschreiblichem
Dreck zwischen Ratten, Müll und Gestank dahinvegetierend, geschlagen und mißhandelt, werden diese Kinder im Alter von zehn
Jahren, manchmal sogar noch früher, ausgesetzt und streunen dann
in Horden minderjähriger Banditen in der Stadt umher. Sie haben
keine Eltern und kein Zuhause mehr und leben von Diebstahl und
Straßenraub. Dabei gehen die Kinder mit äußerster Brutalität zu
Werke und scheuen vor keinem Mord zurück. Sie haben nichts zu
verlieren. Ihr eigenes Leben ist ihnen nichts wert. Und der tödliche
Haß gegen alle, denen es bessergeht, steht ihnen im Gesicht geschrieben.

Verantwortlich für dieses Elend ist eine Bevölkerungspolitik, die
jegliche Form der Geburtenkontrolle ablehnt, dabei aber nur die
physische Existenz der Kinder für unantastbar erklärt, es aber zu-
läßt, daß an den Seelen der Kinder millionenfacher Mord begangen
wird.

Verbrecherschicksal – an der Wiege gesungen

Beobachtet ein Kinderpsychologe den häuslichen Kreis, das Familienleben, in dem ein Menschenkind heranwächst, so kann er mit einer Trefferquote von 80,5 Prozent vorhersagen, ob dieses Kind im späteren Leben zu einem chronischen Verbrecher heranwächst oder nicht.

Das ist ein geradezu ungeheuerlich erscheinendes Phänomen. Im zarten Jugendalter von sechs Jahren, in dem ein Kind noch rein und unschuldig ist, soll ihm mit großer Genauigkeit prophezeit werden können, wie es sich viele Jahre später als Erwachsener verhalten wird, ob gut oder böse! Diese Behauptung einer schicksalhaften Entwicklung rüttelt an den Grundfesten des tief in unserem Weltbild verwurzelten Glaubens an Schuld und Sühne. Wer mag, wenn das stimmt, künftig überhaupt noch von Verschulden sprechen?

Dennoch ist es heut' nicht mehr zu leugnen, daß derartige Prognosen jederzeit und bei jedermann ohne weiteres durchführbar sind. Eine der gründlichsten Arbeiten in der Geschichte der Naturwissenschaften beweist das. Sie gilt in Fachkreisen als unwiderlegbar. In vierzig Jahre währenden Forschungen wurde sie von einer 37köpfigen Spezialistengruppe erstellt und zahllose Male in der Praxis überprüft. Ich meine die Untersuchungen des amerikanischen Kriminologen Professor Sheldon Glueck und seiner Frau Eleanor an der Harvard-Universität in Cambridge, Massachusetts.

Ohne die in diesem Buch dargestellten tiefenpsychologischen Zusammenhänge zu kennen, arbeitete sich das Forscherteam von einer anderen Seite an diese Problematik heran. Im Jahre 1925 begann es zu untersuchen, ob es in der Vorgeschichte von fünfhundert einsitzenden Straftätern Gemeinsamkeiten gäbe. Sie fanden sie in den Verhältnissen des Elternhauses:

Von den kriminell gewordenen Jugendlichen waren
72,5 Prozent vom Vater überstreng oder launenhaft bestraft worden,
83,2 Prozent von der Mutter mangelhaft beaufsichtigt worden,
75,9 Prozent vom Vater gleichgültig oder feindselig behandelt worden,
86,2 Prozent von der Mutter gleichgültig oder feindselig behandelt worden,
96,9 Prozent in Familien aufgewachsen, in denen keinerlei Zusammengehörigkeitsgefühl herrschte.

Ein Vergleich der Überschneidungen bei den Prozentzahlen ergab, daß man den Faktor »Einfluß des Vaters« eliminieren konnte, ohne am Ergebnis etwas zu ändern. Somit konnten noch zwei dieser fünf Kriterien gestrichen werden.

Wie wir inzwischen wissen, lassen sich auch die verbliebenen drei Punkte auf einen einzigen Aspekt zurückführen, nämlich auf die Frage, ob zwischen dem betreffenden Kind und seiner Mutter eine enge Bindung besteht oder nicht. Sind die Bande der Mutterliebe nicht vorhanden, fehlt offenbar auch die Bindung zwischen Vater und Kind. Meistens jedenfalls. Die wenigen Fälle, in denen der Vater im Gegensatz zur Mutter sein Kind sehr liebt (meisterhaft dargestellt in dem Film »Kramer gegen Kramer«), machen dann die Fehlerquote der Vorhersage aus. In diesem Fall bleibt das Kind trotz der Prophezeiung einer kriminellen Zukunft seelisch in Ordnung.

Dieses System erfaßt, das muß ausdrücklich betont werden, jedoch nur jene Delinquenten, deren kriminelle Neigung auf einer Fehlsteuerung des Trieblebens beruht. Daneben gibt es natürlich auch andere Verbrechensmotivationen wie Eifersucht, verschmähte Liebe, Ausweglosigkeit in Extremsituationen, Notlagen, Existenzangst, Rachegelüste und dergleichen mehr. Diese nicht kriminell veranlagten, sondern von Umweltverhältnissen getriebenen Straftäter sind von der Prognosetafel des Ehepaares Glueck ausgenommen.

Es sind übrigens jene Häftlinge, die sich meist als resozialisierbar erweisen, wohingegen Triebverbrecher bisher nur in sehr seltenen Fällen wieder zu sozial und human denkenden Mitgliedern der Gemeinschaft umerzogen werden konnten. Vielleicht bringen die Erkenntnisse dieses Buches in Zukunft auch auf diesem Gebiet eine Besserung.

Nach Berücksichtigen der eben genannten Korrekturen weist die Gluecksche Verbrechensvorhersage eine Trefferquote von fast hundert Prozent auf. Die Forscher und ihre zahlreichen Mitarbeiter befragten sechsjährige Schulanfänger, deren Eltern, Lehrer und Ärzte, natürlich ohne zu erwähnen, worum es ging. Ihre Testergebnisse behielten sie selbstverständlich für sich. Aber jeweils zehn und fünfzehn Jahre später prüften sie nach, was inzwischen aus den Kindern geworden war. Diejenigen, denen die Forscher eine kriminelle Zukunft prophezeit hatten, waren tatsächlich fast alle straffällig geworden.

Ob die Befragten Amerikaner, Puertoricaner, Japaner, Franzosen oder Deutsche waren, ob sie sozial schwachen oder begüterten Schichten entstammten, ob gebildeten oder ungebildeten Familien,

210

ob sie katholischen, evangelischen oder mosaischen Glaubens, ob sie Jungen oder Mädchen waren – dies alles spielte für die Treffsicherheit der Prognose überhaupt keine Rolle.

Wieviel Menschen glauben an das Horoskop, das ihnen zur Stunde der Geburt gestellt wurde, obgleich nur wenige der prophezeiten Dinge später im Leben eintreffen. Wer aber hat schon je etwas vom Glueck-Test gehört, dessen Vorhersagekraft um so vieles gewaltiger ist?

Astrologen und Kinderpsychologen sind sich einig darin, daß die Stunde der Geburt von schicksalentscheidender Bedeutung ist. Aber die einen schauen in die Sterne, und die anderen achten darauf, ob eine enge Mutter-Kind-Bindung zustande kommt. Die einen eröffnen uns ein diffuses Zukunftsbild, die anderen sehen die Folgen einer Liebesbindung oder einer Nichtbindung mit realistischer Klarheit. Doch den einen schauen Millionen täglich ins Zeitungshoroskop, während von den anderen bislang kaum ein Mensch eine Ahnung hat.

Obwohl schon 1964 publiziert, obwohl wissenschaftlich unangefochten, obwohl nicht nur irgendeine beliebig diskutierbare Meinung wiedergebend, sondern unerschütterliches Tatsachenmaterial darstellend, werden die Perspektiven der Glueckschen Forschungsergebnisse bis heute weitgehend ignoriert. Das hat mehrere Gründe, die auf strafrechtlichen, elternrechtlichen, philosophischen und weltanschaulichen Prinzipien beruhen.

Vor allem aber ist folgender Aspekt die Ursache der Verdrängung: Niemand weiß so recht zu sagen, wie diese Erkenntnisse in eine therapeutische Praxis umgesetzt werden können. Es kann doch keiner zu den Eltern eines sechsjährigen Kindes hingehen und sagen: »Hören Sie mal, Ihr Kind wird ein Verbrecher werden!« Verschweigt der Psychologe hingegen das schreckliche Schicksal, das es abzuwenden gilt, verbitten sich die Eltern mit Recht jegliche Ratschläge für die Kindererziehung.

Der schwerwiegendste Einwand aber lautet: Wenn die Sozialdiagnose im Alter von sechs Jahren erstellt wird, ist am vorgezeichneten Lauf des Schicksals kaum noch etwas zu ändern. Das Unheil ist bereits angerichtet, der seelische Schaden weitgehend irreparabel geworden. Es sei denn, ein Psychologe verfährt mit dem Kind in der weiter vorn skizzierten Weise und versucht, die Angst-Aggressions-Balance wiederherzustellen.

Erst heute kann mit den Erkenntnissen, die dieses Buch vermittelt,

Abhilfe geschaffen werden. Sie lautet: Jede Mutter, die ein Kind zur Welt bringt, und jeder werdende Vater sollten um diese Dinge wissen. Beide sollten von der Geburt ihres Kindes an eine enge, liebevolle Bindung zu ihm aufbauen und auf jeden Fall verhindern, daß jene häuslichen Verhältnisse eintreten, von denen wir durch das Forscherpaar Glueck wissen, daß sie das Kind seelisch zerstören und ihm den Weg des Verbrechens vorzeichnen.

XI.
Wozu sind Väter überhaupt gut?

*Die Rolle des Männchens
in der Familie*

Nur eine »höhere Form« der Kinderbetreuung?

In den USA kümmert sich ein Vater, im Durchschnitt gerechnet, nur 38 Sekunden am Tag um seine Kinder. Dies stellte die Soziologieprofessorin Emily Dale 1977 fest, als sie im Auftrag von Präsident Jimmy Carter Familienprobleme untersuchte.

Bei der Glueck-Prognose über ein eventuell kriminelles Schicksal eines Kindes wird die Rolle, die der Vater bei der Erziehung spielt, überhaupt nicht berücksichtigt, weil sie als belanglos gilt. Kein Wunder, daß immer häufiger die Frage gestellt wird, wozu Väter überhaupt gut sind – vom Geldverdienen einmal abgesehen.

Auch Dr. Desmond Morris, der englische Zoologe und Autor des Buches »Der nackte Affe«, behauptete, beim Menschen habe der Vater nach vollzogener Paarung die gleiche Bedeutung im Leben seiner Kinder wie der Pascha bei den Pavianen: nämlich gar keine. Stimmt das wenigstens für die Steppenpaviane?

1974 trug sich an einem kleinen See in der ostafrikanischen Savanne folgendes zu: Vorsichtig, aus Angst vor Krokodilen – und weil sie auch ganz allgemein wasserscheu sind –, näherte sich eine Horde von 35 Steppenpavianen dem Ufer, um zu trinken.

Plötzlich entstand großes Geschrei. Ein vorwitziges Affenkind war von einem über den See hängenden Ast ins Wasser gefallen. Es kreischte, strampelte und spritzte und konnte sich doch nicht aus eigener Kraft ans Land retten. Indessen lief seine Mutter, aufgeregt keckernd und mit den Armen in der Luft herumfuchtelnd, am Ufer hin und her, wagte sich aber nicht, ins Wasser zu springen und ihr Kind zu retten.

Da stieg der Anführer der Horde in aller Seelenruhe von seinem

Sitz herab, watete, ohne zu zögern, ins Wasser, ergriff das schreiende Kind, packte es der verdatterten Mutter in die Arme und haute ihr gleich danach eine saftige Ohrfeige runter.

Leisten Pavianväter also wenigstens hin und wieder eine über der täglichen Kleinarbeit stehende »höhere Form« der Kinderbetreuung? Existiert somit doch so etwas wie ein Vatertrieb als »abgeschwächte Form des Muttertriebes«? Es wurde schon gezeigt, wie männliche Lachtauben durch Hormongaben in fürsorgliche »Mütter« verwandelt werden konnten. Und manch andere Beispiele zeigten Tierväter schon im arbeitsreichen Einsatz für die Familie. Wie steht es denn nun wirklich mit den Vätern im Tierreich?

Um gleich damit herauszurücken: Der umstrittene Vatertrieb wurde bereits 1973 nachgewiesen, und zwar bei Zwergohreulen. Hier die aufschlußreiche Geschichte dieser Entdeckung:

Die Entdeckung des Vatertriebes

Schon 21 Tage lang brütete »Polyxene«, ein Zwergohreulen-Weibchen, in einer alten Spechthöhle auf ihren vier Eiern. Währenddessen wurde sie allnächtlich von ihrem Männchen »Priamus« reichlich gefüttert.

Tagsüber saß der werdende Vater, die Feder-»Ohren« gespitzt, in Tarnstellung ein bis zwei Meter vom Nesteingang entfernt auf einem Ast mit Blick auf das Nestloch und hielt Wache. Doch alle ein bis zwei Stunden kamen ihm Zweifel, ob Polyxene noch da sei. Mit zarter Stimme tütete er, daß es wie Morsesignale klang: »Hallo, Liebste, geht es dir noch gut?« Und wenn sie nicht augenblicklich antwortete, flog er zum Nestloch und steckte seinen Kopf in die Bruthöhle, um nachzuschauen.

Da ereignete sich am 22. Bruttag etwas, das sein Leben verändern sollte. Es begann fürchterlich zu regnen, und Priamus wollte in der Nisthöhle mit unterkriechen. Erst sträubte sich sein Weibchen dagegen. Doch dann ließ es ihn ein. Als sie beide friedlich nebeneinanderhockten, hörte er plötzlich unter seiner Brust aus den Eiern ein feines Trillern erklingen: die Signale, mit denen die winzigen Ei-Insassen ihren Eltern ankündigten, daß sie in etwa zwei Tagen auszuschlüpfen gedachten.

Wie auch beim Aufkeimen des Muttertriebes zarteste Regungen einschneidende Wirkungen hervorrufen, so auch hier. Denn das leise Trillern der Eibewohner verwandelte Priamus wie ein Zauberspruch von Stund an vom fürsorglichen Ehepartner zum aufopferungsfanatischen Vater.

Frau Lilli Koenig, Mitglied der Österreichischen Akademie der Wissenschaften, hat in allen Einzelheiten beobachtet, wie dieser wunderbare Akt abläuft.

Bis zu dieser Stunde döste Priamus stets bis weit in die Abenddämmerung vor sich hin. Erst wenn Polyxene bei Anbruch der Nacht hungrig wurde, am Nesteingang erschien und mit energischem Fiepen die längst fällige erste Abendfütterung erbat, wurde er munter und begab sich nun allerdings diensteifrig auf die Jagd. Der »Herr« ließ sich also bitten.

Seit er das Trillern aus den Eiern gehört hatte, wurde er aber von einer zunächst unerklärlichen Unruhe erfaßt. Obwohl es noch nicht zu regnen aufgehört hatte, obwohl der Abend erst andeutungsweise dämmerte und obwohl Polyxene weder nach Futter rief noch das neben ihr ruhende Männchen ungeduldig anstieß, raffte es sich auf und flog zur Jagd aus.

Schaffte er bislang nur 44mal in jeder Nacht Futter heran, so steigerte Priamus nun schlagartig seine Leistung um mehr als das Doppelte. Dabei reichte er seinem Weibchen die Riesenmengen nicht mehr, wie bisher, in unzerteilten Brocken, sondern in so kleinen Miniportionen, daß sie auch in die winzigen Schnäbelchen eben geschlüpfter Küken gepaßt hätten.

Folglich war Polyxene bald übersättigt und verweigerte die weitere Futterannahme. Das spornte ihr Männchen aber zu noch größerem Jagdeifer an. Und nun legte Priamus ringsum mehrere Lebensmittellager in allen nur erdenklichen Verstecken an. Da stapelten sich Heuschrecken, Käfer, Regenwürmer und Nachtfalter, vereinzelt auch Mäuse und Kleinvögel. So erwuchs aus dem Zusammentreffen des verfrühten väterlichen Fütterungstriebes mit der Nahrungsverweigerung des brütenden Weibchens eine regelrechte Vorratshaltung.

Der Vatertrieb des Männchens wird bei Zwergohreulen also in ähnlicher Weise geweckt wie der Muttertrieb bei den Weibchen: durch die Stimmlaute der Kinder im Ei.

Wenn sich bei einer Vogelart Mutter und Vater beim Brüten des öfteren auf dem Nest ablösen, erscheint es ganz logisch, daß die Entstehung des Vatertriebes auf denselben Ursachen beruht wie die des Muttertriebes. Aber bei der Zwergohreule ist es ja gerade das Interessante, daß die Männchen gar nicht am Brutgeschäft teilnehmen, sondern nur draußen Wache halten und das Futter für das Weibchen beschaffen. Auch beim Schlüpfen der Jungen, anthropomorph ausgedrückt: bei der Geburt der Kinder, sind sie gar nicht zugegen. Trotzdem werden sie zu guten Vätern.

Wäre vielleicht ohne den Regenguß, der das Männchen zum Unterschlüpfen zwang, in ihm gar nicht das typische Vaterverhalten zum Durchbruch gekommen?

Eine Beobachtung von Nobelpreisträger Professor Konrad Lorenz gibt die Antwort hierauf. Auch bei Graugänsen brütet das Weibchen allein, während das Ehemännchen in der Nähe Wache hält oder auch die günstige Gelegenheit zu sexuellen Seitensprüngen nutzt. Aber sobald es in den Eiern zart zu piepen beginnt, ist er wieder zur Stelle und die Treue in Person. Die Laute aus den Eiern sind jedoch viel zu leise, als daß er sie hätte hören können. Folglich muß es etwas anderes sein, das ein Ehemännchen in die Nähe des Nestes lockt.

Zur Auswahl stehen die Beruhigungslaute, mit denen das Weibchen den Signalen aus den Eiern antwortet, oder andere Änderungen im Verhalten der Brütenden. Wenn das Piepen der noch Ungeborenen stärker wird, beginnen nämlich einige Muttervögel schon, Nahrungsbrei aufzuwürgen, den sie indessen bald wieder herunterschlucken, da noch niemand da ist, der damit gefüttert werden kann. Damit bahnt sich die Umstellung vom Brut- zum Fütterverhalten bereits deutlich an.

Eines dieser Anzeichen lockt das Männchen herbei. Und wenn es dann das wispernde »Wiwi-wiwi« aus den Eiern vernimmt, ist es um den »Hagestolz« geschehen. Wie durch die Töne einer Zauberflöte wird er in einen treusorgenden Vater verwandelt. Er vergißt seine Seitensprünge. Und mit dem Aufkeimen des Vatertriebes kommt auch wieder die Ehe in Ordnung. Auch das bewirken die noch nicht geschlüpften Küken mit ihren Signalen aus dem Ei.

Der Analogieschluß liegt auf der Hand, daß es auch bei Menschenvätern etwas Ähnliches gibt. Die traurige Tatsache, daß heutzutage viele junge Väter beim ersten Anblick ihres Kindes durch die bakterienhindernde Glasscheibe in der Entbindeklinik nichts anderes empfinden als Angst vor Störungen und finanzieller Belastung, daß also nicht die Spur eines echten Vatergefühls in ihnen lebendig wird, ist wahrscheinlich darauf zurückzuführen, daß sie nicht mehr bei der Geburt zugegen sein dürfen, vor allem aber darauf, daß sie ihr

Kind nur von fern und dick vermummt zu sehen bekommen, daß sie schließlich, wenn das Kind ins Haus kommt, fast ständig auswärts erwerbstätig sind.

Somit verdienen derzeit viele Väter, gemessen an ihrem Verhalten, gar nicht diesen Namen. Und manchmal geht auch die Ehe darüber zu Bruch.

Bei den Zwergohreulen sind die Jungen ohne eifriges Fürsorgeverhalten ihres Vaters verloren. Denn die Futteransprüche der Jungen wachsen von Tag zu Tag. Nach zweieinhalb Wochen, den Kleinen war inzwischen ein warmes Federkleid gewachsen, mußte auch die Mutter »mitverdienen«. Innerhalb von zwei Tagen stellte sie sich vom Gefüttertwerden und vom Weiterreichen der vom Vater gelieferten Nahrung an die Kinder ganz auf Eigenjagd um. Von da an speiste der Vater nur noch seine Kinder, und zwar nicht mehr 44mal in einer Nacht wie zu Anfang, sondern 116mal, wobei er nur fünfzehnmal an sich selber dachte.

Diese Kinderbetreuungsorgie mußte sich binnen kurzem selber totlaufen. Am 35. Lebenstag, die vier Jungen waren bereits flügge, begannen diese, selber ihre erste Nahrung zu fangen. Nur vier Tage später waren beide Eltern so erschöpft, daß sie von nun an kein Kind mehr beachteten. Und vom selben Augenblick an, als die Kinder »aus dem Haus« flogen, ging auch die Ehe der Eltern auseinander.

Dieses Beispiel zeigt nicht nur das Erwachen und Verlöschen des Vatertriebes, sondern darüber hinaus noch etwas anderes, auch für den menschlichen Bereich sehr Wichtiges. Nach den ersten Tagen der heißen, erotischen Liebe und den ersten Flitter-, Fütter- und Brutwochen wird die Einehe der Zwergohreulen – wie übrigens auch die fast aller anderen in Einehe lebenden Tiere – schließlich nur noch von einer Kraft zusammengehalten: von der Bindung beider Eltern an die Kinder.

Kinder kitten die Ehe

Sogar ein Kaiserpinguinpärchen, das, wie ich schon berichtete, alljährlich acht Monate lang für das einzige Kind schuften und fürchterliche Entbehrungen auf sich nehmen muß, geht nach dieser Zeit auseinander, um sich erst kurz darauf in der Brutkolonie erneut zu treffen. Wir nennen dies die Saison-Einehe.

Eine Dauer-Einehe kommt, von wenigen Ausnahmen abgesehen,

nur zustande, wenn die letztjährigen Kinder erst dann die Familie verlassen, wenn der neue Jahrgang bereits da ist oder wenn sie gar noch länger bleiben. Das ist unter anderem bei den Graugänsen, vielen Rabenvögeln, aber auch bei zahlreichen Säugetieren der Fall.

Unabdingbare Voraussetzung dazu ist jedoch, daß auch der Vater eine innige emotionale Bindung zu seinen Kindern aufbaut. Andernfalls geht die Ehe schon viel früher in die Brüche.

Einer der Hauptgründe, weshalb es in vielen Menschenehen so stark kriselt oder kracht und warum so viele geschieden werden, ist, das wage ich zu behaupten, die Tatsache, daß es in den letzten Jahrzehnten nicht nur Mütter, sondern vor allem Väter in beängstigend steigendem Maße versäumt haben, eine liebevolle Bindung zu ihren Kindern herzustellen.

Beim Vater ist die Anbahnung des Bindetriebes zum Kinde jedoch nicht so akkurat an die Stunde der Geburt gebunden. Er kann, aber er braucht nicht unbedingt bei der Geburt zugegen zu sein. Bei ihm darf der Zeitpunkt der Kontaktaufnahme durchaus etwas später liegen.

Letzteres wird am Familienleben eines in Amerika sehr häufigen Stärlingsvogels, den wir Purpur-Bootsschwanz nennen, deutlich. Er nistet meist in volkreichen Kolonien. In dieser Massengesellschaft ist es Sitte, daß nur das Weibchen die ganze Last des Brütens allein zu tragen hat. Das ist, wie der Zoologe Dr. R. Haven Wiley von der Universität von North Carolina erforscht hat, für das Männchen eine willkommene Gelegenheit, sich in der von lärmendem Geschrei erfüllten Kolonie – ähnlich wie der Grauganter – hin und wieder davonzustehlen und außerhalb der Sichtweite seines Weibchens in Seitensprüngen mit noch unverpaarten »Damen« fremdzugehen.

Aber nach Abschluß des Brütens braucht das Weibchen unbedingt die Hilfe des Männchens. Denn die kommende Arbeitslast kann einer allein nicht bewältigen. Deshalb muß die Mutter gleich nach dem Schlüpfen der Jungen versuchen, den untreu gewordenen Vater unter allen Umständen für sich zurückzugewinnen.

Mit einem interessanten Trick gelingt ihr das auch in den meisten Fällen. Sie beginnt mit zierlichen, sexuell aufreizenden Bewegungen, ihr inzwischen ziemlich zerzaustes Nest wieder aufzubauen und nach allen Regeln der Kunst herzurichten. Nun gibt es unter vielen Vögeln kaum etwas, das mehr Sex-Appeal ausstrahlt als der Nestchenbau. Gleichsam in Erinnerung an frühere, fröhliche, gemeinsam durchlebte Zeiten eilt daraufhin fast immer das Männchen wieder herbei.

Und nun ist es der Anblick der Kinderschar im Nest und ihr niedliches Gezwitscher, das in dem »Herrn« den Vatertrieb erweckt und ihn veranlaßt, die Jungen zu füttern und zu beschützen und seinem Weibchen in Zukunft treu zu bleiben.

Das ist die ehebindende und -kittende Kraft der Kinder, die im Tierreich eine enorm große Rolle spielt.

Bei brutpflegenden Fischen ist es nicht anders. Die Männchen der Getüpfelten Guramis, die in südostasiatischen Binnengewässern heimisch sind, verhalten sich gegenüber arteigenen Eiern und Jungtieren als ausgesprochene Kannibalen. Liebevoll benimmt sich der »Herr« nur zu den leiblichen Kindern. Und das auch nur, wenn er es nicht versäumt hat, im Augenblick des Ablaichens ein bestimmtes Ritual zu vollziehen.

Er muß nämlich jedes einzelne Ei, das den Leib seines Weibchens verläßt, einmal kurz mit den Lippen berühren. Hindert ihn der Experimentator daran, seinem Nachwuchs diese »Küßchen« zu geben, erwacht in ihm kein zuverlässiger Vatertrieb. Früher oder später frißt er dann seine eigenen Kinder.

Überflüssige Männer sind lebensgefährlich

Es darf nicht verschwiegen werden, daß es auch viele Tierarten gibt, bei denen es das Weibchen ganz allein schafft, die Kinder großzuziehen. Hier ist der Vater völlig überflüssig, ja, mitunter sogar schädlich. Infolgedessen kennen die Männchen dieser Arten nicht die Spur eines Vatertriebes. Damit bilden sie für ihre Kinder eine akute Lebensgefahr. Sie neigen zum Kannibalismus und Kronismus und müssen daher durch die Weibchen von den Kindern ferngehalten werden.

Zum Beispiel sperrt eine Bisam-, Feldhamster- oder Eisbärmutter den Familienbau für den Vater, solange sie dort ihre kleinen Kinder versorgt.

Voraussetzung für dieses Hausverbot ist eine interessante Umkehrung der Rangverhältnisse unter den Ehepartnern. Zu Anfang ist stets das körperlich größere und muskulösere Männchen der »Herr im Haus«. Aber sobald die Kinder da sind, steigert sich die Aggressivität der Mutter gegen alles, das ihre Jungen bedroht, in so starkem Maße, daß es das Männchen vorzieht, sich nicht mit ihr auf einen

Kampf einzulassen. Jetzt hat sie »die Hosen an«. Der Muttertrieb, der zärtlichste Gefühle zu den Kindern aufkeimen läßt, setzt gleichzeitig Furienzorn gegen das nicht benötigte Männchen frei.

Bereits beim Goldregenpfeifer benimmt sich der wenigstens halbwegs dienstbereite Vater manchmal kindergefährdend dumm. Streunt ein Rotfuchs in der Nähe des Bodennestes umher, beginnt die Mutter sofort, ihn zu »verleiten«. Das heißt, sie stellt sich lahm und flugunfähig, flattert und taumelt hin und her, so daß der Fuchs meint, leichte Beute vor sich zu haben. Sie lenkt die Aufmerksamkeit des Feindes auf sich und lockt ihn dabei vom Nest fort. Aber wenn dies der Vater bemerkt, versucht er, statt beim Verleiten zu helfen, sich mit seinem Weibchen zu paaren. Dieser Sexrausch ist schon so manchem Familienmitglied zum Verhängnis geworden.

Solch dumme Väter kennen wir nicht nur von den Hühnervögeln, sondern auch von Säugetieren. Der deutsche Huftierforscher Professor Fritz Walther, der jetzt an der Universität von Missouri lehrt, beobachtete auf der ostafrikanischen Steppe mehrfach folgendes:

Ein erst wenige Stunden altes Thomsongazellen-Kitz wird von einem Schakal angegriffen. Sogleich versucht die Mutter ihr Kind zu schützen, indem sie zwischen Kitz und Feind immerzu hin und her prescht. »In dieser Lage«, so schreibt der Forscher, »jagt nun nicht selten ganz plötzlich ein Bock wie der Teufel hinter Kitz, Schakal und Mutter her – keineswegs aber, um den Seinen zu helfen, sondern um das Weibchen abzustoppen, damit es nicht in das Territorium des Nachbarbocks läuft.«

Der Bock hat nur ein Interesse, seinen Harem zusammenzuhalten. Das Schicksal des Kindes ist ihm gleichgültig. Allerdings muß betont werden, daß der Bock nicht der leibliche Vater des Kitzes ist. Die Mutter hatte es im Jahr zuvor mit einem anderen Männchen gezeugt. Er ist also nur der Stiefvater.

Eine noch größere Gefahr stellen für Weib und Kind die sogenannten »schönen Männer« dar: die Väter bei den Paradiesvögeln, Kampfläufern und Leierschwänzen, die Auer-, Birk-, Prärie- und Felsenhähne, um nur einige zu nennen. Sie prunken in der märchenhaften Pracht des leuchtend bunten Federkleides und locken die Weibchen damit zur Paarung. Aber sobald diese vollzogen ist, gehen die werdenden Mütter ihre eigenen Wege, denn die Schönheit der Männchen ist zu auffällig und würde nur das Nest mit dem Gelege oder den Jungen an Feinde verraten. Hier taugt der »Vater« also nur zur Paarung und zu weiter nichts.

In vielen Fällen wird ein unnützer Vater von seiner Familie auch nur als überflüssiger Mitfresser angesehen. Also kann ihn die Mutter in Nestnähe ebensowenig gebrauchen. Das ist zum Beispiel der Fall bei den Stockentenweibchen.

Dabei gehen Männchen und Weibchen von November oder Dezember bis zum Frühjahr eine mehrmonatige sogenannte Verlobungszeit ein. Der Sex spielt hierbei noch keine Rolle, da die Geschlechtsorgane erst im Frühjahr funktionstüchtig werden. Dennoch halten beide den ganzen Winter über wie Pech und Schwefel zusammen. Aber spätestens wenn das erste Ei im Nest liegt, sind die Eltern schon wieder geschiedene Tiere. Während die Mutter ganz allein die Brut versorgt, abenteuert der Vater in der Welt umher.

Da er nicht willens ist, für die Kinder zu arbeiten, wird er von der Mutter als überflüssig angesehen und behandelt. Eine Steigerung erfährt diese Tendenz bei den Honigbienen. Hier werden die Männchen nach dem Hochzeitsflug der Königin geradezu wie Schädlinge ausgemerzt. Im Verlauf der sogenannten Drohnenschlacht überantworten sie die Arbeiterinnen dem Tode. Das geht so vor sich:

Wird während des drei bis sechs Tage andauernden Drohnenabtriebes ein Männchen im Stock von einer Arbeiterin angetroffen, beginnt sie, den »Herrn« zu belästigen. Sie stoppt seinen Lauf, steigt auf seinen Rücken und benagt ihn. Reagiert er nicht mit sofortiger Flucht aus dem Stock in die für ihn absolut tödliche Freiheit und Einsamkeit, zerren ihn die Arbeiterinnen an Flügeln und Beinen im Stock umher. Am Flugloch angelangt, sind dann meist schon die Flügel zerfetzt und einige Beine ausgerissen. So stürzt er hilflos auf den Erdboden und stirbt nach qualvollen Stunden. Erstochen, wie man früher glaubte, wird die Drohne nicht, obgleich es für sie ein leichterer Tod wäre. Die Schwestern bringen also ihre Brüder indirekt um, und das auf Duftsignal-Befehl der Königin, also der Mutter.

Von hier bis zu den Hochzeitsbräuchen einiger (nicht aller) Spinnenarten ist es nur noch ein kleiner Schritt. Denn in der Regel dann, wenn das Männchen im Vergleich zum Weibchen nur ein winziger Zwerg ist, wird es unmittelbar nach vollzogener Paarung verspeist. Wenngleich seine Portion nicht eben üppig genannt werden kann, so dient der »Vater« wenigstens in bescheidenem Maße noch Weib und werdenden Kindern als Nährstoff.

Diese Art des Kannibalismus nennen wir »Sirenismus«. Sie ist auch bei Gottesanbeterinnen, Gnitzen und anderen Kerbtieren nachgewiesen.

Sklavenarbeit in der Kinderstube

Von diesen nur zur Paarung und als Nahrung nützlichen »Vätern« gibt es zu den voll in der Kinderpflege mithelfenden Männchen interessante Übergangsformen. Eine davon wird vom Höckerschwan verkörpert.

Hier beschränkt der Vater seine Arbeit für die Familie aufs Wachehalten. Was geschieht, wenn er hierbei keinen Kontakt mit dem Nest bekommt, hatte ich schon beschrieben. Auch wenn die Jungen geschlüpft sind, beteiligt er sich nicht (wie der Grauganter!) am Führen seiner Kinder. Das heißt: Wegweisen, Futter vom Boden des Gewässers heraufgründeln, genießbare Pflanzen zeigen, Zurückgebliebene wiederholen – alles dies tut die Mutter allein, während der »Herr« nur als Geleitschutz um die Seinen kreuzt.

Aber wenn die Mutter plötzlich stirbt, zeigt sich etwas Erstaunliches: Mit einemmal kann der Schwanenvater alles das, was der Beobachter ihm zuvor gar nicht zugetraut hatte. Augenblicklich steigt er voll in alle Mutterpflichten ein und ersetzt seinen Kindern den herben Verlust perfekt.

Er kann es also. Zuvor hatte er sich nur vor der Arbeit gedrückt. Jetzt weiß er aber, was er seinen Kindern schuldig ist. Und wie bei ihm, so entpuppen sich auch viele Väter bei anderen Tierarten, wenn Not am Mann ist, als vortreffliche »Mütter«.

Eine andere Übergangsphase finden wir beim Buntspecht und beim Steinhuhn. Hier teilen die Eltern ihre Kinderschar in zwei Gruppen auf. Eine führt die Mutter, während die andere unter der Obhut des Vaters ihre eigenen Wege geht. Diese Arbeitsteilung beginnt beim Buntspecht erst nach dreizehntägiger Brut, bei der sich beide Eltern ablösen, sobald die Jungen im Alter von 24 Tagen flügge werden. Vater und Mutter Steinhuhn trennen sich sogar noch früher. Erst legt sie ein Nest voll Eier, die ihr Männchen allein zu bebrüten hat. Während es damit beschäftigt ist, füllt sie in der Nähe noch ein zweites Nest, für dessen Eier und Küken dann aber nur sie allein verantwortlich ist.

Dieses Prinzip nutzt Mutter Mornell-Regenpfeifer in noch raffinierterer Weise für sich aus. Sobald sie ein Nest mit Eiern bedacht hat, übernimmt hier ein Männchen alles weitere, damit sie Zeit hat, ein zweites Nest zu füllen. Dieses versorgt sie aber keineswegs selbst, sondern läßt ein zweites Männchen die mühevolle Arbeit tun. Sie lebt also in Vielmännerei, in Polyandrie.

Noch besser können das die Blatt-, Thors- und Odinshühnchen. Hier hält sich eine Mutter sogar bis zu vier Männchen, die vom Nestbau bis zum Führen der Jungen alle »Hausfrauenarbeiten« zu erledigen haben, während sie nicht ein einziges Mal engeren Kontakt zu ihren Kindern aufnimmt. Nur wenn ein Feind naht und die ängstlichen Väter um Hilfe rufen, kommt die Mutter sofort herbei, um die Ihren zu verteidigen.

Das ist die verkehrte Welt im Lande gefiederter Amazonen, wo die Väter zum arbeitsintensiven Kinderpflegepersonal umfunktioniert wurden.

Es gibt sogar Mütter, die ihr Männchen zur regelrechten Zwangsarbeit in der Kinderstube fest einschließen. Das ist bei der Meergrundel der Fall. Diese Fische leben in der Unterwasser-Geröllzone der Korallenriffe in strenger Einehe. Zunächst graben beide gemeinsam bis zu sechs kokosnußgroße Höhlen mit engem Eingang in den Schotter. Will das Männchen bei der Arbeit einmal verschnaufen, knabbert ihm das Weibchen gleich zur Strafe an den Flossen herum und treibt es zu neuem Fleiß.

Dann legt die Mutter in einer Höhle die ersten Eier ab. Sobald sie wieder draußen ist, schwimmt der Vater herein, um die Eier zu besamen. Im gleichen Augenblick verrammelt die Mutter aber von außen den Eingang und sperrt ihn ein, wie der australische Zoologe Dr. R. C. L. Hudson, Dozent an der Universität von Melbourne, als Schwimmtaucher beobachtet hat.

Der Vater hat nun pausenlos die Eier zu befächeln, um Sauerstoff heranzuführen. Desgleichen muß er sie säubern, damit sie nicht verpilzen. Außerdem dient er als Wachtposten, gleichsam wie eine Giftschlange in der Schatztruhe. Zu fressen bekommt er drei bis vier Tage lang auch nichts, während sich die Mutter gut nährt, um für die nächste Ei-Ablage fit zu sein. Nur etwa einmal täglich bricht die Mutter die Tür auf, um nach dem Rechten zu sehen und frisches Wasser hineinzustrudeln. Anschließend wird der Vater gleich wieder eingemauert.

Erst nach vier bis fünf Tagen darf er heraus. Nun wird ihm eine Erholungspause von ein bis zwei Tagen gegönnt, bevor er in die nächste Höhle eingesperrt wird. Und so wiederholt sich das bis zu sechsmal hintereinander.

Auch Vater Seepferdchen ist gegen das viel aggressivere Weibchen völlig machtlos. Die »Dame« schlingt ihren Schwanz um ihn und fesselt ihn an sich. Dann führt sie einen Schlauch in seine känguruhartige Bauchtasche und füllt sie mit ihren Eiern. Von nun an liegt die gesamte Kinderfürsorge allein beim Vater, während sie neue Eier produziert und sodann ein anderes Männchen »vergewaltigt«.

Was hier wie Zwang wirkt, nimmt Vater Stichling freiwillig auf sich. Bei diesen Fischen ist es nämlich umgekehrt wie bei Bisam, Hamster und Eisbär: Nicht die Väter sind chronische Kinderkannibalen, sondern die Mütter, und nicht die Mütter vertreiben die Väter aus der Kinderstube, sondern umgekehrt. Das bedeutet natürlich, daß auch die volle Last der Brutbetreuung allein auf den Vätern liegt.

Eine Frauenrechtlerin sagte einmal, sie begreife die Natur nicht. Das Kinderkriegen, zu dem die Männer unfähig wären, sei doch eine so schwere Arbeit, daß es biologisch sinnvoller wäre, wenn die Männer wenigstens die Hauptlast bei der Aufzucht der Kinder trügen. Ist ihr Ideal wenigstens beim Mornell-Regenpfeifer, bei den Blatt-, Thors- und Odinshühnchen, den Meergrundeln, Seepferdchen und Stichlingen verwirklicht worden? Und wenn ja, warum nur bei so verschwindend wenigen Arten?

Hat diese Art der Lastenverteilung in der Familie nicht sogar unermeßliche Vorteile? Das Weibchen kann die Nester von drei, vier oder gar noch mehr Männchen mit Eiern versorgen, und die Väter müssen, statt sich nichtsnutzig in die Büsche zu schlagen oder bei der Brutpflege nur zu assistieren, ganz allein für ihre Kinderschar sorgen. Somit könnte ein Weibchen doch viel mehr Nachwuchs in die Welt setzen und hätte trotzdem weniger zu tun.

In der Tat herrscht bei den eben aufgezählten Tierarten ein erheblicher Überschuß an Männchen, und zwar meist deshalb, weil die Weibchen in viel stärkerem Maße als die Männchen Raubtieren zum Opfer fallen. Das hat sehr unterschiedliche Gründe.

Der Verlust eines Weibchens wiegt zudem viel schwerer als der Tod eines Männchens. Denn während ein Weibchen bis zu fünf Männchen in der Betreuung seiner Kinder beschäftigen kann, vermag sich ein männliches Tier mit sehr viel mehr als nur fünf Weibchen zu paaren. Eine Tierpopulation braucht für das Fortpflanzungsgeschäft also viel weniger Männchen als Weibchen, da für ein ausgefallenes Männchen eine Unzahl von überlebenden einspringen kann.

Daß die Natur fast immer der Mutter die Hauptlast der Kinderpflege auferlegt, geschieht also gleichsam aus der Wertschätzung des mütterlichen Elements heraus. Die Tatsache, daß Mütter schwerer

224

zu ersetzen sind als Väter, ist die Ursache dafür, daß die Anzahl derjenigen Tierarten, bei denen die Väter die gesamte Last der Kinderbetreuung zu tragen haben, in der Natur so minimal ist.

Unter zivilisierten Menschen ist dieser Faktor, von Kriegszeiten einmal abgesehen, bedeutungslos geworden. Aber in den Urhorden der Vor- und Frühmenschen lebten die Männer als Jäger und Krieger sehr viel gefährlicher als die Frauen. Von daher ist die Veranlagung der Mütter als primärer Kindesbetreuer auf uns überliefert worden. Obwohl inzwischen biologisch sinnlos geworden, lebt sie noch im Menschengeschlecht fort.

Der Vater als lebender Kinderwagen

Somit erscheint es im Sinne des Naturgeschehens vorteilhafter, den Vätern Spezialaufgaben bei der Kinderpflege anzuvertrauen. In dieser Hinsicht extreme Spezialisten sind die Männchen beim Senegal-Flughuhn und beim Zwergbinsenhuhn.

Die ersteren leben in der Zentralsahara. Da aber die Umgebung der wenigen Wasserlöcher stets von Feinden sehr gefährdet ist, scharren diese Vögel ihre Bodennester in zwanzig bis dreißig Kilometer Entfernung von der nächsten Tränke in den Wüstenboden. Aber wie sollen die kleinen Nestlinge dort das zum Leben unentbehrliche Wasser bekommen? Würden die Eltern ihr Gefieder an der Tränke in Wasser tauchen, wäre diese Feuchtigkeit auf dem Heimflug längst verdunstet.

Daher hat die Schöpfung den Vätern einen regelrechten Wassertank verliehen. An der Tränke spreizt das Männchen, wie der Hamburger Wüstenforscher Uwe George beobachtet hat, die Deckfedern seiner Brust wie die Abdeckung eines Flugzeug-Fahrgestells zur Seite, so daß ein dickes Polster schwammartiger Daunenfedern hervorquillt. Dieses taucht der Vogel ins Wasser, bis es sich vollgesaugt hat. Dann schließt er den »Deckel« wieder und stürmt als »fliegender Schwamm« mit achtzig Stundenkilometern Tempo zu seinen Küken, die sich nun unter ihren Vater drängen, ihre Schnäbelchen in den Federspalt stecken und das Wasser trinken wie junge Säugetiere die Milch aus der Mutterbrust.

Das Zwergbinsenhuhn lebt in einer Zone ständiger Gefahr an den Ufern der Gewässer Mittel- und Südamerikas, wo man wirklich nicht weiß, welcher Feind eher zuschnappt: der Kaiman, die Anakonda, die Piranhas, andere Raubfische oder Greifvögel aus der Luft. Die erwachsenen Vögel sind ständig auf der Flucht. Wie sollen da die hilflosen Küken im Nest überhaupt eine Überlebens-Chance haben?

Antwort: In einem fliegenden Vogelnest. Gleichsam wie ein Känguruh unter den Vögeln, so besitzt der Vater zwei Kindertragetaschen, eine links und eine rechts unter den »Achseln«. Gleich nach dem Schlüpfen befördert die Mutter ihre beiden Küken in die Taschen des Vaters und füttert und betreut sie dort, bis sie flügge sind. Naht ein Feind zu Wasser, rettet sich der Vater als »fliegender Kinderwagen« in die Luft und nimmt die Jungen gleich mit. Stößt aber ein Greif aus der Luft herab, taucht der Vater mit seinen Kindern wie ein U-Boot mehrere Meter tief.

In erster Linie sind diese Väter also Spezialisten zur Rettung von Kinderleben. Auf diesem Gebiet eröffnet sich ein buntes Spektrum verschiedenster Möglichkeiten, von denen hier nur wenige angedeutet seien.

Vater Dachs baut sich unmittelbar vor dem Kessel, der als Kinderzimmer dient, eine Wachstube, die er bei Gefahr bezieht. Es ist ein kurzer, enger Blindgang, in dem er selbst unangreifbar ist, aber jeden Feind, der hier vorbei zu den Kindern laufen will, mit seinem knochenbrechenden Gebiß zu fassen kriegt.

In einer Kolonie von Seelöwen spielen mehrere Väter gemeinsam »Bademeister« zum Schutz der Jungen. Wenn sich Haie nähern, hindern die Väter die Jungen daran, ins tiefe Wasser zu schwimmen, und drängen die Haie von der Küste ab.

Geht einmal auf afrikanischer Steppe ein Zebrafohlen verloren, weil angreifende Löwen die Herde durcheinandergewirbelt haben, so ist es der Mutterstute unmöglich, auf die Suche nach ihrem verlorenen Kind zu gehen. Haremslose Hengste und andere Zebrapaschas würden sie unausgesetzt belästigen. Deshalb stößt sie, sobald sie den Verlust gewahr wird, ein spezielles Wiehern aus. Das ist das Signal für den Vater, nun seinerseits auf die Suche zu gehen und das versprengte Fohlen herbeizutreiben. Die Mutter drängt sich derweil dicht mit den anderen Stuten ihres Haremsverbandes zusammen, entschlossen, jedem auf Frauenraub spekulierenden fremden Hengst die Hinterhufe vor die Brust zu knallen, bis der Spezialist im Heimholen verlorener Kinder wieder erfolgreich zurückkehrt.

Als Experte von hohen Graden im Nutzbarmachen technischer Zivilisationsprodukte zur eigenen Kinderaufzucht erwies sich im Frühjahr 1969 ein männliches Hausrotschwänzchen im schweizerischen Kurort Klosters. Es beschloß, das Nest katzen-, ameisen- und regensicher in der Gondel einer Drahtseilbahn zu bauen. Oben, wo der Tragbügel an dem auf Seilen laufenden Radgestell drehbar befestigt ist, befindet sich ein geräumiges Achsloch. »Phönix«, so hieß der werdende Vatervogel, fand es ideal.

Eifrig schleppte er Nistmaterial heran: Zahnstocher von der Terrasse des nahegelegenen Restaurants, später auch Putzwolle aus dem Maschinenraum zum Auspolstern. Sein Weibchen verarbeitete alles perfekt.

Doch als das Nest zur Hälfte fertig war, nahm die Seilbahn ihren Saisonbetrieb auf. Verdutzt blieben beide Vögel zurück. Aber als die Gondel eine halbe Stunde später wieder da war, setzten beide unverzüglich die Arbeit fort. So ging das von nun an mit durch »höhere Gewalt« erzwungenen Pausen ständig weiter.

Als fünf Eier gelegt waren, hatte der Mai schon begonnen, und das Weibchen setzte sich zum Brüten. Der »Herr« hat bei diesen Vögeln nur die Aufgabe, in Nestnähe Wache zu halten. Doch morgens früh um sechs entschwebte die Gondel samt seinem Weibchen gipfelwärts. Das brachte ihn in völlige Verwirrung. Erst flog er ein Stück nebenher, doch bald kehrte er sichtlich verstört wieder um.

Dieses Verhalten ließ für die Zeit, da die Jungen aus den Eiern geschlüpft sein würden, das Schlimmste befürchten. Nach dreizehn Bruttagen war es soweit. Fünf Junge lagen splitternackt im Nest. Da es recht kühl war, mußten sie noch vier Tage von der Mutter gehudert und gewärmt werden. Aber konnte Phönix nun, wie üblich, für ihrer aller Ernährung sorgen?

An der Talstation begann er mit der Fütterung. Dann schwebte die Gondel bergauf. Doch nun kehrte er nicht wieder um. Der Anblick seiner Kinder hatte den Vatertrieb geweckt. Ständig um die Gondel kreisend, flog er mit nach oben.

Während des Aufenthalts in der Bergstation fand er hinter einem großen Fenster, an dem zahlreiche Fliegen tanzten, reiche Beute. Wieder nach unten zurückgekehrt, schwirrte er sogleich – Ideen muß ein Vater haben! – zum benachbarten Parkplatz, wo er an den Kühlern der vielen Autos Insektennahrung in Hülle und Fülle fand und abpickte. Auf diese Weise gelang es ihn, seine hungrige Familie vollauf zu sättigen, obwohl während des Auf- und Abschwebens seiner Drahtseilbahn fahrenden Kinder viel Zeit verlorenging, die Vogeleltern normalerweise zur Futtersuche dringend benötigen.

Nach insgesamt drei Fütterwochen zeigte sich: Alle Kinder waren erfolgreich aufgezogen worden und konnten fortan selber für sich sorgen.

Vollends zum »Kindermädchen« wird der Vater bei den südamerikanischen Zwergseidenäffchen, Tamarins und Marmosetten. Bei diesen Affen spielen die Väter sehr viel mit ihren Kindern. Wenn die Zeit zum Säugen gekommen ist, stößt die Mutter nur einen Signalruf aus, der soviel bedeuten soll wie: »Zum Essen kommen!« Und schon trägt der Vater das Kind zur Mutter und setzt es ihr an die Brust. Hier gibt die Mutter dem Kinde also nur die Milch, der Vater aber alle Liebe, Geborgenheit und Lebenshilfe, die das kleine Wesen so nötig braucht.

Haremspaschas sind Kindermuffel

Allerdings ist es bei vielen Affenarten mehr eine Sache von Sitte und gutem Willen, ob Väter bereit sind, ihren Kindern die Mutter zu ersetzen, sofern der Sproß schon ohne Milch leben kann.

Es ist überhaupt ein genereller Unterschied im Vaterphänomen bei Vögeln und Säugetieren festzustellen: Sofern in der Vogelfamilie beide, Vater und Mutter, Brutpflege betreiben, sind ihre Verhaltensweisen des Fütterns, Wärmens und Führens weitgehend dieselben. Deshalb hat es der Vater hier auch relativ leicht, seinen Kindern die Mutter vollwertig zu ersetzen, falls diese stirbt.

In der Säugetierfamilie wird väterliches Verhalten jedoch von der Tatsache beeinflußt, daß es nun einmal nur die Mutter ist, die dem Kind Milch geben kann. Das bedeutet: Zumindest so lange, wie das Leben der Jungen noch vom Milchquell abhängig ist, kann der Vater dem Kind gar keinen Ersatz für die verstorbene Mutter bieten.

Das ist auch der Grund dafür, weshalb sich Säugetierkinder in den meisten Fällen vor allem in frühester Jugend viel enger an die Mutter binden als an den Vater. Und wenn wir berücksichtigen, daß es gerade die ersten Lebensmonate sind, die lebenslang bleibende Eindrücke beim Kind hinterlassen, so wird verständlich, weshalb bei Säugetieren der Wert der Mutter für das seelische Gedeihen der Kinder so ungleich größer ist gegenüber dem des Vaters. Deshalb wirkt sich ein Vaterentzug bei Affen auch nicht annähernd so katastrophal aus wie der Verlust der Mutter.

Ausnahmen finden wir nur dort, wo die Mutter zum bloßen Milchnuckel degradiert wurde, wie bei den Zwergseidenäffchen, oder auf der individuellen Basis einiger kindernärrischer Väter, wie es Professor B. K. Alexander am Beispiel der japanischen Rotgesichtsmakaken beobachten konnte:

»Hasho« hieß das dritthöchste Männchen einer freilebenden Horde in den Wäldern am Hang des Sekine-Vulkans. Trotz der hohen gesellschaftlichen Stellung in der 160köpfigen Gemeinschaft war er ein Musterbild an Kinderliebe. Er bemutterte gleichzeitig nicht weniger als drei Jugendliche. Einen Affenknaben, dessen Mutter fünf Monate nach der Geburt gestorben war, zog er ganz allein groß. Daneben bemühte er sich um ein zweijähriges Mädchen, das von der Mutter, deren Pflegetrieb versagte, arg vernachlässigt und oft davongejagt wurde. Hasho fütterte es und lehrte es, im Walde nach Wurzeln zu suchen. Kurz: Er machte an dem Mädchen, wahrscheinlich seiner Tochter, alles das wieder gut, was die Mutter versäumt hatte.

Sein dritter Zögling war »Sheila«, ein vierjähriges Mädchen, dessen Mutter ebenfalls ums Leben gekommen war. Volle achtzehn Monate spielte Hasho mit ihm, fütterte und verteidigte es gegen Raufbolde und mürrische Erwachsene.

Dann kam Sheila in ihre erste Brunst. Ohne Schwierigkeiten zu machen, gestattete der dreifache Vater männlichen Bewerbern, sich mit seiner Tochter zu paaren. Er selber rührte sie in dieser Zeit nicht an. Nach der Brunst aber, als Sheilas Paarungspartner längst andere Wege gingen, war Hasho wiederum ein Jahr lang um sie besorgt. Bei der Geburt leistete er Hebammendienste und zeigte Sheila, was sie als Mutter zu tun hatte, um ihr Kind am Leben zu erhalten und großzuziehen. Ein Affenvater als Mütterberater!

Folgendes darf aber nicht verschwiegen werden: Gegenwärtig stehen dreißig Horden der Rotgesichtsmakaken in Japan unter Beobachtung von Wissenschaftlern. Aber nur in sechs dieser Trupps ist es nicht unter der Würde der »Männer«, sich um die Kinder zu kümmern. Und auch in den Horden, in denen väterliche Kinderfürsorge Sitte ist, sind es nur wenige, und zwar in der Rangordnung hochstehende Männchen, die aktive Kinderliebe praktizieren. Alle übrigen und vor allem die Paschas sind Kindermuffel.

Damit befinden wir uns schon sehr dicht am menschlichen Bereich.

Desgleichen berührt uns Menschen ein weiterer Aspekt zum Vaterthema direkt, den wir bei wildlebenden Hunden, Wölfen und Rotfüchsen beobachten können.

In der Gesellschaft dieser Tiere besteht zwischen Vater und Mutter eine aufschlußreiche Arbeitsteilung. Die Mutter besorgt mehr das Häusliche: das Säugen, Säubern und Wärmen der Kinder. Hingegen sind die Erziehung zu sozialem Verhalten in der Gemeinschaft und das Lehren der Jagdmethoden allein Sache des Vaters.

Entsprechend den Eigenarten des weiblichen und des männlichen Charakters werden die Aufgaben der Kinderfürsorge verschieden verteilt. Auch das erinnert an Parallelen im menschlichen Bereich. Doch damit berühren wir bereits die Thematik eines späteren Kapitels: die Erziehungsprobleme bei Tierkindern.

XII.
Wie Kain und Abel?

Verhalten unter Geschwistern

Geschwisterhilfe als
ausgleichende Gerechtigkeit

Wenn Vogeleltern Futter an ihre Kinder verteilen, kann es zu groben Ungerechtigkeiten kommen. Aus Angst, nicht genug Nahrung heranschaffen zu können, sind sie stets in hektischer Eile und können sich gar nicht die Zeit nehmen, in Ruhe eine gerechte Verteilung vorzunehmen. Sie stopfen die Bissen in Sekundenschnelle den »Vorzugspüppchen« und Vordränglern in den Schnabel, während die »Bescheidenen«, also die Kleinen und Schwachen im Hintergrund, leer ausgehen.

1979 entdeckte jedoch Dr. Wolfgang Epple vom Zoologischen Institut der Universität Stuttgart-Hohenheim tätige Geschwisterhilfe im Nest der Schleiereulen: Wenn das Vorzugspüppchen satt ist, verfüttert es die von ihm nicht benötigte Nahrung an seine von den Eltern vernachlässigten Geschwister weiter und sorgt damit für ausgleichende Gerechtigkeit. Dieser erstaunliche Vorgang spielt sich folgendermaßen ab:

Zu siebt saßen die Jungen im Mauerloch einer alten Scheune. Das Küken mit dem Namen »Tyto« war gerade einen Monat alt und damit zehn Tage älter als seine jüngste Schwester. Als Nesthocker synchronisieren diese Vögel ihren Schlüpftermin nicht. So war Tyto auch der größte und kräftigste in der Geschwisterschar.

Jetzt, Ende Mai, waren die Nächte nur kurz und damit auch die Gelegenheiten zur Jagd zeitlich sehr begrenzt. Täglich mußten Vater und Mutter innerhalb von nur drei bis vier Stunden mindestens sechzehn Mäuse und fünf Ratten fangen, wenn alle Kinder satt werden sollten. Sobald einer der Nachtjäger ein Beutetier gefangen hatte, brachte er es sofort zum Nest. Dort hatte er gar nicht die Zeit, erst lange zu überlegen, welcher von den sieben Schnäbeln in der Dunkelheit nun an der Reihe war, und übergab den Fang daher dem größten Schnabel, der sich ihm am weitesten entgegenreckte. Und das war meist der von Tyto.

Daraufhin verhielt sich dieser wie ein wahrhaft vorbildlicher großer Bruder. Sobald er selber keinen Hunger mehr verspürte, reckte er sich im Nest hoch, hielt die tote Maus baumelnd im Schnabel und äußerte, genauso wie die Eltern, wenn sie Futter anboten, gluckende Laute: »Wer will etwas zum Fressen haben?«

Obwohl das aus der Kehle des erst dreißig Tage alten Kindes noch sehr zaghaft und nur mehr als kurze Andeutung klang, verstanden es die hungrigen Geschwister sofort und drängten, heftig schnarchend, zu ihm heran. Schnarchen heißt bei Schleiereulen: »Bitte, bitte!« Sodann ließ sich Tyto die Maus von dem am dichtesten vor ihm stehenden Geschwisterchen bereitwillig aus dem Schnabel nehmen.

Nächstenliebe unter Tieren, die gerade erst einen Monat alt sind!

In den folgenden Tagen vervollkommnete sich dieses selbstlose Verhalten noch. Wenn ein besonders junges und kleines Geschwisterchen, das Nesthäkchen, am hintersten Ende der Kinderansammlung noch schnarchend großen Hunger signalisierte, watschelte Tyto sogar mit der Maus im Schnabel durch das Gedränge der satten Geschwister zu dem Kleinsten hin und gab ihm das Futter.

Darüber hinaus begann Tyto bald, regelrechten Küchendienst zu leisten, um seine Eltern noch mehr zu entlasten. Wenn sie eine fette Ratte brachten, brauchten sie von nun an keine Zeit mehr damit zu verlieren, die große Beute in Einzelportionen zu zerteilen. Diese Arbeit übernahm Tyto vom fünfzigsten Lebenstag an perfekt. Anschließend verteilte der große Bruder die Stückchen ziemlich gleichmäßig unter seine Geschwister.

Somit sorgte er für die Gerechtigkeit, zu der seinen ständig auf Beutejagd umherhetzenden Eltern einfach die Zeit fehlte. Dieser großartigen Form der Geschwisterhilfe ist es zu danken, daß auch bei zahlreichem Kindersegen im Nest kein Küken Hungers sterben muß.

Der Mord im Mutterleib

Allerdings kennen wir auch Beispiele, die von barbarischen Sitten unter Geschwistern zeugen. In einem Graureiherhorst, in dem fünf Junge aus den Eiern schlüpfen, verhält sich diese Brut nur etwa zwanzig Tage lang halbwegs wie »liebe Kinder«. Dann entsteht in Abwesenheit der Eltern ein fürchterlicher Streit, in dessen Verlauf regelmäßig die beiden jüngsten, die Nesthäkchen, von den älteren Geschwistern mit den spitzen Schnäbeln erdolcht und aus dem Horst geworfen werden.

Das ist Geschwistermord, sogenannter Kainismus, in seiner krassen Form. Er wird jedoch von jenen Ereignissen in den Schatten gestellt, die sich im Horst von Greifvögeln abspielen. In der Brutstätte eines Steinadlers schlüpfen fast immer zwei Junge aus den Eiern, manchmal auch drei. Aber die achtzig Tage bis zum Flüggewerden überlebt meist nur eines, und zwar das älteste Kind. Es verwechselt seine Geschwister mit Beutetieren, tötet sie und frißt sie auf.

Der Berliner Ornithologe Dr. Bernd-Ulrich Meyburg hat bei sechs verschiedenen Adlerarten nachgeforscht, wie das Grausige in den »Kinderstuben« der Jungen vor sich geht. Nur beim spanischen Kaiseradler, der in der Regel drei oder vier Eier legt, spielt es sich so ähnlich wie in Singvogelnestern ab, wo die Eltern das Nesthäkchen nur bei Futtermangel verhungern lassen. In guten Zeiten wachsen hier alle Kinder in Eintracht heran.

Im Horst des Schreiadlers findet jedoch auch bei Futterfülle ein Gemetzel statt. Die Aggression erwacht beim ältesten Kind zuerst und steigert sich schnell bis zum Mordrausch gegen das jüngere Geschwisterteil. Der Kleinere läßt sich einschüchtern, weil die Aggression bei ihm noch nicht zum Durchbruch gekommen ist, und weicht stets zurück. Schließlich setzt sich der Ältere gezielt auf ihn und erstickt oder erdrückt ihn, um ihn anschließend zu verspeisen. Hier dient das zweite Kind stets nur als Reserve für den Fall, daß dem Erstgeschlüpften etwas zustößt.

Bei See- und Schreiseeadlern wird das ältere Kind jedoch nur dann gegen das jüngere tödlich aggressiv, wenn sein Hunger zu sehr im Magen bohrt.

Letztlich ist für den Kainismus also die Höhe des Aggressionsniveaus verantwortlich. Schreiadler sind von Natur aus so stark aggressiv, daß der Mord unter Geschwistern stets unvermeidlich ist. Bei See- und Schreiseeadlern muß jedoch die Aggression erst durch den Hunger weiter verstärkt werden, ehe sie tödliche Ausmaße annimmt.

Wem Geschwisterfeindschaft unter Tieren unbegreiflich erscheint, der befrage für den menschlichen Bereich nur einmal Eltern von Zwillingen. Solange diese im Alter von sechs bis zehn Monaten noch nicht laufen können, darf man sie niemals unbeaufsichtigt »miteinander spielen« lassen. Als wäre der jeweils andere nur ein Sofakissen, so pratschen und kratzen sie mit völlig harmlosem Gesichtsausdruck aufeinander ein.

Was mag in ihnen vorgehen, wenn sie das tun? Spielerisches Erkundenwollen, Genugtuung über erzielte Wirkungen, die ihr Handeln verstärkt, instinktive Abwehrreaktionen, vermischt vielleicht mit unbewußter Konkurrenzangst als Nachwirkung einer Hintanstellung beim Säugen? Was es auch sei, Vernunftgründe und spezifisch menschliche Vorstellungen spielen hier noch nicht mit. Wir befinden uns im rein animalischen Bereich, wenngleich in wesentlich abgemilderter Form.

Daß Kinder untereinander eine Bindung aufbauen, geschieht erst sehr viel später – oder auch gar nicht, wie die Bibel von Kain und Abel erzählt.

Je weiter wir die Entwicklungsreihe der Tiere bis in die Urzeit zurückverfolgen, desto seltener treffen wir auf das Phänomen der sozialen Bindung unter Geschwistern und desto häufiger auf das des Kainismus. Letzteres tritt zum Beispiel bei vielen Raubfischen auf.

Dr. Werner Ladiges, Hauptkustos am Zoologischen Staatsinstitut und Museum der Universität Hamburg, berichtet von einem Experiment, in dem er den gesamten Laich eines Hechtweibchens, etwa eine Million Eier, in einem großen Aquarium erbrüten ließ. Als der kräftigste dieser immensen Geschwisterschar 3,5 Zentimeter lang geworden war, verschmähte er eines Tages seine bisherige Plankton-Nahrung. Statt dessen begann er, ein Geschwisterchen nach dem anderen zu verspeisen. Nach einigen Wochen war nur noch er selber übriggeblieben: ein schwimmendes Grab aller seiner Millionen Geschwister!

Auch Baby Sandtigerhai macht seinem Namen alle Ehre. Die Jungen schlüpfen bereits im Mutterleib aus den Eiern und verweilen dort noch einige Zeit, ehe sie lebend zur Welt gebracht werden. Aber wovon ernähren sie sich solange im Mutterleib? Fischkinder besitzen ja noch nicht eine Plazenta samt Nabelschnur. So lösen sie das

Problem ganz einfach durch Verspeisen ihrer sämtlichen Geschwister im gleichen Uterus.

Der amerikanische Meeresbiologe Dr. Steward Springer, der diesen in der Welt einzigartigen »intra-uterinen Kainismus« entdeckte, erhielt einen weiteren Aggressivitäts- und Gefräßigkeitsbeweis: Bei der Untersuchung eines hochträchtigen Haiweibchens biß ihm ein noch ungeborenes Haibaby einen Finger ab!

Bei diesen Haien scheinen die Geschwister zu dem einzigen Zweck zu existieren, dem ältesten als Nahrungsvorrat zu dienen, als »zusätzliches Eidotter«. Der Hai-Kain verläßt denn auch in der stattlichen Länge von einem Meter den Leib seiner zwei Meter messenden Mutter und ist sogleich fit und vital zum reißenden Räuberleben.

Tödliche Konkurrenz unter Geschwistern braucht jedoch nicht unbedingt im gegenseitigen Auffressen zu bestehen. Die Verdrängung von der Existenzgrundlage ist ein anderer Weg, den ich am Beispiel des Beutelmarders schildern will. Der Beutelmarder lebt in Australien, hat im Aussehen und Verhalten sehr viel Ähnlichkeit mit unserem Steinmarder, ist aber ein Beuteltier wie das Känguruh.

Voll tragischer Dramatik ist der erste Lebenstag der Neugeborenen. Wie bei allen Beuteltieren sind die Babys extrem winzig: sechs Millimeter vom Kopf bis zum Schwanz. Im Mai oder Juni bringt das Muttertier auf einen Schlag bis zu 24 solcher Minikinder zur Welt, obwohl sie in ihrem kleinen, mehr einer Hautfalte gleichenden, nach hinten geöffneten Beutel nur acht, manchmal sogar nur sechs Zitzen hat. So entbrennt unmittelbar nach der Geburt ein Wettlauf aller Kinder um Leben und Tod nach den mütterlichen Zitzen.

Jedes Beutelmarderkind, das noch eine freie Zitze erreicht, saugt sich unablösbar für sieben Wochen daran fest. Die anderen suchen verzweifelt umher, drängen und rempeln vergebens, saugen sich schließlich an einem Bein eines glücklicheren Geschwisterchens fest, da sie es mit einer Zitze verwechseln, lassen aber bald wieder los, da ja aus dem Beinchen keine Milch fließt, und kommen elend um.

Programmierung zum »Erfolgsfisch«

Rivalitäten unter Geschwistern brechen auch bei den Angehörigen vieler anderer Tierarten mit voller Schärfe durch, so zum Beispiel bei den Gänse- und Hühnervögeln. Dabei ergeben sich Perspektiven, die alle gängigen Klischeevorstellungen über Zusammenhänge von

Körperkraft und Ranghöhe korrigieren. Deshalb sei hier die ganze Geschichte erzählt.

Wenn man ihm zu Beginn seines Lebens die Zukunft prophezeit hätte, wäre alles nur auf Mittelmäßigkeit hinausgelaufen. Er war von mittlerem Körpergewicht und von mittleren geistigen Gaben. Dennoch schwang er sich bald zum Anführer einer stattlichen Schar auf.

Die Methode, mit der das möglich wurde, widerlegt alle bisherigen Anschauungen über das Erkämpfen von Führungspositionen im Tierreich.

Im speziellen ist hier ein Streifenganter namens »Alkibiades« gemeint, den Frau Dr. Irene Würdinger im Max-Planck-Institut für Verhaltensphysiologie in Seewiesen beobachtete. Als er mit seinen sieben Geschwistern aus den Eiern geschlüpft war, saß er in den ersten 36 Stunden mit diesen friedlich zusammen. Dann aber hackten alle die so niedlich aussehenden Federflausche plötzlich und ohne ersichtlichen Streitgrund wütend aufeinander ein.

Das ist der sogenannte Küken-Rangkampf, gleichsam eine Olympiade der Tierbabys, wie wir sie von fast allen Gänse- und Hühnervögeln kennen. In der Geschwisterschar unseres Haushuhns auf dem Bauernhof findet dieser Massenstreit allerdings erst in der siebenten oder achten Lebenswoche statt, wenn die Mutterhenne ihre Kinder verlassen hat.

Bei den erst knapp zwei Tage alten Streifengänsen, zentralasiatischen Verwandten unserer Graugans, kapituliert der Verlierer, indem er den Hals weit nach vorn streckt und rechtwinklig vom Sieger weg zur Seite schaut. Damit ist das unblutige Turnier der Gössel beendet. Aber in einem wahren Rausch von Kampfeswut beginnt sogleich das nächste Duell, zu dem sich Sieger wie Verlierer einen neuen Gegner suchen.

So legen die winzigen Federflausche innerhalb von vier Stunden in Einzelkämpfen jeder gegen jeden die Rangordnung fest, die künftig jeder beim Gänsemarsch hinter der Mutter her und auch sonst im Leben einnehmen wird.

Im Lauf dieser Ereignisse hatte der körperlich mittelprächtige Alkibiades das große Glück, im ersten Kampf auf seine schwächste Schwester zu treffen. Natürlich errang er einen glorreichen Sieg. Unmittelbar darauf fügte es der Zufall, daß er vor einen etwas stärkeren Bruder zu stehen kam. Dieser hatte jedoch gerade eine Niederlage hinnehmen müssen und war noch ganz deprimiert. Alkibiades griff noch ganz im Rausch seines letzten Sieges mit Elan an und gewann abermals. Das beflügelte ihn so sehr, daß er auch alle weiteren Gegner glatt über den Haufen rannte.

Schließlich begann der Kampf um die Spitzenposition gegen den muskulösesten Bruder, der bislang auch alle Duelle gewonnen hatte. Erst bezog Alkibiades gehörig Prügel. Doch dann verhedderte sich der Überlegene im Eifer des Gefechts mit den Beinen in einem auf dem Erdboden liegenden Maschendraht und stürzte. So mußte er vor Alkibiades kapitulieren und ordnete sich auch in der Folgezeit unter.

In der gleichen Situation geschieht es auch gar nicht so selten, daß die Mutter den Streit unter ihren Kindern schlichten will und dazwischenfährt. Und auch mit ihr greift wieder der Zufall ins Geschehen ein, denn das Kind, dem das Pech widerfährt, von der Mutter gehackt und verjagt zu werden, hat den Zweikampf gegen das Geschwisterchen verloren, auch wenn es ganz klar das stärkere ist. Das Einschreiten der Mutter beim Streit der Kinder kann die Verhältnisse in der sich gerade entwickelnden Rangordnung verfälschen. Und eine spätere Korrektur in der Art »Warte nur, bis wir allein sind!« ist ebensowenig möglich wie der Gewinn einer Goldmedaille, wenn die Olympischen Spiele vorüber sind.

Das für das weitere Leben Entscheidende geschieht aber erst in der Folge dieser Kämpfe. Denn von da an entwickelt sich das Körpergewicht jedes Gössels genau im Verhältnis zu seiner Ranghöhe. Alkibiades, anfänglich nur ein Mittelgewicht, wurde später im Leben der schwerste Brocken. Er wuchs zum Stärksten heran, weil er der Boß der Kinderschar war – nicht umgekehrt.

Und daß er Anführer wurde, war allein dem Zufall zu danken, nämlich dem Zufall in Form der Reihenfolge der Kampfpartner und der Eingriffe von außen, die ihn psychologisch zum Sieger prädestinierten.

Somit ist die alte Vorstellung, daß bei den Kämpfen der Tierkinder immer nur der Muskulöseste die Oberhand gewönne, reformbedürftig, desgleichen die Ansicht, daß allein die Erbanlage die Körperkraft und damit das Schicksal bestimme. Die eben genannten Umwelteinflüsse sind von mindestens gleicher Bedeutung. Sie können die ererbten Veranlagungen sogar in ihr Gegenteil verkehren.

Dasselbe Phänomen zeigte sich auch bei zahlreichen unblutigen »Gladiatorenspielen«, die zwei englische Zoologen, Dr. Dennis Frey und Dr. Rudolph Miller, mit Fischen im Aquarium veranstalteten, und zwar mit den fünfzehn Zentimeter langen Blauen Guramis.

Die Tiere sind so aggressiv, daß sie sich sofort bekämpfen, wenn der Experimentator zwei von ihnen in ein Aquarium setzt. Ihr Turnierritual besteht vor allem darin, daß sie sich gegenseitig an den Flossen zerren wie bayerische Bauernjungen beim Fingerhakeln.

Das sind die Turnierergebnisse: Wer im ersten Kampf einen leichten Gegner bekam, siegte mit großer Wahrscheinlichkeit auch im zweiten Duell, selbst wenn der neue Feind etwas stärker war. Je mehr Siege ein Fisch in ununterbrochener Folge errang, desto ungestümer, selbstsicherer und sieggewohnter griff er beim nächstenmal an, auch wenn er schließlich als David gegen einen Goliath antreten mußte.

Während der Kummer über eine Niederlage stets lähmend wirkte, konnte der Versuchsleiter einen x-beliebigen Gurami durch »gesteuerten Zufall«, also durch geeignete Gegnerwahl geradezu zum »Erfolgsfisch« und zum »Siegertyp« programmieren.

Diese Forschungsergebnisse können psychologischen Beratern und Trainern in Kampfsportarten wertvolle Anregungen geben.

In all den Versuchen spielten Faktoren wie Größe und Kraft gegenüber den psychischen Werten kaum eine Rolle – und Geschicklichkeit, Ausdauer und Aggressivität nur in dem Sinne, daß diese Eigenschaften durch vorangegangene Erfolge verstärkt und durch Mißerfolge gehemmt wurden. So wirkt tatsächlich der Zufall bei diesen Tieren als Persönlichkeitsbildner.

Ein derartiger »Zufall« wird bei einer Tierart durch eine väterliche Fehlleistung hervorgerufen, und zwar so regelmäßig, daß es schon gar nicht mehr Zufall genannt werden kann: bei den Meerschweinchen.

Weil bei ihnen die Nagezähnchen ziemlich harmlos sind, benehmen sich die im Rangkampf unterlegenen Geschwister recht respektlos vor »hohen Tieren«. So meint auch das stärkste Kind eines Wurfes, es brauche vor dem Rudelführer, seinem Vater, niemals zu kuschen.

Das geht so lange gut, bis der Knabe geschlechtsreif wird. Dann kommt es im Beisein von Weibchen unweigerlich zu einer sexuellen »Interessenüberschneidung« mit dem Vater. Doch statt sich daraufhin in Demutsgebärde zu ducken, wendet das Jungmännchen dem Allgewaltigen seinen Allerwertesten zu. Das heißt auch in der Meerschweinchensprache: »Du kannst mich mal . . .«

Und schon wird der stärkste Sohn von Vaters Zähnchen nicht nur blutig geschlitzt, sondern noch wochenlang verfolgt und gebissen.

Wie das Münchner Zoologenehepaar Dr. Peter und Irene Kunkel registriert haben, sinkt dadurch der zunächst so starke Sohn auf den niedersten Rang in der Kinderschar.

Die anderen Geschwister beginnen ihrerseits, den gedemütigten, den vom Vater degradierten Kindergruppenführer zu schikanieren. Und es gelingt ihnen auch. Er verdreckt, verkümmert und magert ab. Die anderen Brüder wachsen ihm schnell über den Kopf. Sie haben ihn ja als warnendes Beispiel vor Augen und begegnen ihrem Vater mit größerem diplomatischen Geschick.

So kommt es, daß in der Meerschweinchenfamilie der von Natur aus stärkste Sproß niemals Ranghöchster werden und Nachwuchs zeugen kann. Das ist ein Beispiel mehr dafür, daß die gängige Klischeevorstellung über das angebliche »Naturgesetz vom Recht des Stärkeren auf Fortpflanzung« und vom »Primat der ererbten Veranlagung« einen kleinen Schönheitsfehler hat: Sie stimmt nicht immer mit den Tatsachen überein.

Die Familie als Wurzel sozialen Zusammenlebens

Ob es nun aber tröstlicher ist, statt primitiver Muskelkraft den ebenso primitiven Zufall als schicksalentscheidenden Faktor zu erkennen, sei dahingestellt. Wichtiger ist für uns, daß in sozial höherorganisierten Tiergesellschaften weitere, vielsagende Perspektiven über Rivalitäten, Rangverhältnnisse und soziale Aufstiegs-Chancen unter Geschwistern sichtbar werden. Das soll an den Beispielen des Rotfuchses und des Wolfs verdeutlicht werden.

In den ersten Lebensmonaten spielt die Kinderschar der Familie Rotfuchs wie echte Kameraden freundschaftlich miteinander. Die Meute der Kleinen ist so ganz im Gegensatz zum einsam nur für sich lebenden Elternpaar ein Herz und eine Seele. Im November aber, bereits Wochen vor Eintritt der Geschlechtsreife, werden die Kampfspiele der Jungen immer wilder und rabiater und arten schließlich in ernsthafte Beißereien aus. Das führt alsbald zum Auseinanderbrechen des Geschwister- und Familienverbandes. Von da an geht jedes Jungtier seine eigenen Wege in einer feindlichen Welt.

Unter Schwestern kann diese Entfremdung jedoch um etwa ein Jahr hinausgezögert werden, und zwar immer nur dann, wenn das gesamte Gebiet rings um das eigene Familienterritorium herum von anderen Fuchsfamilien dicht bevölkert ist. Wenn also keine Chance zum Auswandern besteht, halten die sonst so zänkischen Schwestern untereinander Frieden, bleiben im Familienverband und werden zu »Helfern«, wie der Fachausdruck lautet. Das heißt, sie unterstützen im kommenden Frühling und Sommer ihre Eltern bei der Aufzucht der ein Jahr jüngeren Geschwister.

Das ist der Anfang zur Bildung einer höherorganisierten sozialen Gemeinschaft.

Dieser in ersten Ansätzen, nur unter bestimmten Voraussetzungen und auch nur vorübergehend hervortretende Sozialisierungsprozeß ist bei Wölfen schon viel ausgeprägter und dauerhafter entwickelt. Ein Wolfsrudel setzt sich nämlich auch aus einem Vaterrüden, einer Mutterfähe und mehreren erwachsenen männlichen und weiblichen Tieren zusammen, die aber allesamt ältere Söhne und Töchter dieses Elternpaares, also Helfer sind.

Hier unterdrücken die Geschwister in jedem Fall ihre ursprüngliche gegenseitige Abneigung und bauen eine dauerhafte Bindung sowohl untereinander als auch zu den Eltern auf. Eine weitaus stärkere ererbte Veranlagung zum Bilden einer sozialen Gemeinschaft, als sie Füchsen eigen ist, treibt sie dazu. Hinzu tritt eine planmäßige Erziehung der Kinder zu sozialem Verhalten durch den Vater. Einen schwachen Abglanz dieser Treue zur Rudelgemeinschaft erleben wir täglich bei den vom Wolf abstammenden Hunden und ihrer Anhänglichkeit an den Menschen.

Exakt in diesem Phänomen erblicken wir die Keimzelle sozialen Verhaltens höherer Ordnung.

Überall dort, wo Tiereltern ihre Kinder bald nach der Entwöhnung aus der Familie vertreiben oder wo Kinder ihre Eltern aus eigenem Antrieb verlassen oder wo Streit zwischen den Geschwistern die Gemeinschaft sprengt, da kann sich im Tierreich eine soziale Ordnung allenfalls in relativ primitiven und zahlenmäßig sehr beschränkten Ansätzen bilden. Aber nur dort, wo die Kinder wenigstens zum Teil im Familienverband bleiben und arbeitsteilig in ihn integriert werden, treffen wir im Tierreich auf komplizierter organisierte Gesellschaftssysteme. Dazu gehören die Horden vieler Affenarten, die Rudel der Wölfe, Wildhunde, Hyänen und Löwen, die Schulen der Delphine, die Herden der Elefanten, die Rotten der Ratten und nicht zuletzt die Staaten der Insekten, die, wie bei den Termiten, aus Mutter und Vater, sprich: Königin und König, und einer Millionenzahl von Kindern bestehen, die alle untereinander Geschwister und Helfer sind.

Es gibt in der gesamten Tierwelt keinen anderen Weg, der zu höheren Formen sozialen Zusammenlebens führt, als den über die Familie, die Großfamilie und weiter über die Sippe bis zum sogenannten Clan.

Natürlich beeindrucken uns auch andere Massenansammlungen von Tieren, etwa die Milliardenschwärme der Wanderheuschrecken oder Mücken, die riesigen Herbstgeschwader der Stare oder Blutschnabelweber, die Massenzüge der Lemminge, die Schwärme der Heringe, Sardinen und anderer Fische. Aber hier spielt das einzelne Tier, das Individuum, niemals eine Rolle. Es handelt sich um eine anonym gebundene, führerlose, sich uniform verhaltende Masse, deren Schicksal zumeist vom Odium des Massensterbens begleitet wird.

In keinem einzigen Fall hat sich in solch einer anonymen Masse eine Form komplexeren sozialen Zusammenlebens herauskristallisieren können. Das war allein den sich aus der Familie entwickelnden, individuell gebundenen, sich arbeitsteilig verhaltenden Verbänden vorbehalten.

Allerdings sei auch erwähnt, daß eine Familiengruppe zu einer anonymen Massengesellschaft ausufern kann, und zwar wenn ihre Kopfzahl das überschaubare Maß übersteigt wie bei den Insektenstaaten. Dann tritt die sogenannte »Duftuniform« an die Stelle persönlichen Sichkennens.

Im Beispiel der Jung-Geschwistergruppe des Wolfsrudels treten im Sinne der Arbeitsteilung bereits interessante Tendenzen zutage. Obwohl von den gleichen Eltern geboren und aufgezogen, zeigen sich bereits bei den männlichen Welpen erhebliche Verhaltensunterschiede. Immer ist einer da, der den meisten Mut aufbringt, unbekannte Dinge als erster zu untersuchen. Damit ist er dafür prädestiniert, später einmal zum Leittier eines Rudels zu werden.

Noch wichtiger als Mut und Unternehmungsgeist ist aber die Tatsache, daß die übrigen Welpen, nachdem einmal die Rangordnung ausgefochten ist, den Anführer der Geschwister in seiner Position anerkennen, ihm willig folgen und ihn in jeder Weise unterstützen. Der Herrschaftsanspruch eines Tieres in seiner Gruppe ist völlig wertlos, wenn die übrigen Mitglieder nicht bereit zur Gefolgschaft sind.

Aber der Wille zur Macht und die Willfährigkeit zur Unterordnung schließen sich in ein und demselben Tier nicht aus. Jeder Rüdenwelpe hat das Zeug zum Rudelführer in sich. Entfernt ein Forscher nämlich den Anführer einer Jugendbande, dauert es gar nicht lange, bis sich ein anderes, bisher unterwürfiges Tier zur Chefpersönlichkeit gewandelt hat.

Rivalität wandelt sich in Hilfsbereitschaft

Anfängliche Rivalitäten unter Geschwistern weichen später, wenn die Rudelgemeinschaft im Kampf ums Dasein bestehen will, harmonischer Zusammenarbeit und Hilfsbereitschaft.

Besonders eindrucksvoll führen uns das die Löwen vor Augen. Innerhalb eines Rudels raufen sich die männlichen Jungtiere etwa gleichen Alters zu einer festen Gemeinschaft zusammen, und zwar ganz gleich, ob sie Brüder sind oder nur Spielfreunde. Wenn der Zeitpunkt ihrer Vertreibung aus dem Rudel gekommen ist, gehen sie gemeinsam auf eine zwei- bis dreijährige Wanderschaft, indem sie die großen Huftierherden auf ihren weiten Wanderungen räubernd begleiten.

Die Praxis der Jagd beherrschen sie zu Anfang noch nicht perfekt. Die Gefahren, die sie durchzustehen haben, sind ungeheuer. Viele ereilt während dieser Lehr- und Wanderjahre der Tod. Und wenn sie schließlich beabsichtigen, ein Weibchenrudel für sich zu erobern, gelingt ihnen das nur mit vereinten Kräften. Dieses auf Gedeih und Verderb aufeinander Angewiesensein ist auch der Grund dafür, weshalb unter den männlichen Löwen nach Erlangen eines Harems nicht einmal sexuelle Rivalitäten im Umgang mit den Weibchen durchbrechen. Sie bleiben Freunde.

Die gegenseitige Treue kann sogar noch Jahre später, wenn die Löwen die Herrschaft über einen Harem schon wieder verloren haben, unverbrüchlich weiterbestehen. Das Schicksal der Vertriebenen ist besonders hart. Heimatlos vagabundieren sie in der Steppe umher. Überall stoßen sie auf die Feindschaft fremder Rudelherrscher. Was in dieser Situation geschehen kann, berichtet der Farmer George Begg aus Kariba, Simbabwe:

Zwei alte, vertriebene männliche Löwen verfolgten ein Warzenschwein. Dieses konnte sich in letzter Sekunde in seinen Erdbau retten. Doch einer der Löwen zwängte sich, offenbar von großem Hunger zur Verzweiflungstat getrieben, ebenfalls in die Erdröhre, klemmte sich aber so fest, daß er trotz Aufbietung seiner letzten Kräfte weder vor- noch rückwärts konnte. Sein Freund versuchte, ihn mit dem Maul am Schwanz oder Hinterbein ziehend, herauszuholen, ließ aber jedesmal locker, wenn der eingeklemmte Freund vor Schmerzen brüllte.

Tags darauf brüllte er nicht mehr. Sein Freund zog ihn heraus. Aber da war er schon tot. Als wolle er den Verlust nicht wahrhaben, so schleppte der Überlebende den Leichnam seines Gefährten mehrere Tage lang mit sich herum. Jeden Menschen, der ihm zu nahe kam, griff er wütend an. Eines Morgens lag er tot neben dem Kadaver seines Freundes. Er war entweder vor Hunger gestorben oder aus Trauer.

Ähnliche Bruderschaften kennen wir von den Hauskatzen, den wildlebenden Truthähnen und von mehreren Affenarten. Vor allem letztere zeigen uns seltsame Spielarten der Hilfsbereitschaft. Bei den indischen Hulmans rotten sich etwa sieben Männchen einer Jugendbande zusammen und versuchen gemeinsam in einer »Affenschlacht« den Pascha einer Haremsgruppe zu besiegen und zu vertreiben, wie Professor Christian Vogel als Augenzeuge berichtet.

Daß solch ein Gefecht, sieben gegen einen, nicht ein Blitzkrieg ist, sondern ein stundenlanger Kampf mit durchaus ungewissem Resultat, liegt daran, daß sechs Angreifer nur Waffenbrüder des siebten sind. Im Gegensatz zum Verhalten der Löwen hat bei den Hulmans keiner der Mitstreiter die Chance, nach einem Sieg Pascha der eroberten Horde zu werden oder an den Früchten des Kampfes teilzuhaben. Das ist allein ihrem Boß vorbehalten, der seine Bundesgenossen, Undank ist der Welt Lohn, unmittelbar nach dem Sieg davonjagt.

Entsprechend halbherzig ist auch die Kampfmoral der Hilfstruppe. Sie macht viel Geschrei, Gestik, Drohgebärden und Scheinangriffe, aber wenn der alte Pascha im Gegenstoß gegen sie vorprescht, ziehen sie sich stets schnell zurück. Heldentaten sind von rangniederen »Affensoldaten« nie zu erwarten.

Ganz anders jedoch liegen die Dinge bei den Steppenpavianen. Hier zählt die Bruderschaft nur drei oder vier Köpfe, und, ähnlich wie bei den Löwen, übernimmt die ganze Kriegergruppe im Falle eines Sieges die neue Weibchenhorde. Als »Triumvirat« regieren sie die Gruppe einige Jahre lang.

Vom Eigennutz der Selbstlosen

Verhalten unter Tiergeschwistern schwankt, wenn wir die bisherigen Aussagen dieses Kapitels überblicken, also ganz extrem zwischen Mord und tätiger Nächstenliebe. Wenn ein Hamburger Notar sarkastisch bemerkte, daß die innigste Freundschaft unter Geschwistern spätestens dann zerbräche, wenn es ans Erben ginge, so ist das – bezogen auf die Tierwelt – glücklicherweise nur die halbe Wahrheit. Denn der Beispiele aufopferungsvoller Hilfsbereitschaft unter Geschwistern sind Legion.

Überhaupt basiert das gesamte Helferphänomen, das die Verhaltensforschung seit 1976 zu ergründen versucht und das sie seither schon bei zahlreichen Vogel- und Säugetierarten sowie bei Insekten nachgewiesen hat, ursprünglich auf einer gewissen Selbstlosigkeit im Verhalten unter Geschwistern. Im Rahmen dieses Buches sei es nur an einem Beispiel vorgeführt, an dem der Graufischer, afrikanischen Verwandten des Eisvogels. Dr. Heinz-Ulrich Reyer, Mitarbeiter am Max-Planck-Institut für Verhaltensphysiologie in Seewiesen, hat sie drei Jahre lang in freier Wildbahn beobachtet.

Die fünf Jungen im Erdbau der lehmigen Steilwand waren noch keine sieben Tage alt, als sie zu verhungern drohten. Die Eltern waren pausenlos auf der Jagd nach Fischen im Victoriasee. Aber die meisten Tauchstöße schlugen fehl. Trotz unermüdlicher Arbeit gelang es ihnen nicht, genug Futter für den täglich immer größer werdenden Hunger ihrer Jungen heranzuschaffen.

In dieser verzweifelten Lage änderten die Eltern ihre Einstellung zu einem fremden Graufischer. Schon seit Tagen kam er des öfteren, wenn die Mutter die Jungen füttern wollte, ebenfalls herbeigeschwirrt und trug einen Fisch im Schnabel, und zwar, umgekehrt wie sonst, mit dem Schwanz im Schlund und mit dem Kopf nach vorn, ein untrügliches Zeichen, daß er diesen Fisch nicht selber fressen, sondern an die Jungen verfüttern wollte.

Bislang hatten die Eltern den Fremden trotz seines hilfreichen Angebots stets vertrieben. Nun aber, angesichts des bevorstehenden Hungertodes einiger ihrer Jungen, ließen sie den Helfer gewähren und retteten damit ihren Kindern das Leben.

Warum wiesen sie zu Anfang das hilfreiche Angebot ab? Warum mußte der Fremde seine Unterstützung förmlich aufdrängen? Und aus welchem Grund wollen Helfer überhaupt helfen?

Individuelle Kennzeichnung aller Vögel zweier Brutkolonien

brachte es an den Tag: Einige Graufischer waren jederzeit als Helfer gern gesehen, andere aber nur in höchster Not widerwillig zugelassen. Die stets willkommenen »Kindermädchen« waren nur ein- oder zweijährige eigene Kinder, und zwar ausnahmslos Männchen. Zunächst hatten diese versucht, sich mit einem Weibchen zu paaren, waren aber bei der Brautschau leer ausgegangen und nun in den Schoß der Familie ihrer Eltern zurückgekehrt. Heinz-Ulrich Reyer nennt sie »primäre Helfer«.

Die anderen, nur widerstrebend und erst in extremer Notlage zur Arbeitsleistung Zugelassenen sind Fremde. Sie werden als »sekundäre Helfer« bezeichnet.

Warum treten bei Graufischern im Gegensatz zu anderen Tierarten nur Männchen als Helfer auf? Das liegt nicht etwa an einem charakterlichen Defekt der »Mädchen«, sondern an akutem Weibchenmangel, hervorgerufen durch große Verluste unter den Müttern. Das kommt so:

Bei dieser Vogelart brütet allein das Weibchen, während es die Aufgabe des Ehemännchens ist, nur die auf den Eiern Sitzende zu füttern. Die Nesthöhle befindet sich ungefähr einen Meter tief in einer lehmigen Steilwand und ist nur durch eine enge Röhre zu erreichen. Hier kommt es oft, etwa bei starken Regengüssen, zu Einstürzen und Verschüttungen der brütenden Weibchen. Aber auch Schlangen und Marder verwandeln sich, vor allem nachts, in Muttermörder.

Notgedrungen werden also jene Männchen zu Helfern an ihren Geschwistern, die keine Weibchen finden konnten.

Fast durchweg ist es ein Engpaß auf dem Wege zur Fortpflanzungstätigkeit, der Tiere zu Helfern werden läßt, bei Graufischern also der Weibchenmangel. Beim Lachenden Hans, einem australischen Eisvogel-Verwandten, mangelt es an Nisthöhlen in alten Bäumen. Das betrifft beide Geschlechter. Folglich helfen hier Söhne wie Töchter. Herrscht aber akuter Männchenmangel wie bei den afrikanischen Schmuckbartvögeln, treten nur Töchter als Helferinnen auf.

Eine amüsante vierte Variante bringt ein südamerikanischer Zaunkönig ins Spiel. Hier sind Brutplätze stets so knapp, daß Elternvögel in jedem Fall damit rechnen können, Hilfe von ihren letztjährigen Kindern zu bekommen. Das nutzen sie raffiniert aus. Zwar besorgt die Mutter noch das Brutgeschäft, da sie als einzige in der großen Familie Brutflecke besitzt. Aber sobald die Jungen geschlüpft sind, fliegen die Eltern auf und davon und überlassen das Füttern,

Wärmen und Führen der Küken der Schar ihrer älteren Kinder, bis zu zehn an der Zahl.

Doch zurück zu den Graufischern. In einem Experiment nahm Heinz-Ulrich Reyer einem Pärchen, das sich von einem sekundären Helfer unterstützen ließ, zwei seiner fünf Nestlinge fort. Nur noch drei Kinder zu sättigen, schafften die Eltern allein. Und so jagten sie den »Mohr«, der seine Schuldigkeit getan hatte, wieder fort.

Weshalb begegnen hilfsbedürftige Eltern sich anbietendem, fremdem Dienstpersonal mit so großem Mißtrauen? Um es vorweg zu sagen: weil das Hilfsangebot des Fremden durchaus nicht uneigennützig ist.

Bereits in der Art, seine Hilfsarbeiten zu verrichten, unterscheidet sich der Bruder vom Fremden, der primäre vom sekundären Helfer grundlegend. Während der ältere Bruder mit großem Zeit- und Energieaufwand auf Fischfang geht, um seine kleinen Geschwister zu füttern, zieht der Fremde mehr eine Schau ab, ohne dabei allzuviel zu arbeiten.

Zunächst versucht er, sich durch einen Trick anzubiedern. Das Ehemännchen hört nämlich an dem Tag, an dem die Jungen schlüpfen, auf, sein Weibchen zu füttern, da er ja nun die Kinder zu ernähren hat. Die Mutter aber bettelt weiter um Nahrung, da sie sehr hungrig ist, die Jungen jedoch noch nicht allein lassen darf. In dieser Situation erscheint der Fremde und bietet ihr einen schönen Fisch. Sie widersteht indessen etwa sieben Tage lang der Versuchung und jagt den Aufdringlichen immer wieder davon. Doch dann ist mit der Körpergröße der Nestlinge auch deren Hunger so enorm gewachsen, daß alle Elternpaare in einer Brutkolonie am Victoriasee nicht mehr in der Lage waren, ihren Kindern genug Futter zum Weiterleben zu bringen.

In einer anderen Brutkolonie am 170 Kilometer östlich gelegenen Naivashasee schafften die Graufischer-Eltern jedoch auch das, weil sie hier viel günstigere Bedingungen als am Victoriasee vorfanden. Hier waren die Beutefische größer, so daß weniger davon erjagt zu werden brauchten. Auch war der Wasserspiegel hier meist glatt und die Beute aus der Luft klar zu erkennen, so daß fast jeder Tauchstoß zum Erfolg führte. Am Victoriasee kräuselte jedoch oft der Wind die Wasseroberfläche und ließ damit den Fischfang zum Glücksspiel werden.

Um das Maß der widrigen Umstände vollzumachen, störten am Victoriasee auch Einheimische sehr oft die Brutkolonie. Die Vögel getrauten sich nicht, die Nester anzufliegen, solange Menschen in der Nähe waren. Wertvolle Zeit ging dem Beutefang verloren.

So ist es zu erklären, daß am Naivashasee niemals sekundäre Helfer von den Elternvögeln zugelassen wurden, am Victoriasee jedoch immer. Das soziale System des Helfens ist also sehr flexibel und paßt sich den jeweils herrschenden ökologischen Bedingungen an.

Der Arbeitseinsatz der sekundären Helfer am Victoriasee beginnt mit dem Füttern des hungrigen Muttertieres und setzt sich, wenn dies schließlich gestattet wird, zunächst mit eifrigem Füttern der Jungen fort. Allerdings stürzt sich ein Fremdhelfer mit dem eben gefangenen Fisch keineswegs unverzüglich zum Nest, sondern wartet in dessen Nähe, bis ein Elterntier kommt. Er will bei seiner »selbstlosen« Tätigkeit auch gesehen werden.

Wenige Tage später, wenn er akzeptiert wurde, wird er immer fauler, denkt fast nur noch ans eigene leibliche Wohl, treibt sich jedoch ständig dienstbeflissen tuend, in der Nestnähe umher.

Im Grunde interessieren ihn die Kinder, denen er »hilft«, gar nicht. Er will sich nur beim Weibchen interessant machen. Das erhöht nämlich seine Chancen, in der nächstjährigen Balzzeit den alten Vatervogel zu verdrängen und sich mit dem Muttertier zu paaren. Von zwölf Fremdhelfern, die Heinz-Ulrich Reyer beobachtete, gelang es sieben, im nächsten Jahr Ehepartner jenes Weibchens zu werden, dem sie einst so »altruistisch« geholfen hatten.

Fremdhelfer sind also potentielle Rivalen des Vaters. Daher die starke Abneigung gegen sie, die nur die Sorge vor dem drohenden Hungertod der Kinder zu überwinden vermag.

Die Gefahr, daß ältere eigene Söhne, also primäre Helfer, den Vater im Jahr darauf verdrängen, ist weitaus geringer. Offenbar hindert sie eine Art Inzestsperre daran, sich mit der eigenen Mutter zu paaren. Nur wenn die Mutter inzwischen gestorben ist und sich ein anderes Weibchen die alte Höhle seines Vaters erwählt, versucht auch der Sohn, seinen Vater zu verdrängen. Von fünfzehn Söhnen gelang es nur zweien. Eine animalische Variante des Ödipuskomplexes!

Im allgemeinen aber führt der Lebenslauf eines männlichen Graufischers vom Nestling erst über den primären und dann den sekundären Helfer zum Ehepartner und Vatervogel. Einmal verließ sogar ein großer Bruder seine Familie, als er sich im Nachbarnest Chancen als Fremdhelfer ausrechnete. Nach einwöchiger Arbeit für die eigenen Geschwister fütterte er alsbald fremde Kinder.

Wenn ältere Geschwister jüngeren helfen, so überbrücken sie damit eine Zeitspanne von ein bis drei Jahren, während der sie widrige Umstände daran hindern, selber Kinder zu zeugen. Sie machen sich nützlich und nützen damit auch sich selber. Primäre Helfer lernen, wie man Kinder füttert, und wenden diese Fertigkeit später als sekundäre Helfer an, um Chancen auf der Brautschau zu haben.

Viele Neugeborene und Neugeschlüpfte verdanken ihr Leben nur diesem »eigennützigen Altruismus« ihrer älteren Geschwister.

Kindermord schafft Ammen

Ähnlich sind auch die Verhältnisse bei vielen Affenarten. Hier sind es in erster Linie die älteren Mädchen, die am Objekt eines jüngeren Geschwisterchens »Mutter spielen«. Dabei sammeln sie in nicht zu überschätzendem Maße Erfahrungen in Babypflege, die sie später, wenn sie ihr erstes eigenes Kind bekommen haben, bitter nötig brauchen. Konnten sie, aus welchen Gründen auch immer, dieses Kinderpflegepraktikum nicht absolvieren, stirbt ihnen ihr erstes Kind regelmäßig unter den Händen, so sehr sie es auch lieben mögen.

Unklar bleibt hingegen vorerst noch die Frage, worin der Eigennutz bei Helferinnen im Wolfsrudel bestehen soll. Hier begegnet uns nämlich eine Erscheinung, die das Helfersystem auf eine staunenswerte Spitze treibt, die uns andererseits aber auch mit Schreck erfüllt.

Diese neuen Erkenntnisse sind das Ergebnis jahrelanger Forschungen, die Professor Erich Klinghammer an der Purdue-Universität in Lafayette, Indiana, unternahm. Seit vielen Jahren beobachtet er das Sozialverhalten der Wolfsrudel in freier Wildbahn und in einem riesigen Gehege unter Verhältnissen, die dem Freileben fast entsprechen. Die Tiere gestatten es, daß sich der Zoologe in ihrer Mitte aufhalten darf, gleichsam als Wolf unter Wölfen, wann immer er will.

Die alte Auffassung, daß in einem Wolfsrudel nur das ranghöchste Weibchen vom führenden Rüden gedeckt wird und als einzige Junge bekommt, stimmt nicht mit den neu erarbeiteten Tatsachen überein. Auch die rangniederen Weibchen bringen in getrennten Höhlen Junge zur Welt. Aber schon nach wenigen Tagen werden diese von anderen Rudelmitgliedern getötet. Die jungen Mütter lassen den Mord an ihren Babys widerstandslos geschehen. Aber nun drängt die Milch in ihre Zitzen. Und so werden sie nicht nur zu gewöhnlichen Helferinnen an den Kindern der Leitwölfin, sondern darüber hinaus sind sie auch noch in der Lage, diesen reichlich Milch zu spenden. So werden sie zu echten, säugenden Ammen für ihre jüngeren Geschwister.

Damit ist der Komplex der Verhaltensweisen unter Geschwistern umrissen: Bei Angehörigen vieler Tierarten bestehen unter Geschwistern erhebliche, mitunter sogar tödliche Spannungen und Rivalitäten. Diese werden bei Mitgliedern einiger Arten im Verlauf der Jugendzeit abgebaut oder wandeln sich gar in Hilfsbereitschaft – jedoch nur dann, wenn die Hilfeleistung auch eigene Vorteile bringt.

Das ist der große Unterschied im Vergleich zur Mutterliebe oder den Banden echter Freundschaft, die öfter zu Fremden als zu Geschwistern geknüpft werden.

Die geschwisterliche Ehe-Abneigung

Wenn sich Tiergeschwister gegenseitig helfen oder zu Freunden werden, ist es dann vielleicht auch möglich, daß sie miteinander eine Ehe eingehen können?

Bei nicht gerade wenigen Tieren ist das durchaus möglich, etwa bei der Stockente, beim Gelbaugenpinguin, bei der Kohlmeise, der Singammer und einigen Stelzen. Warum hier keine Inzuchterscheinungen zu krassen Erbschäden führen, ist der genetischen Forschung derzeit noch ein Rätsel.

Aber in der Regel und bei den weitaus meisten Tierarten ist es so, daß unter Geschwistern eine außerordentlich wirksame Inzestsperre aufgebaut wird. In Familie Dompfaff flirten gleichaltrige Geschwister, solange sie noch unreife Kinder sind, untereinander wie verliebte Primaner. Sie spielen sogar »Ehe auf Probe« und bilden Verlobungspärchen. Doch sobald es ernst wird, gehen sie auseinander und paaren sich mit einem Partner, der alles sein darf, nur nicht ein Geschwisterchen.

Das ist um so interessanter, als wir genau dasselbe Phänomen beim Menschen kennen. Unter normalen Umständen bedarf es nämlich gar nicht des autoritären Verbots, des abschreckenden Gesetzes, um Geschwisterehen zu unterbinden. Ähnlich wie beim Dompfaffen verhindern auch beim Menschen instinktive Verhaltensnormen, daß der Bruder die Schwester heiraten will. Wegen ihrer tiefgreifenden Bedeutung seien diese Fakten hier noch einmal dargestellt. Sie wurden von Professor Joseph Shepher an der Universität Haifa in Israel erarbeitet.

Seine Untersuchung erfaßte 2769 Paare, 5538 junge Menschen, die von Geburt an in einem Kibbuz aufgewachsen waren und dann später geheiratet hatten. Die Frage lautete: Wer liebt und heiratet wen unter gar keinen Umständen?

Im Kibbuz werden alle Kinder von Geburt an nicht von den Eltern versorgt und erzogen, sondern von geschultem Personal, und zwar in kleinen Gruppen gleichaltriger, also mit Ausnahme von Zwillingen nicht miteinander verwandter Jugendlicher. Eine Berufs-»Mutter« sorgt für sieben, acht oder neun Jungen und Mädchen, die als Quasi-Geschwister durch sehr starke gefühlsmäßige Bindungen vereint sind, sich untereinander auch gelegentlich streiten, nach außen aber als verschworene Gemeinschaft zusammenhalten, eben wie Geschwister.

Die Kinder werden nach den Regeln geschwisterlichen Gemeinschaftslebens in großer persönlicher und sexueller Freiheit erzogen. Schon in früher Kindheit stellen sich intensive sexuelle Spiele ein, die niemals unterbunden werden. Völlig spontan, also rein von innen heraus und ohne äußeren Anstoß, treten im Alter von zehn Jahren jedoch die ersten sexuellen Hemmungen und Schamgefühle auf.

Dieser emotionale Vorgang ist ein Beweis dafür, daß Schamgefühle keineswegs nur das Ergebnis einer repressiven Erziehung sind. Die Anlage dazu ist naturgegeben und kommt im Alter von etwa zehn Jahren wie von selbst zum Durchbruch. Freilich kann eine prüde Erziehung die Intensität der Schamgefühle enorm steigern, wie übrigens eine in zu frühem Jugendalter, also in einer falschen Entwicklungsphase erteilte, zu drastische Sexualaufklärung auch.

Zur selben Zeit, in der die Schamgefühle erwachen, wird im Kibbuz das Verhältnis zwischen Jungen und Mädchen gespannt. Hänseleien, Streit, Nicht-miteinander-spielen-Wollen, Den-anderen-doof-Finden und dergleichen sind an der Tagesordnung. Keine noch so gute Koedukation kann hieran etwas ändern. Diese Aversionen schwinden erst gegen Ende der letzten puberalen Phase und mit Beginn des Erwachsenenalters.

Und nun zur Frage der Partnerwahl. Unter den 2769 untersuchten Ehen, bei denen beide Partner ehemalige Kibbuzkinder waren, hatten nur in dreizehn Fällen Angehörige der gleichen Quasi-Geschwistergruppe untereinander geheiratet. Alle anderen hatten als Ehepartner vormalige Mitglieder fremder Gruppen bevorzugt. Auch sexuelle Aktivität außerehelicher Art fand nur zwischen einstigen Angehörigen fremder Gruppen statt.

Das sexuelle Meiden und Nicht-heiraten-Wollen des Quasi-Zwillings ist um so merkwürdiger, als Inzucht durchweg nicht zu befürchten war und entsprechende Verbindungen weder gesetzlich verboten, noch in der Volksmeinung anrüchig oder sonstwie verpönt waren. Kein Mensch hätte etwas dagegen gehabt.

Wie ist also die Abneigung gegen jenen Menschen zu erklären, mit dem man wie Bruder oder Schwester aufgewachsen ist, mit dem einen starke gefühlsmäßige Kräfte verbinden, den man gern hat und vor dem man nicht schüchtern ist? Die Antwort geben gerade jene dreizehn Ausnahmefälle, in denen Ziehgeschwister doch untereinander geheiratet haben.

Nach eingehender Befragung dieser Personen stellte sich etwas Interessantes heraus: Bei allen hatte es eine Unterbrechung in der Zugehörigkeit zu ihrer Gruppe gegeben, und zwar im Alter unter sechs Jahren. Die Betreffenden waren in einen anderen Kibbuz umgezogen, hatten ein oder zwei Jahre mit ihren Eltern im Ausland verbracht oder waren längere Zeit im Krankenhaus gewesen.

Diese Unterbrechung allein genügte, daß die Kinder fünfzehn Jahre später, als Erwachsene, keine geschwisterliche Abneigung gegeneinander hegten, die sie daran hinderte, sich zu heiraten. Im Gegenteil: Hier schien es so, als ob die alte Bekanntschaft und die geschwisterliche Verbundenheit die Ehe geradezu angebahnt hatten.

Noch merkwürdiger war, daß eine spätere Abwesenheit der Kinder von ihrer Gruppe, also erst zwischen dem sechsten und neunten Lebensjahr, das quasi-geschwisterliche Inzest-Tabu nicht zu durchbrechen vermochte – und das, obwohl die späte Trennung in einigen Fällen von dreimal so langer Dauer war.

Daraus müssen wir folgern: In der Zeit zwischen der Geburt und dem sechsten Lebensjahr eines Menschen gibt es eine sensible Periode, in der Motive der späteren Partnerwahl vorprogrammiert werden. Es ist, wenn man so will, eine Anti-Prägung, also eine Fixierung nicht auf ein bestimmtes Individuum, sondern gegen es.

In diesen Kindheitstagen wird eine Abneigung des Bruders gegen die Schwester und umgekehrt geprägt, eine Abneigung, die bei allem geschwisterlichen Zusammengehörigkeitsgefühl, bei aller Freundschaft und Zuneigung ein Aufkeimen sexueller Lust und die Versuchung, eine Ehe miteinander einzugehen, automatisch, ohne Zutun des Verstandes und ohne Strafandrohung, zuverlässig verhindert.

Und noch etwas ist bei diesem Phänomen eigenartig. Es hätte nahegelegen, zu vermuten, daß die geschwisterliche Entfremdung im Bereich sexueller Anziehungskraft im Verlauf der Kindheit dann geprägt wird, wenn Keuschheit, Schamgefühl und Neck-Aversionen gegenüber dem anderen Geschlecht aufkeimen, also in der Zeit vom zehnten Lebensjahr an. Aber in diesem Alter ist das Inzest-Tabu schon über vier Jahre lang latent, jedoch fest in der Persönlichkeit des Kindes fixiert.

Das macht diese Prägungsvorgänge so unheimlich und vom Verstand her so schwer faßlich: Sie manifestieren sich im Kind dann, wenn man ihm äußerlich nichts anmerkt, und sie werden durch Einflüsse in Bewegung gesetzt, von denen wir nicht mehr wissen, als daß sie mit Logik nicht viel gemeinsam haben.

Das gilt – für den Menschen ebenso wie für den Dompfaffen – auch im Hinblick auf ein so komplexes Problem wie die Homosexualität. Hierüber im Zusammenhang dieses Buches nur so viel:

Wir sind zum Beispiel nach den Gesetzen der Logik versucht, zu behaupten, daß alle jene Jungen, die im frühen Kindesalter mit anderen Jungen sexuelle Spiele treiben, im späteren Leben homosexuell würden. Aber bei den Dompfaffen ist das ganz und gar nicht der Fall. Im Gegenteil: Beim erwähnten Verlobungsspiel beobachten wir sehr oft gleichgeschlechtliche Paare. Aber ausgerechnet diese sind es, die am schnellsten wieder auseinanderbrechen. Und in der Folge davon entwickeln die Vögel eine unüberwindliche sexuelle Abneigung gegen gleichgeschlechtliche Artgenossen, die geradezu eine Garantie dafür bietet, daß die Tiere später unter gar keinen Umständen homosexuell werden! Hierin erblicken wir einen Vorgang, der mit den unter Geschwistern wirksamen Verhaltensmechanismen eng verwandt ist.

Das sollte zu denken geben.

XIII.
Protest auf dem Affenfelsen

*Entwöhnung, Entfremdung
und Rebellion*

So erziehen Tiere Muttersöhnchen

Als das Schimpansenkind »Flint« drei Jahre alt geworden war, nahte die Zeit der Entwöhnung. Obgleich der Milchquell der Mutter noch längst nicht versiegt war, begann sie, wie unter diesen Menschenaffen üblich, ihrem Kind mehr und mehr die Brust zu verweigern, das Anklammern zu verbieten und es zu veranlassen, sich im afrikanischen Regenwald allabendlich ein eigenes Schlafnest zu bauen, statt bei ihr mit unterzukriechen. Es wurde nämlich höchste Zeit, das dreijährige Kind allmählich zur Selbständigkeit zu erziehen.

Doch in diesem Fall nahmen die Dinge eine ungewöhnliche Wendung, wie Frau Dr. Jane Goodall aus dem Gombe-Reservat am ostafrikanischen Tanganjikasee berichtet. Denn Flints Mutter namens »Flo« stand schon im hohen Alter, offenbarte Schwäche-Erscheinungen und konnte nicht mehr genug Energie aufbieten, dem ständigen Ansturm des Kindes die nötige Strenge entgegenzusetzen. Sohn Flint nutzte das weidlich aus, um sich trotzdem den Zugang zur Mutterbrust zu erzwingen. Immer wenn er von der alten Schimpansin behutsam zur Seite geschoben wurde, inszenierte er einen Tobsuchtsanfall. Er warf sich zu Boden, fuchtelte mit den Armen durch die Luft und raste laut kreischend im Wald bergab. Von Sorge getrieben, ließ sich Flo sogleich erweichen, eilte hinterher, nahm Flint auf den Arm, beruhigte ihn . . . und ließ ihn saugen.

Diese Inkonsequenz und regelmäßige Nachgiebigkeit hatten zur Folge, daß der Sohn die Mutter, so sehr er auch an ihr hing, immer mehr tyrannisierte. Einerseits wuchs er zu einem typischen Muttersöhnchen heran, andererseits aber schlug und biß er sie, wenn sie ihm

253

nicht in allem, was er von ihr verlangte, sogleich zu Willen war. Manchmal wehrte sie seine Angriffe ab. Dabei verabreichte sie ihm mit der einen Hand lächerlich schwächliche Klapse, während sie ihn mit dem anderen Arm liebevoll an sich drückte. Solche Szenen endeten stets damit, daß die Mutter nachgab und ihrem obstinaten Sohn zu trinken gestattete. So terrorisierte das Kind die Mutter etwa zwei Jahre lang.

Aber mit anderen Schimpansenkindern der Horde spielen, sich unter seinesgleichen durchsetzen, sich in eine Gemeinschaft einfügen, das konnte Flint nicht. Die Forscherin schreibt: »Immer seltener spielte er mit anderen jungen Schimpansen, immer häufiger und ausgiebiger lauste er nur sich selber statt andere. Er wurde merklich teilnahmsloser und lethargischer.«

Die Ähnlichkeit mit den Verhaltensstörungen mutterlos aufgewachsener Rhesusaffen ist auffallend.

Hieraus müssen wir einen bedeutsamen Schluß ziehen: Es gibt auch ein gefährliches Übermaß an Mutterliebe. Es zeitigt Folgen, die denen elterlicher Gefühlskälte verblüffend nahe kommen.

Wer nach der Lektüre dieses Buches um die tieferen Zusammenhänge weiß, wundert sich gar nicht darüber. Bei den asozial gewordenen, mutterlos aufgewachsenen Rhesuskindern war die Balance der Gefühlswelt zwischen Angst, Aggression und Bindung aus den Fugen geraten. Genau dasselbe tritt aber auch durch ein Zuviel an liebevoller Nachgiebigkeit ein.

Menschenkinder, die eine extrem antiautoritäre Erziehung genossen haben, sowie typische Muttersöhnchen und -töchterchen zeigen die gleichen Merkmale zügelloser Aggressivität, übergroßer Furchtsamkeit und ein erstaunliches Unvermögen, im Zusammenleben mit anderen zurechtzukommen.

Der Tierbeispiele für das gleiche Phänomen gibt es noch mehr, etwa bei den Hauskatzen. Normalerweise verlassen hier die Jungen ihre Mutter, wenn der Milchquell völlig versiegt ist. Dieser Zeitpunkt, von dem an sich die Jugendlichen als selbständige Wesen in der Welt behaupten müssen, hängt maßgeblich von der Kinderzahl in einem Wurf ab. Besitzt eine Katzenmutter Fünf- oder Sechslinge, ist deren behütete Jugendzeit bereits nach sechs Monaten beendet. Hat sie aber nur zwei oder drei Kinder, kommt der Tag der Trennung erst mit acht Monaten.

Die wachsenden Zähne der Kätzchen tun der Mutter beim Säugen mehr und mehr weh. Deshalb wehrt sie ihre Kinder mit zunehmendem Alter immer entschiedener ab. Je weniger Kinder sie hat, desto länger hält sie durch.

Die relativ geringe Last eines Einzelkindes erträgt sie fast grenzenlos. An ihm hängt sie so sehr, daß sie es nicht einmal dann abweist, wenn sie nach zehn Monaten gar keine Milch mehr produziert. Das Kind nuckelt dann an der Zitze wie an einem Schnuller. Der Sinn des Säugens verlagert sich vom Ernähren aufs Trösten. Dieses Kinderparadies endet erst, wenn die Mutter einen neuen Wurf zur Welt bringt.

In der Großstadt hindern aber Herrchen oder Frauchen die Katze oftmals an einer erneuten Paarung. Dann entsteht eine groteske Situation. Das Einzelkind ist schon längst erwachsen und ebenso groß und schwer wie die Mutter. Trotzdem behandelt sie es immer noch wie ein kleines Kind. Wenn es versucht, allein ins Nebenzimmer zu laufen, springt sie gleich hinterher, um es wie einen Säugling mit Nackenbiß ins Nest heimzutragen, obwohl die Mutter unter der Last schier zusammenbricht. Mutter und Muttersöhnchen in engster persönlicher Bindung mit totalem Besitzanspruch!

Verwöhnungserscheinungen finden wir im Tierreich immer dann, wenn die Mutter nicht mehr die Energie zum Entwöhnen aufbieten kann, wenn sie sich schon fast wie eine Großmutter verhält – und wenn bei jenen Arten, deren Weibchen es gewohnt sind, mehrere Junge in einem Wurf aufzuziehen, Einzelkinder auftreten. Es gibt aber noch weitere Ursachen. Verkrüppelte Kinder steigern und verlängern das Maß elterlicher Zuwendungen enorm, wie schon die Beispiele der Silbermöwe und des Uhus gezeigt haben.

Durch Trennung unzertrennlich

Darüber hinaus schafft Wohlstand Muttersöhnchen. Das kann der aufmerksame Besucher oft im Zoo miterleben.

In einem Geäst am Rande des Vogelteichs im Hamburger Tierpark Hagenbeck hatte das Weibchen eines Pärchens Heiliger Ibisse zwei Junge großgezogen. Da der Wärter das Futter unmittelbar neben das Nest zu werfen pflegte, fiel es der Mutter nicht schwer, ihre Kinder zu sättigen. Auch als diese älter wurden und so viel Nahrung verlangten, wie eine Mutter in freier Wildbahn gar nicht mehr herbeizuschaffen vermag, fütterte sie ihre großen Kinder immer noch weiter. Es bereitete ihr, gleichsam im Wohlstand lebend, ja gar keine Mühe . . . bis es zu spät war.

Allmählich erlosch der Muttertrieb in ihr. Und wenn sie nun ihre Ruhe haben oder selber etwas fressen wollte, fielen die inzwischen ebenso stark wie sie gewordenen Kinder wie eine Rockerbande über sie her und taten ihr so lange Gewalt an, bis sie die unheiligen Heiligen Ibisse wieder fütterte. Sogar noch als die Kinder voll erwachsen waren, dachten sie nicht im mindesten daran, sich auch nur ein einziges Mal das Futter selber zu holen, obgleich es unmittelbar neben ihnen lag. Sie waren absolut unfähig, sich selbst zu ernähren, auch ohne daß es dazu einer Kunstfertigkeit oder Anstrengung bedurft hätte.

Das ist die Wohlstandsverwahrlosung im Reich der Tiere.

Ferner kennen wir Tierarten, bei denen jedes Kind regelmäßig zum Muttersöhnchen oder -töchterchen wird, aber ohne Schaden dadurch zu nehmen. Das ist bei jenen Tieren möglich, die in großen anonymen Herden leben, sich also nicht in komplizierte soziale Strukturen einzufügen brauchen. Begriffe wie Selbständigkeit, Einordnung, Selbstbehauptung sind in anonymen Verbänden unbekannt. Das trifft unter anderem auf die Känguruhs zu.

Und so gibt es wohl kaum andere Tiere auf der Welt, die regelmäßig so verwöhnt werden wie Känguruhkinder. Sie werden von der Mutter schier endlos im »Kinderwagen« des Beutels umhergetragen. Beim Roten Riesenkänguruh dauert es ganze 24 Wochen, ehe das Junge zum erstenmal seinen Kopf aus der Tragetasche heraussteckt, um sich die Welt anzuschauen. Besonders gut scheint es ihm da draußen nicht zu gefallen, denn es vergehen noch weitere sechs Wochen, bevor es erstmalig aus dem Beutel heraushüpft. Und nicht einmal das tut es freiwillig. Vielmehr wird es von der Mutter an die Luft gesetzt, wenn sie die Tragetasche säubern muß. Aber dreißig Sekunden später springt der Sproß schon wieder in »Mamas Bauch« zurück.

Mehr als acht Monate lang benutzt das Junge seine Mutter als lebenden Kinderwagen. Erst dann beginnt es, ihm im Beutel zu eng zu werden. Schließlich paßt es trotz heftigen Bemühens und Dehnens nicht mehr hinein. Aber draußen bleibt es immer noch an Mutters »Rockzipfel« hängen, um jederzeit wenigstens den Kopf in den Beutel stecken zu können, etwa wenn es Milch trinken will oder im Falle der Gefahr. Letzteres ist zwar völlig sinnwidrig und erschwert sogar eine eventuell notwendige Feindabwehr, aber es legt Zeugnis ab vom infantilen Wunschdenken der Flucht vor der Welt zurück in den Mutterleib.

Ein Känguruh trinkt sogar noch dann Muttermilch, wenn es bereits die Geschlechtsreife erlangt hat. Es geschieht gar nicht so selten, daß ein junges Weibchen selbst schon ein Kind im Beutel trägt und trotzdem immer noch bei seiner Mutter an einer Zitze saugt, während an deren zweitem Milchquell nebenan bereits ein neues, winziges Geschwisterchen dauernuckelt.

Wahrscheinlich hat sich ein derartiger, zur Regel gewordener Infantilismus nur in Australien, einem an Känguruhfeinden sehr armen Land, herausbilden können. In anderen Kontinenten ist es daher nur die Ausnahme, so zum Beispiel bei den südostasiatischen Schweinsaffen und deren Verwandten, den nur auf der Insel Celebes lebenden Schopfmakaken. Aber das zeigte sich erst am Ende einer Versuchsreihe, die zunächst mit ganz anderem Ziel gestartet worden war.

Zwei amerikanische Psychiater, die Professoren Charles Kaufman und Leonard A. Rosenblum, wollten an Tierbeispielen die Frage untersuchen, inwieweit sich der Verlust der Mutter auf die Entwicklung des Kindes auswirkt.

Für das erste Experiment hielten die Wissenschaftler im Labor des Downstate Medical Center eine Gruppe von Schweinsaffen, großwüchsigen Rhesusverwandten, in einem weiträumigen Gehege: vier Affenmütter mit je einem Kind, ein kinderloses Weibchen und ein Männchen, der Vater aller Jungtiere. Sobald ein Kind das Alter von fünf Monaten erreichte, wurde eine Situation geschaffen, die dem plötzlichen Tod der Mutter entsprach. Tierpfleger entfernten sie aus dem Gehege, während ihr Junges bei der übrigen Gruppe zurückblieb.

Die Folge war eine Reihe dramatischer Ereignisse. In den ersten 24 bis 36 Stunden zeigten sich die mutterlosen Kinder hochgradig erregt. Unentwegt erklang ihr kläglicher Notruf. Sie irrten umher, schauten ständig suchend um sich und »explodierten in unmotivierten Aktivitätsausbrüchen, die ebenso unvermittelt in starren Haltungen erstarben«.

Am zweiten Tag änderte sich dieses Verhalten völlig. Alle äußerlich erkennbare Aktivität schwand. Die Kleinen kauerten sich in eine Ecke, hielten den Kopf gesenkt und die Schultern weit nach vorn gebeugt. Trotz ihres schweren Depressionszustandes unternahmen die »Waisen« aber hin und wieder schüchterne Versuche, Kontakt mit anderen Gruppenmitgliedern aufzunehmen. Indessen begegneten ihnen diese nur feindselig. Mithin ist die erbärmliche Lage der verlassenen Kinder nicht nur auf ihr eigenes Verhalten zurückzuführen, sondern auch von der »Gesellschaft« mitverschuldet.

Ganz anders reagierten jedoch die Affen einer anderen Versuchsgruppe, obwohl mit ihnen in genau gleicher Weise verfahren wurde: die Schopfmakaken. Zwar ist diese Tierart mit den Schweinsaffen des ersten Experiments verwandt, aber trotzdem nahmen sich hier die übrigen Gruppenmitglieder sofort in geradezu liebevoller Weise der verlassenen Kinder an. Fremde Mütter adoptierten sie, andere Kinder spielten weiterhin mit ihnen, und so schwanden bei den Mutterlosen nach und nach die anfänglichen schweren Depressionserscheinungen.

Hatte bei ihnen die Zuneigung der Tanten und Freunde die Liebe der Mutter vollwertig ersetzt? Hierauf fanden die amerikanischen Forscher eine überraschende Antwort, als sie nach vierwöchiger Trennung Mutter und Kind wieder vereinigten. Bei den Schweinsaffen der ersten Versuchsreihe verlief alles wie erwartet. Die Begrüßung war herzzerreißend, und auch fortan wichen Mutter und Kind kaum einen Schritt voneinander.

Von den Schopfmakaken-Kindern, die augenscheinlich von den anderen Hordenmitgliedern recht gut über ihren Verlust hinweggetröstet worden waren, erwarteten die Versuchsleiter jedoch, daß sie ihren nach vier Wochen Trennung wieder hinzugesellten Müttern ziemlich gleichgültig gegenübertreten würden. Doch das genaue Gegenteil trat ein. Die Wiedersehensfreude war nicht minder heftig als bei den von aller Welt verschmähten Affenkindern des ersten Versuchs. Folglich muß diesen Tieren Mutterliebe mehr bedeuten als nur Nahrungsspende, Spielfreundschaft und Geborgenheit.

Vor allem aber folgt daraus, daß Mutterliebe durch nichts in der Welt zu ersetzen ist. Zwar braucht ein Kind zur seelischen Vervollkommnung neben der Bindung zur Mutter auch die Bindung zum Vater und die Bindung zu Geschwistern und Spielfreunden, aber keines dieser Elemente kann ein anderes vollgültig ersetzen.

Das dem Verlust der Mutter gegenüber nur scheinbar so gleichgültige Verhalten der jungen Schopfmakaken während der Zeit der Trennung erinnert an die scheinbare »Gefühlskälte« von Menschenkindern in ähnlicher Lage. Die landläufige Meinung, kleinere Kinder empfänden kaum seelischen Schmerz beim Tod der Mutter oder sie könnten noch gar nicht richtig begreifen, was sich ereignet habe, bezeichnet die amerikanische Jugend-Psychoanalytikerin Professor Joan Simmons als völlig absurd. In Wirklichkeit berühre der Verlust das Kind viel stärker als einen Trauer offenbarenden Erwachsenen, nur mißverstehe der Erwachsene das vermeintlich gefühlskalte Kind völlig.

Schon beim Erwachsenen ist die Trauer, so die Forscherin, eine Kombination aus Angst, Hilflosigkeit, Enttäuschung und seelischer Erschütterung, verbunden mit Elementen einer geistigen Starre. Dies ist ein Akt unbewußter Notwehr, wenn die Erlebnisse so erschreckend sind, daß man nicht alles auf einmal ertragen kann. Über das Kind bricht das Furchtbare aber noch viel nachhaltiger herein. Die geistige Starre wird zu einer Art Betäubung und kann sich zum lebenslangen Trauma auswachsen, wenn kein Erfahrener dem Kind hilft.

Das Kind verleugnet anderen gegenüber zwar nicht die Tatsache des Verlustes, aber fast die gesamte Emotion im Zusammenhang damit. Ähnlich wie der trauernde Erwachsene flüchtet sich auch das Kind in eine Welt der Erinnerungen. Und hier verhält es sich gefühlsmäßig so, als ob die Mutter noch am Leben sei. Um diese Fiktion aufrechtzuerhalten, verbraucht das Kind sehr viel seelische Energie, die an anderer Stelle im psychischen Entwicklungsprozeß fehlt. Und dies alles rumort unter der Maske scheinbarer Gleichgültigkeit.

Die Folgen waren für die experimentell mutterlos gemachten Affenkinder ebenso wie für die ihrer Kinder beraubten Mütter einschneidend. Der Zeitpunkt der Wiedervereinigung von Mutter und Kind war von den Wissenschaftlern bewußt in den Anfang des siebten Lebensmonats der Jungen gelegt worden. In dieser Zeit entwöhnen die Affenmütter normalerweise ihre Nachkommenschaft, stellen sie auf eigenen Füßen ins Leben und stoßen sie schließlich von sich.

Nichts dergleichen ereignete sich aber bei den Tieren beider Versuchsreihen. Nach der für beide schmerzlichen Trennung kannte die Affenliebe keine Grenzen mehr. Mutter und Kind blieben auch in Zukunft stets eng beieinander. Durch die Trennung waren sie unzertrennlich geworden.

Kinder entfremden sich den Eltern

Die Anfänge der Entwöhnung, das Nachlassen der Elternliebe, das Schwächerwerden der kindlichen Anhänglichkeit bergen den Keim der Entfremdung, ja, der offenen Gegnerschaft und Rebellion in sich. Das ist der ganz natürliche Vorgang des vieldiskutierten Generationenproblems und auch die biologische Basis des Ödipuskomplexes.

Unnatürlich, hyperaggressiv und destruktiv entwickelt sich das Eltern-Kind-Verhältnis jedoch immer dann, wenn schon vor diesem kritischen Zeitpunkt einiges in der Eltern-Kind-Bindung nicht stimmte, wenn also übertriebene Elternliebe oder der Frost eisiger Gefühlskälte und Gleichgültigkeit Schäden im seelischen Entwicklungsprozeß des Kindes hervorgerufen haben. Das ist, auf einen Nenner gebracht, das Jugendproblem unserer Zeit.

Deshalb sei der Vorgang der Entwöhnung im folgenden noch etwas genauer untersucht.

Kohlmeisenmütter übernachten auch dann noch in der Nisthöhle bei ihren Jungen, wenn diese schon so groß geworden sind, daß sie genug Eigenwärme erzeugen und nicht mehr von der Mutter gepflegt zu werden brauchen. Daß diese es trotzdem tut, hat seinen Grund einzig darin, daß sie ihre Jungen vor Iltis- und Marderkrallen schützen will.

Ein David gegen einen Goliath? Wie kann so etwas überhaupt Erfolg versprechen? Dr. Hans Löhrl hat es an der Vogelwarte Radolfzell herausgefunden. Er baute sich ein Versteck neben einem Meisenkasten und installierte eine Spiegeloptik, die ihm Einblick in das Innere gestattete, ohne den Vogel zu stören. Dann tippte der Forscher mit dem Finger an das Schlupfloch. Was nun geschah, schildert er so:

Der Muttervogel machte sich schlank wie eine Schlange. Die Augen quollen hervor. Dann nahm er den Kopf langsam zurück und öffnete den Schnabel. Plötzlich schnellte er den Kopf wie mit einer Stahlfeder nach vorn, zischte laut, klappte den Schnabel zu und klatschte mit den Flügeln gegen die Wände, daß Hans Löhrl vor Schreck zusammenzuckte. Gleich danach fiel die Meise platt in sich zusammen und wiederholte dieselbe Vorstellung alle zwei bis drei Sekunden stereotyp – im Experiment bis zu hundertmal hintereinander.

Als vollendete Verwandlungskünstlerin schauspielert die Meisenmutter dem Marder vor, eine zischende, zustoßende Schlange zu sein. Sie täuscht in einer Art Geisterbahneffekt ihrem Feind vor, dessen Todfeind zu sein, meist mit durchschlagendem Erfolg.

Dabei ist alles nur Theater. Als Dr. Löhrl der Meisenmutter seinen Finger vor den aufgesperrten Schnabel hielt, biß sie, die sonst schmerzhaft zwicken kann, nicht ein einziges Mal zu. Statt dessen spulte sie ihre Schlangen-Pantomime immer wieder starr und stur wie ein Aufzieh-Spielzeug ab. Der beste Beweis dafür, daß die Meise gar nicht weiß, was sie tut, sondern nur dem Zwang eines geheimnisvollen Instinkts gehorcht.

Ja, nicht einmal die Dauer der Bereitschaft zu diesem lebenschützenden und zugleich lebensgefährlichen Theaterspiel ist von sachbezogenen Umständen, also dem Alter der Jungen, abhängig. Das erfuhren Dr. Rudolf Berndt und Dr. Wolfgang Winkel von der Vogelwarte Helgoland, als sie in einem Nistkasten dem Meisenelternpaar die Jungtiere gegen fremde Nestlinge austauschten, die älter oder jünger waren als die eigene Brut.

Eine Kohlmeise schützt des Nachts ihre Jungen bis genau zum sechzehnten Tag nach dem Schlüpfen, keinen Tag kürzer oder länger. Als ihr die Forscher aber fremde Nestlinge unterschoben, die vier Tage jünger waren, verlängerte sie die Zeit ihres Übernachtens im Nest keineswegs um vier Tage, wie es dem Sinn dieses Verhaltens entsprochen hätte. Vielmehr ließ sie die Kleinen in der Dunkelheit von dem Termin an allein, an dem ihre leiblichen Kinder sechzehn Tage alt geworden wären.

Um vier Tage ältere Jungvögel beschützt sie hingegen bis zu deren zwanzigstem Lebenstag, obgleich diese dann schon vier Tage lang selber schlangengleich zischen können, die mütterliche Nachtwache also unnötig geworden ist. Nur wenn die untergeschobenen Fremdkinder noch älter sind und ausfliegen, bevor die Sechzehn-Tage-Frist verstrichen ist, bleibt die Mutter natürlich nicht allein im Nest, um ein Nichts zu schützen.

Die Zeitspanne nächtlicher Verteidigungsbereitschaft ist bei Mutter Kohlmeise also unabhängig vom tatsächlichen Alter der Jungen gleichsam genetisch vorprogrammiert. Danach erlischt dieser Abschnitt ihres Mutterverhaltens.

Dieses Beispiel ist symptomatisch für die Dauer des gesamten Muttertriebes bei vielen Tieren: Die mütterlichen Gefühle erwachen im Augenblick des Schlüpfens oder der Geburt, wachsen in der Folgezeit zu immer stärkerer Kraft, erreichen ihren Höhepunkt, werden dann aber wieder schwächer und versiegen schließlich ganz. Nur bei wenigen Tieren dauern sie lebenslang.

Das Auf und Ab dieser interessanten Entwicklung läßt sich am Trauerverhalten der Rentiermutter nach dem Tode ihres Kindes klar verfolgen. Bringt sie eine Totgeburt zur Welt, beschäftigt sie sich, wie der Zoologieprofessor Yngve Espmark von der Universität Stockholm beobachtet hat, knapp eine halbe Stunde mit der Leiche. Sie leckt sie sauber wie ein gesundes Baby, weiß aber dann nichts mehr damit anzufangen und entfernt sich, ohne eigentliches Trauerverhalten zu äußern.

In einem anderen Fall starb das Neugeborene im Alter von acht Stunden. Hier bewachte die Mutter ihr totes Kind schon vier Stunden lang, vertrieb andere Herdenmitglieder, die sich ihm nähern wollten, massierte immer wieder das ganze Fell kräftig mit der Zunge, forderte den Toten mit ganz zarten Huftritten auf, sich zu erheben, und blökte erbärmlich.

Ein drittes Rentierkind starb erst, als es dreizehn Tage alt war. Nun dauerte die Trauer der Mutter volle 45 Stunden: Suchen, Rufen, Lauschen, als müsse das Kind doch endlich von irgendwoher antworten, dann wieder Klagelaute, Nervosität und Verzweiflung. Immer wieder kehrte sie zum Ort des Todes zurück, obwohl der Hirt den Leichnam längst beiseite geschafft hatte. Erneute rastlose Suche in der Herde. Dann preschte sie wieder zum Sterbeort ihres Kindes, als warte es dort auf sie.

Erst wenn Rentierkinder einige Monate alt sind und dann vom Tod ereilt werden, nimmt die Mutter dies Ereignis mit zunehmender Gleichgültigkeit hin.

Wenn die Intensität des Trauerverhaltens als Maß der Mutterliebe gewertet werden kann, so zeigen diese Beobachtungen deutlich das Auf und Ab der mütterlichen Gefühle bei einem Tier. Die Dauer der einzelnen Phasen ist genetisch festgelegt und bei jeder Tierart den Erfordernissen angepaßt. Äußere Einflüsse können die Zeitspannen aber erheblich verkürzen oder verlängern.

Aus dem Haus gejagt

Extrem kurz sind die Entwicklungsphasen der Mutterliebe beim Baumstachler. Wenn die Jungen erst zehn Tage alt sind, schmerzen ihre Stacheln beim Säugen schon so sehr, daß die Mutter es nicht mehr aushalten kann und die Kinder davonjagt.

Extrem lang sind die Phasen bei Schimpansenmüttern. Jane Goodall berichtet, wie ein dreizehnjähriges Männchen, das schon sechs Jahre lang voll erwachsen und geschlechtsreif war, einmal von einem starken Weibchen angegriffen wurde. Die Mutter des Männchens bemerkte das und griff unverzüglich auf seiten ihres Sohnes in das Gefecht ein.

Von hier bis zur lebenslangen Liebe zwischen Mutter und Kind beim Menschen ist es nur noch ein kleiner Schritt.

Animalische Zwischenstufen finden wir unter anderem bei der Graugans. Normalerweise verlassen die einjährigen Kinder ihre Eltern zu dem Zeitpunkt, an dem diese eine neue Brut beginnen. Konrad Lorenz hat aber folgende Ausnahmen von dieser Regel beobachtet: Gelegentlich geschieht es, daß die Eltern ihr Gelege oder ihre gerade geschlüpften Gössel verlieren. Dann kehren die Einjährigen, soweit sie nicht inzwischen eine Paarbindung eingegangen sind, sofort wieder zu ihren Eltern zurück und bleiben ein weiteres Jahr bei ihnen. Das ist etwas grundsätzlich anderes als eine Helferbeziehung, denn diese Eltern brauchen ja gar keine Hilfe.

Doch mehr noch: Auch wenn eine Graugans schon mehrere Jahre lang in Einehe gelebt hat, ihr Partner dann aber stirbt, kehrt sie in den Schoß der Familie ihrer Eltern zurück. Leben diese auch nicht mehr, schließt sich der verwitwete Vogel an unverheiratet gebliebene Geschwister an.

Aber überall da, wo die Liebe zwischen Eltern und Kindern früher erkaltet, wird dieser Prozeß von einem Kaleidoskop der verschiedenartigsten Begleitumstände variiert, verlängert oder verkürzt.

Zum Beispiel läßt sich die Vaterliebe in dem Stadium, in dem sie langsam schwächer wird, von sexueller Konkurrenzangst vor dem heranwachsenden Sohn in dem Augenblick völlig verdrängen, in dem der Jüngling erste schüchterne Liebesspiele mit der Mutter wagt. Dann wird der Sohn vom Vater mit Brachialgewalt aus dem Haus gejagt, während die Töchter bleiben dürfen. Auf diese Weise entsteht ein Typ von Haremsverbänden wie unter anderem bei vielen Affenarten, nicht jedoch bei den Menschenaffen.

Im Reich der Schweinsaffen behandelt die Mutter ihre Töchter von klein an viel zärtlicher als ihre Söhne, als wüßte sie bereits, daß die Töchter zeitlebens bei ihr bleiben werden. Sie trägt sie länger im Arm und straft sie für Frechheiten viel milder als die Söhne. Später bildet sie mit allen Töchtern, denen sie im Lauf der Jahre das Leben schenkt, einen allmächtigen »Weiberklüngel«, der streng darüber wacht, daß sich die Männchen, vor allem der Pascha, den »Damen« gegenüber gesittet benehmen.

Daneben gibt es Tiergesellschaften, in denen regelmäßig der Vater die älteren Söhne vertreibt und die Mutter die älteren Töchter. Dies beobachten wir unter vielen anderen bei den Dikdik-Antilopen und bei den Gibbons. Hieraus erwächst nur eine sogenannte »Wachhund-Einehe«, in der jeder Partner den anderen ständig eifersüchtig beaufsichtigt. Eine komplexere Sozialstruktur über die einfache Elternfamilie hinaus kann unter diesen Umständen natürlich nie zustande kommen

Für uns Menschen von größerer Bedeutung ist jedoch eine weitere Spielart der Vertreibung oder Nichtvertreibung der Kinder aus dem Eltern-»Haus«: nämlich der Fall, daß alle Töchter die Familie verlassen, in der sie aufgewachsen sind, während die ältesten Söhne als »Kronprinzen« bei den Eltern bleiben und nur deren jüngere Brüder in die Welt ziehen, um andernorts einzuheiraten oder als »Landsknecht« oder »Mönch« zu enden. Diese Sitte kennen wir von den Steppenzebras, Afrikanischen Wildhunden und, jeweils etwas anders gelagert, von Gorillas, Schimpansen und Menschen.

Im Rahmen dieses Buches sollen nur die Gorillas eingehender behandelt werden.

Der Raub der Gorillamädchen

So spielt sich bei diesen gewaltigen Menschenaffen der von ihnen oft geübte »Frauentausch« ab:

Zornentbrannt standen sich die beiden Urwaldgiganten an den Hängen der Virungavulkane im zentralafrikanischen Staat Rwanda gegenüber: der Gorillamann »Max«, unumschränkter Herrscher über eine Horde von acht Mitgliedern, und »Joe«, ein jüngerer Einzelgänger und Vagabund. Beide reckten sich trotz der kurzen Beine zu einer Größe von 2,30 Meter hoch, kreischten markerschütternd, trommelten dröhnend gegen die eigene Brust, die sie auf einen Umfang von 1,75 Meter anschwellen ließen, und fletschten mit dem Gebiß, das dem eines Tigers in nichts nachstand.

Plötzlich raste Max auf seinen Gegner zu. Wie ein Bulldozer brach er mit seiner Körpermasse von 275 Kilogramm durch den Dschungel, riß Äste und kleinere Bäume aus und warf sie blindwütig durch die Gegend. Den stärksten Menschen hätte er in Sekunden zermalmen können. So preschte er kaum halbmeterbreit an dem Weibchenräuber Joe vorbei.

Dieser begriff sofort, daß dies nur ein Scheinangriff, aber auch die letzte Warnung vor einem blutigen Ernstkampf war. Jene »Supertar-zane« fallen nämlich, nur selten zwar, dann aber mit urgewaltigen Kräften übereinander her, was Schwerverletzte, manchmal sogar einen Toten zur Folge hat.

Der Gorilla ist weder ein bestialischer »King-Kong«, noch durch und durch friedlichen Sinnes, wie er noch in Grzimeks Tierleben be-schrieben wird. Wie so oft, liegt die Wahrheit auch hier in der Mitte. Das ergaben 1978 über zehnjährige Freilandbeobachtungen des eng-lischen Zoologen Dr. A. H. Harcourt am Karisoke-Forschungszen-trum in Ruhengeri, Rwanda.

Indessen bemerkte Joe, daß er sein Ziel trotz dieser Halbniederla-ge bereits erreicht hatte, imponierte noch einmal, um sein Gesicht zu wahren, zog sich zurück und machte sich im dichten Blattwerk des Urwaldes für den Verfolger schnell unsichtbar.

Sein Ziel hieß »Asta«, eine gerade erwachsen gewordene Tochter von Max. Ihr kam der Tumult sehr gelegen. Sie nützte die günstige Gelegenheit, sich unbemerkt seitlich in die Büsche zu schlagen, ihre Familie zu verlassen und sich Joe auf dessen Rückzug anzuschlie-ßen.

Gorillas verfahren nämlich niemals wie einst die Römer mit den Sabinerinnen, indem sie die Frauen mit Gewalt fortschleppen. Viel-mehr verlassen die Weibchen, sobald sie mit acht Jahren geschlechts-reif geworden sind, bei passender Gelegenheit freiwillig die Familie, in der sie aufgewachsen sind, später auch ihren Ehepartner, wenn sie seiner überdrüssig geworden sind, und folgen einem Mann ihrer Wahl.

Indem die Weibchen der Gorillas entgegen sonst oft praktizierter Affensitte die Familie ihrer Eltern verlassen, gehorchen sie nach An-sicht von Dr. Harcourt ähnlichen Prinzipien, wie sie bei fast allen der von ihm untersuchten 470 menschlichen Naturvölker üblich sind.

Was veranlaßt eigentlich ein Gorillaweibchen, den Schutzkreis seiner Elternfamilie zu verlassen? Alle ihre Angehörigen meinten es mit Asta nämlich sehr gut: ihr Vater, der weißrückige Anführer und Pascha der Horde, ihre Mutter und die drei oder vier anderen Ha-remsdamen sowie die beiden anderen erwachsenen Männer, ein Bruder und ein Halbbruder von ihr, und die jüngeren Kinder erst recht.

Nur in einem Punkt fühlte sich Asta unbefriedigt: in Sachen Sex. Denn unter Gorillas herrscht ein striktes Inzest-Tabu. Weder interes-sieren sich die männlichen Verwandten sexuell für sie, noch hegte sie selbst Liebeslüste für jene, eine in der Tierwelt – wie bereits vermerkt – weitverbreitete Erscheinung zum Vermeiden schädigender Inzucht.

Da der Vater in der Regel keinem fremden Männchen den Zutritt zur Familie gestattet, muß die erwachsene Tochter ihre Liebesabenteuer auswärts suchen. Keiner hindert sie daran. Der kriegerische Auftritt ihres Vaters sollte den »Bräutigam« nur von seinen Haremsweibchen fernhalten. Allerdings wandert das Weibchen nur in jenen Tagen aus, an denen es »heiß« ist, und nur, wenn ihr der fremde Bewerber gefällt. Beides garantiert ihr ein herzliches Willkommen.

Ob und wie lange Asta ihrem Joe treu bleibt, ist eine andere Frage, die sie allein entscheidet. Wenn sie gehen will, kann der Pascha gar nicht anders, als sie ziehen zu lassen. Die Haremsweibchen zu hüten und am Fortlaufen zu hindern wäre im Dschungel, wo sie hinter jedem Blättervorhang unbemerkt verschwinden können, ohnehin ein hoffnungsloses Unterfangen. Gern sieht es der gewaltige Mann sicherlich nicht, wenn ihn ein Weibchen verläßt, aber er kann beim besten Willen nicht mehr tun, als fremde Bewerber in die Flucht zu jagen. Doch gerade während dieses Krawalls verdrückt sich das Weibchen oft klammheimlich.

Für Dr. Harcourt wurde vor allem ein Scheidungsgrund klar erkennbar: der Mißerfolg bei der Aufzucht des eigenen Kindes. Jedes zweite Gorillakind muß nämlich sterben, bevor es erwachsen wird. Die Schuld dafür wird stets dem Vater angelastet, wenn es ihm nicht gelingt, das Kind gegen Leoparden oder Riesenschlangen zu verteidigen, wenn er sich in Gebiete hat abdrängen lassen, in denen das Kind nicht genügend hochwertige Nahrung findet, und wenn er es hat geschehen lassen, daß bei einem Kampf zweier Gorillamänner das Kind getötet wird, was nach Berichten der amerikanischen Gorillaforscherin Dian Fossey gelegentlich geschieht.

Besonders im letzten Fall verläßt die Mutter des toten Kindes das unfähige Männchen sofort und kehrt in die Familie ihrer Eltern zurück, sofern sie nicht gerade wieder »heiß« ist und damit Chancen hat, in jeder anderen Horde aufgenommen zu werden.

Unter nicht ganz so schwerwiegenden Umständen kann das enttäuschte Eheweibchen aber auch einen geeigneten Zeitpunkt zum Überwechseln in eine bessere Erfolg versprechende, machtvolle Gruppe abwarten oder mit einem Sohn des Paschas auf und davon ziehen, um eine eigene Horde zu gründen.

Im letzten Fall kann es nur einen mit ihm nicht verschwisterten

Sohn des Paschas zur Entführung verleiten, wenn dieser zwar schon erwachsen, aber nicht der älteste ist. Letzterer wird sich nämlich stets weigern, mit einem Weibchen auszuwandern, weil er gleichsam der Kronprinz ist und die Chance sieht, eines Tages Nachfolger seines Vaters zu werden.

Hier haben wir das Familien-»Strickmuster« der menschlichen Gesellschaft vor uns: Ob der Vater Bauer, Handwerker, Firmenchef oder König ist, in der Regel übernimmt der älteste Sohn den Hof, den Betrieb oder das Reich. Die Töchter heiraten nach auswärts, und die jüngeren Söhne müssen zusehen, wie sie andernorts zurechtkommen.

Bei jüngeren Gorillasöhnen ist dieses Andernorts-zurechtkommen-Müssen eine außerordentlich schwierige Angelegenheit. Wenn ein jüngerer Sohn im Alter von elf Jahren das Erwachsenenalter erreicht hat, wird er vom Vater zwar nicht, wie bei vielen anderen Tierarten üblich, vertrieben, aber an der sexuellen Betätigung gehindert. Mehr und mehr hält sich der Sohn schmollend an der Hordenperipherie auf und ringt sich nach langem Zögern schließlich zu dem Entschluß durch, allein den Urwald zu durchstreifen.

Ohne den Schutz seiner Hordenkumpane beginnt eine von Raubtieren sehr gefährdete Zeit für den »Einsiedler«. Sie dauert zwei bis fünf Jahre, falls er überhaupt so lange überlebt. Erst dann verfügt er über so viel Kraft und Erfahrung, daß die Chance besteht, von einem Weibchen erwählt zu werden.

Aber auch seelisch sind diese Wanderjahre nur schwer zu ertragen. Die jungen Burschen sind längst zur erotischen Liebe fähig, aber sie dürfen sich noch nicht Befriedigung verschaffen. Sie fühlen sich schon sehr stark, aber keiner nimmt sie ernst. Sie wollen gern herrschen, aber sie wissen nicht, über wen. Diesen Zustand bei Halbstarken bezeichnen wir in der Verhaltensforschung als »Männchenproblem«. In der Humanpsychologie kann man ihn seelischen Syndromen der zweiten puberalen Phase zur Seite stellen.

Jung gefreit, oft bereut!

Sofern die jüngeren Einzelgänger genug Kraft und Überlebenserfahrung gesammelt haben, um bei Ausschau haltenden Weibchen hinreichend Vertrauen zu erwecken, sie und ihre Kinder erfolgreich schützen und ernähren zu können, wandeln sie sich jedoch innerhalb kurzer Zeit zu den beliebtesten Ehekandidaten im Gorillaland, vor allem bei ganz jungen Weibchen.

Das hat folgenden Grund: Einerseits ist ein neues Weibchen in jeder Horde gern gesehen, sogar auch bei den alteingesessenen Haremsdamen. Diese suchen nämlich vor allem Spielgefährten für ihre Kinder, die bei Gorillas sehr knapp sind. Denn die Horden umfassen höchstens vier reife Weibchen, von denen jedes nur alle dreieinhalb bis vier Jahre ein Junges bekommt.

Andererseits ist es für eine Auswandererin nicht ganz einfach, sich in einem fremden Harem einzuleben. Sie müßte dort jahrelang das gesellschaftliche Schlußlicht sein. Da spielt sie lieber in einer kleinen Gruppe neben dem jungen Pascha gleich die zweite Geige.

Allerdings trifft der Spruch »Jung gefreit, oft bereut!« auf Gorillas in besonderem Maße zu. Denn in vielen beobachteten Fällen stellte es sich nachträglich heraus, daß Nachwuchs zu zeugen und ihn auch erfolgreich aufzuziehen zwei völlig verschiedene Dinge sind. Der Tod des Kindes bewies nur zu oft, daß jenes junge Männchen das in es gesetzte Vertrauen doch nicht zu erfüllen vermochte. Und so waren sie sehr bald wieder geschiedene Menschenaffen.

Derart gebrannte Jungweibchen suchen sich den neuen Familienanschluß sorgfältiger aus. Dr. Harcourt bemerkte folgende Kriterien: Der neue Pascha muß bereits Aufzuchterfolge aufzuweisen haben, darf aber noch nicht mehr als höchstens zwei Weibchen besitzen. Und diese sollten möglichst junge Kinder haben, da sie dokumentieren, daß es sich hier erst um eine relativ junge Gruppe handelt und nicht um eine fest »verfilzte« Gesellschaft, die von jedem Neuling sklavische Abhängigkeiten fordert.

Demnach verläuft das Leben eines jungen Gorillamannes etwa so: Joe wurde 1972 im Alter von elf Jahren beobachtet, wie er die Familie, in der er aufgewachsen war, verließ. Zwei volle Jahre stromerte er allein im Urwald umher. Gelegentlich interessierte junge Weibchen verließen ihn schon nach kurzer Probezeit wieder. 1974 aber gelang es ihm endlich, mit Asta ein Weibchen fest an sich zu binden. So folgte ihr noch im selben Jahr ein zweites Weibchen nach. Joe enttäuschte beide nicht, und so gesellten sich 1977 noch zwei weitere Weibchen hinzu.

Aber immerhin dauerte es ganze fünf Jahre, ehe er den sozialen Aufstieg vom Junggesellen zum etablierten Großpascha geschafft hatte. Von nun an strahlte er jedoch wegen der bereits erwähnten Gründe kaum noch Anziehungskraft auf junge Weibchen aus.

Hieraus ergibt sich eine interessante »gorilla-gesellschaftspolitische« Konsequenz: Treffen sich im Urwald zwei etablierte Großhorden, verläuft die Begegnung friedlich. Kein Pascha befürchtet, daß eines seiner Weibchen zum anderen hinüber desertieren könnte. Oft sitzen sie stundenlang beisammen, fressen gemeinsam und lassen ihre Kinder miteinander spielen. Sobald sich aber Einzelgänger oder kleine Horden nähern, die Weibchen abwerben könnten, ist der Teufel los. Dann bricht eine »Stammesfehde« aus.

Das ist im Lande der Gorillas die einzige offen zutage tretende Form des Generationenkonflikts. Wenn wir über dieses Phänomen tiefere, bis an seine Wurzel reichende Einsichten gewinnen wollen, müssen wir viel volkreichere Affenhorden beobachten, etwa die Rhesusaffen oder die Steppenpaviane.

So entsteht der Generationenkonflikt

Der Chef stieß einen Schrei des Entsetzens aus, als eine Rockerbande in der eindeutigen Absicht, ihn jämmerlich zu verprügeln, langsam gegen ihn vorrückte. Seine Leibwache eilte noch schnell herbei. Dann war die Massenkeilerei in vollem Gange.

Als aus fünf Feuerwehrschläuchen dazwischengespritzt wurde, stand die Entscheidung bereits fest: Humpelnd, keuchend und kleinlaut verschwand der Chef mit seiner angeschlagenen Truppe vom Kampfplatz, während von nun an die Rocker die Führung übernahmen. Die Revolution der Halbstarken gegen die bisher herrschende Clique hatte gesiegt.

Wo blieb die Polizei? Sie hielt sich heraus, denn es handelte sich um einen Bandenkrieg der Paviane im Pariser Zoo. Es mag seltsam klingen, aber auch in der Gesellschaft dieser Affen gibt es einen Chef mit einer Führungsclique, die alle anderen unterdrückt, und es gibt auch hier das Problem einer aufsässigen Jugend, die sich mitunter in einer Revolution empört.

Wie entsteht dieser Generationenkonflikt?

Er beginnt bereits im Jugendalter, wenn ein Steppenpavian-Knabe im Alter von etwa zwei Jahren ein kleines Geschwisterchen bekommt. Bis dahin stand er im Mittelpunkt der Liebe, Sorge und Mühen seiner Mutter. Er wurde verwöhnt. Mit ihm allein wurde gespielt. Nur er wurde als einziges Kind gesäugt und gelaust. Und mit einem Schlag ist diese schöne Zeit vorbei. Von einem Tag auf den anderen konzentriert die Mutter all ihre Affenliebe auf das Baby, während sie den älteren Bruder bei allen Annäherungsversuchen immer wieder zurückstößt.

Sich in dieser Situation einsichtig zu verhalten und Verständnis dafür aufzubringen, daß ein Baby viel mehr Zuwendung braucht als ein »großer Junge«, kann von dem mit Liebesentzug Geschädigten nicht verlangt werden – wie übrigens Kinder auch ganz allgemein viel elterliches Mitgefühl für ihre Probleme verlangen, andererseits aber einen ausgesprochenen Mangel an Einfühlungsgabe in die Stimmungen der Eltern offenbaren.

Der plötzliche Liebesentzug zugunsten eines neuen Wesens ist ein seelischer Schlag, den auch ein Affenknabe nicht so ohne weiteres verkraften kann. Er sinnt auf Rache. Von nun an muß die Mutter ständig auf der Hut sein, ihr jüngstes Kind vor dem älteren zu schützen. Würde sie nur ein einziges Mal nicht aufpassen, geschähe Ähnliches von dem, was 1981 eine Boulevardzeitung aus dem menschlichen Bereich in die Schlagzeile faßte: »Älterer Bruder warf Baby in den Müllschlucker.«

Wieder einmal begegnen uns Kain und Abel im Tierreich. Die auf dieser Basis erwachsende geschwisterliche Gegnerschaft trifft in aller Schärfe jedoch nur den ältesten Bruder. Ist das erstgeborene Kind ein Mädchen, wird es als Helferin bei der Babypflege mit einbezogen. Das mildert die Spannungen in der Familie erheblich.

Während die Steppenpavian-Jünglinge in der Seelenpein der voll durchbrechenden ersten puberalen Phase verklemmt sind, gestaltet sich das Leben der älteren, noch jungfräulichen Schwestern voller Harmonie. Ihnen wohnt ein ganz natürlicher Trieb zur Babypflege inne. So versuchen sie, ihrer Mutter bei der Betreuung des Neugeborenen zu helfen. Dabei lernen sie, mit Babys umzugehen, und bleiben in Zukunft als Helferin ihrer Mutter Mitglied der Sippschaft, wobei sie die Mutter als Ranghöhere respektieren, solange sie lebt.

Der Übergang von der Babysitterin zur eigenen Mutterschaft vollzieht sich fließend und ohne seelische Not.

Das Selbständigwerden des weiblichen Jungtieres geschieht mehr aus eigenem Antrieb, nicht durch Frustration wie bei den Knaben. Sucht es als Kleinkind noch jeden Vorwand, um von der Mutter getragen und gehätschelt zu werden, so verbietet es dem älteren Mädchen nach der Ankunft eines Geschwisterchens der eigene Stolz, weiterhin auf der Mutter zu reiten. Ja, jede Gebärde mütterlicher Zuneigung ist ihm dann schon zuwider.

Sogar die Entwöhnung vom Milchnuckeln erfährt einen harmonischen Übergang. Statt gleich auf abrupte Abweisung von der Mutterbrust zu stoßen, wird diese weiterhin dargeboten. Nur der Zweck des Stillens verlagert sich von der Nahrungsaufnahme allmählich aufs Trösten. Die Jungen vieler Affen schlafen mit den Zitzen der Mutter im Mund, die dann mehr als Schnuller herhalten müssen.

Sobald das Pavian- oder Schimpansenmädchen aber sein kleines Geschwisterchen an die mütterliche Zitze ansetzt, verschmäht es selber diesen Tröster und nuckelt von da an allenfalls noch am eigenen Daumen, wenn es Kummer hat. Jawohl, auch Affenkinder sind Daumenlutscher!

Soziale Spannungen zwischen Steppenpavian-Müttern und ihren Töchtern, die auf einen naturgesetzlichen Generationenkonflikt schließen lassen, sind bislang nicht beobachtet worden. Es wäre der eingehenden Untersuchung wert, ob das Übergreifen des Generationenkonflikts beim Menschen von der männlichen auf die weibliche Jugend, wie wir es in letzter Zeit mit zunehmender Tendenz beobachten, darauf zurückzuführen ist, daß Mädchen in der Familie zu viel sich selbst überlassen oder immer mehr wie Jungen erzogen und behandelt werden.

Beim männlichen Jungpavian setzt in der Entwöhnungsphase ein wahrer Teufelskreis ein. Die Mutter stößt ihn von sich. Dafür will er sich am jungen Geschwister rächen. Aber der Erfolg der knabenhaften Rachegelüste ist genau das Gegenteil von dem, was der große Bruder eigentlich damit erreichen wollte: Er wird von seiner Mutter nur noch um so öfter und strenger bestraft, je mehr Sehnsucht er nach ihr hat. Daran zerbricht schließlich die Bindung zwischen der Mutter und ihrem älteren Sohn.

Das so bitter enttäuschte Kind versucht nun, allein einen Platz in der Gesellschaftsordnung der Affenhorde zu finden. Es verläßt den engeren Umkreis seiner Mutter, wandert aber nicht, wie bei den Gorillas, völlig aus, sondern bleibt in der großen Horde, wo es sich mit anderen Tieren auseinanderzusetzen hat. Zu Anfang ist dies abermals mit herben Rückschlägen verbunden.

Hierin liegt die zweite Wurzel zur Revolution im Affenstaat begründet: im »gesellschaftlichen System«.

Das große Unglück des jungen Männchens, das den Schutzbereich der Mutter verläßt, ist es, daß es zwar schon bald die sexuelle Reife erlangt, aber, ähnlich wie bei den Gorillas, noch lange nicht eine leitende Position und das ersehnte Ansehen unter den älteren Männchen erringen kann.

Unter Verhaltensforschern ist es schon lange kein Geheimnis, daß das weitaus Wichtigste im Leben eines männlichen Affen das Geltungsstreben und das Erreichen einer hohen Stellung in seiner Gesellschaft ist. Alles andere an Mißlichkeiten kann er viel leichter ertragen: Hunger, Durst, Kälte, Hitze, Regen, Gefahr – nur nicht die Blamage, das Schlußlicht und der Prügelknabe in seiner Horde zu sein.

Außerdem fehlt dem Jungmännchen noch völlig das, was man auch unter Steppenpavianen als Erfahrung bezeichnet. Kann es den Trupp zur übernächsten Wasserstelle führen, falls die nächste ausgetrocknet ist? Nein. Weiß es, wie die Streitmacht seiner Horde den Angriff eines Leoparden abwehren kann, ohne Verluste zu erleiden? Nein. Kennt es die Stellen in der Steppe, wo zur jeweiligen Jahreszeit die meiste und beste Nahrung zu finden ist? Nein. Kann es den Streit zwischen verfeindeten Weibchen schlichten? Nicht einmal dazu reicht seine Autorität.

Überall, wohin der junge Affe kommt, muß er vor den älteren Männchen kuschen. Muckt er einmal auf, wird er gleich von einer Clique von zwei oder drei Kriegern verdroschen. Seinen Vater kennt er nicht, die Mutter hat ihn davongejagt, kleinere Kinder, die den Pascha in Ruhepausen förmlich anhimmeln, beachten ihn nicht, und unter den anderen Erwachsenen seiner Horde ist er eine Null. Da bleibt ihm nur die Jugendbande der Gleichaltrigen.

Unwillkürlich drängt sich der Vergleich mit Menschenkindern auf, die in einem ähnlichen Dilemma nur den Ausweg in die Rockerbande, die religiöse Sekte, die politische Protestgruppe, den Trip in chemisch induzierte Traumwelten sehen.

Doch sei es hier noch einmal betont, um unter keinen Umständen mißverstanden zu werden: Wie die Beispiele mit den Pavianen und Gorillas zeigen, ist der Generationenkonflikt ein ganz natürlicher Vorgang, und noch nie ist eine Tierpopulation daran zerbrochen. Doch wenn die seelische Entwicklung vieler Jugendlicher von Geburt an aus den weiter vorn behandelten Gründen erheblich gestört ist, wenn irrationale Ängste und sachlich gar nicht motivierte Zerstörungswut, kombiniert mit der Unfähigkeit zur festen Bindung und Nächstenliebe, das Phänomen des Generationenkonflikts verstärken, dann werden destruktive Gewalten frei, die Menschheitskatastrophen heraufbeschwören.

Kindergärten und Rockergruppen

Der Zusammenschluß Jugendlicher zu eigenen Verbänden ist eine im Tierreich weitverbreitete Erscheinung. Als Jugendgruppe bezeichnet die Verhaltensforschung eine Vereinigung von Tierkindern, die über die Geschwisterschar hinausgehend vor allem nicht miteinander verwandte Jugendliche umfaßt. Hier unterscheiden wir wieder den sogenannten »Kindergarten« von der Junggesellengruppe.

Ein Kindergarten dient hauptsächlich der Entlastung der Eltern und zum kollektiven Schutz der Jugendlichen. Er ermöglicht Spielfreundschaften und steht unter der Aufsicht mindestens eines erwachsenen Tieres. Von Zeit zu Zeit kehren auch die Eltern zurück, um ihre Kinder zu säugen oder zu füttern. Hier nur einige aus der Fülle der Beispiele:

In Andalusien oder in der Camargue halbwild lebende Weibchen der Kampfstiere bringen ihr Kalb in einem Versteck zur Welt. Aber schon im Alter von vier Tagen führen sie es zu ihrer Herde, die den beiden neugierig entgegenläuft. Hier wird es unverzüglich in den Kindergarten der übrigen Kälbchen aufgenommen, die mit ihm den ganzen Tag herumkalbern. Die Mütter betrachten das Spiel ihrer Jungen nur von weitem und greifen lediglich bei Gefahr schützend ein. Im übrigen dienen die Mutterkühe ihren Kindern nur noch als Milchquell. Sozialverhalten und alles andere, was die Kälber fürs Leben brauchen, lernen sie nur von ihren Spielkameraden im Kindergarten.

Den Adeliepinguinen erteilen die Eltern jedoch einen seltsamen Unterricht. Sie betreiben Kindergärten, die zu den größten in der Tierwelt zählen und bis zu zweihundert Pinguinküken umfassen. Allerdings werden die kleinen Federbällchen von ihren Eltern erst dann dorthin geschickt, wenn sie im Alter von etwa einem Monat fähig sind, sich in der Gemeinschaft mit Gleichaltrigen vor kalten Schneestürmen und vor Raubmöwen, den Skuas, zu schützen.

Von Zeit zu Zeit kehren Vater oder Mutter vom Fang kleiner Fische, Tintenfische und Garnelen heim. Weit nach hinten gelehnt, damit sie unter der schweren Kropflast nicht vornüberkippen, kommen sie dahergewatschelt und wissen in der Menge der Kinder ihre meist zwei leiblichen Sprößlinge zu finden. Aber wenn die Kleinen nun glauben, daß sie etwas zu fressen bekommen, haben sie sich geirrt. Ohne sie zu füttern, macht die Mutter auf der Stelle kehrt und rennt in Richtung Eismeer davon.

Nun rasen die zwei Küken wie wild hinter ihr her, versuchen, ihr den Weg abzuschneiden, fechten gegen ihren Schnabel und sausen dann wieder mit nähmaschinenschnellen Trippelschritten aus Leibeskräften hinterher. Schließlich erbarmt sich die Mutter ihrer an einem Ort, der von Mal zu Mal weiter vom Kindergarten entfernt liegt. Dieses merkwürdige »Haschenspiel« hat den Sinn, die Jungen mit dem Weg zum Meer bekanntzumachen. Denn wenn die Kinder neun Wochen alt sind, kommt der Tag, an dem weder Mutter noch Vater zum Kindergarten zurückkehren, sondern für immer fernbleiben. Dann müssen die Jungen genau wissen, welcher Weg sie zum Meere führt.

Hier sind die Motive zum Handgemenge, Spektakel und zur Gegnerschaft zwischen Eltern und Kindern zwiespältig. Denn was hier vor sich geht, geschieht einerseits zum Wohl der Jungen. Andererseits erfassen die Pinguineltern diesen Zusammenhang sicherlich nicht bewußt. Der Antrieb ihres Handelns liegt vielmehr im langsamen Erkalten ihres Pflegetriebes: Sie kehren zunächst noch zum Kindergarten zurück. Aber angesichts der bevorstehenden Futterübergabe regt sich doch allmählich wieder der Freßegoismus, der dann mit zunehmender Stärke Eltern und Kinder einander entfremdet.

Darüber hinaus hat sich ein buntes Kaleidoskop der verschiedensten Formen von Kindergärten bei Tieren herausgebildet, etwa die Schwärme junger Fische, die zusammengelegten Würfe mehrerer Muttertiere bei den Löwen, Mäusen oder Meisen, die Spielbünde kleinkindlicher Affen und die Kinderkrippen der Giraffen.

Letztere werden keinesweg, wie lange Zeit vermutet wurde, von den Eltern im Stich gelassen, obwohl sie weit von ihnen entfernt stehen. Im Gegenteil: Die Giraffeneltern stellen sich im Abstand von etwa achthundert Meter nämlich genau dort auf, wo sie zwischen dem Kindergarten und einem Löwenrudel oder einem Leoparden die Feinde mit dem »Aussichtsturm« ihres fünf Meter hohen Kopfes im Auge behalten können, um ihre Kinder in Sicherheit zu bringen, falls die Jagd beginnt.

Wann kommt es zum Aufstand?

Im Gegensatz zu diesen von den Eltern wohlbehüteten Kindergärten ist die Junggesellengruppe eine Vereinigung aller aus den Familien verstoßenen Jungmännchen zum Zwecke der Existenzsicherung und der Vorbereitung zur Machtübernahme, also des offenen Kampfes gegen die Männchen der älteren Generation.

Solch eine regelrechte Trainingsgruppe kennen wir zum Beispiel vom Kaffernbüffel, dem gefährlichsten Großwild Afrikas. Im Alter von drei Jahren verläßt der Jungbulle den Schutzkreis seiner Mutter. Er ist dann zwar schon fortpflanzungsfähig, muß sich aber noch volle fünf Jahre im Kampfspiel mit seinesgleichen üben, ehe er genug Kraft und Erfahrung besitzt, daß er es wagen kann, den Pascha eines kleinen Büffelharems im Kampf zu entmachten. Dieses Trainingslager bietet ihm die Junggesellengruppe in zweierlei Hinsicht.

Einmal treiben die jungen Bullen täglich mehrmals harten, aber unblutigen Kampfsport miteinander. Zum anderen bildet die Gruppe, immer in der Nähe der aus mehreren Harems bestehenden Herde bleibend, auf dem Marsch durch von Löwen gefährdete Gebiete die Vor- und Nachhut und sammelt dabei Kampferfahrung vor dem artfremden Feind.

Etwas Ähnliches trifft übrigens für viele Junggesellenverbände zu. Sie werden an die Peripherie, gleichsam an die »Front«, abgedrängt, wo sie sich mit zahlreichen Todfeinden auseinanderzusetzen haben. Viele lassen dabei ihr Leben, als Gruppe üben sie aber eine wertvolle Schutzfunktion für die älteren Tiere sowie für die Weibchen und Kinder im Zentrum aus. Und wer hier alle Feindgefahren meistert, erwirbt das Recht, einen Familienverband zu führen.

Doch schon nach zwei Jahren des erstrebten Paschalebens gehört der Bulle bereits zum »alten Eisen«. Ein neuer »Ritter vom gewaltigen Horn« entthront ihn. Und nun geschieht das Merkwürdige: Der abgesetzte Veteran, der nie mehr im Leben die Chance zu einem Comeback erhalten wird, stößt wieder zur Junggesellengruppe. Diese erkennt ihn meist kampflos als Leittier an, weil er den jungen Bullen unschätzbare Dienste als erfahrener Lehrherr bietet. Hier richtet sich der Generationenkonflikt also lediglich gegen den Jahrgang der Väter, nicht gegen die Großväter.

Ähnliche Junggesellengruppen kennen wir von vielen Tierarten, vor allem von Huftieren, aber auch von Affenkindern, sobald diese älter geworden sind und den von Müttern beaufsichtigten Kindergarten verlassen haben. Die bekanntesten Beispiele dafür liefern die Steppenpaviane, die Rhesus- und Berberaffen wie auch die Rotgesichtsmakaken in Japan.

Die Institution der Jugendbande ist im Affenstaat jedoch ein zweischneidiges Schwert mit Vor- und Nachteilen für die »Gesellschaft«. Einmal können die Halbstarken in Raufereien untereinander oder in Kämpfen einer Bande gegen die andere Dampf ablassen. Gefährliche Aggressionen werden auf diese Weise neutralisiert – wie beim Militär. Andererseits trägt sie aber auch den psychologischen Keim zur Revolution in sich, indem sich jugendliches Protestpotential sammelt und organisiert.

Ob es aber tatsächlich zum Aufstand kommt oder ob die Halbstarken nur wirkungslos vor sich hinmotzen, das hängt sozusagen vom diplomatischen Geschick der Jungmännchen ab, Allianzen mit anderen Banden gegen die alten Regierenden zu bilden.

In einer freilebenden Horde von etwa siebzig Tieren ist eine Junggesellenbande allenfalls vier oder fünf Köpfe stark und dem Hordenboß mit seiner bis zu acht Krieger zählenden Leibgarde hoffnungslos unterlegen. Hinzu kommt noch, daß die Rockerbanden meist untereinander verfeindet sind.

Hin und wieder geschieht es aber doch einmal – in freier Wildbahn wie auf dem Affenfelsen im Zoo –, daß diese Junggesellenbanden unter dem Eindruck entweder zu großer Freizügigkeit oder aber ständiger Drangsalierungen durch die herrschende Schicht ihre gegenseitigen Animositäten vergessen, ihr Kriegsbeil begraben, sich miteinander gegen die unterdrückende Clique verbünden und gemeinsam eine stärkere Streitmacht auf die Beine stellen als die »Polizei«. Dann bricht, wie schon weiter vorn in diesem Kapitel geschildert, eine blutige Revolution im Staat der Affen aus.

XIV.
Todesstrafe für schlechte Schüler

Lernen und Erziehen

Die Fehlrechnung mit der »Dummheit« der Tiere

»Schnuppi« war ein ganz süßes, kleines Seehundbaby. Wattenwanderer hatten es im Juni 1975 vor der Küste von Norderney gefunden. Offenbar war es von seiner Mutter verlassen worden und heulte zum Gotterbarmen – ganz ähnlich wie ein Menschenkind. Dann hatten Tierpfleger der Heulerstation Norddeich Schnuppi liebevoll gefüttert.

Als es größer geworden war, kam aber das Hauptproblem. In den Jahren zuvor hatten die vier Seehund-Aufzucht-Stationen an der deutschen Nordseeküste schon viele Heuler am Leben erhalten. Doch als die Tiere dann in die Freiheit des Meeres entlassen worden waren, sahen die Naturschützer sie nie wieder – höchstens als völlig abgemagerte Kadaver. Inmitten des Fischreichtums waren sie verhungert.

An eines hatten die Tierpfleger nämlich nicht gedacht: Füttern allein genügt nicht. Seehunde, die als Kinder nicht gelernt haben, Fische zu fangen, sind später als Erwachsene absolut unfähig, sich ihren Lebensunterhalt zu erarbeiten. Nicht einmal größter Hunger und schlimmste Existenzangst versetzen sie in die Lage, einstmals versäumte Lerninhalte nachzuholen. Not macht den Menschen, nicht aber Tiere erfinderisch.

Deshalb begannen die Männer in Norddeich 1975 erstmalig mit einem Überlebenstraining für junge Seehunde. Schnuppi sollte jetzt von den Menschen lernen, was ihm sonst seine Mutter beigebracht hätte: wie man Fische fängt. Gelernt hat vorerst jedoch ein anderer: der Mensch, nämlich wie ungeheuer schwer es ist, Tierkindern alles zur Lebenskunst Notwendige perfekt zu lehren.

Zunächst sollte Schnuppi lernen, was überhaupt ein Fisch ist, daß er gut schmeckt und sättigt. Bislang hatte er nur Brei bekommen und wußte gar nicht, wie seine Hauptnahrung aussieht. Rein instinktiv wissen so etwas nur jene Tiere, deren Futter an einem relativ einfachen Schema zu erkennen ist, zum Beispiel frisch geschlüpfte Hühnerküken, wenn sie gleich nach Wasser und Körnern zu picken beginnen, auch wenn ihnen das niemand zuvor gezeigt hat.

So wartete der Tierpfleger, bis der junge Seehund hungrig war, und hielt ihm dann einen toten Fisch vor die Nase. Der Kleine dachte gar nicht daran, zuzubeißen. Man mußte ihm zu zweit das Maul aufreißen und den Fisch hineinschieben. Beim drittenmal kapierte er und schnappte gleich zu.

Lektion zwei hieß: Unterwasserjagd. Nun wurde der tote Fisch, ein Hering, an einen langen Faden gebunden, ins Bassin geworfen und hin und her gezogen. Bereits am Abend des ersten Unterrichtstages fiel bei dem Tier der Groschen. Es flitzte hinter dem Fisch her und hatte ihn verschlungen, ehe es sich der Pfleger versah.

Jedoch: Zehn Tage nachdem Schnuppi in die Freiheit der Nordsee entlassen worden war, fanden ihn Holländer bei der Insel Ameland völlig abgemagert und erschöpft. Der Überlebensunterricht beim Menschen war trotz aller Mühe ohne Erfolg geblieben. Was war falsch oder unzureichend gemacht worden?

Die Hauptnahrung der Seehunde sind Scholle, Butt, Flunder und Seezunge. Sollten diese Plattfische am Meeresgrund so sehr viel schwerer zu fangen sein als ein toter Hering am Bindfaden? Vielleicht. Also gaben die Tierpfleger ihren Schülern, den Seehunden, gleichsam als letzte Lektion lebende Plattfische, so schwer diese auch zu beschaffen waren.

Da zeigte sich etwas Unerwartetes. Die jungen Patienten wußten nicht, wie sie eine Scholle verschlingen sollten. Die breite Beute paßte gar nicht ins Maul hinein. Auch Versuche, Stücke abzubeißen, schlugen fehl. Ja, wie frißt ein Seehund denn eigentlich Schollen? Die Betreuer wußten es selber nicht. So fingen sie ein erwachsenes Tier, um bei ihm in die Schule zu gehen.

In einem großen Bassin offenbarte es seine Kunst. Es packte die Scholle mit den Zähnen am Kopf und wirbelte dann in schneller Pirouette um seine Längsachse. Die Gräten des Opfers brachen, und schon wickelte sich der Plattfisch auf wie ein Rollmops. So erst konnte er in einem Happen verschluckt werden.

Aber wie soll ein Mensch so etwas den jungen Seehunden beibringen? Es ist eben viel schwerer, Lehrmeister für Tierkinder zu sein, als wir Menschen uns das bislang vorgestellt hatten. Das ist der große Fehler in unsrer Rechnung mit der vermeintlichen »Dummheit« der Tiere. Er ist die Ursache zahlreicher Rückschläge, insbesondere dann, wenn es darum geht, in Menschenobhut aufgewachsene Tiere für das Leben in der freien Wildnis vorzubereiten.

Überraschende pädagogische Fähigkeiten

Vollends unmöglich wäre es uns, Steinbock-Kindern lebenswichtige Kenntnisse zu vermitteln. Folgende Beobachtungen beweisen das:

Noch ahnte niemand, daß hinter dem Gipfel auf der anderen Seite des Piz Albris ein Steinadler kreise, der gefährlichste Feind junger Steinbock-Kitze. So ging der hochalpine Kletterunterricht, den die Muttertiere ihren Kindern gerade erteilten, arglos weiter.

Das Neugeborene muß die Kunst des Kraxelns vom ersten Lebenstag an eifrig lernen, wobei die Mutter die Schwierigkeitsgrade im Unterricht vom kinderleichten »Idiotenhügel« bis zur halsbrecherischen Steilwand mit bewundernswertem pädagogischen Einfühlungsvermögen entsprechend den Fortschritten ihres Kindes langsam steigert.

Hier, im schweizerischen Oberengadin, finden die Geburten zwischen Ende Mai und Anfang Juni auf einer für Menschen nur schwer zugänglichen Hochalpe statt. In diesem entlegenen Kinderparadies spaziert das Neugeborene, sobald es im Alter von einer Stunde laufen kann, nach eigenem Gutdünken umher, stets dicht gefolgt von der Mutter. Diese Eigenständigkeit hat zur Folge, daß es alle naselang über die kleinsten Steine stolpert, an Unebenheiten abrutscht und sich weh tut.

Aber schon im Alter von zwei oder drei Tagen bekommt es spitz, daß ihm all dies Mißgeschick nicht widerfährt, wenn es der Mutter folgt, statt eigenmächtig umherzutollen. Das Kind wird von der Mutter nicht gezwungen, sondern sieht von selber ein, daß es besser ist, sich ihr anzupassen.

Der Begriff der Anpassung ist bei einem Teil unserer Jugend bereits zu einem Reizwort in dem Sinne geworden, daß ein Sichanpassen die freie Entwicklung der Persönlichkeit verhindere und deshalb abzulehnen sei. In der von permanenten Lebensgefahren bedrohten Tierwelt gibt es diesbezüglich gar keine Wahl. Jedes Kind einer sozial lebenden Tierart, das sich nicht anpaßt, weder den Eltern noch den Spielgefährten einer Jugendgruppe, ist binnen kurzem des Todes. Außerdem kann ein ausschließlich ichbezogenes Verhalten auch gar nicht sozial genannt werden. Es ist rein egoistisch. Indessen bleibt auch Tierkindern innerhalb des von der Natur gesteckten Rahmens genug Freiheit zur Ausbildung einer inidividuellen Persönlichkeit.

Für die Steinbock-Geiß bedeutet die Bereitschaft ihres Kindes, ihr zu folgen, daß sie mit dem Kletterunterricht beginnen und dabei sicher sein kann, stets einen aufmerksamen Schüler bei sich zu haben. Zunächst steigt sie einen flachen Hang zwischen Steingeröll bergauf. Dabei macht sie ganz kleine Schritte, und es ist die Aufgabe des Kindes, mit seinen Hufen genau in die Fußstapfen der Mutter zu treten.

Auf schwierigen Abschnitten greift die Mutter mit einem Vorderlauf über die Schulter des Kindes (siehe Foto). So kann sie ihm die Trittstellen besser zeigen und gibt ihm zugleich Halt und beruhigenden Körperkontakt. Langsam, von Tag zu Tag, erhöht sie den Schwierigkeitsgrad der Steigeübungen so, daß ihr Kind folgen kann, ohne zu stürzen.

Im Alter von vierzehn Tagen beginnt die Unterweisung im »Voraus-Beurteilen« der Gefahren und gangbaren Möglichkeiten beim Durchsteigen einer steileren Felswand. Das Kitz entfernt sich jetzt schon bis zu hundert Meter weit von seiner Lehrerin und wird bei seinen Kletterpartien zunehmend kühner, bis es sich in einer »Sackgasse« verstiegen hat, nicht mehr vor und zurück, weder rauf noch runter weiß. Todesangst vor dem Absturz steigt in ihm auf, und es beginnt jämmerlich zu blöken.

Dann kommt die Mutter sofort herbei. Eine Steilwandstrecke, durch die sich geübte Bergsteiger schnellstens in dreißig Minuten hindurch-»klempnern« und -seilen könnten, durcheilt sie in wenigen Sekunden. Was sie tut, wenn sie beim Kind eintrifft, ist pädagogisch bemerkenswert: Sie straft den Ausreißer nicht, »schimpft« und meckert nicht und zeigt sich nicht im geringsten Maße unwillig. Im Gegenteil: Sie beruhigt ihr angstzitterndes Kind erst einmal durch liebevolle körperliche Berührung, damit es keine tödliche Kopflosigkeit begeht. Erst wenn das Kleine keine Furcht mehr hat, zeigt sie ihm den rechten Weg, indem sie langsam vorangeht.

Tiere scheinen instinktiv zu wissen, was dem Intellekt einiger Gymnasiallehrer bislang entgangen ist: Angst ist der schlechteste Lehrmeister, den man sich denken kann. Sie regt nicht die Großhirnfunktionen an, sondern blockiert sie.

Weshalb verfahren eigentlich so viele Tiereltern beim Unterrichten ihrer Kinder viel pädagogischer als so mancher Studienrat? Sind sie intelligenter? Ganz gewiß nicht. Die Antwort ergibt sich aus dem Gegenteil: Weil Tierkinder viel weniger intelligent sind als Menschenkinder, sind sie imstande, überhaupt nur dann eine Kleinigkeit zu lernen, wenn es ihnen mit perfekten pädagogischen Methoden beigebracht wird. Auch wird bei Tierkindern mangelhaftes Lernen nicht mit einer harmlosen »Sechs« bestraft, sondern mit dem Tod, herbeigeführt nicht durch den Lehrer, sondern durch die Umwelt.

Deshalb und weil selbstverständlich auch Tiereltern nicht klüger als Studienräte sind, hat sich in ihrem Verhaltensinventar das instinktive Beherrschen einer optimalen pädagogischen Methodik herausgebildet. Sie lehren effektiver als wir, aber dabei wissen sie gar nicht, was sie tun und warum sie so handeln.

Die Natur verleiht jeder Mutter Erziehungshilfen – jeder Tiermutter, genauso aber auch jeder Menschenmutter. In ihrem Unbewußtsein ruht ein breites Spektrum von Verhaltensweisen, die sie zu einer perfekten Lehrmeisterin ihres Kindes werden läßt, ohne daß sie je Kindererziehung studiert hätte. Dieses Spektrum reicht nach Forschungen von Professor Hanus Papousek im Münchner Max-Planck-Institut für Psychiatrie von einfachen Orientierungshilfen für das eigene Verhalten durch bejahende oder ablehnende Gebärden über den Aufbau von Vorbildern bis hin zum Sprachunterricht, den jede liebende Mutter in einer Methodik erteilt, die von keinem akademischen Lehrprogramm übertroffen werden kann. Voraussetzung für die Existenz dieser aus dem Instinktiven wirkenden Fähigkeiten ist allerdings eine perfekt zustande gekommene Bindung zwischen Mutter und Kind unmittelbar nach der Geburt.

Nur zwei Dinge können nach Ansicht des Forschers die Vollkommenheit der natürlichen mütterlichen Pädagogik stören: zuviel angelesene, theoretische, weltanschaulich gefärbte Erziehungs-Indoktrination und Unfrieden im Elternhaus. Wie unabdingbar notwendig ein friedvolles, völlig entspanntes Umfeld für den Lernprozeß beim Kind ist, führen uns sogar auch die Steinböcke vor Augen:

Solch ein eben geschilderter Anfängerkurs im Klettern war auf der Hochalm gerade im Gange, als der Steinadler über den Berggrat schwebte. Sogleich schrillte der nasale Alarmpfiff einer alten Geiß, die auf erhöhtem Fels Wache hielt. Wie elektrisiert preschten die siebzehn Muttertiere, jedes mit seinem Kitz hinterdrein, in der Mitte der Almwiese zusammen.

Hierbei lernten die Kitze gleich, daß beim Nahen eines Luftfeindes entgegengesetzt gehandelt werden muß wie beim Erscheinen eines Bodenfeindes, also eines Wolfes oder Menschen. Vor letzteren bietet die Steilwand Schutz, da der Feind hierhin nicht folgen kann. Aber vor einem Adler muß der Steinbock aus der Steilwand heraus auf flacheres Gelände fliehen, denn der Greif packt sonst einen Kletterer im Vorbeifliegen am Hinterbein, bringt ihn zum Absturz und verzehrt dann den zerschmetterten Körper.

Aber wie können sich Steinböcke auf der Almwiese vor dem Adler schützen? Alle Muttertiere bildeten sofort einen Ring um ihre Kinder. Als der Adler angriff, stiegen sie alle auf die Hinterbeine, richteten sich bis zur imponierenden Höhe von zwei Metern auf und stießen mit den Hörnern nach dem großen Vogel. Nach dem dritten vergeblichen Anflug drehte er ab, um andernorts Murmeltiere zu jagen.

Die Kinder waren gerettet. Überdies spüren sie, daß ihnen im Schutzbereich ihrer Mütter nichts Schlimmes widerfahren kann. Das schafft eine Atmosphäre des Vertrauens und der Sicherheit, mithin also die Basis, die eine Voraussetzung zum erfolgreichen Lernen darstellt.

Die Evolution der menschlichen Intelligenz

Dasselbe berichtet auch die englische Schimpansenforscherin Stella Brewer von ihren Tieren. Sie hat es sich zur Aufgabe gewählt, im internationalen illegalen Tierhandel beschlagnahmte junge Schimpansen so zu unterrichten, daß sie nach etwa dreijähriger Schulung in die Freiheit der Regenwälder des Senegal entlassen werden können.

Die ersten Unterweisungen erhalten die jungen Menschenaffen in der Sicherheit eines umzäunten Freigeheges. Hier zeigen sie sich von erstaunlich flinker Auffassungsgabe. Das setzt sich auch noch auf den ersten gemeinsamen Lehrspaziergängen in freier Wildbahn fort ... bis zur ersten Schrecksituation, einer unerwarteten Begegnung mit Elefanten, Kaffernbüffeln, Riesenschlangen oder einer lärmenden Pavianhorde. Kalberten sie bis dahin verspielt wie einst hinter Gittern umher, so war ihnen jetzt schlagartig der Ernst des Lebens, das Gefühl ständigen Schwebens in der Gefahr, in die Knochen gefahren. Von nun an spähten und lauschten sie ständig nervös umher. Und die Lernerfolge ließen rapide nach.

Viele Verhaltensforscher wundern sich schon seit langem: Bei Intelligenztests im Labor zeigen sich Schimpansen den kniffeligsten Aufgaben gewachsen. Aber in der Freiheit der afrikanischen Wildbahn wurde in jahrzehntelangen Beobachtungen noch kein einziges Mal eine auch nur annähernd gleich gute Lernleistung beobachtet. Warum verhalten sich diese Menschenaffen ausgerechnet in gefährlicher Umgebung, wo sie doch eigentlich schlau handeln müßten, relativ dumm?

Die Antwort greift an die Wurzeln der Menschwerdung, an die Ursache der Entstehung der menschlichen Intelligenz:

Die Natur verleiht jeder Tierart neben lebenerhaltenden Instinkten genau das Maß an Lernfähigkeit, das sie zum Überleben benötigt, bei Menschenaffen also ein für Tiere relativ enormes Quantum. Diese Lernfähigkeit muß jedoch unter extremen Bedingungen den Anforderungen genügen, also unter Angst und Streß, die jene Großhirnleistung erheblich verschlechtern.

Hinzu kommt, daß Tiere in freier Wildbahn fast durchweg sehr schlecht schlafen. Die Witterung eines Feindes, das verdächtige Knacken eines Zweiges, ein nächtlicher Regenguß, und schon ist für Stunden nicht mehr an ein Entschlummern zu denken. Am nächsten Morgen wachen sie dann, wir Menschen würden sagen: mit einem fürchterlichen Brummkopf, auf und müssen, wenn sie nicht ausgelöscht werden wollen, trotzdem geistig voll leistungsfähig sein.

Das bedeutet: Die Natur muß den Schimpansen einen beträchtlichen Intelligenzüberschuß verleihen, und zwar so viel, daß die Hirnleistung unter starker Beeinträchtigung noch voll ausreicht. Das ist der Grund, weshalb Menschenaffen im Labor, also abgeschirmt von jeder Gefahr und bei gesundem Schlaf, so sehr viel mehr lernen als in freier Wildbahn, und zwar auch ganz unsinnige Dinge, die sie im afrikanischen Regenwald niemals brauchen würden.

Im Vorfeld der Entwicklung zum Menschen hat sich diese Diskrepanz noch erheblich vergrößert. Wir wissen, daß unsere Vorfahren rein körperlich gegen Raubtiere noch viel verteidigungsunfähiger als Schimpansen waren. Mit viel schwächlicherer Muskulatur (ein Schimpanse ist dreimal so stark wie ein Mensch!), mit einem lächerlich harmlosen Gebiß, ohne Schutzpanzer und ohne als Waffen zu gebrauchende Krallen, in der Fluchtgeschwindigkeit jedem Feind weit unterlegen, unfähig, blitzartig auf rettende Bäume zu klettern, mußte zum Überleben ein Ausgleich in geistigen Kräften errungen werden.

Aber von dem Augenblick, an dem mit ebendiesen geistigen Kräften um die Urhorde des Vor- oder Frühmenschen herum ein **Feld** relativ zuverlässiger Sicherheit geschaffen wurde, an dem Angst, **Streß** und Schlaflosigkeit vermindert wurden, konnte jenes enorme **Maß** an bislang latent brachliegendem Intelligenzüberschuß seine **Wirkung** mehr und mehr entfalten.

Das ist der Grund, weshalb im biologischen Geschehen der **Urzeit** mit dem Großhirn des Menschen etwas entstehen konnte, das, **biologisch** gesehen, so etwas Überflüssiges hervorbringen konnte wie **die** moderne Zivilisation mit ihren Massenvernichtungswaffen und **anderen** Ideen, mit denen sich der Mensch in den Gegensatz zur **Schöpfung** stellt und damit seine Existenz an den Rand der **Vernichtung** bringt.

Es klingt paradox, aber in letzter Instanz ist das Phänomen **der** Verschlechterung des Lernvermögens durch Angst, **Streß und** Schlaflosigkeit dafür verantwortlich, daß so etwas wie die **Intelligenz** des Menschen überhaupt entstehen konnte.

Geht es ohne Prügelstrafe?

Mit der Rolle der Angst im Lernprozeß ist die Frage der Strafe **in der** Erziehung eng verknüpft. Wie handeln Tiereltern in dieser **Hinsicht?** Beobachten wir einmal die angeblich so stupiden Flußpferde.

»Pumpernickel«, das erst zehn Tage alte Flußpferdbaby, **begriff** gar nicht, was seine Mutter nur immer hatte: Kaum entfernte es **sich** beim Landgang weiter als drei Schrittchen von ihrer Seite, bekam **es –** klatsch! – von ihrem gewaltigen Kopf einen Stoß, daß es sich **mehrmals** überschlug.

Dann kauerte sich Pumpernickel, ganz beklemmt und in **sein** Schicksal ergeben, nieder. Doch schon im nächsten **Augenblick** walzte der mütterliche 45-Zentner-Koloß wieder zärtlich **heran** und leckte und liebkoste das Baby mit seinem großen **Schlabbermaul.**

Die Mutter schlug und »küßte« ihr Kind also immer abwechselnd und ohne ersichtlichen Grund. Das einzige, was der Kleine dabei begriff, war, daß es ihm schlecht erging, sobald er sich nur ein wenig von seiner Mutter entfernte, daß er aber in ihrer unmittelbaren Nähe stets mit Liebe überhäuft wurde. Folglich blieb er von nun an ständig so dicht an einem Vorderbein der Mutter, als sei er dort festgeklebt.

Zwei Tage darauf wollte Mutter Flußpferd mit ihrem Kind an einem einsamen Abschnitt des lehmig trüben Rufidjiflusses baden gehen. Sie waren noch keine zwanzig Meter weit im Wasser, da bemerkte die Mutter im letzten Moment, daß ein vier Meter langes Krokodil aus der Tiefe angriff. Mit einem gewaltigen Ruck rollte sie ihren massigen Leib über ihr Kind und drückte das Krokodil in die Tiefe. Als es wieder hochkam, haute sie mit ihrem Riesenmaul wie mit einem gigantischen Nußknacker zu und zermalmte die Panzerechse in zwei Teile.

Gleich darauf nahm sie ihr Baby zärtlich in das Maul, das eben noch den »Drachen« getötet hatte, und trug es wie in einer kleinen Kabine an einen sicheren Ort. In diesem Augenblick wurde es Pumpernickel klar: Hätte er sich nur einen Meter weiter von seiner Mutter entfernt, wäre er vom Krokodilrachen erfaßt worden und verloren gewesen.

Warum aber die groben Prügel bei der Erziehung zum »Bei-Fuß-Laufen«? Tiermütter verfügen leider nicht über so hochstehende sprachliche Fähigkeiten, daß sie ihren Kindern mit Worten begreiflich machen können, wo überall Todesgefahren lauern. Daher müssen sie etwas robustere Lehrmethoden anwenden, die aber – und das ist für uns das Wichtige dabei – keineswegs als rein »autoritär« bezeichnet werden können, eben weil das Element der Liebe dabei eine entscheidende Rolle spielt.

Wenn sich ein neugieriges Elefantenbaby einer Python-Riesenschlange zu dicht nähert, weil es wissen will, was es mit diesem »abgebrochenen Rüssel« auf sich hat, bekommt es von der Mutter, die sonst jeden Spaß versteht und ihrem Kind absolute Narrenfreiheit gewährt, mit deren Rüssel klatschend eins auf das Hinterteil gebrannt. Aber gleich darauf wird das Kind vom selben Strafinstrument wieder liebevoll umschmeichelt und zur »Milchbar« gezogen. Nuckeln tröstet und versöhnt.

Das will sagen: Nicht ich, deine Mutter, bin das Böse auf der Welt, sondern nur das, womit du eben spielen wolltest, die Schlange. Niemals darf die Mutter-Kind-Bindung durch schroffe Erziehungsmaßnahmen einen Riß bekommen. Denn wenn sie zu Bruch geht und das Kind die Mutter vorzeitig verläßt, ist der Tod in der Wildnis ihm sicher.

Um so interessanter ist es, zu sehen, daß Tiermütter in unnatürlichen Situationen beginnen, auch in dieser Hinsicht unnatürlich zu handeln und ihre Kinder viel strenger als sonst bestrafen. Das geht aus Experimenten hervor, die Dr. Rolf Castell und Carolyn Wilson in der Primatenstation von Seattle ersannen. Sie brachten Schweins-affen-Mütter mit deren Kindern in Räumen verschiedener Engegrade unter und warteten ab, was sich ereignen würde.

Drei Mütter mit je einem Kind blieben in ihrer zwanzigköpfigen Sippe und behielten ein relativ geräumiges Gehege von neun mal neun mal vier Meter Größe. Sie straften ihre Kinder so gut wie nie. Genauso wie in der freilebenden Horde, wagten sich hier die Jungen am 32. Lebenstag zum erstenmal auf eine kurze Spritztour von der Mutter fort.

Die Mutter-und-Kind-Paare der zweiten Versuchsgruppe mußten, jedes Paar für sich allein, in einem Käfig von 2,1 mal 1,1 mal 1,1 Meter »Größe« hausen. Hier herrschten sogleich Zustände ähnlich denen in modernen Minikinderzimmern. Die jungen Affen wurden ungenießbar, aufdringlich und frech, die Mütter überreizt und nervös. Alle paar Minuten setzte es Strafen: nicht nur böses Anblikken, das unter normalen Bedingungen schon genügt, das Kind laut aufkreischen und brav werden zu lassen, sondern auch Nackenbisse und das bekannte »Fußbodenscheuern«, bei dem das Kind als »Lappen« herhalten muß. In der Folge davon versuchten die Kinder bereits am neunzehnten Lebenstag, der »Familienhölle« zu entfliehen.

Um zu sehen, ob sich dieser Effekt der räumlichen Enge beim Sozialverhalten in noch kleineren Räumen weiter verschärft, kamen die Mutter-und-Kind-Paare der dritten Versuchsgruppe in einen »Batteriehühnerkäfig« von 0,7 mal 0,5 mal 0,6 Meter Größe. Hier nahmen die Bestrafungen für nichts und wieder nichts praktisch kein Ende mehr. Es war, als gäbe es unter den Affen überhaupt keine Mutterliebe. Und schon im Alter von dreizehn Tagen strebten die bedauernswerten Winzlinge von ihren Müttern fort.

Quälerische Tierversuche, die man sofort unterbinden sollte? Durchaus. Aber sie öffnen uns auch die Augen für quälerische Zustände in den Kinderzimmern des Menschen. Sie zeigen auf, daß räumliche Enge Aggressionen schafft, die das Band zwischen Mutter und Kind durch ständige »Strafen« bei der »Erziehung« total zerstören. Dies als Denkanstoß für den sozialen Wohnungsbau, der bislang bei Kindern nur asoziale Elemente im Verhalten fördert.

Sind Tiereltern autoritär?

Unter den normalen Bedingungen des Lebens in Freiheit setzt es uns aber in Erstaunen, bei Tiereltern immer wieder zu beobachten, wie schnell und regelmäßig einer Bestrafung die Liebkosung folgt. Tiereltern sind niemals nachtragend. Für uns Menschen stellt hingegen der Besitz eines guten Gedächtnisses mit der Möglichkeit, für Stunden oder gar Tage nachtragend zu sein, eine ernste Gefährdung der familiären Bindekräfte dar.

Im Gegensatz hierzu schaue man sich nur einmal eine Katzenmutter an, wie sie ihren Jungen, die gerade erst die Augen geöffnet haben und schon ein wenig laufen können, beibringt, welche anderen Tiere zu fürchten sind:

Die vier Kinderchen der Siamkatze »Sphinx« spielten im Sonnenschein vor der Tür eines Stalles, als Spaziergänger mit einem großen Hund des Weges kamen. Noch bevor der Rottweiler sie gesehen hatte, trieb Sphinx ihre total verdatterten Jungen mit einem fauchenden Tigersprung in das Innere des Stalles und blieb drohend in der Tür stehen.

So böse war ihre Mutter in den acht Wochen ihres Lebens noch nie zu ihnen gewesen. Völlig verschüchtert blieben sie im Stall. Nur der schwarze »Felix«, ein kesser Frechdachs, nahm Mutters Fauchen nicht ernst und drängte wieder durch den Türspalt. Da bekam er eine kräftige, wenngleich samtpfötige Ohrfeige, so daß er sich überschlug und in den Stall zurückpurzelte.

Aber gleich nachdem die Gefahr vorüber war, gestattete Sphinx, freundlich schnurrend, ihren Sprößlingen eine genüßliche Nuckelstunde. Dieser Liebesbeweis stellte das Vertrauen zwischen Mutter und Kindern sogleich wieder her. Von nun an aber wußten die Jungen, daß sie vor allem, was wie ein Hund aussieht, auf der Hut sein mußten. Auf diese Weise werden Katzenkindern die Feindbilder alles dessen, was sie fürchten müssen, regelrecht eingebläut.

Jungtiere von verwöhnten, nur auf der Etage lebenden Katzen, die mangels Gefahr solch harte Lehre nie durchmachen, fürchten sich später vor nichts auf der Welt . . . und tappen arglos in die erste lebenbedrohende Situation, in der sie zumeist auch umkommen.

Ja, sogar die angeblich so dummen Singvögel verhalten sich ähnlich. Im Frühjahr 1981 beobachtete ich ein Hausrotschwänzchen, das am Rand eines Feldweges seine zwei munter umherhüpfenden, aber noch nicht flüggen Jungen fütterte. Mit dem Teleobjektiv robbte ich näher, wartete aber vergeblich auf die nächste Fütterung der Kleinen vier Meter vor meiner Linse.

Plötzlich schoß der Muttervogel im Tiefflug über mich hinweg, breitete beide Flügel weit aus und fegte seine Kinder schwungvoll in den Straßengraben. Dort nahm er sie gleich unter seine Fittiche und schaute mich an, daß ich nur eiligst den Rückzug antreten konnte. Ich wette, die jungen Rotschwänzchen haben nie wieder einen Menschen so dicht an sich herankommen lassen.

Das bisher über die Kindererziehung bei Tieren Gesagte mag so manchen studierten Pädagogen verwirren. Verfolgen Tiere eigentlich eine autoritäre oder antiautoritäre Methode?

Zum Glück für ihre Kinder sind sie keine Prinzipienreiter. Einmal wenden sie die Prügelstrafe an, ein andermal übertreffen sie in Nachsicht, Geduld und Liebe die höchsten Erwartungen. Zudem ist ihre Wahl, ob sie das eine oder das andere tun, kein Akt der Willkür, sondern sie richten sich ganz nach der Situation und unternehmen stets das für ihre Kinder Günstigste.

Bei zwei Gelegenheiten halten sie die körperliche Züchtigung für angebracht: wenn für die Kinder unmittelbare Lebensgefahr besteht und nicht lange gefackelt werden darf und wenn sich ein älteres Kind zu einem jüngeren Geschwister rücksichtslos verhält. In allen anderen Fällen, vor allem beim Unterrichten von Fähigkeiten und Wissen, wenden Tiereltern stets die sanfte Methode an, weil ihre Kinder sonst nämlich gar nichts lernen würden. Das zeigt sich auch am Beispiel der Löwen:

1970 war in einem südafrikanischen Safaripark ein Unglück geschehen. Versehentlich hatten Wächter über die elektrische Fernbedienung das Gattertor zum Löwengehege geöffnet, und ein alter Esel trottete, nichts ahnend, zu den sieben Raubkatzen hinein. Diese entstammten alle einem Zirkus und hatten zeitlebens Nahrung nur in Form zubereiteter Fleischstücke kennengelernt.

Die ersten Reaktionen der Löwen auf das Erscheinen des Esels waren Schreck, Angst und Flucht! Erst als sie merkten, daß ihnen das Grautier nichts Böses tat, wurden sie neugierig, kamen herbei und wollten spielen. Nur aus purem Konkurrenzneid trachteten sie bald, sich das »Spielzeug« gegenseitig wegzunehmen, und dabei zerrissen sie schließlich den Esel.

Also selbst Löwen müssen das Erkennen sowie das Erjagen, Töten und Aufbrechen der Beute erst mühsam lernen. Wie mehrere Zoologen übereinstimmend erforscht haben, besitzen Löwenmütter einen geradezu lustbetonten Lehrtrieb, der sie förmlich dazu reizt, der Kindergruppe vom Anschleichen an die Beute über die Technik des Tötens bis zur »Zubereitung«, also zum Beispiel dem Ausstreifen des Unrats aus dem als Delikatesse geltenden Darm der Beute, jede nur erdenkliche Einzelheit beizubringen. Löwen jagen schließlich keine harmlosen Mäuse. Der Huftritt eines Zebras, der Hornstoß einer Antilope oder eines Büffels, und schon wird der Jäger zur Leiche. Die Jungen müssen also lernen, wie es gemacht wird, ohne das Risiko einer Verletzung einzugehen.

Das Lehrgeld ist hoch. In der südwestafrikanischen Halbwüste Kalahari stirbt etwa die Hälfte aller Junglöwen, weil die »Lehrlinge« nicht geschickt genug mit einem ihrer wenigen Beutetiere, die in dieser lebensfeindlichen Landschaft noch zu existieren vermögen, umgehen können, mit dem Stachelschwein. Dieses Tier praktiziert eine raffinierte Abwehrtaktik. Kommt ein Löwe heran, rennt das Stachelschwein mit Höchstgeschwindigkeit davon. Dadurch löst es den Jagdinstinkt des Löwen aus, der nun mit vollem Tempo hinterhersaust . . . in sein Verderben.

Denn urplötzlich bremst das Stachelschwein und bleibt mit nach hinten gerichteten Stacheln stehen, in die Sekundenbruchteile später der Kopf des Löwen hineinspießt. Dieser »Auffahrunfall« endet für den Verfolger meist tödlich, da die Stacheln abbrechen, im Gesicht des Löwen steckenbleiben, dort eiternde Wunden hervorrufen und ihn am Fressen hindern.

Wie Dr. Randall L. Eaton, Zoologe am Forstwissenschaftlichen Institut der Universität von Georgia, in der Kalahari erforscht hat, besteht die schwere Aufgabe der Löwenmutter nun darin, den Kindern beizubringen, im selben Augenblick, in dem das Stachelschwein bremst, nicht instinktiv zuzubeißen, sondern über dieses hinwegzuspringen, sich blitzschnell umzudrehen, die Beute mit einem Prankenhieb von vorn zu töten und dann vom Unterleib her aufzureißen. Bis sie das perfekt können, hat die Hälfte der Kinder diesen Kursus mit dem Leben bezahlt. Schlechte Löwenschüler werden also mit dem Tode bestraft.

In anderen Gebieten Afrikas ist die Jagdschule der Löwen auf Antilopen nicht minder aufregend.

Im Alter von eineinhalb Jahren sind die Jungtiere reif für die hohe Schule der Gemeinschaftsjagd auf Großwild. Zwei oder mehr Mütter tun sich mit ihrer Kinderschar zusammen und halten Ausschau.

Sobald die Alten mit dem Anpirschen beginnen, versuchen die Jungen, jede Bewegung eifrig nachzumachen. Zunächst sieht das sehr tolpatschig aus. Aber so lernen sie schnell, sich schützenkettenartig auseinanderzuziehen. Jeder muß sich nun so vorarbeiten, daß er von dem angepirschten Wild nicht wahrgenommen wird.

Das kann Stunden voll äußerster Anspannung dauern. Norman Carr, der Direktor des Kafue-Nationalparks in Simbabwe, schildert bewundernd, was geschah, als dicht vor dem Ziel ein junger Löwe durch eine unvorsichtige Bewegung alles verpatzte: Hinter der davonstiebenden Beute erhoben sich die Mütter, schüttelten kurz ihre Enttäuschung ab und suchten, ohne den Schuldigen zu bestrafen, ja, sogar ohne jedes Zeichen von Unwillen, voller Nachsicht und Geduld ein neues Ziel.

Eine beachtliche pädagogische Leistung: Im Verfolgen eines Zieles kann eine Löwin ihre Schüler nur durch Geduld und Ausdauer zu Geduld und Ausdauer bei der Jagd erziehen, nicht mit Zorn und Strafe.

Allerdings halten Löwinnen ihren Jagdunterricht auch nur dann ab, wenn Beute reichlich vorhanden und im Rudel alles satt und entspannt ist. Verzweiflungstaten bei Hunger sind die denkbar schlechtesten Lehrmeister.

Willkür und die Frage der Gerechtigkeit

Welche Art der Erziehung schafft eigentlich die stärkste Anhänglichkeit der Kinder an ihren Pfleger – nur Strenge oder nur Liebe oder eine Mischung von beidem? Um dies wenigstens einmal am Beispiel von Hunden herauszufinden, teilte der amerikanische Jugendpsychologe Professor Alan E. Fisher eine Schar zehn Wochen alter Welpen in drei getrennte Gruppen und »erzog« jede mit einer anderen Methode.

Hunde der Gruppe A belohnte er immer, wenn sie sich ihm näherten. Er streichelte sie und gab ihnen Futter. Die Tiere durften ihm quer durchs Gesicht lecken und seine Hosenbeine zerfetzen. Alles wurde gleichmäßig mit Liebe vergolten. Mitglieder der Gruppe B stieß der Experimentator jedoch stets schroff zurück, wenn sie bei ihm Kontakt suchten. Jede kleine Verfehlung ahndete er mit Schlägen. Futter bekamen die Tiere nur in seiner Abwesenheit durch ein Loch zugeschoben. Die Welpen der Gruppe C erlebten hingegen einmal Liebe und ein andermal Frust. Erst wurden sie gestreichelt und dann wieder willkürlich geschlagen. Durften sie den Versuchsleiter eben noch belecken, zog dieselbe Handlung Minuten später eine Bestrafung nach sich.

Frage: Welche Hunde entwickelten im späteren Verlauf ihrer Jugend die größte Anhänglichkeit zu ihrem Pfleger?

Das Ergebnis war überraschend: Nicht aus ständig gleichmäßig waltender Liebe erwuchs die Zuneigung der Heranwachsenden und erst recht nicht aus pedantischer Zucht und Strenge. Vielmehr waren diejenigen Hunde ihrem Herrn bei weitem am treusten ergeben, die in launenhaftem Wechsel einmal geschlagen und dann wieder geliebkost worden waren.

Ist also reine Willkür, für die Kinder unberechenbares Verhalten, jenes Element, das die Zuneigung am meisten fördert?

So simpel dürfen wir nicht folgern. Hier spielen nämlich zwei Aspekte mit hinein: das Gerechtigkeitsempfinden, das auch in Tieren rege ist, auf der einen Seite und die Tendenz, sich bei der Obrigkeit lieb Kind machen zu wollen, auf der anderen.

Wenn der Erzieher launenhaft handelt, ist die Versuchung bei den Schülern groß, durch Sichanbiedern für gut Wetter zu sorgen. Das begründet die Attraktivität einer launischen Respektsperson und damit die emotionale Basis des Untertanengeistes. Man beobachte nur einmal, wie auf dem Affenfelsen im Zoo die halbwüchsigen Jungtiere in ehrerbietigem Abstand um den allgewaltigen Herrscher der Horde herumsitzen und ihn mit devotem Blick geradezu anhimmeln.

Sobald Hundewelpen etwas älter als im eben geschilderten Versuch werden, reift in ihnen jedoch der Sinn für Gerechtigkeit. Jeder Hundehalter weiß ganz genau, wie sein Tier zürnt, schmollt oder trauert, wenn es ungerecht behandelt wurde. Ein gewisses, individuell sehr unterschiedliches Quantum an Ungerechtigkeit ist jedes Tierkind auch bereit, einzustecken, und zwar aus den eben genannten Gründen des Untertanengeistes heraus. Aber irgendwo hat das eine ganz entschiedene Grenze, oberhalb derer das Band der Zuneigung zerreißt.

Auch jeder Affenjüngling, dem die Mutter das jüngere Geschwisterchen vorzieht, fühlt sich ungerecht behandelt. Dieser Frust läßt in ihm die Liebe zur Mutter erkalten. Er löst sich von ihr und wird selbständig. Von dem Moment an, da das Vertrauen durch Ungerechtigkeit verlorengeht, lernt das Kind aber auch nichts mehr von der Mutter.

Das ist der sogenannte soziale Faktor im Lernprozeß. Tiere lernen nur von Vorbildern, die sie respektieren. Aber jede Ungerechtigkeit schmälert die Lernbereitschaft.

Somit segelt der Lehrende in schmaler Meeresenge zwischen der Scylla zu geringer Autorität und der Charybdis frustrierender, Ungerechtigkeiten zeugender Willkür.

Das ist eine tierpädagogische Basiswahrheit. Wenn ich mir das Verhalten einiger weniger Lehrer meiner vier Kinder durch diese Brille betrachte, entsteht ein amüsantes Bild: Im antiautoritären Geist von der Hochschule entlassen, beginnen sie in der ersten Klasse mit der Hundewelpenmethode A, also mit immerwährender Nachsicht und Güte. In der Folge davon tanzen ihnen die Kinder bald auf der Nase herum und lernen nichts. Wenn dies zu schlimm geworden ist, schlägt das Verhalten des Lehrers um ins Gegenteil. Nach Hundewelpenmethode B, also mit übertrieben harten Strafen, die meist die Falschen treffen, sind sie nur noch auf Wahrung ihrer Autorität bedacht . . . und die Kinder lernen auch nichts!

Vom rein intellektuellen Standpunkt aus betrachtet, erscheint die Kindererziehung überhaupt als ein für Lehrer und Eltern nahezu unlösbares Problem. Zum Glück gibt es aber einen zuverlässigen Kompaß: die echte emotionale Liebe zum Kind. Einmal bewirkt sie, daß die Eltern rein instinktiv vieles ganz richtig machen. Zum anderen dürfen sie getrost auch einiges falsch anfangen. Wenn das Kind nur spürt, daß es von warmer Liebe umfangen wird, ist es durchaus bereit, zu verzeihen. Das gleiche gilt auch für den Klassenlehrer, sofern die Schüler das sichere Gefühl besitzen, daß er ein Herz für sie hat.

Ein Professor als Fluglehrer für Vogelkinder

Ein interessanter Einblick in diese pädagogische Gratwanderung ergibt sich in Situationen, in die ein Mensch geraten kann, wenn er es übernommen hat, Tierkinder in kniffeligen Dingen zu unterrichten. Zu diesem Thema erzählt Nobelpreisträger Professor Konrad Lorenz folgende amüsante Geschichte:

In einem entlegenen Tal der Alpen betreibt er die Aufzucht mehrerer Geschwisterscharen von Graugösseln auf besondere Weise. Einige seiner Assistentinnen übernehmen vom Zeitpunkt des Schlüpfens an die Mutterrolle jeweils einer Gösselschar. Über allem thront der Professor als Oberhaupt der Graugans-Sippe.

Als die Jungtiere flügge wurden, mußte er in Ermangelung der richtigen Eltern die schwierige Aufgabe übernehmen, den Vögeln Flugunterricht zu erteilen. Wie soll der Mensch, einst schon als Ikarus kläglich gescheitert, dieser Anforderung gerecht werden?

Zwar braucht kein Vogel das eigentliche Fliegen zu lernen. Er beherrscht die normalen Flugbewegungen angeborenermaßen. Zum Beispiel fühlt sich ein junger Mauersegler auf dem ersten Flug seines Lebens nur während der ersten zwanzig bis dreißig Meter unsicher. Dann beherrscht er alle Flugmanöver bereits perfekt und kehrt nie mehr zum Nest oder zu seinen Eltern zurück.

Die einzige Ausnahme bildet die Landung, das bei weitem schwierigste Flugmanöver, wie auch jeder Pilot bezeugen kann. Das richtige Einschätzen von Entfernungen, Geschwindigkeiten, Höhenunterschieden und Windverhältnissen muß auch jeder Vogel mühsam erlernen. Und hier braucht eine junge Graugans die Hilfe ihrer Eltern. Sonst gibt es eine »Bruchlandung«.

Richtige Grauganseltern machen das so: Nach ausgiebigem Grasen auf einer Wiese schnattern sie erst ein sechssilbiges »Gang-gang-gang-gang-gang-gang«. Das heißt auf deutsch soviel wie: »Alle langsam vorwärts watscheln!« Es folgt ein fünfsilbiges »Gang ...«: »Flottes Marschtempo einlegen!« Dann noch eine Silbe weniger: »Tempo weiter beschleunigen!« Kurz darauf nur noch drei Silben: »Schnellstmögliche Watschelgeschwindigkeit und achtgeben, denn gleich fliegen wir los!« Schließlich äußern die Eltern nur noch zwei Silben: »Gang-gang«. Das ist das Startsignal: »Uns nach!« Und augenblicklich erhebt sich die ganze Familie in die Luft.

Weil Konrad Lorenz die Schnattersprache der Graugänse perfekt imitieren kann, war der Start somit kein Problem. Die Jungvögel flogen auf, auch wenn ihr menschlicher »Ersatzvater« zwangsläufig am Boden bleiben mußte.

Doch wie nun landen? Grauganseltern wissen ganz genau, daß sie nur gegen den Wind landen dürfen. Sonst verlieren sie schon beim Niedergleiten das Gleichgewicht. Unerfahrene Jungtiere kippen dann unsicher von einer Seite auf die andere und äußern jammervolle Weinlaute. Ein Zeichen ihrer Angst.

Der Altmeister der Verhaltensforschung löste das Problem so: Er rief die über der Almwiese kreisenden Jungvögel zu sich. Und in dem Augenblick, in dem die Schar gerade gegen den Wind flog, warf er sich platt auf den Bauch. Diese Gebärdensprache verstanden die Graugössel sofort und landeten wohlbehalten.

Eines Tages aber, als er wieder einer neuen Kinderschar die erste Flugstunde gab, ging mit dem Professor die Experimentierlust durch. Er warf sich genau in dem Moment zu Boden, als die Gruppe mit dem Wind flog. Brav und folgsam schwebten die Gänsekinder nieder . . . und purzelten alle in fürchterlicher »Bruchlandung« und gegenseitiger Karambolage durcheinander.

Verletzt hat sich zwar keines. Aber das Vertrauen der jungen Gänse in die Lehrbefähigung des Professors war für mehrere Wochen dahin. Vor allem landeten sie von nun an nie mehr nach seiner Anweisung.

Seit diesen Versuchen wissen wir nicht nur, wie Gänse-Eltern ihren Kindern Flugunterricht erteilen, sondern auch, wie leicht Tierkinder einem Lehrer die Gefolgschaft versagen, wenn er in ihren Augen nichts taugt.

Einerseits sind Tiere nur bereit, von solchen Wesen zu lernen, die sie als Autorität anerkennen. Andererseits ist es mit dieser Lernwilligkeit sofort aus und vorbei, wenn die Autorität versagt. In diesem Sinne gehört also zum Begriff der Autorität untrennbar die Bereitschaft der Schüler, diese aus freier Wahl auch anzuerkennen.

Das ist etwas völlig anderes als das gemeinhin gebräuchliche Bild von der Autorität: etwa einem Lehrer früherer Zeiten, der mit dem Rohrstock, mit Zensurenterror und anderen repressiven Maßnahmen die Schüler zum Lernen zwingt. Bei Menschenkindern oder bei Tieren, die im Zirkus nach der inzwischen veralteten Peitschen-Dressurmethode abgerichtet werden, mag diesem Zerrbild von Autorität ein mäßiger Erfolg beschieden sein. Tiere unter sich würden mit dieser Lehrweise ihre Kinder nur vorzeitig entwöhnen und aus der Familie stoßen, ohne dabei den geringsten Lerninhalt zu vermitteln.

Ungelernte werden zu Mördern

Im Schein der flach über dem Horizont stehenden Mitternachtssonne lag ein Walroßkind auf einer Eisscholle und wärmte sich ein wenig. Da tauchte das schnurrbärtige Gesicht eines erwachsenen Walrosses vor ihm prustend und schnaufend aus dem Wasser, hakte seine beiden 75 Zentimeter langen elfenbeinernen Hauer auf die Eiskante und zog sich daran wie an einem Eispickel hoch. Der Kleine bekam nicht die mindeste Angst, wußte er doch schon, daß für ihn alles, was wie Walroß aussieht, gut Freund ist, ja, daß ihn jeder seiner Artgenossen sogar gegen einen Eisbären verteidigen würde.

Langsam hoppelte der Riese näher. Plötzlich wälzte er seinen massigen Wanst auf das Kind und erdrückte es zwischen den Vorderfüßen, ohne daß es noch Alarm rufen konnte. Dann schlitzte er mit den Hauern den Bauch des Kindes auf und fraß den Speck. Ein Mörder und Kannibale in der sonst so friedlichen Gesellschaft dieser Tiere!

Der dänische Polarforscher Professor Alwin Pedersen schätzt, daß unter tausend hilfsbereiten und sozial handelnden Walrossen eines ein mörderischer Einzelgänger, ein sogenanntes Raubwalroß, ist. Wie können wir es uns erklären, daß unter diesen so überaus freundschaftlich handelnden Tieren hin und wieder doch einmal eines auftaucht, das sich so verhält wie ein Verbrecher in der menschlichen Gemeinschaft?

Um das Wesentliche vorweg zu sagen: Es sind jene Tiere, die in der Schule bei ihrer Mutter nichts gelernt haben, die zu Räubern und Mördern werden. Das ist so bedeutsam, daß ich hier die ganze Geschichte erzählen muß.

Nicht von ungefähr sorgt ein Muttertier fast zwei Jahre lang für ein Kind. So lange dauert nämlich der Unterricht in Sozialkunde und in »Tischmanieren«. Denn Walrosse nehmen eine Nahrung zu sich, die zu verspeisen sogar dem Menschen erhebliche Schwierigkeiten bereitet: Muscheln, Meeresschnecken und Krebstiere. Wer je versucht hat, eine lebende Auster mit bloßen Fingern zu öffnen, weiß, was ich meine. Und wenn man dann bedenkt, daß diese Tiere statt der Hände nur Flossen mit groben Krallen haben, so erscheint es kaum glaublich, daß Walrosse nicht verhungern.

Hinzu kommt, daß solch ein bis zu anderthalb Tonnen wiegender Koloß jeden Tag einen Zentner Muschelfleisch fressen muß. Das entspricht etwa zehntausend Herzmuscheln oder achthundert Stück der großen Arten. Dabei arbeitet das Tier mit seinen flossenartigen Pratschen so akkurat, daß es kaum je eine Schale mit herunterschluckt.

Wie es dabei zu Werke geht, fand der kanadische Forscher Dr. Fred Bruemmer 1980 heraus, als er schwimmtauchend zusammen mit diesen Tieren den Grund des Nördlichen Eismeeres aufsuchte und den Walrossen bei der Mahlzeit zuschaute.

Wie Ballons schweben die Giganten scheinbar schwerelos unmittelbar über dem Meeresgrund. Dabei bürsten sie mit ihren bis zu zehn Zentimeter langen »Schnurrbart«-Haaren über den Boden und orten mit deren Tastsinn die Muschelbänke. Dann furchen sie mit den Stoßzähnen, die ja Männchen wie Weibchen besitzen, drei Meter lange Risse in den Muschelteppich.

Die losgebrochenen Schalentiere klemmt das Walroß zwischen beide Vorderpratschen, steigt damit mehrere Meter nach oben und reibt und rubbelt den Fang zwischen den »Händen« wie einen Quirl. Diese Tätigkeit erfordert besonderes Geschick, denn es müssen die Schalen geknackt und die Fleischstücke von ihnen gelöst werden, ohne daß alles zermanscht wird. Sodann läßt der Feinschmecker sein Produkt absinken. Die Schalen fallen schnell, die weichen Fleischteile langsam. So trennt er die »Spreu vom Weizen« und fischt das Genießbare mit dem Maul auf.

Um dies perfekt zu vollbringen, bedarf es einer enormen »Flossenfertigkeit« und für ein Jungtier zweijährigen intensiven Lernens. Anderthalb Jahre braucht das Walroßkind Muttermilch als Zusatznahrung. Ein weiteres halbes Jahr frißt es noch mit von Mutters »Tisch«, ehe es in der Lage ist, sich selbst zu ernähren.

Nun kann es aber geschehen, daß seine Mutter vor dem Abschluß der Lehre stirbt, vom Schwertwal gefressen oder im Sturm an den Klippen erschlagen wird. Das Waisenkind bekommt dann niemals eine Adoptivmutter oder einen anderen Lehrmeister.

Es bleibt aber nicht etwa deshalb allein, weil Walrosse unsozial oder gefühlskalt wären. Wir wissen ja bereits von ihren bewundernswerten Taten bei der Rettung ihrer Gruppenmitglieder vor Eisbären und von ihren Aktionen des Krankentransports und der Pflege von Verletzten. Waisenkinder werden nur aus einer Notlage heraus nicht adoptiert, denn kein Weibchen schafft es, mehr als ein Kind zur Zeit aufzuziehen. Und auch für kinderlose Erwachsene bedeutet die Jungenfürsorge eine derart große Last und Aufopferung, daß sie nur dazu bereit sind, wenn sie der Muttertrieb dazu motiviert.

Folglich kann ein Waisenkind auch nicht lernen, wie Muscheln verspeist werden. Sich selbst kann es das nicht beibringen. Aber es kann herausfinden, sich auf andere Art und ohne »Schulwissen« zu ernähren.

Zuerst frißt es Aas. Dann fängt es Fische und schließlich auch die viel kleineren Robben, die es arglos an sich herankommen lassen. Dabei benutzt es seine Hauer nicht wie die Artgenossen als Muschelpflug, sondern als tödliche Dolche. Als Ungelernter bestreitet das Waisenkind seinen Lebensunterhalt vom Abfall und vom Raub.

Die anderen Walrosse machen ihm diese Kost nicht streitig, wahrscheinlich weil ihnen Muschelfleisch viel besser schmeckt. Überdies gibt es in arktischen Gewässern so wenig Aas, daß sich eine ganze Walroßherde niemals davon ernähren könnte.

Auf der Suche nach Aas muß sich das Waisenkind also zwangsläufig von der Gemeinschaft trennen. Es wird zum Einzelgänger und hat keinerlei Gelegenheit mehr, soziale Verhaltensweisen im Umgang mit Artgenossen zu erlernen. Im Gegenteil: Die Isolierung von der Gruppe macht es zum Feind derselben. Vom Töten artfremder Robben zum Kannibalismus an Kindern der eigenen Art ist es dann nur noch ein kleiner Schritt. Ob aus Hunger oder aus einer Art »Haß auf die Gesellschaft«, sei dahingestellt, jedenfalls halten es keinerlei Hemmungen mehr zurück, aggressiv gegen schwächere Artgenossen vorzugehen.

So zeigt sich auch hier, daß es allein am Vorhandensein einer guten Mutter liegt, ob ein Kind zum vollwertigen Mitglied einer Gemeinschaft von Freunden wird oder aber zum gemeingefährlichen, asozial entarteten Verhaltenskrüppel.

Der Schlüssel zum Frieden in der Welt

Betrachten wir die Tierwelt insgesamt, so erweist sich soziales Verhalten höheren Grades, also jenes, das, über kurzzeitige Beziehungen unter Paarungspartnern und zwischen Eltern und Kindern hinausgehend, zu vielgestaltig organisiertem Gruppenleben führt, als überaus anfällig für Störungen und Entartungserscheinungen.

Als Pannenursache erkennen wir zweierlei. Da ist zunächst die Tatsache, daß soziales Verhalten höheren Grades in der Tierwelt eine überaus seltene Erscheinung ist. Der Inhalt dieses Buches, in dem so viel von komplex organisierten Tiergesellschaften die Rede war, mag bisher darüber hinweggetäuscht haben.

Aber auf vergleichsweise wenige Arten von Termiten, Ameisen und Honigbienen kommen 700 000 Insektenarten, die als egoistische Einzelgänger leben. Unter den Hunderttausenden von niederen Tieren, Weichtieren und Stachelhäutern sind kaum erste Ahnungen eines Miteinander zu spüren. Im Reich der Fische gelten, abseits der anonymen Schwarmverbände, auf persönlichem Sichkennen beruhende Gemeinschaften sowie Brutpfleger zu den ganz großen Ausnahmen. Nicht anders sieht es bei den Amphibien und Reptilien aus.

Nur bei relativ wenigen Vogel- und Säugetierarten hat die Natur ein höheres Niveau im Zusammenleben der Einzelwesen erklommen.

Es bedarf eben ungeheuer schwieriger Verhaltensmuster, um den ursprünglichen Egoismus der Einzelwesen so zu überwinden, daß in einer Gesellschaftsordnung gegenseitiger Hilfsbereitschaft ein Überlebenssystem zustande kommt, das dem Individuum im Endeffekt mehr Vorteile bringt als rein ichbezogenes Einzelgängertum.

Diese ungeheuer schwierigen Verhaltensmuster sind es, die für mannigfaltige Störungen so überaus anfällig sind. Ein geringfügiges Versagen auf dem einen oder anderen in diesem Buch dargestellten Gebiet, und augenblicklich brechen wieder die alten, egoistischen, archaisch-barbarischen Formen des Handelns durch – bis hin zum Kannibalismus. Für die betreffende soziale Gruppe kommt das einer Katastrophe gleich. Denn für eine Tierart, die sich einmal auf das Gemeinschaftsleben eingestellt hat, bedeutet der Rückfall in die Barbarei und in das Einzelgängertum die Vernichtung.

Auch die menschliche Gesellschaft sollte sich, gerade weil sie die komplizierteste Form des Zusammenlebens auf Erden entwickelt hat, allzeit bewußt sein, wie leicht der hauchdünne Schleier, der alles beieinander hält, zerreißen kann.

Ansatzpunkte zur Zerstörung gibt es leider mehr als genug. Ich habe versucht, alle diejenigen, die im Verlauf der Jugendzeit von Tier und Mensch wirksam werden können, in diesem Buch aufzuzeigen.

Jeder Fehler, der auf diesen Gebieten begangen wird, jede Versündigung gegen natürliche Veranlagungen und Kräfte, führt nicht zuletzt auch in der menschlichen Gesellschaft zu Verfallserscheinungen, deren Irrationalität auf rein verstandesmäßigem Wege nicht mehr in den Griff zu bekommen ist.

So soll dieses Buch auch mit den im unterschwelligen seelischen Bereich wirkenden Kräften vertraut machen, damit wir die hilfreichen, aber auch die gefährlichen Mächte der Natur begreifen lernen, um sie uns dienstbar machen zu können.

Denn der Schlüssel zum Frieden unter den Menschen und in der Welt liegt in der Liebe der Eltern zu ihren Kindern, also in dem, was wir Nestwärme nennen.

Anmerkungen und
Verweise auf wissenschaftliche Quellen

Die Zahl in der linken Spalte bezieht sich auf die Textseite. Aus Raumgründen konnte nur ein kleiner Teil der verwendeten Quellen angegeben werden. In den Folgerungen aus der Kombination der wissenschaftlichen Quellen liegt der eigenständige Wert der vorliegenden Arbeit. Bibliographische Angaben: siehe nachfolgendes Literaturverzeichnis.

11 Verhalten zur Nachgeburt beim Seidenäffchen: *s. Naaktgeboren, C., 1970*

12 Der Muttertrieb ist kein einfacher Instinkt, sondern ein Komplex aus vielen artspezifisch unterschiedlichen Einzeltrieben, was im folgenden noch deutlich werden wird. Der Einfachheit und des besseren Verständnisses halber wird in diesem Buch jedoch die Gesamtheit instinktiv gesteuerter mütterlicher Verhaltensweisen mit dem Oberbegriff des Muttertriebes bezeichnet.

12 Auslösung des Muttertriebes beim Dackel: S. Gutmann, pers. Mitt.

12 San-Blas-Indianer: *s. Keeler, Howard*

13 Anbahnen der Mutter-Kind-Bindung bei Haustieren: *s. Sambraus, H. H., 1973*

14 Hormonale Induktion des Mutterverhaltens in Ratten: *s. Terkel, Joseph, und Jay S. Rosenblatt, 1972*

16 Desgleichen bei männlichen Lachtauben: *s. Lott, Dale F., und Sherna Comerford, 1968*

18 Chemische Brutpflege-Auslösung beim Roten Buntbarsch: *s. Kühme, Wolfdietrich, 1963*

18 Hormonale Steuerung des Verhaltens von Fischen: *s. Fiedler, Kurt, 1970*

19 Mütterliches Verhalten beim Haushahn: *s. Kovach, Joseph K., 1967*

19 Desgleichen bei Rattenmännchen: *s. Fisher, Alan E., 1964*

22 Mutter-Kind-Bindung bei Ziegen: *s. Klopfer, P. H., und M. S. Klopfer, 1968*

23 Iltis zieht Rattenkinder auf: *s. Eibl-Eibesfeldt, Irenäus, 1967, S. 339*

23 Mäusebussard zieht Hühnerküken auf: *s. Steinbacher, Joachim, 1963*

24 Eine Hundeleine als Kind-Ersatz: *s. Brunner, Ferdinand, 1969*

25 Truthahn-Iltis-Experiment: *s. Schleidt, Wolfgang M., 1960*

27 Türkenenten-Versuch: *s. Lorenz, Konrad, 1960*

27 Brutpflege beim Punktierten Buntbarsch: *s. Burton, Maurice, 1969 a*

28 Alarmierung der Katzenmutter: *s. Leyhausen, Paul, 1973, S. 192*

31 Zebramutter und Löwin: *s. Burke, Brian C., 1974*

31 Störche auf brennendem Bauernhaus: *s. Dröscher, Vitus B., 1970a*

33 Großer Brachvogel und Großtrappe: *s. Gewalt, Wolfgang, 1955*

33 Walroß und Eisbär: *s. Pedersen, Alwin, 1962*

33 Hilfsbereitschaft, auch als altruistisches Verhalten bezeichnet, wird in der Ethologie elementarer als in der Humanpsychologie definiert: als Verhalten, mit dem ein Tier unter Vernachlässigung des eigenen Wohles einem Artgenossen hilft.

34 Nestverteidigung bei Adeliepinguinen: *s. Spurr, E. B., 1974*

35 Ei-Erkennen der Silbermöwe: *s. Tinbergen, Niko, 1968, S. 44–45, und Winkel, Wolfgang, 1976*

36 Übernormaler Auslöser: *s. Immelmann, Klaus, 1975*

36 Bartholomäusnacht bei Lachmöwen *s. Kruuk, Hans, 1964, und Tinbergen, Niko, 1965*

38 Liebe zu verkrüppelten Silbermöwen-Kindern: H. Schneider, Verein Jordsand zum Schutz der Seevögel, pers. Mitt.

39 Desgleichen beim Uhu: *s. Dröscher, Vitus B., 1978b, S. 97–100, und Frey, Hans, 1976*

39 Eizahl beim Mondfisch: *s. Möller, Christensen*

39 Nutzen-Kosten-Rechnung: *s. Wickler, Wolfgang, und Uta Seibt, 1977*

39 Alterstod des Krakenweibchens: *s. Wodinsky, J., 1978*

42 Kinderraub bei Kaiserpinguinen: *s. Prevost, J., 1961*

43 Kohlmeisen füttern junge Buntspechte: *s. Treuenfels, Carl-Albrecht v., Fotodokument in Die Welt, 29. 5. 1972*

43 Roter Kardinal füttert Karpfen: *s. Steinbacher, Joachim, 1959*

43 Dohle »füttert« Menschenohr: *s. Frisch, Otto v., 1963*

44 Ara füttert Amselkinder: Long, Gerd, pers. Mitt.

45 Bärenpaviane als Ziegenhüter: *s. Dröscher, Vitus B., 1980, und Hoesch, Walter, 1961, und Schmidt, Roswitha, 1969*

45 Aufzucht junger Schimpansen: *s. Waal, Frans de, 1980*

51 Mutterbindung an Frühgeburten: *s. Marshall, Klaus H., und John H. Kennel, 1974, und Kennel, John H., 1974*

56 »Der Skandal«: *s. Lausch, Erwin, 1974*

58 Rückwirkungen des Rooming-in auf das Verhalten der Mutter: *s. Ringler, Norma M. (o. J.)*

58 Erster Mutter-Kind-Kontakt: *s. Quelle zu S. 51*

59 Gesellschaftliche Folgerungen aus mangelhafter Mutter-Kind-Bindung: *s. Großmann, Klaus, 1974 a, 1974 b und 1975*

59 Ammen im römischen Kaiserreich: *s. Friedlaender, Ludwig, 1964*
59 Ammen im Frankreich des 18. Jahrh.: *s. Badinter, Elisabeth, 1981*
61 Zitate zweier Chefärzte: *s. »stern« vom April 1977*
63 Soziale Mechanismen bei Mantelpavianen: *s. Sigg, Hans, 1980*
70 Kein Weibchenraub bei Mantelpavianen: *s. Kummer, Hans usw., 1974*
72 Infantizid bei Mantelpavianen: *s. Angst, W. usw., 1977*
74 Alte Männchen verteidigen frühere Familie: *s. Abegglen, J. J., 1976*
75 Nistmaterialtransport bei Unzertrennlichen: *s. Dilger, William C., 1962*
77 Nistplatzwahl der Webervögel: *s. Immelmann, Klaus, 1967*
78 Tarnung der Seeschwalbeneier: *s. Sears, H. F., 1978*
79 Koten als Gelegeschutz bei Enten: *s. Bezzel, Einhard, 1972*
79 Das Nest des Baumseglers: *s. Burton, Maurice, 1969c*
80 Das Nest des Jodkotinga: *s. Sick, Helmut, 1979*
80 Brutverhalten der Blatthühnchen: *s. Burton, Maurice, 1969b*
80 Laichplätze der Erdkröte: *s. Heusser, H., 1960*
81 Ei-Ablageplatz der Unechten Karettschildkröte: *s. Referat: Turtles scrabble for the sky, New Scientist, 1969, No. 655, p. 681*
82 Brutverhalten der Silbermöwe: *s. Baerends, G. P., und R. H. Drent, 1970*
83 Lautäußerungen des Hühnereies: *s. Baeumer, Erich, 1962*
83 Lautäußerungen des Grauganseies: *s. Fischer, Helga, 1965*
84 Rohrweihe hört Bleßhühner: *s. Brüll, Heinz, 1968*
86 »Absprache« über Schlüpftermin bei Wachteln: *s. Vince, Margaret, 1967, und Orcutt, A. B., 1974*
87 Temperatur und Wirbelbildung: *s. Lindsey, C. C., pp., 1967*
88 Einfluß von Drogen und Streß auf den Fötus: *s. Thompson, W. R., 1965*
89 Streßwirkungen auf den Fötus: *s. McLaren, Anne, 1964*
90 Ungeborene können hören: *s. Referat: Effect of sound on the unborn baby, New Scientist, No. 575 (Dec. 1967), p. 640*
90 Sinnesleistungen von Hühnerküken im Ei: *s. Vince, Margaret, 1977*
91 Reaktion des Kindes auf mütterlichen Herzschlag: *s. Salk, Lee, 1973*
94 Geburt einer Giraffe: *s. Lahr, Günther, 1980*
95 Die verzögerte Geburt: *s. Naaktgeboren, C., 1970*
96 Geburt bei der Wüstenfledermaus: *s. Brown, Patricia, 1976*
97 Gnu-Nachgeburt als Feindablenkung: *s. Dröscher, Vitus B., 1980, S. 114–117, und Estes, Richard D., und Runhild K. Estes, 1979*
97 Geburt bei Faultieren: *s. Moeller, Walburga, 1969*
97 Geburtshilfe bei Stachelmäusen: *s. Dieterlen, Fritz, 1962*
97 Geburtshilfe bei Bürstenhaarmäusen: *s. Dieterlen, Fritz, 1976*
98 Geburtshilfe bei Delphinen: *s. Pilleri, G., und J. Knuckey, 1969*
99 Geburtshilfe bei Elefanten: *s. Altevogt, Rudolf, und Fred Kurt, 1972*

99 Geburtshilfe bei der Katze: *s. Leyhausen, Paul, 1973, S. 202, und Trumler, Eberhard, 1974*

100 Geburtshilfe beim Beutelfrosch: *s. Burton, Robert, 1969c, S. 1428*

101 Geburtshilfe bei Milben: *s. Scott, H. G., und R. M. Fine, 1964*

102 Kein Abnabeln bei Schimpansen: *s. Lawick-Goodall, Jane van, 1971, S. 125*

102 Die sanfte Geburt: *s. Leboyer, Frédérik, 1981*

102 Abnabeln bei der Stachelmaus: *s. Dieterlen, Fritz, 1962, S. 205*

103 Geburt beim Wildschwein: *s. Gundlach, Heinz, 1968*

104 Geburt beim Orang-Utan: *s. MacKinnon, J., 1974*

104 Geburt beim Schimpansen: *s. Yerkes, Robert M., 1948*

108 Geburt in der Schweinezucht: *s. Fasching, Eberhard, 1979*

110 Geburt bei Gnus: *s. Dröscher, Vitus B., 1980, S. 114–117, und Estes, Richard D., und Runhild K. Estes, 1979*

112 Auf Schildkröten geprägter Pfau: *s. Lorenz, Konrad, 1949*

113 Prägung bei Dohlen: *s. Lorenz, Konrad, 1931*

115 Nachfolgefixierung beim Schaf: *s. Sambraus, Hans Hinrich, und Dörte Sambraus, 1975, und Chauvin, Rémy, 1964*

117 Sexualfixierung bei der Ziege: *s. Sambraus, Hans Hinrich, 1973*

118 Sexualprägung bei Pfau und Großtrappe: *s. Heinroth, Oskar, 1954*

119 Sexualprägung beim Wellensittich: *s. Lorenz, Konrad, 1954*

120 Fixierung von Pferden auf Menschen: *s. Marwick, Charles, 1967*

121 Sensible Phasen im Welpenalter: *s. Trumler, Eberhard, 1974*

123 Prägung von Hunden auf Katzen oder Kaninchen: *s. Fox, M. W., 1969*

123 Kojoten als Ziegenhirten: *s. Wagner, Helmuth O., 1980*

124 Futterprägung bei Graugänsen: *s. Lorenz, Konrad, 1979*

125 Futterprägung bei Giraffen: *s. Pratt, David M., und Virginia H. Anderson, 1979*

125 Fixierung der Freßgewohnheiten bei Schimpansen: *s. Kortlandt, Adriaan, 1965*

125 Fixierung auf das Beutebild bei Zwergmungos: *s. Rasa, O. Anne. E., 1977*

126 Erwerb des Beuteschemas bei Katzen und Iltissen: *s. Apfelbach, Raimund, 1973*

126 Auslösen der Beutefanghandlung bei Katzen: *s. Leyhausen, Paul, 1973*

126 Pickbewegung bei Hühnerküken: *s. Hess, Eckhard H., 1975*

127 Aggressionsprägung bei Japanischen Wachteln: *s. Kuo, Zing Y., 1960*

128 Prägung von Stockenten-Küken auf Lock- und Warnrufe: *s. Ramsay, A. Ogden, und Eckhard H. Hess, 1971*

129 Prägung der Singweise beim Zebrafinken: *s. Immelmann, Klaus, 1968, und Immelmann, Klaus, 1972*

130 Geburtsortstreue beim Trauerschnäpper: *s. Berndt, Rudolf, und Wolfgang Winkel, 1979*

130 Magnetorientierung von Zugvögeln: *s. Wiltschko, Wolfgang, und Roswitha Wiltschko, 1976*

131 Sinneswahrnehmungen Neugeborener: *s. Brazelton, T. B., 1973, und Grossmann, Klaus, 1974b*

133 Gesichtererkennen beim Säugling: *s. Jirari, Carolyn Goren, 1970*

133 Angstreaktion gegen schwarze Kopfbedeckung: *s. Lorenz, Konrad, und Paul Leyhausen, 1968*

134 Die Wechselbeziehung zwischen Mutter und Kind: *s. Ainsworth, Mary D. S., und Silvia M. Bell, 1974, und Ainsworth, Mary D. S., Silvia M. Bell und Donelda J. Stayton, 1974*

134 Aufmerksamkeit des Babys nach der Geburt: *s. Kennel, John H., u. a., 1974*

135 Nahrungsaufnahme nur soziales Sekundärbedürfnis: *s. Schmalohr, Emil, 1968*

135 Psychologie der Neugeborenen: *s. Thomas, Alexander, Stella Chess und Herbert G. Birch, 1970*

136 Signale der Zuwendung beim Säugling: *s. Grossmann, Klaus, 1975*

136 Die Reaktion auf das schreiende Baby: *s. Grossmann, Klaus, 1974 b*

139 Kindpflegeleistung beim Kaiserpinguin: *s. Isenmann, P., 1971*

141 Kinderfüttern beim Pelikan: *s. Cropp, Ben, 1978*

141 Jugendentwicklung beim Blauwal: *s. Slijper, E. J., 1962*

142 Gewichtsabnahme fütternder Trauerschnäpper: *s. Winkel, Wolfgang, und Doris Winkel, 1976*

142 Mutterverhalten der Eisbärin: *s. Flyger, Vagn, und Marjorie R. Townsend, 1968*

142 Grenze mütterlicher Leistungsfähigkeit bei Dickhornschafen: *s. Berger, Joel, 1979*

143 Mutterverhalten der Elefantenspitzmaus: *s. Sauer, Franz, und Eleonore Sauer, 1973*

144 Zitzentransport bei Spitzmäusen: *s. Grünwald, A., und F. P. Möhres, 1974*

145 »Fütterautomat« der Regenbogenvögel: *s. Ward, J., 1975*

146 Kinderfürsorge beim Koala: *s. Schmidt, Roswitha, 1975*

147 Entgiften der Eukalyptusblätter: *s. Degabriele, Robert, 1980*

147 Fleischtransport bei Wölfen: *s. Crisler, Lois, 1962*

147 Brutapparat des Rostspechtes: *s. Eichhorn, Bernt, und Dieter Zingel, 1979*

148 Wärme-Erzeugung im Nest von Spechten: *s. Bericht: Nestbauverhalten von Spechten, Nat. Wiss. Rsch., Vol. 30, No. 12 (Dez. 1977), S. 450*

148 Bruthügel der Alligatoren: *s. Garrick, Leslie, und Jeffrey W. Lang, 1978*

149 Vulkanische Wärme als Bruthilfe: *s. Schultze-Westrum, Thomas, 1976*

151 Kühlautomat des Weißbürzel-Steinschmätzers: *s. Dröscher, Vitus B., 1979, und George, Uwe, 1976*

151 Brutmuschel des Bitterlings: *s. Burton, Maurice, 1968*

153 Kuckucksverhalten im Wirtsnest: *s. Dröscher, Vitus B., 1978 a, S. 93–96*

153 Gefährdung der Kuckuckskinder bei fremden Eltern: *s. Dröscher, Vitus B., 1980, S. 142–145, und Löhrl, Hans, 1979*

153 Verhaltensweisen verschiedener Kuckucksarten: *s. Dröscher, Vitus B., 1981, S. 97–100*

153 Brutparasitismus beim Strauß: *s. Bertram, Brian C. R., 1979*

154 Brutparasitismus der Kuhstärlinge: *s. Schäfer, Ernst, 1970*

155 List des Häherkuckucks: *s. Frisch, Otto v., 1973*

155 Junger Häherkuckuck im Dohlennest: *s. Alvarez, F., L. A. de Reyna und M. Segura, 1976*

156 Brutparasitismus beim Honiganzeiger: *s. Hediger, Heini, 1975*

156 Brutparasitismus bei Witwen: *s. Nicolai, Jürgen, 1964 und 1974*

158 Ererbte und erworbene Anteile im Witwengesang: *s. Nicolai, Jürgen, 1973*

159 Brutparasitismus bei Buntbarschen: *s. Bericht: Ein Kuckuck unter den Fischen, Das Tier, Vol. 18, No. 4 (Apr. 1978), S. 43*

159 Brutparasitismus bei Insekten: *s. Königsmann, Eberhard, 1974*

160 Adoption bei Hauskatzen: *s. Leyhausen, Paul, 1973, S. 193*

161 Kinderkrippe der Löwen: *s. McBride, Chris, 1978*

163 Fütterhilfe bei Seeschwalben: *s. Busse, Karin, und Klaus Busse, 1977*

163 Nachbarschaftshilfe der Trottellummen: *s. Dröscher, Vitus B., 1980, S. 56–59, und Tschanz, Beat, 1979*

164 Adoption bei Haubenlanguren: *s. Jay, P., 1962, und Bernstein, Irvin, 1968*

165 Waisenschicksale bei Schimpansen: *s. Lawick-Goodall, Jane van, 1971, S. 188–194*

169 Infantizid bei Löwen: *s. Schaller, George B., 1969, und Bertram, Brian C. R., 1975*

170 Infantizid beim Hulman: *s. Blaffer-Hrdy, Sarah, 1976*

170 Infantizid beim Guereza: *s. Oates, J. F., 1977*

170 Infantizid bei der Weißnasen-Meerkatze: *s. Struhsaker, Thomas T., 1977*

170 Infantizid beim Roten Stummelaffen: *s. Marsh, C. W., 1979*

171 Machtwechsel in der Schimpansensippe: *s. Riss und Goodall, 1977*

171 Unterlassener Infantizid bei Languren: *s. Vogel, Christian, 1976*

171 Kritik an der Infantizid-These: *s. Vogel, Christian, 1981*

172 Mütterunion gegen Kindermord bei Hulmans: *s. Dröscher, Vitus B., 1980, S. 230–233, und Blaffer-Hrdy, Sarah, 1976*

173 Die Sippen-Selektions-Hypothese: *s. Hamilton, W. D., 1964*

173 Kritik an der Sippen-Selektions-Hypothese: *s. Hediger, Heini, 1980*

174 Bevölkerungs-Regulations-Hypothese: *s. Wynne-Edwards, V. C., 1962*

174 Indirekter Infantizid bei der Erdmaus: *s. Bäumler, Walter, 1979*

175 Bruce-Effekt: *s. Bruce, H. M., 1961*

177 Unwissentlicher Kronismus bei Zwergohreulen: *s. Koenig, Lilli, 1973*
177 Desgleichen bei Hunden: *s. Trumler, Eberhard, 1974, S. 45–46*
178 Kronismus beim Weißstorch: *s. Schüz, Ernst, 1957*
179 Kindervernachlässigung beim Höckerschwan: *s. Niess, Harald, 1960*
180 Kinderopfer der Waldameise: *s. Burton, Maurice, 1968, S. 245–247*
181 Larven-Kannibalismus bei Wespen: *s. Maschwitz, U., 1966*
182 Flamingos lassen ihre Kinder im Stich: *s. Fock, G., 1969*
183 Das Nesthäkchenproblem: *s. Löhrl, Hans, 1968*
183 Gelegegröße bei Vögeln: *s. Wagner, Helmuth O., 1966*
185 Anpassung der Kinderzahl beim Waldkauz: *s. Southern, H. N., 1971*
185 Aufzucht-Zeitwahl der Wanderdrossel: *s. Morton, Eugene, 1971*
186 Kindestod nach Vaters Tod bei Staren: *s. Merkel, Fr. W., 1979*
187 Vorratswirtschaft beim Neuntöter: *s. Dröscher, Vitus B., 1980, S. 146–148, und Lorenz, Konrad, und Ursula v. Saint Paul, 1968, und Ullrich, Bruno, 1971*
187 Verluste junger Bussarde bei Regen: *s. Rockenbauch, Dieter, 1975*
187 Kronismus bei Guppys: *s. Breder, C. M., und D. E. Rosen, 1966*
189 Chemisch induziertes Kaulquappensterben: *s. Macan, T. T., 1965*
189 Kannibalismus beim Goldhamster: *s. Goldman, L., und Heidi Swanson, 1975*
190 Kannibalismus bei Ratten: *s. Dröscher, Vitus B., 1962, S. 143–150, und Calhoun, John B., 1962*
190 Kronismus beim Goldhamster: *s. Rowell, T. G., 1961*
191 Kronismus bei Silberfüchsen: *s. Lorenz, Konrad, 1963, S. 178*
192 Kronismus bei Spitzhörnchen: *s. Holst, Dietrich v., 1973*
196 Mutterentzug bei Rhesusaffen: *s. Harlow, Harry F., und Robert R. Zimmermann, 1958, und Harlow, Harry F., 1959, und Harlow, Harry F., und Margaret Kuenne Harlow, 1962 und 1965, und Harlow, Harry F., S. Suomi und C. J. Domek, 1971*
197 Schicksale menschlicher Findelkinder: *s. Langer, William L., 1972*
199 Bedeutung oraler Bedürfnisse: *s. Schmalohr, Emil, 1968*
200 Hirnentwicklung bei Ratten: *s. Rosenzweig, Mark, Edward L. Bennett und Marian Cleeves Diamond, 1972*
201 Entwicklung von Negerkindern in Uganda: *s. Dean, Reginald, und Marcelle Geber, 1964*
207 Untersuchungen an deprivierten Menschenkindern: *s. Bowlby, John A., 1953*
207 Deprivationsfolgen bei Menschenkindern: *s. Meves, Christa, 1981 und 1982*
209 Kriminalisierungsprognose bei Menschenkindern: *s. Glueck, Sheldon, und Eleanor Glueck, 1964a und 1964b*
210 Glueck-Prognose an deutschen Kindern: *s. Elmering, Hermann, 1969*
213 Die Rolle des Vaters bei Menschen und Pavianen: *s. Morris, Desmond, 1968*

214 Vatertrieb bei Zwergohreulen: s. *Koenig, Lilli, 1973*

218 Ein anderer Grund zur Ehekrise sind Mängel in der Sympathiebindung der Ehepartner untereinander: s. *Dröscher, Vitus B., 1974*

218 Vatertrieb beim Purpur-Bootsschwanz: s. *Wiley, R. Haven, 1976*

219 Vatertrieb beim Getüpfelten Gurami: s. *Kramer, D. L., 1973*

219 Aussperrung des Bisamvaters: s. *Steiniger, Birte, 1976*

220 Kinderverteidigung der Thomsongazelle: s. *Walther, Fritz, 1968*

221 Vertreibung des Vaters bei Stockenten: s. *Bezzel, Einhard, 1972*

221 Drohnenschlacht: s. *Scherf, H., 1976*

221 Gattenmord bei Spinnen: s. *Dröscher, Vitus B., 1974, und Grashoff, Manfred, 1964*

222 Vaterpflichten beim Höckerschwan: s. *Hilprecht, Alfred, 1970*

222 Polyandrie beim Mornell-Regenpfeifer: s. *Rittinghaus, Hans, 1962*

222 Polyandrie bei Blatthühnchen: s. *Breuer, C. 1979*

223 Väterliche Zwangsarbeit bei der Meergrundel: s. *Hudson, R. C. L., 1977*

223 Väterliche Brutfürsorge bei Seepferdchen und Stichlingen: s. *Leiner, Michael, 1959*

225 Vater als Wasserschwamm beim Senegalflughuhn: s. *George, Uwe, 1976*

225 Vater als »fliegendes Nest« beim Zwergbinsenhuhn: s. *Dröscher, Vitus B., 1980, S. 158–161, und Steinbacher, Joachim, 1974*

226 Seelöwen als »Bademeister«: s. *Eibl-Eibesfeldt, Irenäus, 1977*

226 Vaterpflichten des Zebrahengstes: s. *Klingel, Hans, 1967*

226 Vater als »Kindermädchen«: s. *Rood, J. P., 1974*

227 Rotschwänzchen nisten in Drahtseilbahn: s. *Compeer, Jack, 1971*

229 Vater als Kinderbetreuer bei Rotgesichtsmakaken: s. *Alexander, B. K., 1970*

231 Geschwisterhilfe bei Schleiereulen: s. *Epple, Wolfgang, 1979*

233 Kainismus beim Graureiher: s. *Kramer, Helmut, 1968*

233 Kainismus bei Adlern: s. *Meyburg, Bernd-Ulrich, 1974*

234 Kainismus beim Hecht: s. *Ladiges, Werner, 1970*

234 Kainismus beim Sandtigerhai: s. *Pinner, Erna, 1968*

235 Zitzenverdrängung beim Beutelmarder: s. *Burton, Robert, 1969 b*

236 Geschwister-Rivalität bei Streifengänsen: s. *Würdinger, Irene, 1975*

236 Küken-Rangkampf beim Haushuhn: s. *Baeumer, Erich, 1964*

237 Psychologische Kampffaktoren beim Blauen Gurami: s. *Frey, Dennis F., und Rudolph J. Miller, 1972*

238 Degradierung Ranghoher bei Meerschweinchen: s. *Kunkel, Peter, und Irene Kunkel, 1964*

239 Auflösung des Geschwisterverbandes beim Rotfuchs: s. *Burrows, R., und K. Matzen, 1972, und Zimen, Erik, 1981*

240 Gemeinsamkeiten und Unterschiede bei Wolfswelpen: s. *Fox, M. W., 1972*

242 Schicksal zweier alter Löwen: *s. Begg, George, 1974*

243 Die Bruderschaft der Hulmans: *s. Vogel, Christian, 1976, S. 80–110*

244 Helfer beim Graufischer: *s. Reyer, Heinz-Ulrich, 1981 und 1982*

245 Helfer beim Lachenden Hans: *s. Morton, S. R. und G. D. Parry, 1974*

245 Helfer beim Schmuckbartvogel: *s. Albrecht, Helmut, und Wolfgang Wickler, 1968*

245 Helfer beim südamerikanischen Zaunkönig: *s. Wiley, R. H., und M. S. Wiley, 1977*

248 Helfer beim Wolf: *s. Klinghammer, Erich, 1981*

249 Geschwisterehe: *s. Dröscher, Vitus B., 1974, S. 345–351, und Nicolai, Jürgen, 1956, und Shepher, Joseph, 1971*

253 Muttersöhnchen bei Schimpansen: *s. Lawick-Goodall, Jane van, 1971, S. 194–198*

254 Muttersöhnchen bei Hauskatzen: *s. Leyhausen, Paul, 1973, S. 204–205*

256 Entwöhnung beim Riesenkänguruh: *s. Russel, Eleanor M., 1973*

257 Mutterverlust bei Affenkindern: *s. Kaufmann, Charles, und Leonard A. Rosenblum, 1969*

258 Menschenkind und Mutterverlust: *s. Simmons, Joan, 1966*

260 Feindabwehr der Kohlmeise: *s. Löhrl, Hans, 1964*

260 Nächtigen der Kohlmeisen in Bruthöhlen: *s. Berndt, Rudolf, und Wolfgang Winkel, 1972*

261 Trauerverhalten beim Ren: *s. Espmark, Yngve, 1971*

263 Heimkehr der Grauganskinder: *s. Lorenz, Konrad, 1978, S. 19*

264 Wildhunde verjagen die Töchter: *s. Lawick, Hugo v., 1974*

264 Gruppenwechsel bei Gorillas u. Schimpansen: *s. Harcourt, A. H., 1978*

266 Infantizid bei Gorillas: *s. Fossey, Dian, 1981*

269 Generationenkonflikt bei Pavianen: *s. Markl, Hubert, 1971, und S. und J. Altmann, 1970*

273 Kindergärten und Spielfreundschaften: *s. Dröscher, Vitus B., 1968, S. 72–74 (Kolkrabe); 1970, S. 27–30 (Zebra), S. 40–43 (Steppenpavian); S. 54–55 (Präriehund); 1979, S. 283–299 (allg.)*

273 Kindergarten beim Hausrind: *s. Schloeth, Robert, 1961*

273 Kindergarten beim Adeliepinguin: *s. Penney, Richerd L., 1972*

274 Kindergarten bei Giraffen: *s. Pratt, David M., und Virginia H. Anderson, 1979*

275 Junggesellengruppe bei Kaffernbüffeln: *s. Guggisberg, C. A. W., 1979*

276 Allianzbildung bei Affen: *s. Dröscher, Vitus B., 1979, S. 243–249*

278 Körner- und Wassererkennen bei Hühnerküken: *s. Dröscher, Vitus B., 1981, S. 121–124*

279 Kletterlehre junger Steinböcke: *s. Byers, John A., 1977, und Nievergelt, Bernhard, 1966*

282 Die Rolle der Angst im Lernprozeß: *s. Dröscher, Vitus B., 1980, S. 191–197, und Brewer, Stella, 1978*

284 Erziehungsmethoden der Flußpferde: *s. Burton, Robert, 1969 a*

285 Raumenge und Kinderstrafen bei Schweinsaffen: *s. Castell, Rolf, und Carolyn Wilson, 1971*

287 Feindbildbelehrung bei Katzen: *s. Leyhausen, Paul, 1973, S. 201*

289 Kindererziehung bei Löwen: *s. Eaton, Randall L., 1972, und Carr, Norman, 1963*

290 Erziehungsmethoden bei Hunden: *zitiert nach Harlow, Harry F., 1958*

292 Flugunterricht für Graugössel: *s. Lorenz, Konrad, 1978, S. 118–129*

293 Fliegenlernen bei Vögeln: *s. Rüppell, Georg, 1975*

294 Infantizid bei Walrossen: *s. Bruemmer, Fred, 1980, und Scheifler, Herbert, 1978*

Literatur

(*J. Orn.* = Journal für Ornithologie, *Nat. Wiss. Rsch.* = Naturwissenschaftliche Rundschau, *U. Wiss. Techn.* = Umschau in Wissenschaft und Technik, *Z. Tierpsychol.* = Zeitschrift für Tierpsychologie)

Abegglen, J.-J. (1976): On socialisation in hamadryas baboons. Doktorarbeit, Universität Zürich

Ainsworth, Mary D. S., und Silvia M. Bell (1974): Mother-infant interaction and the development of competence, in: The growth of competence, K. J. Connolly and J. S. Bruner (Eds.), Academic Press, New York

Ainsworth, Mary D. S., Silvia M. Bell und Donelda J. Stayton (1974): Infant-mother attachment and social development: »Socialisation« as a product of reciprocal responsiveness to signals, in: The integration of a child into a social world, M. P. M. Richards (Ed.), Cambridge University Press, London

Albrecht, Helmut, und Wolfgang Wickler (1968): Freilandbeobachtungen zur »Begrüßungszeremonie« des Schmuckbartvogels, J. Orn., Vol. 109, No. 3, S. 255–263

Alexander, B. K. (1970): Parental behavior of adult male Japanese Monkeys, Behaviour, Vol. 36, p. 270–285

Altevogt, Rudolf, und Fred Kurt (1972): Elefanten, in: Grzimeks Tierleben, Bd. XII, S. 495

Altmann, S., und J. Altmann (1970): Baboon ecology, Karger, Basel

Alvarez, F., L. A. de Reyna und M. Segura (1976): Experimental brood parasitism of the magpie, Animal Behaviour, Vol. 24, p. 907–916

Angst, W., und D. Thommen (1977): New data and a discussion of infant killing in Old World monkeys and apes, Folia primatologica, Vol 27, p. 198–229

Apfelbach, Raimund (1973): Woran erkennt ein Raubtier seine Beute? U. Wiss. Techn., Vol. 73, No. 15, S. 453–457

Badinter, Elisabeth (1981): Die Mutterliebe, München

Baerends, G. P., und R. H. Drent (1970): The Herring Gull and its egg, Behaviour, Supplement XVII

Baeumer, Erich (1964): Das dumme Huhn, Kosmos, Stuttgart, Bd. 242, S. 16–23

Baeumer, Erich (1962): Lebensart des Haushuhns, III., Z. Tierpsychol., Vol. 19, No. 4, S. 397

Bäumler, Walter (1979): Geburtenregelung bei Nagetieren, Nat. Wiss. Rsch., Vol. 32, No. 6, S. 239–240

Begg, George (1974): Zwei Löwen – treu bis in den Tod, Das Tier, Vol. 14, No. 4, S. 53

Berger, Joel (1979): Weaning conflict in desert and mountain Bighorn Sheep, Z. Tierpsych., Vol. 50, No. 2, S. 188–200

Berndt, Rudolf, und Wolfgang Winkel (1979): Verfrachtungsexperimente zur Frage der Geburtsortprägung beim Trauerschnäpper, J. Orn., Vol. 120, No. 1, S. 41–53

Berndt, Rudolf, und Wolfgang Winkel (1972): Über das Nächtigen weiblicher Meisen während der Jungenaufzucht, J. Orn., Vol. 113, No. 4, S. 357–365

Bernstein, Irvin S. (1968): The lutong of Kuala Selangor, Behaviour, Vol. 32, p. 1–16

Bertram, Brian C. R. (1979): Nature, Vol. 279, p. 233

Bertram, Brian C. R. (1975): The social system of Lions, Scientific American, Vol. 232, No. 5, p. 54–65

Bezzel, Einhard (1972): Wildenten, Reihe Jagdbiologie, München

Blaffer-Hrdy, Sarah (1976): Affen morden ihre Kinder, Bild der Wissenschaft, Vol. 13, No. 7, S. 20–43

Bowlby, John A. (1953): Critical phases in the development of social responses in man and other animals, New Biology, Penguin Books, 1953, No. 14, p. 25–37

Brazelton, T. B. (1973): Neonatal behavioral assessment scale, W. Heinemann, London

Breder, C. M., und D. E. Rosen (1966): Modes of reproduction in fishes, The Natural History Press, Garden City, New York

Breuer, C. (1979): »Feministischer« Vogel, Nat. Wiss. Rsch., Vol. 32, No. 12, S. 494

Brewer, Stella (1978): Die Affenschule, Wien, S. 219

Brown, Patricia (1976): Vocal communication in the Pallid Bat, Z. Tierpsychol., Vol. 41, No. 1, S. 34–54

Bruce, H. M. (1961): Time relations in the pregnancy-block induced in mice by strange males, Journal of Reproduction and Fertilisation, Vol. 2, p. 138

Bruemmer, Fred (1980): Auch unter Walrossen gibt es Mörder, Das Tier, Vol. 20, No. 8, S. 6–11

Brüll, Heinz (1968): Die Weihen, in: Grzimeks Tierleben, Bd. VII, S. 394

Brunner, Ferdinand (1969): Die Anwendung von Ergebnissen der vergleichenden Verhaltensforschung in der Kleintierpraxis, Z. Tierpsych., Vol. 26, No. 2, S. 136

Burke, Brian, C. (1974): Zebrastute packte Löwin am Genick, Bilddokumentation, Das Tier, Bd. 14, No. 1, S. 6–9

Burrows, R., und K. Matzen (1972): Der Fuchs, Reihe Jagdbiologie, München

Burton, Maurice (1968): Bitterling, Animal Life, Vol. 1, No. 8, p. 212

Burton, Maurice (1969 a): Cichlid, Animal Life, p. 446–447

Burton, Maurice (1969 b): Jacana, Animal Life, Vol. 3, No. 10, p. 1173

Burton, Maurice (1969 c): Crested swift, Animal Life, Vol. 2, No. 5, p. 569

Burton, Robert (1969 a): Hippopotamus, Animal Life, Vol. 3, No. 7, p. 1074–1078

Burton, Robert (1969 b): Dasyure, Animal Life, Vol. 2, No. 7, p. 617–619

Burton, Robert (1969 c): Marsupial frog, Animal Life, Vol. 4, No. 3, p. 1428

Busse, Karin, und Klaus Busse (1977): Prägungsbedingte Bindung von Küstenseeschwalbenküken an die Eltern, Z. Tierpsychol., Vol. 43, No. 3, S. 287–294

Byers, John A. (1977): Terrain preferences in the play behavior of Siberian Ibex kids, Z. Tierpsychol., Vol. 45, No. 2, S. 199–209

Calhoun, John B. (1962): Population density and social pathology. Scientific American, Vol. 206, No. 2, p. 139–148

Carr, Norman (1963): Rückkehr in die Wildnis, Zürich, S. 30–37

Castell, Rolf, und Carolyn Wilson (1971): Influence of spatial environment on development of mother-infant interaction in Pigtail Monkeys, Behaviour, Vol. 39, p. 202–211

Chauvin, Rémy (1964): Tiere unter Tieren, Bern, S. 182

Compeer, Jack (1971): Das rollende Nest der Rotschwänzchen, Das Tier, Vol. 11, No. 4, S. 62

Crisler, Lois (1962): Wir heulten mit den Wölfen, dtv, Nr. 57, München, S. 126

Cropp, Ben (1978): Studien auf Australiens Pelikan-Insel, Das Tier, Vol. 18, No. 2, S. 8–10

Dean, Reginald, und Marcelle Geber (1964): The development of the African child, Discovery, Jan. 1964, p. 14–19

Degabriele, Robert (1980): The physiology of the Koala, Scientific American, Vol. 243, No. 1, p. 94–99

Dieterlen, Fritz (1976): Die afrikanische Muridengattung Lophuromys, Stuttgarter Beiträge zur Naturkunde, Serie A, No. 285, S. 1–96

Dieterlen, Fritz (1962): Geburt und Geburtshilfe bei der Stachelmaus, Z. Tierpsychol, Vol. 19, No. 2, S. 191–222

Dilger, William C. (1962): The behavior of Lovebirds, Scientific American, Vol. 206, No. 1, p. 88–98

Dröscher, Vitus B. (1981): Mich laust der Affe, Düsseldorf
Dröscher, Vitus B. (1980): Ein Krokodil zum Frühstück, Düsseldorf
Dröscher, Vitus B. (1979): Überlebensformel, Düsseldorf
Dröscher, Vitus B. (1978 a): Mit den Wölfen heulen, Düsseldorf
Dröscher, Vitus B. (1978 b): Die Tierwelt unserer Heimat, Hamburg
Dröscher, Vitus B. (1974): Sie töten und sie lieben sich, Hamburg
Dröscher, Vitus B. (1970 a): Der Klapperstorch und seine Babys. Fernseh-
dokumentation, WWF
Dröscher, Vitus B. (1968): Die freundliche Bestie, Oldenburg
Dröscher, Vitus B. (1970 b): Zärtlich wie ein Krokodil, Oldenburg
Dröscher, Vitus B. (1962): Klug wie die Schlangen, Oldenburg

Eaton, Randall L. (1972): Predatory and feeding behavior in adult Lions,
Z. Tierpsychol., Vol. 31, No. 5, S. 461–473
Eibl-Eibesfeldt, Irenäus (1977): Galapagos, 5. Auflage, München
Eibl-Eibesfeldt, Irenäus (1967): Grundriß der vergleichenden Verhaltens-
forschung, München
Eichhorn, Bernt, und Dieter Zingel (1979): Am Nest des Rostspechtes in Sri
Lanka, Das Tier, Vol. 19, No. 3, S. 8–10
Elmering, Hermann (1969): Die kriminologische Frühprognose, Krimino-
logische Schriftenreihe aus der Deutschen Kriminologischen Gesell-
schaft, Vol. 45, Hamburg
Epple, Wolfgang (1979): Geschwisterfütterung bei jungen Schleiereulen,
J. Orn., Vol. 120, No. 2, S. 226
Espmark, Yngve (1971): Mother-young relationship and ontogeny of
behaviour in Reindeer, Z. Tierpsychol., Vol. 29, No. 1, S. 50, 70, 77
und 80
Estes, Richard D., und Runhild K. Estes (1979): The birth and survival of
Wildebeest calves, Z. Tierpsychol., Vol. 50, No. 1, S. 45–95

Fasching, Eberhard (1979): Die Hysterektomie in der Schweinezucht, Das
Tier, Vol. 19, No. 12, S. 38–39
Fiedler, Kurt (1970): Hormonale Steuerung des Verhaltens von Fischen.
U. Wiss. Techn., Bd. 70, No. 16, S. 508–509
Fischer, Helga (1965): Das Triumphgeschrei der Graugans, Z. Tierpsychol.,
Vol. 22, No. 3, S. 251
Fisher, Alan E. (1964): Chemical stimulation of the brain, Scientific Ameri-
can, Vol. 210, No. 6, p. 60–68
Flyger, Vagn, und Marjorie R. Townsend (1968): The migration of Polar
Bears, Scientific American, Vol. 218, No. 2, p. 108–116
Fock, G. (1969): Rettungsaktion für Jungflamingos in Südwestafrika, Nat.
Wiss. Rsch., Vol. 22, No. 10, S. 463
Fossey, Dian (1981): The imperiled Gorilla, National Geographic, Vol. 159,
No. 4, p. 500–523

Fox, M. W. (1972): Socio-ecological implications of individual differences in wolf litters, Behaviour, Vol. 41, p. 298–313

Fox, M. W. (1969): Behavioral effects of rearing dogs with cats during the critical period of socialisation, Behaviour, Vol. 35, p. 273–280

Frey, Dennis F., und Rudolph J. Miller (1972): The establishment of dominance relationships in the Blue Gourami, Behaviour, Vol. 42, p. 8–62

Frey, Hans (1976): Notizen über einen freilebenden, flugunfähigen Uhu, J. Orn., Vol. 117, No. 4, S. 465–468

Frisch, Otto (1973): Ablenkungsmanöver bei der Eiablage des Häherkukkucks, J. Orn., Vol. 114, No. 1, S. 129–131

Frisch, Otto v. (1963): Spaziergang mit Tobby, Stuttgart

Friedlaender, Ludwig (1964): Sittengeschichte Roms, Stuttgart

Garrick, Leslie D., und Jeffrey W. Lang (1978): Alligatoren, Das Tier, Vol. 18, No. 5, S. 16–19

George, Uwe (1976): In den Wüsten dieser Erde, Hamburg

Gewalt, Wolfgang (1955): Droh- und Kampfverhalten des Brachvogels gegenüber der Großtrappe, Z. Tierpsychol., Vol. 12, S. 277–285

Glueck, Sheldon, und Eleanor Glueck (1964 a): Unraveling juvenile delinquency, 4th edition, Cambrigde (Mass.)

Glueck, Sheldon, und Eleanor Glueck (1964 b): Potential juvenile delinquents can be identified, what next? British Journal of Criminology, No. 3, p. 215

Goldman, L., und Heidi Swanson (1975): Population control in confined colonies of Golden Hamsters, Z. Tierpsychol., Vol. 37, No. 3, S. 225–236

Grasshoff, Manfred (1964): Die Kreuzspinne – ihr Netzbau und ihre Paarungsbiologie, Natur und Museum, Vol. 94, No. 8, S. 305–314

Grossmann, Klaus (1975): Verhaltensbiologische Voraussetzungen für die Entwicklung von Säuglingen, Vortrag, Naturwiss. Verein, Hamburg, Skriptrepros zu beziehen durch K. Grossmann, Pädagogische Hochschule, Fachbereich I – Psychologie, D-4800 Bielefeld, Lampingstr. 3

Grossmann, Klaus (1974 a): Entwicklung aus biologischer und sozialer Sicht, in: Margit v. Kerekjarto (Hrsg.), Medizinische Psychologie, Heidelberger Taschenbücher, No. 149, S. 102–153

Grossmann, Klaus (1974 b): Psychologie des Neugeborenen, Bericht: Stiftung Volkswagenwerk, Sept. 1974

Grossmann, Klaus (–): Vom Umgang mit der Angst, Wege und Grenzen ihrer Nutzung, Original-MS, zu beziehen vom Verfasser, Pädagogische Hochschule Bielefeld

Grünwald A., und F. P. Möhres (1974): Beobachtungen zur Jugendentwicklung und Karawanenbildung bei Weißzahnspitzmäusen, Z. Säugetierkunde, Vol. 39, S. 321–337

Guggisberg, C. A. W. (1979): Büffelgreise suchen Schutz bei Menschen, Das Tier, Vol. 19, No. 3, S. 20–23

Gundlach, Heinz (1968): Brutfürsorge, Brutpflege, Verhaltensontogenese und Tagesperiodik beim Europäischen Wildschwein, Z. Tierpsychol., Vol. 25, No. 8, S. 963–964

Hamilton, W. D. (1964): The genetical theory of social behavior, Journal of Theoretical Biology, Vol. 7, p. 1–25
Harcourt, A. H. (1978): Strategies of emigration and transfer by primates, Z. Tierpsychol., Vol. 48, No. 4, S. 401–420
Harlow, Harry F. (1959): Love in infant monkeys, Scientific American, Vol. 200, No. 6, p. 68–74
Harlow, Harry F. (1958): The nature of love, American Psychologist, Vol. 12, No. 13, p. 673–685
Harlow, Harry F., und Margaret Kuenne Harlow (1965): The affectional systems, in: A. M. Schrier p.p.: Bahavior of non-human primates, Academic Press, New York, Vol. 2, p. 287–334
Harlow, Harry F., und Margaret Kuenne Harlow (1962): Social deprivation in monkeys, Scientific American, Vol. 207, No. 5, p. 136–146
Harlow, Harry F., S. Suomi und C. J. Domek (1971): Journal of Abnormal Psychology, Vol. 72,, p. 161
Harlow, Harry F., und Robert R. Zimmermann (1958): The development of affectional responses in infant monkeys, Proceedings of the American Philosophical Society, Vol. 102, p. 501–509
Hediger, Heini (1980): Tiere verstehen, München
Hediger, Heini (1975): Ein Wundervogel führt Sie zu wilden Bienenstöcken, Das Tier, Vol. 15, No. 11, S. 41–43
Heinroth, Oskar (1954): Aus dem Leben der Vögel, Berlin
Hess, Eckhard H. (1975): Prägung, München, S. 84
Heusser, H. (1960): Über die Beziehungen der Erdkröte zu ihrem Laichplatz, Behaviour, Vol. 16, p. 93
Hilprecht, Alfred (1970): Höckerschwan, Singschwan, Zwergschwan, Wittenberg-Lutherstadt, S. 77–82
Hoesch, Walter (1961): Über Ziegen hütende Bärenpaviane, Z. Tierpsychol., Vol. 18, No. 3, S. 297–301
Holst, Dietrich v. (1973): Sozialverhalten und sozialer Streß bei Tupajas, U. Wiss. Techn., Vol. 73, No. 1, S. 8–12
Hudson, R. C. L. (1977): Preliminary observations on the behaviour of the Gobiid Fish, Z. Tierpsychol., Vol. 43, No. 2, S. 214–220

Immelmann, Klaus (1975): Wörterbuch der Verhaltensforschung, München, S. 122–123
Immelmann, Klaus (1972): Programmierung des Verhaltens, Bild der Wissenschaft, Vol. 9, No. 12, S. 1285–1291
Immelmann, Klaus (1968): Besonderheiten in der Gesangsentwicklung junger Prachtfinken, U. Wiss. Techn., Vol. 68, No. 6, S. 179–180

Immelmann, Klaus (1967): Schlüsselreize für die Nistplatzwahl afrikanischer Weber, Natur und Museum, Vol. 97, No. 3, S. 89–95

Isenmann, P. (1971): Contribution à l'écologie du manchot empereur, Oiseau et R. F. O., V. 41, numéro spécial, S. 9–64

Jay, P. (1962): Aspects of maternal behavior among langurs, Annual of the New York Academy of Sciences, Vol. 102, p. 468–476

Jirari, Carolyn Goren (1970): Form perception, innate form preference, and visually mediated head-turning in the human neonate, unveröffentlichte Doktorarbeit, University of Chicago

Kaufman, Charles, und Leonard A. Rosenblum (1969): The waning of mother-infant bond in two species of Makaque, in: B. M. Foss (ed.): Determinants of infant behaviour, Vol. 4, London, p. 41–59

Keeler, Howard: Land of the Moon-Children, University of Chicago Press

Kennel, John H., u. a. (1974): Maternal behavior one year after early and extended post-partum contact, Developmental Medicine and Child Neurology, Vol. 16, p. 172–179

Klingel, Hans (1967): Soziale Organisation und Verhalten freilebender Steppenzebras, Z. Tierpsychol., Vol. 24, No. 5, S. 580–624

Klinghammer, Erich (1981): Gruppendynamik und Verhaltensmechanismen beim Wolf, Vortrag vor der Joachim-Jungius-Gesellschaft der Wissenschaften, Hamburg, 14. 11. 1981

Klopfer, P. H., und M. S. Klopfer (1968): Maternal »imprinting« in goats, Z. Tierpsychol; Vol. 25, No. 7, S. 862–866

Koenig, Lilli (1973): Das Aktionssystem der Zwergohreule, Z. Tierpsychol., Beiheft 13, S. 34–38

Königsmann, Eberhard (1974): In ro ro ro-Tierwelt, Band 11, Insekten 2, Reinbek, S. 302–373

Kortlandt, Adriaan (1965): On the essential morphological basis for human culture, Current Anthropology, Vol. 6, p. 320–326

Kovach, Joseph K. (1967): Science, Vol. 156, p. 835

Kramer, D. L. (1973): Parental behaviour in the Blue Gourami, Behaviour, Vol. 47, p. 14–32

Kramer, Helmut (1968): Familie Reiher, in: Grzimeks Tierleben, Bd. VII. Zürich, S. 182

Kruuk, Hans (1964): Predators and anti-predator behaviour of the Blackheaded Gull, Behaviour-Supplement XI

Kühme, Wolfdietrich (1963): Chemisch ausgelöste Brutpflege- und Schwarmreaktionen bei Hemichromis bimaculatus, Z. Tierpsychol., Vol. 20, No. 6, S. 688–704

Kummer, Hans, W. Götz und W. Angst (1974): Triadic differentiation: an inhibitory process protecting pair bonds in baboons, Behaviour, Vol. 49, p. 62–87

Kunkel, Peter, und Irene Kunkel (1964): Beiträge zur Ethologie des Hausmeerschweinchens, Z. Tierpsychol., Vol. 21, No. 5, S. 624

Kuo, Zing Y. (1960): Studies on the basic factors in animal fighting, Journal of Genetic Psychology, Vol. 96, p. 225–239, and Vol. 97, p. 195–209

Ladiges, Werner (1970): Unterordnung Hechtartige, in: Grzimeks Tierleben, Bd. IV, Zürich, S. 260

Lahr, Günther (1980): Die Geburt einer Giraffe, Das Tier, Vol. 20, No. 2, S. 26–27

Langer, William L. (1972): Checks on population growth: 1750–1850, Scientific American, Vol. 226, No. 2, p. 92–99

Lausch, Erwin (1974): Mutter, wo bist du? Hamburg

Lawick, Hugo van (1974): Solo, ein Hundeschicksal in der Serengeti, Frankfurt

Lawick-Goodall, Jane van (1971): Wilde Schimpansen, Reinbek, S. 188–194

Leboyer, Frédérik (1981): Geburt ohne Gewalt, Kösel

Leiner, Michael (1959): Fürsorge für die Nachkommen bei Stichlings-artigen Fischen, Natur und Volk, Vol. 89, No. 12, S. 389–398

Leyhausen, Paul (1973): Verhaltensstudien an Katzen, Beiheft 2 zur Z. Tierpsychol., 3. Auflage

Lindsey, C. C., und G. E. E. Moodie (1967): Temperature affects vertebrae, Canadian Journal of Zoology, Vol. 45, p. 891

Löhrl, Hans (1979): Untersuchungen am Kuckuck, J. Orn., Vol. 120, No. 2, S. 139–173

Löhrl, Hans (1968): Das Nesthäkchen als biologisches Problem, J. Orn., Vol. 109, No. 4, S. 383–395

Löhrl, Hans (1964): Verhaltensmerkmale von Parus u. a. Gattungen, J. Orn., Vol. 105, No. 2, S. 158–159

Lorenz, Konrad (1978): Das Jahr der Graugans, München, S. 92–93

Lorenz Konrad (1963): Das sogenannte Böse, Wien, S. 178

Lorenz Konrad (1954): Morphology and behavior patterns in allied species, 1st Conference on Group Proc., Jos. Macy Jr. Found., New York, p. 168–200

Lorenz Konrad (1949): Er redete mit dem Vieh, den Vögeln und den Fischen, Wien

Lorenz, Konrad (1931): Beiträge zur Ethologie sozialer Corviden, J. Orn., Vol. 79, S. 67–127

Lorenz, Konrad, und Paul Leyhausen (1968): Antriebe tierischen und menschlichen Verhaltens, München, S. 385

Lorenz Konrad, und Ursula v. St. Paul (1968): Die Entwicklung des Spießens und Klemmens bei drei Würgerarten, J. Orn., Vol. 109, No. 2, S. 137–156

Lott, Dale F., und Sherna Comerford (1968): Hormonal initiation of parental behavior in inexperienced Ring Doves, Z. Tierpsychol., Vol. 25, No. 1, S. 71–75

Macan, T. T. (1965): Self-controls on population size, New Scientist, Vol. 28, No. 474, p. 801–803

MacKinnon, J. (1974): The behaviour and ecology of wild Orang-utans, Animal Behaviour, Vol. 22, p. 3–74

Markl, Hubert (1971): Vom Eigennutz des Uneigennützigen, Nat. Wiss. Rsch., Vol. 24, No. 7, S. 281–289

Marsh, C. W. (1979): Comparative aspects of social organisation in the Tana river Red Colobus, Z. Tierpsychol., Vol. 51, No. 4, S. 337–362

Marshall, Klaus H., und John H. Kennel (1974): Auswirkungen früher Kontakte zwischen Mutter und Neugeborenem auf die spätere Mutter-Kind-Beziehung, Jahrbuch der Psychohygiene, Vol. 2, S. 100–109

Marwick, Charles (1967): Towards a more »human« horse, New Scientist, Vol. 529, p. 76

Maschwitz, U. (1966): Larven als Nahrungsspeicher im Wespenvolk, Naturwissenschaften, Vol. 53, S. 337

McBride, Chris (1978): Die weißen Löwen von Timbavati, München, S. 191

McLaren, Anne (1964): Maternal impressions, New Scientist, Vol. 22, No. 386, p. 97–100

Merkel, Friedrich Wilhelm (1979): Lebenslauf eines Starenweibchens, Natur und Museum, Vol. 109, No. 10, S. 348–352

Meves, Christa (1982): Die ruinierte Generation, Freiburg

Meves, Christa (1981): Unsere Kinder wachsen heran, Freiburg

Meyburg, Bernd-Ulrich (1974): Sibling aggression and mortality among nestling eagles, Ibis, Vol. 116, S. 224–228

Moeller, Walburga (1969): in: Grzimeks Tierleben, Bd. XI, S. 186

Möller-Christensen: Fische der Nordsee, Kosmos Feldführer, S. 88

Morris, Desmond (1968): Der nackte Affe, München

Morton, Eugene (1971): Robins rear their young on a starvation diet, New Scientist, No. 744, p. 661

Morton, S. R., and G. D. Parry (1974): The auxiliary social system in Kookaburras. The Emu, Vol. 74, p. 196–198

Naaktgeboren, C. (1970): Biologie der Geburt, Paul Parey, Hamburg

Nicolai, Jürgen (1974): Mimicry in parasitic birds, Scientific American, Vol. 231, No. 4, p. 92–98

Nicolai, Jürgen (1973): Das Lernprogramm in der Gesangsausbildung der Strohwitwe, Z. Tierpsychol., Vol. 32, No. 2, S. 113–138

Nicolai, Jürgen (1964): Der Brutparasitismus der Viduinae als ethologisches Problem, Z. Tierpsychol., Vol. 21, No. 2, S. 129–204

Nicolai, Jürgen (1956): Zur Biologie und Ethologie des Gimpels, Z. Tierpsychol., Vol. 13, S. 93–132

Niess, Harald (1960): Beobachtungen an den Hamburger Alsterschwänen, Beiträge zur Vogelkunde, Vol. 7, S. 239–251

Nievergelt, Bernhard (1966): Der Alpensteinbock in seinem Lebensraum, Hamburg

Oates, J. F. (1977): The social life of a Black-and-white Colobus Monkey, Z. Tierpsychol., Vol. 45, No. 1, S. 1–60

Orcutt, A. B. (1974): Sounds produced by hatching Japanese Quail as potential aid to synchronous hatching, Behaviour, Vol. 50, p. 173–184

Pedersen, Alwin (1962): Das Walroß – Wittenberg-Lutherstadt

Penney, Richerd L. (1972): The penguin colony, in: The marvels of animal behaviour, National Geographic

Pilleri, G., und J. Knuckey (1969): Behaviour patterns of some Delphinidae observed in the western mediterranean, Z. Tierpsychol., Vol. 26, No. 1, p. 48–72

Pinner, Erna (1968): Neue Forschungsergebnisse über den Hai, Nat. Wiss. Rsch., Vol. 21, No. 6, S. 266

Pratt, David M., und Virginia H. Anderson (1979): Giraffe cow-calf relationships and social development of the calf in the Serengeti, Z. Tierpsychol., Vol. 51, No. 3, S. 233–251

Prevost, J. (1961): Écologie du Manchot Empereur, Paris

Ramsay, A. Ogden, und Eckhard H. Hess (1971): Sensitive age parameters and other factors in conditioning to a danger call in Mallard Ducklings, Z. Tierpsychol., Vol. 28, No. 2, S. 164–174

Rasa, O. Anne E. (1977): The ethology and sociology of the Dwarf Mongoos, Z. Tierpsychol., Vol. 43, No. 4, S. 338

Reyer, Heinz-Ulrich (1982): Nutzen und Kosten bei brütenden und helfenden Graufischern, Nat. Wiss. Rsch., Vol. 35, No. 1, S. 31–32

Reyer, Heinz-Ulrich (1981): Flexible Helferstruktur als ökologische Anpassung beim Graufischer, Vortrag auf der DOG-Jahresversammlung, Melk/Donau

Ringler, Norma M., u. a. (o. J.): Mother to child speech at two years-effects of early postnatal contact, MS, Dept. of Pedatric School of Medicine, Case Western Res. Univ., Cleveland, Ohio

Riss und Goodall (1977): Folia primatologica, Vol. 27, p. 134–151

Rittinghaus, Hans (1962): Untersuchungen zur Biologie des Mornell-Regenpfeifers, Z. Tierpsychol., Vol. 19, No. 5, S. 554–555

Rockenbauch, Dieter (1975): Zwölfjährige Untersuchungen zur Ökologie des Mäusebussards auf der Schwäbischen Alb, J. Orn., Vol. 116, No. 1, S. 39–54

Rood, J. P. (1974): Banded Mongoose males guard young, Nature, Vol. 248, No. 5444, p. 176

Rosenzweig, Mark, Edward L. Bennett und Marian Cleeves Diamond (1972): Brain changes in response to experience, Scientific American, Vol. 226, No. 2, p. 22–29

Rowell, T. G. (1961): The family group in Golden Hamsters, Behaviour, Vol. 17, p. 81–94

Rüppell, Georg (1975): Vogelflug, München

Russel, Eleanor M. (1973): Mother-young relations and early behavioural development in the marsupials, Z. Tierpsychol., Vol. 33, No. 2, S. 163–203

Salk, Lee (1973): The role of the hartbeat in the relations between mother and infant, Scientific American, Vol. 228, No. 5, p. 24–29

Sambraus, Hans Hinrich, und Dörte Sambraus (1975): Prägung von Nutztieren auf Menschen, Z. Tierpsychol., Vol. 38, No. 1, S. 1–17

Sambraus, Hans Hinrich (1973): Das Sexualverhalten der domestizierten einheimischen Wiederkäuer, Beiheft 12 zur Z. Tierpsychol.

Sauer, Franz, und Eleonore Sauer (1973): Die Kurzohrige Elefantenspitzmaus, U. Wiss. Techn., Vol. 73, No. 16; S. 491–495

Schäfer, Ernst (1970): Stärlinge, in: Grzimeks Tierleben, Bd. IX, S. 378–386

Schaller, George B. (1969): Life with the king of beasts, National Geographic, Vol. 135, No. 4, p. 494–519

Scheifler, Herbert (1978): Zur Ernährungsweise der Walrosse, Das Tier, Vol. 18, No. 4, S. 6

Scherf, H. (1976): Verhalten der Honigbiene gegenüber Drohnen, Nat. Wiss. Rsch., Vol. 29, No. 3, S. 90–91

Schleidt, Wolfgang M. (1960): Störungen der Mutter-Kind-Beziehungen bei Truthühnern durch Gehörverlust, Behaviour, Vol. 16, p. 254–260

Schloeth, Robert (1961): Das Sozialleben des Camargue-Rindes, Z. Tierpsychol., Vol. 18, No. 5, S. 574–627

Schmalohr, Emil (1968): Frühe Mutterentbehrung bei Mensch und Tier, München

Schmidt, Roswitha (1975): Beuteltiere Australiens, Nat. Wiss. Rsch., Vol. 28, No. 12, S. 442–444

Schmidt, Roswitha (1969): Pavian als Schafhirt, Nat. Wiss. Rsch., Vol. 22, No. 8, S. 350–351

Schultze-Westrum, Thomas (1976): Großfußhühner auf Neu-Britannien, Das Tier, Vol. 16, No. 2, S. 4–7

Schüz, Ernst (1957): Das Verschlingen eigener Jungen bei Vögeln und seine Bedeutung, Vogelwarte, Vol. 19, S. 1–15

Scott, H. G., und R. M. Fine (1964): Pyemotes ventricosus ontogeny, The Florida Entomologist, Vol. 47, No. 2, p. 93–95

Sears, H. F. (1978): Nesting behavior of the gullbilled Tern, Bird-Banding, Vol. 49, p. 1–6

Shepher, Joseph (1971): Mate selection among second generation kibbuz adolescents and adults: incest avoidance and negativ imprinting, Arch. Sex. Behav., Vol. 1, p. 293–307

Sick, Helmut (1979): Zur Nistweise der Cotingen Iodopleura und Xipholena, J. Orn., Vol. 120, No. 1, S. 73–77

Sigg, Hans (1980): Differentiation of female positions in Hamadryas onemale-units, Z. Tierpsychol., Vol. 53, No. 3, S. 265–302

Simmons, Joan (1966): Wholesome pain, Science Service, Mai 1966

Slijper, E. J. (1962): Riesen des Meeres, Verständliche Wissenschaft, Berlin

Southern, H. N. (1971): Population control in tawny owls, New Scientist, Vol. 765, p. 408–410

Spurr, E. B. (1974): Individual differences in aggressiveness of Adelie Penguins, Animal Behavior, Vol. 22, p. 611–616

Steinbacher, Joachim (1974): Ein Vogel mit Tragetaschen, Natur und Museum, Vol. 104, No. 7, S. 210–213

Steinbacher, Joachim (1963): Ein seltener Fall von Adoption, Natur und Museum, Vol. 93, No. 11, S. 462–465

Steinbacher, Joachim (1959): Vogel füttert Fische, Natur und Volk, Vol. 89, No. 12, S. 400

Steiniger, Birte (1976): Beiträge zum Verhalten und zur Soziologie des Bisams, Z. Tierpsychol., Vol. 41, No. 1, S. 55–79

Struhsaker, Thomas T. (1977): Infanticide and social organisation in the Redtail Monkey, Z. Tierpsychol., Vol. 45, No. 1, S. 75–84

Terkel, Joseph, und Jay S. Rosenblatt (1972): Turned on, Scientific American, Vol. 227, No. 5, p. 52

Thomas, Alexander, Stella Chess und Herbert G. Birch (1970): The origin of personality, Scientific American, Vol. 223, No. 2, p. 102–109

Thompson, W. R. (1965): The behaviour of offspring, Science Journal, Vol. 1, No. 6, p. 45–50

Tinbergen, Niko (1968): Tiere und ihr Verhalten, Life-Jugendbücher, S. 44–45

Tinbergen, Niko (1965): Von den Vorratskammern des Rotfuchses, Z. Tierpsychol., Vol. 22, No. 2, S. 126–136

Trumler, Eberhard (1974): Hunde ernst genommen, München

Tschanz, Beat (1979): Helfer-Beziehungen bei Trottellummen, Z. Tierpsychol., Vol. 49, No. 1, S. 10–34

Ullrich, Bruno (1971): Untersuchungen zur Ethologie und Ökologie des Rotkopfwürgers usw., Die Vogelwarte, Vol. 26, No. 1, S. 1–77

Vince, Margaret (1977): Taste sensivity in the embryo of the domestic fowl, Animal Behaviour, Vol. 25, p. 797–805

Vince, Margaret (1967): Wie synchronisieren Wachteljunge im Ei den Schlüpftermin? U. Wiss. Techn., Vol. 67, No. 13, S. 415–419

Vogel, Christian (1981): Personale Identität und kognitive Leistungsfähigkeit im sozialen Feld nichtmenschlicher Primaten, Diskussion, Vortrag vor der Joachim-Jungius-Gesellschaft der Wissenschaften, Hamburg, 14. 11. 1981

Vogel, Christian (1976): Ökologie, Lebensweise und Sozialverhalten der Grauen Languren, Beiheft 17 der Z. Tierpsychol.

Waal, Frans B. M. de (1980): Schimpansin zieht Stiefkind mit der Flasche auf, Das Tier, Vol. 20, No. 1, S. 28–31

Wagner, Helmuth O. (1980): Kojoten hüten Ziegen, Das Tier, Vol. 20, No. 2, S. 45

Wagner, Helmuth O. (1966): Meine Freunde, die Kolibris, Berlin, S. 34

Walther, Fritz (1968): Heutige Hornträger, in: Grzimeks Tierleben, Bd. XIII, S. 306, Zürich

Ward, J. (1975): Australische Bienenesser züchten Schmeißfliegen, Das Tier, Vol. 15, No. 8, S. 44–45

Wickler, Wolfgang, und Uta Seibt (1977): Das Prinzip Eigennutz, Hamburg

Wiley, R. H., und M. S. Wiley (1977): Recognition of neighbor's duets by stripebacked wrens, Behaviour, Vol. 62, p. 10–34

Wiley, R. Haven (1976): Affiliation between the sexes in Common Grackles, Z. Tierpsychol., Vol. 40, No. 3, S. 244–264

Wiltschko, Wolfgang, und Roswitha Wiltschko (1976): Die Bedeutung des Magnetkompasses für die Orientierung der Vögel, J. Orn., Vol. 117, No. 3, S. 362–387

Winkel, Wolfgang (1976): Experimentelle Freiland-Untersuchungen zum Bruttrieb der Silbermöwe, Die Vogelwarte, Vol. 28, No. 3, S. 212–229

Winkel, Wolfgang, und Doris Winkel (1976): Über die brutzeitliche Gewichtsentwicklung beim Trauerschnäpper, J. Orn., Vol. 117, No. 4, S. 419–437

Wodinsky, J. (1978): »Sterbedrüse« beim Tintenfisch, Nat. Wiss. Rsch., Vol. 31, No. 8, S. 333

Würdinger, Irene (1975): Vergleichend morphologische Untersuchungen zur Jugendentwicklung von Anser- und Branta-Arten, J. Orn., Vol. 116, No. 1, S. 65–86

Wynne-Edwards, V. C. (1962): Animal dispersion in relation to social behaviour, Edinburgh

Yerkes, Robert M. (1948): Chimpanzees, a laboratory colony, 4th edition, New Haven, Yale Univ. Press

Zimen, Erik (1981): Der Rotfuchs, Geo, Okt. 1981, S. 64–78

Personen- und Sachregister

Aal (Anguilla anguilla) 81, 176
Abnabeln 12, 50, 56, 96, 98,
102 ff., 108
Adeliepinguin (Pygoscelis adeliae)
34, 37, 273 f.
Adler (Aquila) 69
Adoption 14, 23 f., 40 f., 44, 48 f.,
54, 98, 111, 114, 154, 160–168,
258, 296
Aggression 103, 127 f., 166 f., 171,
179, 189, 191, 193 f., 202 f., 206 f.,
233, 238, 254, 276, 286
Aggression und Pflegetrieb 19,
219 f.
Aggressivität in Abhängigkeit von
der Brutphase 34 f.
Aggressions-Angst-Balance 46,
134, 206 f., 211, 254
Ägyptische Riesenspitzmaus (Cro-
cidura olivieri) 144
Ainsworth, Mary D. S. 134, 137
Albatrosse (Diomedeidae) 145
Alexander, B. K. 229
Alkoholwirkungen 19, 88
Alligatoren (Alligatoridae) 148,
150
Altruismus s. Hilfsbereitschaft
Ameisen (Formicoidea) 148, 159
Amme 59, 249
Amsel (Turdus merula) 44, 78, 85,
183

Anakondas (Eunectes) 225
Angst 36, 56, 89 ff., 102, 131, 133,
137 f., 167, 197, 200, 203, 206 f.,
254, 259, 280, 283 f.
Anonyme Gruppe 241, 256, 297
Anpassung 37, 156, 158, 247,
279 f.
Anpassung an Zivilisationserschei-
nungen 31, 77, 227
antiautoritäres Verhalten 254,
288, 292
Anti-Baby-Droge 175
Anti-Prägung 251
Arbeitsteilung in der Familie
65–73, 222, 224, 230, 240 f.
Arion-Bläuling (Maculinea
arion) 180
Auerhuhn 220
Aufopferungsbereitschaft 16, 21,
25, 34, 37, 39 f., 53 f., 139–143,
150 f., 165
Aufsässigkeit, Erziehung zur 57
Austern (Ostreidae) 295
autoritäres Verhalten 137, 285,
288, 292, 294

Babybegattung 101, 175
Babyfärbung 172
Babygeschrei 50 f., 56 f., 89, 92 f.,
104, 133, 136 ff., 204
»Babysitter« 164, 245, 270

Bachröhrenwurm (Tubifex tubifex)
19
Badinter, Elisabeth 59
Baerends, G. P. 82
Baeumer, Erich 87
Bärenpavian (Papio ursinus) 45,
167
Bartvögel (Capitonidae) 156
Bastard 75 f., 158
Bäumler, Walter 174
Baumschlange (Dispholidus
typus) 77
Baumsegler (Hemiprocne) 79
Baumstachler (Erethizontidae)
262
Begg, George 242
Behaviorismus 197
Beißhemmung 28
Bennett, Edward L. 201
Berberaffe (Macaca sylvana) 275
Berg-Guereza (Colobus guereza)
172
Berger, Joel 142
Berndt, Rudolf 130, 261
Bertram, Brian C. R. 169 f.
Beutelfrosch (Gastrotheca
marsupiata) 100
Beutelmarder (Dasyurinae) 235
Beuteschema 126, 176, 276
Bezugsperson 54
Bienenfresser (Merops apiaster)
145
Bigamie 179
Bindefähigkeit 51, 116, 208, 272
Bindungsfunktion, soziale 67
Birch, Herbert G. 135
Birkhuhn (Lyrurus tetrix) 220
Bisam (Ondatra zibethica) 219,
224
Bison (Bison bison) 97, 99
Bitterling (Rhodeus
sericeus) 151 f.
Blatthühnchen (Jacanidae) 80,
223 f.

Blattläuse (Aphidina) 140
Blattschneiderbienen (Megachile)
159
Blauer Gurami (Trichogaster
trichopterus) 237
Blaugrau-Tangare (Thraupis
virens) 154
Blaumeise (Parus caeruleus) 184
Blauwal (Balaenoptera musculus)
141
Bleßhuhn (Fulica atra) 84, 154
Blickkontakt 132
Blutrausch 36
Blutschnabelweber (Quelea quelea)
185, 241
Bowlby, John A. 207
Brandseeschwalbe (Sterna
sandvicensis) 78
Brazelton, T. B. 56, 132
Brecht, Bert 19, 182
Breder, C. M. 188
Brewer, Stella 282
Brillenlangur (Presbytis obscurus)
172
Brillenpelikan (Pelicanus
conspicillatus) 141
Bruce-Effekt 175
Bruderschaft 169, 242 f.
Bruemmer, Fred 295
Brunner, Ferdinand 24
Brutfleck 83, 184, 245
Brutkasten s. Inkubator
Brutparasitismus 43, 143,
152–160
Brutpflege 17 ff., 82, 147, 150,
178, 216, 223
Brutpflegekleid 18
Bruttemperatur 87 f., 150
Bruttrieb 37, 44, 87
Buntastrild (Pytilia melba) 158
Buntbarsche (Cichlidae) 18,
159
Buntspecht (Dendrocopos
major) 43, 148, 222

Bürstenhaarmaus (Lophuromys
woosnami) 97
Busch, Wilhelm 16
Bussarde (Buteo) 154
Butte (Bothidae) 278

Carr, Norman 290
Carter, Jimmy 213
Castell, Rolf 286
Chess, Stella 135
Comerford, Sherna 16
Crisler, Cris 147
Crisler, Lois 147

Dachs (Meles meles) 226
Dale, Emily 213
Daumenlutschen 271
Dean, Reginald 201
Delphine (Delphinidae) 32 f.,
97 f., 162, 240
Deprivation s. Mutterentzug
Determinierte Eierleger 184
Deutsche Wespe (Paravespula
germanica) 181, 194
Diamond, Marian Cleeves 201
Dickhornschaf (Ovis canadensis)
142 f.
Dieterlen, Fritz 97, 102
Dikdiks (Madoquini) 264
Dilger, William C. 75
Dohle (Corvus monedula) 43,
113 f., 155
Domestikationsphase 123
Dompfaff (Pyrrhula pyrrhula)
249, 252
Drang s. Instinkt
Drent, R. H. 82
Drogen 88
Drohnenschlacht 221
Duftuniform 241

Eaton, Randall L. 289
Edelfasan (Phasianus colchicus)
85, 118 f.

Egoismus 12, 17, 248, 280, 298
Ehebindung, Kinder als Festiger der
72, 216 ff.
Ehebruch 70
Ehescheidung 119, 221, 265 ff.
Eibl-Eibesfeldt, Irenäus 23, 50
Eichelhäher (Garrulus glandarius)
155
Eichhorn, Bernt 148
Eiderente (Somateria mollissima)
79
Eidotter 83, 126 f.
Ei-Erkennen 35, 83
Einehe 27, 99, 155, 174, 187, 192,
217, 223, 263
Einsicht 28, 30, 76 f., 207, 270
Einzelkind 26, 153, 254 f.
Eisbär (Ursus maritimus) 33, 99,
142, 219, 224, 295 f.
Eisvogel (Alcedo atthis) 244
Eiwenden 82 f.
Elefanten (Elephantidae) 21, 97,
99, 162, 240, 282, 285
Elefantenspitzmäuse (Elephantu-
lus) 143
Elektroschock-Behandlung 118
Elster (Pica pica) 155
Entartung des Sozialverhaltens
24, 55, 117, 174, 190, 194, 198,
202, 297 f.
Entfremdung Kind-Eltern 59, 72,
259–274, 286 ff., 291, 294
Entwöhnung 240, 253–276
Epple, Wolfgang 231
Erdhörnchen (Marmotini) 65
Erdkröte (Bufo bufo) 80 ff.
Erdmaus (Microtus agre-
stis) 174 ff., 194
Erdwolf (Proteles cristatus) 64
Erfahrung 165, 248, 272, 275
Erhaltung der Art 38, 173
Ernstkampf 239, 265
Erziehung 135, 197 f., 201 f., 211,
230, 240, 250, 254, 277–297

324

Esel (Equus asinus) 288
Espmark, Yngve 262

Faltenwespen (Vespidae) 159
Familie 53, 56, 61, 193, 209, 241
Familienstreit 65, 194
Fasching, Eberhard 108
Faultiere (Bradypodidae) 96 f.
Feenseeschwalbe (Gygis alba) 80
Fehlgeburt 50, 90, 170, 175, 190
Fehlprägung 118 f.
Feindschema 176
Feldhamster (Cricetus cricetus)
  219, 224
Feldhase (Lepus europaeus) 32,
  144
Feldmaus (Microtus arvalis)
  189 f.
Felsenhahn (Rupicola rupicola)
  220
Felsenpython (Python sebae) 69
Fetischismus 117 ff.
Fiedler, Kurt 18
Findelkinder 160, 197
Fischotter (Lutra lutra) 107
Fisher, Alan E. 19, 290
Flamingo (Phoenicopterus
  ruber) 141, 182, 194
Fledermäuse (Microchiroptera)
  96 f.
Flunder (Platichthys flesus) 278
Flußpferd (Hyppopotamus amphi-
  bius) 96, 284 f.
Fossey, Dian 266
»Fremdeln« 133
Freundschaft 24, 67, 73, 120 ff.,
  171, 242, 249, 258
Frey, Dennis 237
Freycinet-Großfußhuhn (Megapo-
  dius freycinet) 149 ff.
Frisch, Otto v. 43
Frösche (Anura) 176, 189
Frühgeburt 50, 52, 61, 91, 168
Futteregoismus 69

Gänsegeier (Gyps fulvus) 140
Garnele (Stenopus hispidus) 273
Gebärmutter, Eiaufnahme 17, 22
Geber, Marcelle 201
Geborgenheit 56 f., 71, 73, 77, 82,
  112, 138, 167, 197, 199 f., 206,
  228, 258
Geburt 11–15, 21, 49 f., 56, 58, 94–
  111, 188, 191, 211, 216, 218
»Geburt, natürliche« 55, 57, 60
Geburt, programmierte 95
Geburtenkontrolle 50, 174,
  183–195, 208
Geburtshelferkröte (Alytes obstetri-
  cans) 101
Geburtshilfe 97–102, 229
Geburtsschmerz 97, 99 f.; 106 f.
Geburtsverzögerung bei
  Gefahr 94 f.
Gefühlskälte 20, 134, 137, 254,
  258, 260
Geier (Aegypiinae) 154, 182
Gelbaugenpinguin (Megadyptes
  antipodes) 249
Gelbe Wiesenameise (Formica
  pratensis) 180
Gelegegröße bei Vögeln 153,
  183 ff.
Generationskonflikt 56, 207, 260,
  269, 271 f., 275 f.
Genußsucht 180, 194
George, Uwe 225
Gerechtigkeit 183, 231 f.
Gerechtigkeitsempfinden 66, 68,
  73, 291 f.
Geschwisterbindung 234, 250 f.,
  258, 263
Geschwisterfeindschaft 233, 235,
  240, 242, 249 ff., 270 f.
Geschwisterverhalten 83, 85, 99,
  101, 165 ff., 182, 221, 231–252,
  257, 262, 288
Gesichterkennen, angeborenes
  133

Getüpfelter Gurami (Trichogaster trichopterus) 219
Gewichtsabnahme bei Neugeborenen 92 f., 109
Gibbon (Hylobates concolor) 264
Giraffe (Giraffa camelopardalis) 32, 94 ff., 104, 107, 125, 161, 274
Glanzkuhstärling (Molothrus bonariensis) 154
Gleichheitsthese 197, 203
Glueck, Eleanor 209–212
Glueck, Sheldon 209–212
Glücksgefühl der Mutterschaft 13, 20 f., 44 f., 53, 63, 139
Gnitzen (Heleidae) 221
Gnu (Connochaetes gnou) 95 ff., 110 ff., 116
Goldhamster (Mesocricetus auratus) 103, 189 ff., 194
Goldman, L. 189
Goldregenpfeifer (Pluvialis apricaria) 220
Goldspecht (Colaptes auratus) 184
Goodall, Jane 102, 165, 253, 262
Gorilla (Gorilla gorilla) 264–269, 271 f.
Gottesanbeterinnen (Mantidae) 221
Graufischer (Ceryle rudis) 244–248
Graugans (Anser anser) 85, 114 ff., 124, 140, 157, 216, 218, 222, 235, 263, 292 ff.
Graureiher (Grus grus) 78, 233
Grier, Brown J. 84
Großer Brachvogel (Numenius arquata) 33
Grossmann, Klaus 55, 59, 61, 132, 136 f.
Großmutterverhalten 54 f., 99, 201, 255
Großtrappe (Otis tarda) 33, 118 f.
Grünspecht (Picus viridis) 148

Guereza (Colobus polykomos) 170
Guppy (Poecilia reticulata) 187 ff., 194
Gutmann, Siegfried 12

Hagenbeck, Carl 41
Häherkuckuck (Clamator glandarius) 155
Haie (Selachii) 32, 226
Halbstarke 137, 267, 276
Hamilton, W. D. 173
Hansen, Wolf 178
Harcourt, A. H. 265 f., 368
Harem 66 f., 71 f., 153, 169 ff., 174 f., 220, 226, 242 f., 263, 265, 268, 275
Harlow, Harry F. 196–206
Hasenscharte 89 f.
Haubenlangur (Presbytis cristatus) 164 f.
Hauser, Kaspar 160
Haushuhn (Gallus gallus) 19, 23 f., 56, 84 f., 87, 90, 113, 124, 126 f., 133, 155, 184, 235 f., 278
Hauskatze (Felis silvestris) 28 ff., 41, 78, 97, 99 f., 123, 126, 137, 160 f., 243, 254 f., 287
Hausmaus (Mus musculus) 42, 88 ff., 97, 125 f., 162 f., 201
Hausratte (Rattus rattus) 125
Hausrind (Bos primigenius taurus) 13, 21, 273
Hausrotschwänzchen (Phoenicurus ochruros) 227, 287 f.
Hausschwein (Sus scrofa domestica) 108 f., 116
Haussperling (Passer domesticus) 23, 125, 179 f., 194
Haustaube (Columba livia) 184
Hebammen bei Tieren s. Geburtshilfe
Hecht (Esox lucius) 176, 234

Heiliger Ibis (Threskiornis
aethiopica) 255
Heimattreue 80ff., 130
Heimfindevermögen von
Tierkindern 29, 81, 130
Heinroth, Katharina 118
Heinroth, Oskar 118
Helfer 34, 98, 163 ff., 182, 231 f.,
240, 242–249, 263, 270
Hendrix, Gertrude 120 f.
Hering (Clupea harengus) 241,
278
Herodes 170
Herrschaftsanspruch 241
Herzmuscheln (Spatangoida) 295
Herzschall, Wirkung auf das
Kind 56, 90 ff., 136, 138, 202,
204
Hess, Eckhard H. 128
Heusser, H. 80
Hilfsbereitschaft 21, 34, 73, 243 f.,
248, 298
Hitler, Adolf 196
Höckerschwan (Cygnus
olor) 32 f., 179 f., 194, 222
Holst, Dietrich v. 192
Homosexualität 252
Honiganzeiger (Indicator
indicator) 156
Honigbiene (Apis mellifica) 156,
181, 221
Honigdachs (Mellivora
capensis) 156
Hormone 14–22, 95, 214
Hornisse (Vespa crabro) 182, 187
Hörvermögen im Mutterleib 90
Hospitalismus 197
Hudson, R. C. L. 223
Hughes, George 81
Hulmanlangur (Presbytis
entellus) 170 ff., 175, 194, 243
Humanität 93, 106, 108 f.
»Humanitätsdroge« 15
Hummeln (Bombini) 182

Hund (Canis lupus familiaris) 12,
21, 24, 32, 97, 121 ff., 157, 177,
230, 287, 290 f.
Hunger 43, 142, 164, 177, 179,
181–194, 232 ff., 242 ff., 246, 277,
290
Huxley, Aldous 108, 203
Hyäne (Crocuta crocuta) 64 f., 68,
74, 97, 110, 153, 182, 240
Hyazinth-Ara (Anodorhynchus
hyacinthinus) 44
Hygiene 45, 60 f., 108, 146
Hypothalamus 19, 22
Hysterektomie 108

Ibisse (Threskiornithinae) 154
Ichneumons (Herpestinae) 64
Igel (Erinaceus europaeus) 21,
107
Iltis (Mustela putorius) 21, 23,
25 f., 126, 260
Immelmann, Klaus 77, 129
Impotenz 193
Indianer von San Blas 12 f.
Infantilismus 256 f.
Infantizid 19, 25, 28, 50, 72, 87,
99 f., 103, 169–195, 219, 224, 248,
266, 295, 297
Inkonsequenz bei der
Erziehung 253
Inkubator 51 f., 55, 61, 147–151,
168
Instinkt 25 ff., 29 f., 35, 45, 49, 53,
60, 76 f., 91, 124, 156, 167, 190,
261, 281
Intelligenz 124, 281 ff.
Intelligenzentwicklung 88 f., 134,
200 f., 283 f.
Inzest 101, 175, 249
Inzestsperre 247, 249, 251 f., 265
Inzucht 249, 251, 266

Japanisches Möwchen (Lonchura
striata) 129

Japanische Wachtel (Coturnix coturnix japonica) 127 f.
Jirari, Carolyn Goren 133
Jodkotinga (Iodopleura pipra) 80
Jugend, verzögerte 193
Jugendehe 268
Jugendgesang 129
Jugendgruppe 158, 165, 208, 242 f., 269 f., 272–276
Jugendkleid 28
Junggeselle 16 f., 268
Junggesellengruppe s. Jugendgruppe

Kaffernbüffel (Syncerus caffer) 161, 275, 282, 289
Kaimane (Caiman) 225
Kainismus 182, 233 ff., 270
Kaiseradler (Aquila heliaca) 233
Kaiserpinguin (Aptenodytes forsteri) 32, 42, 139 f., 217
Kaiserschnitt 106, 108
Kalmare (Theutoidei) 139, 145
»Kampfsport« als Aggressionsableiter 128
Kampfstier s. Hausrind
Kaninchen (Oryctolagus cuniculus) 123
Kannibalismus s. auch Infantizid 180, 221, 298
Karawanenbildung 144
Karpfen (Cyprinus carpio) 43
Kaufman, Charles 257
Keeler, Howard 13
Kennel, John H. 51 f., 58, 61, 134
Keuschheit 252
Kibbuz 161, 250 f.
Kiebitz (Vanellus vanellus) 32
Kidnapper s. Kinderstehlen
Kindchenschema 172 f.
Kindergarten 72, 152, 161, 182, 194, 273 f.
Kindertragen s. auch Tragling 96, 146, 201, 226, 256, 285

Kind-Gestalterkennen, instinktives 23
Kinderkannibalismus s. Infantizid, Kronismus, Kainismus
Kinderkennen der Eltern 26 ff.
Kinderkrippe 161, 175
Kind-Ersatz 14 f., 18 f., 24, 41 ff.
Kinderstehlen 42, 54, 165
Kind-Mutter-Bindung 110–138, 199, 228
Kindesmißhandlung 51 f., 56, 171, 193, 203, 208
Kinderrettungsverhalten 26–30, 34, 50, 110, 151, 213 f., 226, 244, 260 f., 274
Kindesvernachlässigung 21, 51, 59, 119, 134, 183, 229
Kinder verlassen die Familie, s. auch Entfremdung 208, 239 f., 242, 254, 259, 262–269, 274, 293
Kindverteidigung 16, 18 f., 50, 97, 220, 282
Kin-selection 173
Klappergrasmücke (Sylvia curruca) 43
Kleine Rote Waldameise (Formica rufopratensis minor) 180 f., 194
Klinghammer, Erich 248
Klopfer, P. H. 22
Koala (Phascolarctos cinereus) 146
Koedukation 250
Koenig, Lilli 215
Kohlmeise (Parus major) 43 f., 85, 140, 185, 249, 260 f.
Kojote (Canis latrans) 123
Kolkrabe (Corvus corax) 125, 155
Königskobra (Ophiophagus hannah) 147 f.
Kontaktarmut 122
Kontaktbedürfnis 84, 135, 199
Körperkontakt 50, 55, 58, 61, 138, 199 ff., 280
Kovach, Joseph K. 19

Krabben (Brachyura) 176
Krähe (Corvus corone corone)
  155
Krake (Octopus vulgaris) 39, 152,
  176
Krallenaffen (Callithricidae) 97,
  101
Krankentransport 33, 296
Krill (Euphausia superba) 141
Kriminalität, Veranlagung zur
  56, 208–212, 295
Kritische Phase 116
Kronismus 176, 188, 219
Kruuk, Hans 36
Kuckuck (Cuculus canorus) 43 f.,
  152 ff.
»Kuckucksbienen« (Coelioxys)
  159
Kuckucksente (Heteronetta
  atricapilla) 154
»Kuckuckshummeln« 159
Kuckucksverhalten s.
  Brutparasitismus
Kuckucksweber (Anomalospiza
  imberbis) 155
Kuenne Harlow, Margaret 196
Kühme, Wolfdietrich 18
Küken-Rangkampf 236
Kummer, Hans 70
Kunkel, Irene 239
Kunkel, Peter 239
Kuo, Zing Y. 127

Labyrinthfische (Anabantidae) 18
Lächeln 136
Lachender Hans (Dacelo gigas)
  245
Lachmöwe (Larus ridibundus)
  36 f.
Lachse (Salmoninae) 81
Lachtaube (Streptopelia risoria)
  16 f., 214
Ladiges, Werner 234

Laute aus dem Ei 37, 83–87, 116,
  153, 214 ff.
Lausch, Erwin 56
Lawick-Goodall, Jane van,
  s. *Goodall, Jane*
»Lebensunwertes Leben«,
  Ausmerzen 38
Leboyer, Frédérik 102, 104
Lehrtrieb 289
Lehr- und Wanderjahre 242, 267
Lemminge (Lemmini) 175, 241
Leopard (Panthera pardus) 64, 68,
  71, 266, 272, 274
Lernen bei Erwachsenen 76
Lernen bei Kindern 84, 111,
  123 f., 127 ff., 135, 158, 270, 274,
  277–297
Lernfähigkeit 283 f.
Leyhausen, Paul 28, 99, 133, 137,
  160
Liebesentzug 270
Lindsey, C. C. 88
Lippfische (Labridae) 18
Löhrl, Hans 183, 260
Long, Gerd 44
Lorenz, Konrad 27, 113 f., 125,
  191, 216, 263, 292 f.
Lott, Dale F. 16
Löwe (Panthera leo) 21, 31 f., 40,
  110 f., 116, 153, 161 f., 164, 169 f.,
  172 ff., 182, 191, 195, 226, 240,
  242 f., 274 f., 288 ff.

Malermuschel (Unio pictorum)
  152
»Männchenproblem« 267, 272
Mantelpavian (Papio hamadryas)
  63–74, 167
Marder (Mustelidae) 77, 245, 260
Marmosetten (Callithrix) 228
Marshall, Klaus H. 51 f., 58, 61
Maskentangare (Tangara
  nigrocincta) 154
Massengeburt 110

Mauersegler (Apus apus) 37, 140,
  293
Maulbrütender Kampffisch (Betta
  pugnax) 159
Maulbrüter 159
Mäusebussard (Buteo buteo)
  23 f., 32, 187
McLaren, Anne 89
Meeresschnecken 176, 295
Meergrundel (Signigobius
  biocellatus) 223 f.
Meerschweinchen (Cavia aperea
  porcellus) 107, 238 f.
Mensch-Tier-Unterschiede im
  Elternverhalten 20, 49, 51 ff.,
  207
Menschwerdung 283 ff.
Merkel, Friedrich Wilhelm 186
Meves, Christa 207
Meyburg, Bernd-Ulrich 233
Milben (Acari) 97
Milchdruck als Mutterliebe-
  ersatz 40
Miller, Rudolph 237
Minchin, Keith 146
Mißbildungen 38 f., 88
Mitleid 21, 29, 38, 100
Mocambique-Buntbarsch (Tilapia
  mossambica) 19
Mönchsrobben (Monachus) 32
Mondfisch (Mola mola) 39
Montessori, Maria 104
Moodie, G. E. E. 88
Moralanaloges Verhalten 30
Mordrausch 174, 206, 233
Mornell-Regenpfeifer (Eudromias
  morinellus) 222, 224
Morris, Desmond 213
Morton, Eugene 186
Moses 160
Motivation zum Handeln 30, 45,
  135, 173, 208, 251
Mottenmilbe (Pyemotes herfsi)
  101

Möwen (Laridae) 154
Mund-zu-Mund-Beatmung 105
Murmeltier (Marmota marmota)
  282
Muscheln (Bivalvia) 295 f.
Mustang 121
Mutterentzug 45 f., 113 f., 166 ff.,
  197–208, 257
Muttererkennungs-Schema
  111 ff.
Mutterersatz 54, 116, 167,
  196–208, 228, 258
Mutterfamilie 144
Mutterhocker s. Tragling
Mutter-Kind-Bindung 11–40, 54,
  144, 160, 203, 210 f., 260, 263,
  281, 285
Mutter-Kind-Bindung,
  Entstehung 12 ff., 21 f., 24 ff.,
  46, 49 f., 58 ff., 105, 111, 134 f.,
  190
Mutter-Kind-Bindung, Fehlent-
  wicklungen 51, 55, 59, 138, 204
Mutterliebe 11, 20 f., 26 f., 48, 61,
  173, 198, 203, 206, 220, 262, 285,
  298
Mutterliebe, abreagieren am Ersatz-
  objekt s. Kind-Ersatz
Mutterliebe, Erlöschen 40, 70,
  115, 143, 179, 194, 256, 259,
  261 ff., 271, 274, 291
Mutterliebe, fehlende 39 f., 50,
  55 f., 146, 164, 168, 171, 182, 194,
  205, 286
Mutterliebe, gefährliches Übermaß
  42, 254, 260
Mutterliebe, heroische Formen
  31–47
Mutterliebe, höhere Form 45, 52,
  214
Mutterliebe, Versagen 14 f., 21,
  25, 27, 46, 91 ff., 103, 119, 160,
  168, 178, 182, 191, 194, 203,
  209 f., 229, 286

Mutterliebe, veränderliches
Maß 34–41, 59 f., 261 f.
Muttermilch 15, 17, 22, 47, 141,
143, 162, 166, 182, 197, 228,
248 f., 256 f., 273
Muttermord 59, 108 f.
Muttersöhnchen 253 ff.
Müttersterblichkeit 98, 106
Muttertrieb, Begriffserklärung s.
Anmerkungen
Freßtrieb und Muttertrieb 23, 103,
159, 182, 199
Mutterverhalten, Fixierung auf das
Kind 23, 26

Nabelschnur 12, 15, 96, 102 ff.,
234
Nachfolgeprägung s. Prägung auf
den Elternkumpan
Nachgeburt 11 f., 24, 96 ff., 102
Nachlegen 36, 184
Nächstenliebe 12, 21, 45, 232,
272
Nachtigall (Luxcinia megarhyn-
chos) 184
Nachtragendsein 287
Napoleon Bonaparte 59
Nasenkontakt 111, 121
Nashorn (Diceros bicornis) 161
Nau, Elisabeth 171
Nebelkrähe (Corvus corone
cornix) 157
Nero 59
Nerz (Mustela lutreola) 192
Nestbau 20, 80, 126, 154, 218, 227
Nestbeschmutzung 145
Nestflüchter und Nesthocker 85,
114 ff., 116, 153, 231
»Nesthäkchen« 177, 183, 186,
194, 232 f.
Neuntöter (Lanius collurio) 130,
187
Neurose 89 f., 198, 207
Nicolai, Jürgen 157

Nieß, Harald 179
Nilkrokodil (Crocodylus niloticus)
96, 161, 213, 285
Nilwaran (Varanus niloticus)
147 f.
Nistmaterialtransport 75 f.
Nistplatzwahl 76 ff.
Nutzen-Kosten-Rechnung 39 ff.,
143

Odinshühnchen (Phalaropus
lobatus) 223 f.
Ödipuskomplex 247, 260
Orale Bedürfnisse 135, 199
Orang Utan (Pongo pygmaeus)
41, 56, 104 f.
Orts-Zeit-Gedächtnis 65
Orwell, George 203
Ovoviviparie 106
Oxytocin 22

Paarungspartnerschema 176
Pädagogische Fähigkeiten der Tier-
eltern 279 ff., 290, 292
Papousek, Hanus 132, 281
Papuas 50
Paradiesvögel (Paradisaeinae)
157, 220
Paradieswitwen (Steganura) 158
Parks, John 79
Partnerwahl, Gesichtspunkte
der 114, 250 f., 268
Pedersen, Alwin 33, 295
Pelikan (Pelicanidae) 141
Persönlichkeitsentwicklung 89,
122, 131, 136 f., 165, 205, 238,
252, 257, 259 f., 279 f.
Pfau (Pavo cristatus) 112 f., 116
Pfauenaugen-Buntbarsche
(Astronotus) 159
Pferd (Equus przewalskii) 13, 21,
26, 104, 107, 116, 120 ff., 157
Pfirsichköpfchen (Agapornis
fischeri) 75

Pheromon 18, 189
Piranhas (Serrasalmus) 226
Plazenta 12, 87 f., 102, 234
Polyandrie s. Vielmännerei
Populationsdynamik 175
Prachtfinken (Estreldidae) 156 ff.
Prägung 117 f., 127, 130, 252
Prägung auf den Elternkumpan
 84 f., 110–119
Prägung auf die Nahrung 124 ff.,
 278
Prägung auf den Sexualkumpan
 112 ff., 117 ff., 158
Prägung auf den Sozialkumpan
 123 f., 157
Prägung von Tieren auf den
 Menschen 113–123
Präriehuhn (Tympanuchus cupido)
 220
Prolaktin 16 f.
Progesteron 16 f.
Psychoanalyse 199
Puberale Phase, erste 250, 270
Puberale Phase, zweite 250, 267
Punktierter Buntbarsch (Etroplus
 maculatus) 27 f.
»Puppe« als Kind-Ersatz 24, 45
Purpur-Bootsschwanz (Quiscalus
 quiscula) 218
Pythons (Pythoninae) 285

Quasi-Geschwister 250 f.

Ramsay, A. Ogden 128
Rang unter Ehepartnern 219, 223,
 268
Rangstreben unter Tierkindern
 236 ff., 272
Rasa, O. Anne E. 125
Ratten (Rattus) 14 f., 20, 23, 32,
 201, 240
Raubfliegen (Asilidae) 180
Rauchschwalbe (Hirundo rustica)
 82, 184

Rauschgiftsucht 138, 208, 272
Rebellion 57, 73, 134, 259, 269,
 271, 276
Rebhuhn (Perdix perdix) 85
Regenbogenvogel (Merops
 ornatus) 145
Regenwürmer (Lumbricus) 186
Reh (Capreolus capreolus) 14,
 42
Reiher (Ardeidae) 154
Remus 160
Ren (Rangifer tarandus) 261 f.
Resozialisierbarkeit 210
Reyer, Heinz-Ulrich 244 ff.
Rhesusaffe (Macaca mulatta)
 196–206, 254, 269, 275
Riesenkuhstärling (Scaphidura
 oryzivora) 155
Riesenschildkröten 112 f.
Riesenschlangen (Boidae) 282
Ringler, Norma M. 58 ff.
Robben (Phocinae) 21
Rockenbauch, Dieter 187
Rohrweihe (Circus
 aeruginosus) 84
Romulus 160
Rooming-in 55, 57 f., 60
Rosenblatt, Jay S. 14
Rosenblum, Leonard A. 257
Rosenköpfchen (Agapornis
 roseicollis) 75
Rosenzweig, Mark R. 201
Rostspecht (Micropternus
 brachyurus) 147 f.
Roter Buntbarsch (Hemichromis
 bimaculatus) 18
Roter Kardinal (Cardinalis
 cardinalis) 43 f.
Roter Stummelaffe (Colobus
 badius) 170, 172
Rotes Riesenkänguruh (Macropus
 rufus) 106, 256 f.
Rotfuchs (Vulpes vulpes) 36 f.,
 220, 230, 239 f.

Rotgesichtsmakak (Macaca
fuscata) 229, 275
Rotkopfente (Aythya americana)
154
Rowell, T. G. 103
Ruf des Verlassenseins 84, 86
Ruh, Jakob 23

Saatkrähe (Corvus frugilegus) 125
Saisoneinehe 217
Salk, Jonas 91
Salk, Lee 91 f.
Sambraus, Hans Hinrich 117
Sandtigerhai (Carcharias taurus)
234 f.
Sardinen (Sardina) 241
Sauer, Franz 143
Sauer, Eleonore 143
Schaf (Ovis ammon aries) 13, 26,
32, 40, 115 ff., 162
Schakal (Canis aureus) 64 f., 182,
220
Schaller, Georg B. 170
Schamgefühl 250, 252
Scheinschwangerschaft 24
Schimpanse (Pan troglodytes)
44 ff., 56, 102, 104 f., 125, 133,
165 ff., 171, 253 f., 262, 264, 271,
282 f.
Schlaf 283 f.
Schleidt, Wolfgang M. 25
Schleiereule (Tyto alba) 231 f.
Schlupfwespen (Ichneumonidae)
180
Schlüsselreiz 77
Schmalbienen (Halictus) 159
Schmalohr, Emil 135, 199
Schmeißfliegen (Calliphoridae)
145
Schmeling, Max 192
Schmuckbartvögel
(Trachyphonus) 245
Schmutzgeier (Neophron
percnopterus) 154

Scholle (Pleuronectes
platessa) 278
Schopfmakak (Cynopithecus
niger) 257 ff.
Schreiadler (Aquila pomarina)
233
Schreiseeadler (Haliaeëtus
vocifer) 233
Schultze-Westrum, Thomas 149
Schwangerschaft 13, 88 ff., 204
Schwarzspecht (Dryocopus
martius) 148
Schweinsaffe (Macaca nemestrina)
257 ff., 263, 286
Schwertwal (Orcinus orca) 296
Sears, H. F. 79
Seeadler (Haliaeëtus
albicilla) 78, 233
Seebären (Arctoclephalini) 70,
145
See-Elefanten (Mirounga) 100
Seehund (Phoca vitulina) 277 f.
Seeleopard (Hydrurga
leptonyx) 140
Seelöwen (Otariini) 162, 226
Seepferdchen (Hippocampus)
223 f.
Seeschildkröten (Cheloniidae)
81 f.
Seeschwalben (Sternidae) 163
Seezunge (Solea solea) 278
Selbstaggression 198
Selbstmord 138, 208
Senegal-Flughuhn (Pterocles
senegallus) 225
Sensible Phase 114, 116, 123, 127,
129 f., 251
Sex-Appeal 218
Sexualaufklärung 250
Sexualneid 101, 242, 263
Sexualrausch 174 ff., 179 f., 194,
220
Shepher, Joseph 250
Siebenmonatskinder 51

333

»Siegertyp« 238
Sigg, Hans 63–74
Silberfuchs (Vulpes vulpes –
Zuchtform) 192
Silbermöwe (Larus argentatus)
35, 38 f., 82 f., 255
Simmons, Joan 258
Singammer (Melospiza
melodia) 249
Sinneswahrnehmungen der
Neugeborenen 57, 90, 131 f.,
134
Sirenismus 221
Skorpione (Scorpiones) 67
Skua (Stercorarius skua) 273
Smaragdkuckuck (Chrysococcyx
cupreus) 155
Smyth, C. N. 90
Sodomie 112
Sonnenbarsche (Centrarchi-
dae) 18
Southern, H. N. 185
Soziale Bindung 73, 150, 155, 157,
190, 240
Sozialisierungsprozeß 240, 254
Sozialverhalten, Entstehung 34,
56, 134, 144, 207, 230, 240 f., 280,
295, 298
Soziobiologie 170
Spiel 128, 200 f., 206, 228, 239,
242, 248, 252, 254, 258, 268 f.,
273 ff., 288
Spiele, sexuelle 250, 252
Spießbock (Oryx gazella) 161
Spinnen (Arachnida) 67, 221
Spitzhörnchen (Tupaiidae) 144,
192 ff.
Springer, Steward 235
Spurr, E. B. 34
Stachelmaus (Acomys cahirinus)
97 f., 102 f.
Stachelschwein (Hystrix
africaeaustralis) 289
Star (Sturnus vulgaris) 186, 241

Stechmücken (Culicidae) 140,
241
Steinadler (Aquila chrysaetos)
233, 279, 281 f.
Steinbock (Capra ibes) 279 ff.
Steinhuhn (Alectoris graeca) 222
Steißgeburt 98, 106
Steppenpavian (Papio anubis) 71,
167, 170, 172, 213 f., 243, 269 ff.,
275, 282
Steppenzebra (Equus quagga) 26,
31, 40, 95, 116, 226, 264, 289
Stichling (Gasterosteus aculeatus)
224
Stiefvaterverhalten 169–176, 194,
220
Stirnvögel (Cacicus) 155
Stockente (Anas platyrhynchos)
27, 78 f., 113, 116, 128, 184, 221,
249
Strafe bei der Kindererziehung
70, 202, 223, 280 f., 284–292
Strauß (Struthio camelus) 153
Streifengans (Anser indicus)
236 f.
Streitschlichten 68, 71, 237, 272
Strenge 253, 285, 290 f.
Streß, Wirkung auf das Verhalten
89 ff., 95, 132, 169, 184, 189,
191 ff., 283 f.
Strohmilbe (Pyemotes ventricosus)
101
Struhsaker, Thomas T. 173
Swanson, Heidi 189
Snychronisation des Schlüpftermins
85 f., 153, 231

»Tagesmutter« 54, 67, 72, 117,
161
Tamarius (Saguinus) 228
Tannenhäher (Nucifraga
caryocatactes) 185
Tannenzapfenechse (Tiliqua
rugosa) 106

»Tante« 97, 121, 164, 175, 182, 201, 205, 258
Tarnung des Nestes 78 f.
Teichmuschel (Anodonta cygnaea) 152
Teju-Echsen (Teiidae) 147 f.
Terkel, Joseph 14
Termiten (Isoptera) 147, 240
Testosteron 19
Thomas, Alexander 135
Thomsongazelle (Gazella thomsoni) 220
Thomson, William R. 88
Thorshühnchen (Phalaropus fulicarius) 223 f.
Tierliebe unter Tieren 41, 44
Tiger (Panthera tigris) 191
Tinbergen, Niko 35 f.
Totgeburt 90, 169, 190, 262
Tragling 56, 91, 138
Trauerschnäpper (Ficedula hypoleuca) 130, 142, 184
Trauerverhalten 115, 243, 257 ff., 261 f., 291
Trieb s. Instinkt
Trottellumme (Uria aalge) 163
Trumler, Eberhard 99, 122, 161, 177
Truthahn (Meleagris gallopavo) 25 f., 243
Türkenente (Cairina moschata) 27 f.
Turmfalk (Falco tinnunculus) 78

Übernormaler Auslöser 36, 43, 155, 160, 172
Übervölkerung 89, 174 f., 185, 188, 192 f., 194, 239
Uhu (Bubo bubo) 39, 255
Unechte Karettschildkröten (Caretta) 81
Unterordnung 241
Untertanengeist 166, 291
Unzertrennliche (Agapornis) 75

Urvertrauen 51, 134 f., 167
Uterus 22

Vaterentzug 228
Vater als Geburtsbeobachter 216, 218
Vaterverhalten 17, 19, 37, 54, 80, 87, 99, 129, 142, 159, 177 ff., 186 f., 194 f., 209 f., 213–230, 238, 240, 258, 263, 266
Vatertrieb, Entstehung 16, 214 ff., 227
Veilchenastrild (Uraeginthus ianthinogaster) 157
Verhaltensgenetik 76, 261
Verhaltenskrüppel 46 f., 297
Verhaltensstörungen 198, 254
Verkrüppelte Kinder, Liebe zu 38 f., 255
Verleiten 220
Verlobung 221, 249, 252
Vermenschlichung 25
Verstoßen der Kinder 143
Verwöhnen 183, 255 f., 269
Vielmännerei 222 f.
Vince, Margarete 86
Vogel, Christian 171, 243
Vorratshaltung 36, 181, 187, 215
Vorrecht der Erstgeborenen 189

Waal, Frans de 45 f.
Wachehalten 33, 100, 149, 163, 177, 179 f., 214, 216, 222 f., 227, 281
Wachtel (Coturnix coturnix) 85 f.
Waisenkinder 54, 162, 165 ff., 178, 257, 296 f.
Waldkauz (Strix aluco) 162 f., 185
Walroß (Odobenus rosmarus) 33 f., 97, 99, 294 ff.
Walther, Fritz 220
Wanderdrossel (Turdus migratorius) 185 f.

Wanderheuschrecken (Nomadacris septemfascia) 241
Wanderratte (Rattus norvegicus) 42, 79, 88 f., 125
Warzenschwein (Phacochoerus aethiopicus) 22, 242
Webervögel (Ploceidae) 77
Wechselbeziehung Mutter-Kind 134 ff.
Wegwespen (Pompilidae) 159
Weibchenraub 70, 264
»Weinen« s. Ruf des Verlassenseins
Weißbürzel-Steinmätzer (Oenanthe leucopyga) 151
Weißnasen-Meerkatze (Cercopithecus nictitans) 170, 173
Weißohr-Seidenäffchen (Callithrix aurita) 11 f., 24
Weißstorch (Ciconia ciconia) 31, 178 f., 194
Wellensittich (Melopsittacus undulatus) 119
Wildhund (Lycaon pictus) 162, 240, 264
Wildschwein (Sus scrofa) 32, 103 f.
Wiley, R. Haven 218
Willkür in der Erziehung 288, 291
Wilson, Carolyn 286
Winkel, Doris 142
Winkel, Wolfgang 130, 142, 261

Winter, Jeff 111
Witwenvögel (Viduinae) 156 ff.
Wohlstandsverwahrlosung 256
Wolf (Canis lupus) 142, 147, 230, 239 ff., 248, 282
Wunschkind 20, 52, 60, 168
Würdinger, Irene 236
Wüstenfledermaus (Antrozous pallidus) 96
Wüstenfuchs (Caracal caracal) 64
Wynne-Edwards, V. C. 174

Yerkes, Robert M. 105

Zaunkönige (Troglodytidae) 245
Zebrafink (Taeniopygia guttata) 129
Ziegen (Capra) 13, 21 f., 45, 116 – 120, 123
Zingel, Dieter 148
Zitzenkonstanz 190, 235
Zitzentransport 28, 144
Zufall als Schicksalsgestalter 27, 236 ff.
Zwergbinsenhuhn (Heliornis fulica) 225 f.
Zwergmungo (Helogale undulata rufula) 125 f.
Zwergohreule (Otus scops) 177, 214 f., 217
Zwergseidenäffchen (Cebuella pygmaea) 228

Vitus B. Dröscher

Wiedergeburt
Leben und Zukunft bedrohter Tiere
288 Seiten, 20 Seiten Abbildungen, gebunden.
Der neue Dröscher erscheint im August 84.

Dieses Buch erzählt am Beispiel von 22 gefährdeten Tierarten die Geschichte, wie anfängliche Irrtümer und Rückschläge aus dem Nichtwissen über tierliches Verhalten entstanden und wie Schritt um Schritt die Verhaltensforschung Wege zeigt, Fehler zu vermeiden. So ist es der erste Versuch zu einer Öko-Ethologie, also zu einer ökologisch orientierten Verhaltensforschung. Mit ihr hält die Hoffnung Einzug, den Untergang von Tier und Mensch in einer Umweltkatastrophe jetzt, fünf Minuten vor zwölf, noch aufhalten zu können.

Königstiger, Eisbär und Alligator, Storch, Wanderfalk und Kondor, Igel, Hase und Biber, Blauwal, Sattelrobbe und Hering, Panda, Fischotter und zahlreiche andere Tiere werden dem Leser in der Einzigartigkeit ihrer Lebensweise so nahe gebracht, daß keiner mehr sagen kann: »Was geht mich dieses Tier an!« Wie die Existenz dieser Wesen mit der Umwelt und mit dem Schicksal des Menschen unauflösbar verbunden ist, tritt eindringlich hervor.

So setzt dieses Werk neue Akzente im Natur- und Artenschutz. Als Erfahrungsbericht ist es ein Muß-Buch für alle diejenigen, die an der Erhaltung der Tierwelt interessiert sind.

Ein Lesebuch und ein Appell zugleich!

ECON Verlag,
Postfach 9229, 4000 Düsseldorf 1

Bild- und Fotobände im dtv-Taschenbuch

Zeitgeschichte

Wilhelm Stöckle:
Deutsche Ansichten
100 Jahre
Zeitgeschichte
auf Postkarten
Mit 66 farbigen
und 67 Schwarzweiß-
Abbildungen
dtv 10041

Franz-Josef Heyen
(Hrsg.):
Parole der Woche
Eine Wandzeitung im
Dritten Reich
1936–1943
Mit 104 farbigen
und 5 Schwarzweiß-
Abbildungen
dtv 2936

Joe J. Heydecker:
Das Warschauer Getto
Foto-Dokumente eines
deutschen Soldaten
aus dem Jahr 1941
Mit 101
Schwarzweiß-Fotos
dtv 10247

Natur

Konrad Lorenz / Sybille
und Klaus Kalas:
Das Jahr der Graugans
Mit 147 Farbfotos
dtv 1795

Leni Riefenstahl:
Korallengärten
Mit 112 Farbfotos
dtv 10003

Film

Michael Schulte /
Peter Syr (Hrsg.):
Karl Valentins Filme
Mit 342
Schwarzweiß-Fotos
dtv 1785

Ethnologie

Leni Riefenstahl:
Die Nuba
Mit 123 Farb- und
20 Schwarzweiß-Fotos
dtv 1734

Die Nuba von Kau
Mit 173 Farbfotos
dtv 10042

›Vom Glück, mit der Natur zu leben‹

dtv 1766

Naturbeobachtungen
aus dem Jahre 1906.
Mit zahlreichen farbigen
Illustrationen.
Blatt für Blatt dieses Tage-
buches zeugt von Edith
Holdens Liebe zur Natur
und ihrer Begabung,
das Erlebte empfindungs-
reich zu vermitteln.

dtv 10108

Jeder weiß, daß zum
erfolgreichen Gärtnern
nicht nur Dünger
gehört, sondern auch
ein Quentchen Glück,
Geduld und Verständ-
nis für das geheime
Eigenleben der Pflan-
zen. Die Verfasserin-
nen verstehen es glaub-
haft zu machen, daß
in mancher kuriosen
Überlieferung ein ernst-
hafter Kern steckt.

Konrad Lorenz bei dtv

Er redete mit dem Vieh, den Vögeln und den Fischen
dtv 173, 2508/Großdruck

So kam der Mensch auf den Hund
dtv 329

Vom Weltbild des Verhaltensforschers
dtv 499

Das sogenannte Böse
dtv 1000

Die Rückseite des Spiegels
dtv 1249

Mensch und Natur

Reinhard W. Kaplan:
Der Ursprung
des Lebens

dtv
Wissenschaftliche
Reihe

Hoimar v. Ditfurth /
Volker Arzt:
Dimensionen
des Lebens
Reportagen aus der
Naturwissenschaft
dtv 1277
Der Geist fiel
nicht vom Himmel
Die Evolution
unseres Bewußtseins
dtv 1587

Frederic Vester:
Denken, Lernen,
Vergessen
Was geht in unserem
Kopf vor?
dtv 1327
Phänomen Streß
Wo liegt sein Ursprung,
warum ist er
lebenswichtig,
wodurch ist er entartet?
dtv 1396

Mensch und Tier
Beiträge von
Hansjochem Autrum,
S. Dijkgraaf,
Karl von Frisch,
Bernhard Grzimek,
Erich von Holst,
Otto Koehler,
Konrad Lorenz,
N. Tinbergen
dtv 481

Günter Kunz (Hrsg.):
Die ökologische Wende
Industrie und Ökologie
– Feinde für immer?
dtv 10141

Hans Breuer:
entdeckt – erforscht –
entwickelt
Neueste Nachrichten
aus der Wissenschaft
dtv 1658
Band 2
dtv 10024

Reinhard W. Kaplan:
Der Ursprung
des Lebens
Biogenetik,
ein Forschungsgebiet
heutiger
Naturwissenschaft
dtv / Thieme 4106

Adolf Remane /
Volker Storch /
Ulrich Welsch:
Evolution
Tatsachen und
Probleme
der Abstammungslehre
dtv 4234

Das sollten Eltern lesen

Anneliese Ude:
Betty
Protokoll einer
Kinderpsychotherapie
dtv 1376
Ahmet
Geschichte einer
Kindertherapie
dtv 10070

Christa Dericum:
Fritz und Flori
Tagebuch
einer Adoption
dtv 1543

Barry Neil Kaufman:
Ein neuer Tag
Wie wir unser Sorgenkind heilten
dtv 10233

Torey L. Hayden:
Sheila
Der Kampf einer
mutigen jungen Lehrerin
um die verschüttete
Seele eines Kindes
dtv 10223

Helmut Creutz:
Haken krümmt man
beizeiten
Schultagebuch eines
Vaters
dtv 10082

Klaus Otto Nass:
Des ersten Sohnes
frühe Jahre
Erlebnisbericht
eines Vaters
dtv 1598

Bruno Bettelheim:
Kinder brauchen
Märchen
dtv 1481

Sheila Kitzinger:
Frauen als Mütter
Geburt und Mutterschaft in verschiedenen Kulturen
dtv 10139

Elisabeth Badinter:
Die Mutterliebe
Geschichte eines
Gefühls vom 19. Jahrhundert bis heute
dtv 10240

Frauen berichten
vom Kinderkriegen
Hrsg. von Doris Reim
dtv 10242

Das sollten Eltern lesen

Oliver v. Hammerstein:
Ich war ein Munie
Tagebücher und
Berichte einer
Befreiung aus
der Mun-Sekte
dtv 1588

Dietrich Bäuerle:
Drogen –
Eltern können
wirksam helfen
dtv 10184

Karl Jaspers:
Was ist Erziehung?
Ein Lesebuch
dtv 1617

Michael und
Renate Hertl:
Kranke und behinderte
Kinder in Schule und
Kindergarten
dtv 3198
Das kranke Kind
Ratgeber für die
Pflege zu Hause
und bei
Krankenhausaufnahme
dtv 3216

Walter Züblin:
Das schwierige Kind
Einführung in die
Kinderpsychiatrie
dtv 4048

Katharina Zimmer:
Das einsame Kind
Für ein neues Ver-
ständnis der kindlichen
Urbedürfnisse
dtv 1796

T. Berry Brazelton:
Babys erstes
Lebensjahr
Unterschiede in
der geistigen
und körperlichen
Entwicklung
dtv 1148
Baby wird selbständig
Das Kind im 2. und 3.
Lebensjahr
dtv 10164

Bernfried Leiber
und Hans Schlack:
dtv Baby-Lexikon
für Mütter
dtv 3135